Klassen- und Sozialstruktur der BRD 1950–1970
Teil I: Klassenstruktur und Klassentheorie

Klassen- und Sozialstruktur der BRD 1950-1970

Theorie · Diskussion · Sozialstatistische Analyse

herausgegeben vom
Institut für Marxistische Studien und Forschungen
(IMSF)
Frankfurt am Main

Teil I

Klassenstruktur und Klassentheorie

Theoretische Grundlagen und Diskussion

H. Jung
Ch. Kievenheim
M. Tjaden-Steinhauer / K. H. Tjaden

Verlag
Marxistische Blätter
Frankfurt/Main 1973

Beiträge des IMSF (3)
Klassen- und Sozialstruktur der BRD 1950—1970
Theorie · Diskussion · Sozialstatistische Analyse

Teil I: Klassenstruktur und Klassentheorie
Theoretische Grundlagen und Diskussion

Diese Paperback-Ausgabe ist die durchgesehene und korrigierte Fassung der Studie des Instituts für Marxistische Studien und Forschungen (IMSF) Frankfurt am Main 1972

ISBN 3 - 88012-168-0
MP 38

Frankfurt/Main, Heddernheimer Landstraße 78a

Druck: Fuldaer Verlagsanstalt GmbH, Fulda

Inhalt

Christof Kievenheim

Zur Entwicklung der geistigen Arbeit und der Intelligenz

Vorwort

Nach „Die Septemberstreiks 1969“ und „Mitbestimmung als Kampfaufgabe“ legt das IMSF mit „Klassen- und Sozialstruktur der BRD 1950 bis 1970“ eine weitere Studie seiner Reihe „Beiträge des IMSF“ der interessierten Öffentlichkeit vor.

Diese Arbeit als Ganzes soll Einblicke in Grundprozesse der Entwicklung der Klassen- und Sozialstruktur der BRD geben und damit Grundlagen zur aktuellen Analyse der Klassengegensätze und ihrer Bewegung in der BRD vermitteln. Es soll gezeigt werden, wie die soziale Grundstruktur der westdeutschen Gesellschaft aus der Stellung sozialer Gruppen in der Wirtschaft hervorgeht, wie sich diese Struktur in den Nachkriegsjahrzehnten verändert hat und welche Triebkräfte diesen Veränderungen zugrunde liegen.

Die Arbeitskonzeption dieser Studie war schon Mitte 1970 im IMSF entwickelt worden. Angesichts der intensivierten Diskussion über die marxistische Klassentheorie und ihre Anwendung zur Analyse des heutigen Kapitalismus in der BRD wurden umfangreichere Arbeiten als ursprünglich geplant erforderlich. Die Gesamtstudie kann deshalb erst im 1. Quartal 1973 abgeschlossen werden.

Ihre Ergebnisse werden in drei Teilen veröffentlicht, die jeweils als Bestandteile der Gesamtstudie anzusehen sind.

Der vorliegende *Teil I* „Klassenstruktur und Klassentheorie“ enthält Beiträge zu diesem Themenkomplex.

Teil II „Klassen- und Sozialstruktur der BRD 1950—1970. Sozialstatistische Analyse“ (Erscheinungstermin 1. Quartal 1973) analysiert das in der BRD vorliegende statistische Material und arbeitet dabei auf der Grundlage und unter Anwendung der in Teil I dargelegten Kategorien und Kriterien der marxistischen Klassentheorie die Klassenstruktur der BRD und die Veränderungen ihrer quantitativen Proportionen in der Periode 1950—1970 heraus. (Dieser Teil wurde von einer Arbeitsgruppe des IMSF erarbeitet, an der u. a. beteiligt waren: Heinz Bökamp, Hans Burbaum, Olaf Cless, Eberhard Dähne, Bernd Güther, Heinz Jung, Christof Kievenheim, Ursel Schmitz, Kurt Steinhaus. Die Fertigstellung und Redaktion dieses Teils wurde von E. Dähne und Heinz Jung vorgenommen.)

Teil III „Die Intelligenz der BRD 1950—1970" legt unter dem Kriterium der Hoch- und Fachschulausbildung umfangreiches empirisches Material zur Struktur und Entwicklung der Intelligenz in der BRD dar. Das IMSF hat sich entschlossen, über den Teil II hinausgehendes Material in einem gesonderten Teil zu veröffentlichen, weil bisher umfangreichere zusammenfassende Studien über die Entwicklung der Intelligenz in der BRD noch nicht vorliegen und die Stellung dieser sozialen Schicht im heutigen Kapitalismus Gegenstand der Diskussion geworden ist (Erscheinungstermin: 1. Quartal 1973; Verfasser ist Christof Kievenheim; die Redaktion hat Heinz Jung).

Die Funktion des vorliegenden Teils I besteht im Rahmen der Gesamtstudie in der Darlegung der Grundzüge der marxistischen Klassentheorie und der Diskussion ihrer Anwendung zur Analyse der Klassen- und Sozialstruktur der heutigen kapitalistischen Gesellschaft. Das schließt die Fragen der theoretischen und methodischen Grundsätze, der Bestimmung und Abgrenzung der wesentlichen Kategorien (Klasse, Schicht, soziale Gruppe), der Entwicklung der theoretischen und operationalen Kriterien für die sozialstatistische Analyse ein.

Die in diesem Teil veröffentlichten Arbeiten sind Diskussionsbeiträge der Autoren. Sie widerspiegeln in vielen Fragen den heutigen Diskussionsstand im Rahmen des Marxismus und enthalten zu einigen methodologischen Fragen (z. B. der Auffassung der Intelligenz als sozialer Schicht, der Entfaltung der Kapitalverhältnisse) unterschiedliche Ansätze und Meinungen. Es konnte nicht darauf ankommen, diese Meinungsverschiedenheiten auszuklammern. Ihre Klärung wird in die weitere Diskussion und Arbeit eingeschlossen sein.

Die Beiträge von Dr. Heinz Jung und Christof Kievenheim sind im Rahmen der IMSF-Arbeitsgruppe entstanden und entwickeln gleichzeitig die Grundlagen für die sozialstatistische Analyse in den Teilen II und III. Dr. M. Steinhauer-Tjaden und Prof. Dr. K. H. Tjaden nahmen an einigen Diskussionen teil und stellten ihren Beitrag freundlicherweise für die Publikation zur Verfügung. Die Beiträge waren im Juli/August 1972 fertiggestellt.

Institut für Marxistische Studien
und Forschungen (IMSF)

Frankfurt am Main, Dezember 1972

Heinz Jung

Zu den klassentheoretischen Grundlagen einer sozialstatistischen Analyse der Klassen- und Sozialstruktur der BRD

1. Einige ideologische und politische Aspekte der Klassendiskussion und der Untersuchung der Klassenstruktur der BRD

1.0 *Die Aufgabenstellung*

Der engere Zweck der vorliegenden Abhandlung ist die Begründung und die Diskussion der nachfolgenden sozialistischen Analyse der Klassen- und Sozialstruktur der BRD. Vom gegenwärtigen Diskussionsstand in der BRD und den Fragestellungen ausgehend, die im Verlauf der Analyse des statistischen Materials auftraten, mußte der Erörterung theoretischer Fragen ein größerer Raum eingeräumt werden, als es ursprünglich die Absicht dieser Arbeit war.

Die vorliegende Arbeit ist eine *Untersuchung der Klassenstruktur.* Damit sind notwendigerweise der Untersuchungsgegenstand und die Aussagekraft der Ergebnisse eingeengt. Denn die Struktur von Klassen und sozialen Schichten ist nicht identisch mit ihrer gesamten Realität. Klassen sind unter bestimmten historischen Bedingungen die Subjekte der Geschichte, in deren Handlungen die Gegensätze und Widersprüche der Gesellschaft an den Tag treten. Sie sind in gewissem Sinne lebendigen Organismen vergleichbar. Höhere Lebewesen – um bei diesem Vergleich zu bleiben – haben nicht nur ein Skelett und Muskeln, sondern auch Nerven, ein Gehirn, Hormone, einen Blutkreislauf u. a. Es ist klar, daß z. B. die Anatomie nur die Grundstruktur und deren Gesetze erforschen kann, nicht aber alle Gebiete. Es ist aber kaum zweifelhaft, daß die Kenntnis der Anatomie auch die Grundlage zur Erforschung der anderen Bereiche des Organismus bildet. Ähnlich stellt sich das Verhältnis der Untersuchung der Klassenstruktur zur Untersuchung anderer Bereiche der Klassen und Klassenbeziehungen dar.

Es liegt auch auf der Hand, daß die Untersuchung der Klassenbeziehungen im staatsmonopolistischen Kapitalismus (SMK) keine neue Kabbala ist, die jedes und alles erklären könnte. Denn jede gesellschaftliche Erscheinung erfordert vom Standpunkt des historischen Materialismus ihre besondere Untersuchung unter Berücksichtigung spezifischer Gesetzmäßigkeiten und Widersprüche.

In einer antagonistischen Klassengesellschaft sind die meisten spezifischen Widersprüche gesellschaftlicher Erscheinungen durch die Klassengegensätze mehr oder weniger bestimmt oder direkt bzw. indirekt beeinflußt. Daraus ergibt sich ein Klassencharakter wesentlicher sozialer Erscheinungen und Prozesse. Diese Zusammenhänge im realen Leben und in der Wissenschaft aufzudecken, ist eine Grundaufgabe jeder von marxistischen Positionen betriebenen Gesellschaftswissenchaft.[1] Von einer „Klassenanalyse" kann dabei im engeren Sinne jedoch nicht gesprochen werden.

Die „Klassenanalyse" untersucht die materiellen Existenzweisen und Grundlagen der sozialen Gruppen von ihrer Stellung im System der Produktionsverhältnisse, in der Wirtschaft her; sie untersucht sie als soziale Klassen und soziale Schichten. Sie betrachtet die innere Gliederung der Klassen und Schichten in ihrer Veränderung sowie die Beziehungen und Kräfteverhältnisse der Klassen und Schichten zueinander. Schließlich richtet sie ihre besondere Aufmerksamkeit darauf, unter welchen Bedingungen und in welchen Formen sich heute die Formierung der Klassen vollzieht und wie die Arbeiterklasse die historische Tendenz des Klassenkampfes realisiert.

Der Aufbau dieses Beitrags „Zu den klassentheoretischen Grundlagen einer sozialstatistischen Analyse der Klassen- und Sozialstruktur der BRD" ist durch den schon im Titel angedeuteten Zweck bestimmt: die Herausarbeitung jener Kategorien der marxistischen Klassentheorie, die in der Untersuchung der Klassen und sozialen Schichten im staatsmonopolistischen Kapitalismus Anwendung finden müssen, was auf die Diskussion und Entwicklung eines „Klassen- und Schichtenmodells" für die Verhältnisse des SMK in der BRD hinausläuft.

Abschnitt 1 skizziert einige Aspekte der politischen und ideologischen Rolle von Klassenstrukturuntersuchungen, denen unter den gegenwärtigen Bedingungen Bedeutung zukommt. Es handelt sich dabei um die Auffassungen der bürgerlichen Schichtungstheorien auf der einen Seite und die Diskussionen auf dem Boden und in der Tradition des Marxismus auf der anderen Seite.

In Abschnitt 2 wird auf die Beziehung der Klassentheorie zur materialistischen Geschichtsauffassung eingegangen. Das wird als Grundlage angesehen, um verstehen zu können, was Klassen überhaupt sind und welche Rolle sie spielen. In Abschnitt 3 werden einige Kategorien der Klassentheorie dargelegt. Abschnitt 4 arbeitet wesentliche Charakteristika der Klassen und Schichten der kapitalitischen Gesellschaft heraus, die sich von ihrer politischen Ökonomie, ihrer Grundstruktur her ergeben. Bezug genommen wird insbesondere auf die Darlegung von Karl Marx und Friedrich Engels.

Erst in Abschnitt 5 werden die Klassen und Schichten im staatsmonopolistischen Kapitalismus behandelt, also die Elemente der gegenwärtigen Klassenstruktur und somit ein „Klassenmodell" für die sozialstatistische Analyse zu entwickeln versucht. Das ist zweifellos der Kern der vorliegenden Darstellung. Aber wie Ergebnisse nur schwer verständlich sind ohne die Kenntnis ihres Entstehungsprozesses, so hinge Abschnitt 5 in der Luft ohne die Abschnitte 2, 3 und 4. Abschnitt 6 beschäftigt sich mit der sozialstatistischen Methode im engeren Sinn und bildet damit den Übergang zum eigentlichen empirischen Teil.

Obwohl in dieser Darlegung in der Regel keine Zahlen angeführt sind und auch in den materiellen Fragen nicht formell Bezug genommen wird auf die empirischen Angaben und Ergebnisse der sozialstatistischen Analyse, so kann sie gleichwohl nicht losgelöst davon gesehen werden, da ja während der empirischen Analyse erst die Probleme sichtbar wurden, die eingehender theoretischer Überlegungen bedurften. Die formale Trennung ist hier also keine inhaltliche Trennung.

Die Trennung beider Teile ergab sich aus den Notwendigkeiten der Arbeitsteilung innerhalb der Arbeitsgruppe. Was einige unterschiedliche Ansätze und Standpunkte der Mitarbeiter an dieser Studie betrifft, so wurde darauf schon im „Vorwort“ verwiesen.

1.1 *Zur Funktion der bürgerlichen Schichtungstheorien*

Die Anerkennung der Existenz von Klassen und des Klassencharakters der bürgerlichen Gesellschaft überschreitet noch nicht den Rahmen der bürgerlichen Ideologie. Je mehr jedoch die objektive soziale Polarisierung der kapitalistischen Gesellschaft fortschreitet, desto mehr verstärkt sich in der bürgerlichen Soziologie die Tendenz, den Klassencharakter der Gesellschaft überhaupt zu leugnen. Das ist vor allem für die westdeutsche bürgerliche Soziologie der Nachkriegsperiode charakteristisch.[2]

Sie kann dabei allerdings nicht die offensichtlichen sozialen Unterschiede der verschiedenen gesellschaftlichen Gruppen ignorieren. Diesen Unterschieden tragen auch die von ihr entwickelten Stratifikationsmodelle in verschiedenem Ausmaß Rechnung. Im Zusammenhang mit dem offenen Ausbrechen der Klassenkonflikte in den kapitalistischen Ländern Westeuropas wird neuerdings wieder stärker an die älteren „sozialökonomisch“ orientierten Strömungen der deutschen Soziologie angeknüpft, die die soziale Lage gesellschaftlicher Gruppen mit ihrer Stellung in der Wirtschaft in Verbindung brachten. Es ist wahrscheinlich, daß sich diese Strömungen verstärken und in diesem Zusammenhang auch in der bürgerlichen Soziologie die Klassen wieder als Klassen bezeichnet werden.[3]

Ob unter dieser oder jener Flagge, so hat die bürgerliche Soziologie für die herrschende Klasse die praktische Funktion, Gliederungsmodelle der Bevölkerung zu produzieren, die eine Erfassung wesentlicher Veränderungen ermöglichen. So wird erst durch die Erfassung der Bewußtseinsprozesse der einzelnen Klassen und Schichten dieses Bewußtsein der manipulativen Einwirkung durch Maßnahmen des Systems zugänglich.

Welchen Aussagewert haben derartige Modelle? Unter der Vielzahl von Stratifikationsmodellen spielen die Status- und Prestigemodelle, denen häufig verschiedene Merkmalkombinationen zugrunde liegen, die wichtigste Rolle.[4] Wie anfechtbar die theoretischen Grundlagen dieser Modelle auch immer sind, sie erfassen verchiedene Aspekte der Interessen. Status und Prestige sind ein Ausdruck der durch subjektive Reflexion vermittelten sozialen Stellung. Sie sind Definitionen dieser Stellung im Verhältnis, im Vergleich zu anderen Gruppen. Es muß betont werden, daß nicht der Vergleich diese Interessen schafft, sondern daß er sie nur in mehr oder weniger verzerrter Form artikuliert.

Welche Gruppen die bürgerliche Soziologie auch immer gebildet hat, man wird weder kapitalistische Unternehmer in den unteren Gruppen noch manuelle Arbeiter in den oberen Gruppen finden. Die Anwendung derartiger Modelle ermöglicht mehr oder weniger exakte Momentaufnahmen der sozialen Verhältnisse oder der Bewußtseinslage der einzelnen sozialen Gruppen. Die Hilflosigkeit dieser Konzeptionen wird aber unmittelbar dann sichtbar, wenn nach den Ursachen und den Entwicklungstendenzen gefragt wird. Es handelt sich immer nur um Momentaufnahmen von der Oberfläche der Erscheinungen.

Von dieser empiristischen Sicht stellt sich die spätkapitalistische Gesellschaft als eine pluralistische Gesellschaft dar. Mit der Vielfalt gegeneinander stehender Interessen und gegeneinander agierender Gruppen gehen die Grundbeziehungen und der Grundantagonismus dieser Gesellschaft verloren, womit die bürgerliche Soziologie einer ihrer wesentlichen ideologischen Aufgaben im System nachkommt.[5]

Im Gegensatz dazu stellt sich für die marxistische Klassentheorie die Aufgabe, den Zusammenhang der Handlungen und Ideologien der sozialen Gruppen mit ihrer *objektiven* Stellung im System der Produktionsverhältnisse und den daraus hervorgehenden Entwicklungstendenzen herzustellen. Damit deckt sie den Ursprung der Klassenspaltung und der gesamten soziologischen Schichtung und den antagonistischen Charakter der spätkapitalistischen Gesellschaft auf. Darüber hinaus besitzt sie jedoch ebenfalls instrumentale Funktionen im Interesse der Arbeiterklasse, die von den ideologischen nicht losgelöst werden können.

1.2. *Zur marxistischen Diskussion der Klassentheorie und der Klassen im staatsmonopolistischen Kapitalismus*

In diesen einleitenden Bemerkungen ist aufmerksam zu machen auf

— Veränderung der Klassenkampfbedingungen, die die Klassendiskussion in der BRD beeinflußt haben;

— theoretische Positionen, die in dieser Diskussion wirksam wurden und ihren Verlauf beeinflußten;

— aktuelle Fragestellungen, die sich aus den veränderten Bedingungen der Klassenstruktur für Strategie und Taktik der Arbeiterbewegung ergeben.

Diktiert durch den Gang der Klassenkämpfe seit 1966/1967 hat sich die marxistische Diskussion in der BRD mehr und mehr aus einer z. T. starren Verteidigungsposition gegenüber der bürgerlichen Soziologie und insbesondere deren Schichtungstheorien gelöst. Für die vorhergehende Periode war für westdeutsche Marxisten eine etwas einseitige Auffassung der sozialökonomischen Grundlagen der Klassen, insbesondere der Eigentumsverhältnisse charakteristisch. Die Klassengrundlagen wurden dabei vielfach in erster Linie und nahezu ausschließlich in der Stellung zu den juristisch fixierten Eigentumsverhältnissen der Produktionsmittel gesehen. Im Ergebnis wurden aus den herrschenden Produktionsverhältnissen lediglich die Grundklassen abgeleitet und die Nebenklassen aus den Überresten alter Produktionsweisen.[6] Dem Problem der „neuen" Zwischenschichten wurde dabei nur ungenügende Aufmerksamkeit gewidmet.[7]

Zwar war schon Ende der 50er Jahre, unter dem Eindruck der sozialstrukturellen Folgen der wissenschaftlich-technischen Revolution das Problem der wissenschaftlich-technischen Intelligenz und der Strukturveränderungen der Produktionsarbeiterschaft in die marxistische Diskussion einbezogen.[8] Aber die Diskussion mußte deshalb vorwiegend auf der Ebene wissenschaftlicher Erörterungen bleiben, weil sich diese Veränderungen erst schwach in den praktischen Klassenkämpfen niederschlugen.

Das änderte sich insbesondere mit dem Aufbruch und der Radikalisierung der Studentenbewegung in nahezu allen entwickelten kapitalistischen Ländern. Damit wurde es erforderlich, die Beziehung Arbeiterklasse—Intelligenz, die Analyse des sozialen Charakters der Intelligenz, der Studentenschaft und der Studentenbewegung unter praktischen Fragestellungen der Arbeiterbewegung zu diskutieren. Dabei konnte die Tatsache nicht umgangen werden, daß sich mindestens 80 Prozent der gegenwärtigen Studenten später in lohnabhängiger Position wiederfinden.

Die Veränderungen der Klassen- und Sozialstruktur der BRD in den letzten Jahrzehnten müssen in erster Linie als ein wichtiges Resultat der wissenschaftlich-technischen Revolution und der vollen Herausbildung des staatsmonopolistischen Kapitalismus angesehen werden. Ähnliche Veränderungen haben sich in allen industriell entwickelten kapitalistischen Ländern in der Nachkriegsperiode vollzogen. In diesem Zusammenhang kommt es zu neuen quantitativen Relationen zwischen den Klassen und Schichten. Umgruppierungen, die nahezu zwangsläufig Auswirkungen auf den Klassenkampf und die Bündnisbeziehungen der Grundklassen haben müssen, zeichnen sich ab.

Im Zusammenhang damit wurden — auch in Anlehnung an frühere Perioden — Fragen aufgeworfen, die eingehendere Überlegungen erforderten. Es wurde notwendig, sowohl den Anschluß an die internationale marxistische Diskussion zu finden wie auch die Fragestellungen und Ergebnisse der Klassendiskussion in der alten Sozialdemokratie und der kommunistischen Bewegung nach dem I. Weltkrieg zur Kenntnis zu nehmen und in die gegenwärtige Diskussion einzubeziehen.[9] Trotz verschiedener Aktivitäten wurde dem allerdings bisher erst sporadisch und ansatzweise Genüge getan. Auch die vorliegende Abhandlung kann dieser Aufgabe nicht systematisch gerecht werden. Aus alledem ergibt sich die Notwendigkeit, den Leser relativ ausführlich mit den theoretischen Grundpositionen von Marx, Engels und Lenin bekannt zu machen.[10]

Im Zusammenhang mit ihrer politischen Radikalisierung haben sich Teile der jüngeren Intelligenz von der bürgerlichen Soziologie losgesagt. Diese Abwendung war begleitet von einer stärkeren Orientierung zum Marxismus, vor allem der marxistischen politischen Ökonomie. Das Verhältnis von politischer Ökonomie und Klassentheorie erlangte Bedeutung.

Um ein wesentliches Mißverständnis handelt es sich allerdings, wenn Klassen flugs mit den Produktionsverhältnissen identifiziert werden und als Konsequenz eine Gleichsetzung von politsicher Ökonomie und Klassentheorie vorgenommen wird. Diese Gefahr besteht vor allem dann, wenn die Strukturanalyse nicht als Teilaspekt der Klassentheorie aufgefaßt wird. Die Fehler, die sich aus der Überbetonung der strukturellen Aspekte ergeben, zeigen sich weniger bei der Untersuchung der Klassenstruktur selbst, als dann, wenn die reale Bewegung der Klassen, die Herausbildung ihrer Interessen, ihrer Ideologie, ihres Bewußtseins, ihrer Organisation einbezogen wird.[11]

Infolge des dialektischen und vielfach vermittelten Verhältnisses der Lebensbereiche der Gesellschaft zueinander, gibt es, trotz des Primats der Produktion und der Ökonomie, zwischen ihnen keine mechanistisch-deterministische Beziehung. Das gilt gleichermaßen auch für die Klassen, wenn sie als Subjekt der Geschichte, als soziale Existenzform der auf dem Privateigentum an den Produktionsmitteln beruhenden Gesellschaften aufgefaßt werden. Und zweifellos muß dieser Schluß aus den Darlegungen der Klassiker des Marxismus gezogen werden.

Gerade die Herausbildung von Klassenbewußtsein z. B. in der Arbeiterklasse zeigt, daß sich dieser Prozeß nicht als Determinante aus der objektiven Stellung realisiert, sondern in erster Linie Ergebnis der auf der Grundlage objektiver Interessenentgegensetzung sich entfaltenden Klassenkämpfe selbst ist. Dieser Kampf entwickelt sich aber nicht nur auf der Basis der Entgegensetzung in der Ökonomie, sondern diese Entgegensetzung findet Ausdrucksformen in allen gesellschaftlichen Lebensbereichen, die wiederum Gegenstand und Anlaß von Konflikten und Kämpfen sind. Allgemeiner ausgedrückt: *Das Bewußtsein – und hier Klassenbewußtsein – ist in erster Linie das Ergebnis der Praxis der Klasse im umfassenden Sinne, in erster Linie im Kampf für ihre Interessen.*

Aber einmal auf dieser Basis entstandenes Bewußtsein einzelner Teile und Schichten oder der gesamten Klasse wird wiederum ein „objektives“ Datum in der Disposition neuer Kämpfe. Erfahrungen verdichten sich zu Stereotyen, Ideologien. So entstehen aus einem Komplex von Faktoren in der Arbeiterklasse Schichtungen des Klassenbewußtseins, die nicht unmittelbar aus der objektiven ökonomischen Situation dieser Schichten abgeleitet werden können.

Dieser Zusammenhänge muß eine Strukturanalyse eingedenk sein, vor allem dann, wenn aus der an objektiven Kriterien orientierten Klassen- und Schichtstruktur der Gesellschaft bzw. den entsprechenden Veränderungen Schlußfolgerungen hinsichtlich der Klassenkämpfe gezogen werden. Nur dann entgeht sie jener eigenartigen Form des Ökonomismus, der sich nur formell auf die marxistische politische Ökonomie berufen kann. Dabei kann allerdings nicht vergessen werden, daß sich die Bewegungsgesetze der Produktionsweise aus ihrer politischen Ökonomie ergeben, daß hierauf die Veränderungen in der materiellen und geistigen Existenzweise der Klassen zurückgeführt werden müssen.

Die Bewegung der Klassen im staatsmonopolistischen Kapitalismus kann nicht losgelöst von der ökonomischen Bewegung verstanden werden; die Ausdehnung der Lohnarbeit kann nicht ohne die Akkumulation des Monopolkapitals unter den gegenwärtigen Reproduktionsbedingungen analysiert werden. Die Beziehungen der Klassen zueinander, das Anwachsen neuer sozialer Gruppen sind nicht hinreichend zu erklären, ohne das Verständnis der Rolle des Staates im staatsmonopolistischen System usw. Gerade das verweist darauf, daß es eine Klassenanalyse ohne die politische Ökonomie nicht geben kann.

Wenn in der marxistischen Klassentheorie von der letztlichen Dominanz der Sphäre der materiellen Produktion und der in ihr bestehenden sozialen Strukturen für die Klassenstruktur der Gesellschaft als einem theoretischen Grundsatz ausgegangen wird, so kann dies nicht bedeuten, die Klassen und sozialen Schichten unvermittelt und mechanisch aus der Stellung in der Produktion abzuleiten.[12] Vielmehr muß mit der Betonung des dialektischen Verhältnisses der verschiedenen Reproduktions- und Wirtschaftsbereiche die Stellung der Klassen, Schichten und sozialen Gruppen im Gesamtsystem der Wirtschaft in Rechnung gestellt werden, wie es in der Klassendefinition von W. I. Lenin zum Ausdruck kommt.[13] Die Bedeutung dieser Fragestellung zeigt sich z. B. bei der Untersuchung der Klassenstruktur im Handel, im Staatsapparat und insbesondere bei der Analyse der Intelligenz als sozialer Schicht.

Die Herausarbeitung der bestimmenden Gesellschaftsstruktur aus der Stellung der Menschengruppen im Gesamtsystem der Produktionsverhältnisse ist – gedanklich – ein Abstraktionsprozeß und sein Ergebnis der Klassenbegriff. Der *Klassenbegriff* ist dementsprechend die *Widerspiegelung eines wesentlichen Zusammenhangs der Realität,* der mit dem materiellen Lebensprozeß der Gesellschaft verbunden ist. Dieser Zusammenhang wird zerrissen, wenn der Begriff verselbständigt und nicht mehr in Zusammenhang mit der empirischen Wirklichkeit gebracht bzw. nicht mehr aus dieser entwickelt werden kann. Dieser Fehler tritt z. B. in der Konzeption von G. Lukász[14] und seiner Epigonen auf, die in Perioden schwach artikulierten Bewußtseins der Arbeiterklasse die Existenz von Klassen in die Theorie verlegen müssen.

Der entgegengesetzte Fehler tritt dann auf, wenn man sich auf einen historischen Interessenansatz, in dem bestenfalls der Gegensatz in Distributionsverhältnissen zum Tragen kommt, in der Klassenanalyse beschränkt.[15] Wird die Herausbildung der objektiven und – vermittelt – der subjektiven Interessen nicht mit der ökonomischen Grundstruktur in Verbindung gebracht, dann geht letzten Endes, vor allem mit zunehmender Differenzierung der Grundklassen selbst, der Antagonismus der Klassenstruktur verloren und man endet (für Perioden schwacher und verdeckter Klassenkämpfe) beim Interessenpluralismus.

Eine Strukturanalyse kann nur die Veränderungen in der sozialökonomischen Stellung und Lage der verschiedenen Klassen, Schichten und Gruppen zu erfassen suchen. Fragen der Ausbildung der realen Interessen, des Bewußtseins und des Verhaltens der Klassen und Schichten in den realen Kämpfen können vom Ansatz der Strukturanalyse keine befriedigende Antwort erhalten.

Wie eine sozialstatistische Analyse im einzelnen auch aufgefaßt und angelegt sein mag, in ihrer theoretischen Substanz fußt sie auf einer Klassen- oder Schichtungstheorie und in ihrer methodischen Anlage geht sie von einem daraus entwickelten Klassen- und Schichtmodell aus, das nicht rein empiristisch zu gewinnen ist.

Der Gliederung und Anlage der vorliegenden sozialstatistischen Analyse (Teil II) liegt die Definition der Grundklassen durch W. I. Lenin zugrunde. Aber diese Definition ist nur aus dem Gesamtzusammenhang der marxistischen Klassentheorie in ihrer umfassenden und tiefen Bedeutung verständlich und anwendbar. Gerade deshalb müssen die theoretischen Grundlagen eines marxistischen Klassen- und Schichtenmodells des heutigen staatsmonopolistischen Kapitalismus hinreichend abgeleitet und erläutert werden, was ein Anliegen dieser Darlegung ist.

In den materiellen Fragen liegt das Schwergewicht auf der theoretischen Bestimmung der Grundklassen der heutigen kapitalistischen Gesellschaft, insbesondere der Arbeiterklasse. Nur von diesem Ausgangspunkt kann eine zutreffende Analyse der Polarisierungs- und Proletarisierungstendenzen erfolgen, wie sie für die Gegenwart charakteristisch sind, und damit auch der Mittelschichten, der Zwischen-, Übergangs- und Randgruppen.

Dabei stellt sich als zentrales Problem die Untersuchung der Lohnarbeit auf der einen und des Kapitaleigentums und der Kapitalfunktionen auf der anderen Seite unter den heutigen Bedingungen. Für die konkrete Analyse bedeutsam sind gegenwärtig lohnabhängige Zwischenschichten (gehobene Angestelltengruppen), die Intelligenz u. a. Vielfach wurde nur ihr Status als Lohnabhängige beachtet, ihre besonderen Funktionen und die daraus resultierende Zwiespältigkeit ihrer objektiven Position jedoch übersehen. Da die Studenten von heute später zu über 80 Prozent eine lohnabhängige Arbeit ausüben, wurden sie als Vorproletarier oder proletarisierte Gruppen angesehen. Nur wenn geklärt ist, was Proletarisierung heute tatsächlich ist, kann das Verhältnis der Intelligenz und lohnabhängiger Zwischengruppen zur Arbeiterklasse zutreffend formuliert werden.

Die Erkenntnis der lohnabhängigen Zwischen- oder Mittelschichten als zwischen den Klassen stehenden sozialen Schichten ist gleichfalls eine Voraussetzung zur materialistischen Erklärung des realen Verhaltens und der Ideologie der wachsenden Gruppen unterer und mittlerer Angestellten und Beamten, also Gruppen in oder am Rande der Arbeiterklasse.

Darüber hinaus kommt es darauf an, den ständigen quantitativen Wandel des Umfangs der Klassen und Schichten deutlich zu machen und insbesondere jene Zwischen-, Übergangs- und Randgruppen zu markieren, die unter den Bedingungen des staatsmonopolistischen Kapitalismus in Erscheinung treten. Es handelt sich hier in erster Linie um jene Gruppen, die sich zu Gruppen der Arbeiterklasse entwickelt haben, aber auch um solche, die den Übergang in die Bourgeoisie, in die Mittelschichten und auch in die Deklassierung darstellen.

Nicht zuletzt ist das An- und Abschwellen derartiger Gruppen eine der Grundlagen bestimmter ideologischer Strömungen in der gewerkschaftlichen und politischen Arbeiterbewegung. Auch unter ihrem Einfluß vollzieht sich die Formierung der Arbeiterklasse.

Diese und andere Fragen und der Versuch der quantitativen Bestimmung der Veränderungen sind der Gegenstand der sozialstatistischen Analyse. Dabei muß — ebenso wie für diese Darlegung — der vorläufige und hypothetische Charakter vieler Feststellungen betont werden. Es liegt in der Natur einer derartigen Arbeit, daß in der sozialstatistischen Aufgliederung die Vielfalt und Flexibilität der Übergänge und Überlappungen leicht zugunsten starren Grenzen verlorengeht. Möglicherweise färbt diese Eigenart auch auf die theoretischen Überlegungen und Schlußfolgerung in einigen Punkten ab.

Wenn das stärkere Anknüpfen an den Leninismus auch in Fragen der Klassentheorie im Imperialismus für erforderlich gehalten wird, dann bedeutet dies nicht zuletzt, die Fragestellungen und Antworten früherer Perioden des Imperialismus für die Lösung der Probleme im SMK nutzbar zu machen.

Diese Studie wird dann eine nützliche Funktion besitzen, wenn sie dazu beiträgt, daß die marxistische Klassentheorie nicht nur ein Instrument der Aufdeckung des Antagonismus und Ausbeutungscharakters der Gesellschaft der BRD, der großen historischen Entwicklungsrichtungen der Klassenkämpfe und der historischen Rolle und Aufgabe der Arbeiterklasse, ihrer Partei und ihrer Bündnisbeziehungen bleibt, sondern darüber hinaus, wie in den historischen Analysen von Karl Marx, Friedrich Engels und W. I. Lenin, ein Instrument der Analyse der aktuellen ökonomischen, politischen, ideologischen Prozesse unter den Bedingungen des staatsmonopolistischen Kapitalismus der BRD darstellt und ihre Auffassung als Prozesse des Klassenkampfes zuläßt.

1.3 *Der mobilisierende Charakter der marxistischen Klassentheorie. Die Beseitigung der Ausbeutung und der sozialen Ungleichheit — die historische Mission der Arbeiterklasse*

Mit der historischen Entwicklung der Klassentheorie werden die wichtigen *sozialen Unterschiede* in der Gesellschaft nicht mehr als in individuellen Eigenschaften oder Lebensschicksalen wurzelnd angesehen, sondern als kollektive Phänomene erkannt, als die *Verhältnisse großer Menschengruppen.*

Das ist auch ein Ausgangspunkt der marxistischen Klassentheorie. Die Klassentheorie spielt deshalb im Rahmen des Marxismus eine große Rolle und nimmt einen zentralen Platz ein, weil sie den realen geschichtlichen Prozeß materialistisch erklärt und weil sie die sozialen Unterschiede und Gegensätze als mit den Klassenverhältnissen verbunden zu analysieren imstande ist.

Erst mit ihr werden die Dichotomien, die scheinbar aus der Natur der Dinge und Verhältnisse selbst hervorgehenden und deshalb auch nicht aufhebbaren Unterschiede und Gegensätze zwischen Armen und Reichen, Arbeitenden und Nichtarbeitenden, Ausgebeuteten und Ausbeutern, Beherrschten und Herrschenden, Ausführenden und Anordnenden, Kommandierten und Kommandierenden zu *historisch* bedingten, in bestimmten Produktionsverhältnissen wurzelnden sozialen Gegensätzen und Unterschieden. Das gilt auch für die scheinbar aus der Natur von Organisationen oder für die angeblich aus Naturnotwendigkeiten der Produktion hervorgehenden Gegensätze und Unterschiede, denen Menschengruppen unterworfen sind.

Wurzeln die Gegensätze und sozialen Unterschiede aber letzten Endes in historischen Formen der Produktion, dann sind sie mit den Produktionsweisen selbst aufhebbar und überwindbar. Soziale Gegensätze und Unterschiede werden damit zu historisch bedingten und historisch überwindbaren sozialen Verhältnissen.

Die wissenschaftliche Erklärung der sozialen Ungleichheit und der sozialen Gegensätze ist aber nur eine Seite der marxistischen Klassentheorie. Die andere Seite besteht darin, daß sie im sozialen Konflikt, im Klassenkampf den sozialen Motor der geschichtlichen Entwicklung sieht, und in den unterdrückten, arbeitenden Klassen die zukunftsbestimmenden Kräfte erkennt. Die Anerkennung der arbeitenden Massen als die entscheidende Kraft der geschichtlichen Entwicklung beruht darauf, daß im materiellen Leben der Gesellschaft, in der gesellschaftlichen Arbeit, die wesentliche Praxis der Menschen gesehen wird.

Im Gegensatz dazu führt die bürgerliche Ideologie soziale Unterschiede letzten Endes auf individuelle Unterschiede zurück. Langfristig entspräche die soziale Schichtung der unterschiedlichen Veranlagung der Individuen. Damit soll die mehr oder weniger offen zutage tretende soziale Ungleichheit ihre Rechtfertigung finden.

Tatsächlich gibt es jedoch keine von der sozialen Lage und den entsprechenden sozialen Unterschieden und Gegensätze losgelöste Herausbildung der Persönlichkeiten, der Individualitäten. Die gesellschaftliche Lage der einzelnen Klassen, Schichten und Gruppen ist die Grundlage der Herausbildung entsprechender Sozialphysiognomien, deren Züge auch das einzelne Individuum trägt bzw. annimmt.

Die Unterschiede von Geburt sind weit geringer als von der bürgerlichen Ideologie behauptet, schaltet man die Fälle geistiger und körperlicher Gebrechen aus. Während z. B. auf der Existenzbasis der herrschenden Klasse noch die schwächste Veranlagung (Begabung) bei entsprechender Betreuung bis zur Universitätsreife geführt werden kann, bleibt ein Mensch gleicher

Veranlagung aus der Arbeiterklasse in der Regel – in Auswirkung der Selektionsmechanismen des Bildungs- und Qualifikationssystems – auf einfache manuelle Arbeit beschränkt.

Es liegt in der Natur sozialer Unterschiede in der Klassengesellschaft, daß die Lebenschancen und Entfaltungsmöglichkeiten der Individuen entsprechend ihrer Klassenlage unterschiedlich sind und sich mit der Reproduktion der materiellen Basis auch die Ungleichheit der Menschen reproduziert.

Die Vorstellung einer Gesellschaft der Gleichheit und damit verbunden der Gerechtigkeit, also einer Gesellschaft des Kommunismus, ist so alt wie die Herausbildung sozialer Unterschiede und Gegensätze in der Gesellschaft. Sie ist mit einer Entwicklung verbunden, in deren Verlauf die Klassen zur Existenzform der Gesellschaft wurden. Sie mußte solange utopisch oder rückwärts, an dem „goldenen Zeitalter" der Urgemeinschaft orientiert bleiben, wie die materiellen Bedingungen der Gesellschaft, insbesondere die Entwicklung ihrer Produktivkräfte, Privateigentum notwendig einschlossen. Solange mußten Klassen und soziale Unterschiede notwendige historische Durchgangsstadien der Gesellschaft bleiben.

Erst mit der Entwicklung des Kapitalismus konnte die Utopie zur Wissenschaft werden und die Abschaffung der Klassen geschichtlich auf die Tagesordnung treten. Die Beseitigung des Privateigentums, der Klassen und der sozialen Unterschiede[16] ist seither zur historischen Aufgabe des modernen Proletariats geworden und die modernen Produktivkräfte wurden dabei zur Schubkraft und materiellen Voraussetzung.

Diese Einsicht wird zur Motivation politischer Praxis der Arbeiterbewegung. Sie nimmt alle progressiven Ideen des Humanismus, der Freiheit, Gleichheit und Brüderlichkeit auf, stellt sie auf eine wissenschaftliche Grundlage und macht sie zum Programm der gesellschaftlichen Umgestaltung. Das ist eine wichtige Seite der marxistischen Theorie der Klassen und des Klassenkampfes.

2. Klassentheorie und materialistische Geschichtsauffassung

2.0 *Von der materialistischen Geschichtsschreibung zur marxistischen Klassentheorie*

Die marxistische Klassentheorie beruht auf der materialistischen Geschichtsauffassung und ist deren Bestandteil. Sie ist nicht einfach Theorie der Sozialstruktur, sondern sie vermittelt die Bewegung der auf Privateigentum an Produktionsmitteln beruhenden und dadurch gespaltenen Gesellschaftsformationen und deren Entwicklungsrichtung.

Die Herausarbeitung der materialistischen Geschichtsauffassung vollzog sich bei Marx und Engels nicht losgelöst von der Auseinandersetzung mit der bürgerlichen politischen Ökonomie – vielmehr gehen wesentliche Resultate darin ein –, jedoch legen Marx und Engels schon in ihrer ersten Schaffensperiode („Deutsche Ideologie“, „Das Elend der Philosophie“, „Manifest der Kommunistischen Partei“[1]), ohne daß die Kritik der politischen Ökonomie schon umfassend ausgearbeitet worden wäre, die wesentlichen Elemente einer materialistischen Klassentheorie vor. Schon am Beginn der wissenschaftlichen Arbeit von Friedrich Engels steht mit „Die Lage der arbeitenden Klasse in England“[2] die grundlegende, auf der unmittelbaren Beobachtung und der Verarbeitung allen verfügbaren empirischem Materials beruhende Darstellung des Klassenkampfes, der Geschichte, Struktur und Bewegung der englischen Arbeiterklasse. Ähnlich wie später in „Der achtzehnte Brumaire des Louis Bonaparte“[3] finden sich auch in den Vorarbeiten für das „Kommunistische Manifest“, so in „Der Status quo in Deutschland“ (1847)[4] von Friedrich Engels, umfassend angelegte Analysen der Klassensituation und -kämpfe in Deutschland.

Auf diese theoriegeschichtlichen Tatsachen wird deshalb verwiesen, um einer verkürzten Ableitung der Klassentheorie aus analytischen Kategorien der politischen Ökonomie entgegenzutreten. Das ist u. a. auch deshalb erforderlich, da neben den bestimmenden Grundklassen der jeweiligen Gesellschaftsformation in der realen geschichtlichen Klassenbewegung Zwischenklassen und Schichten zwischen und neben den Klassen eine bedeutsame Rolle spielen und ihre sozialökonomische Stellung nicht ausschließlich aus der Bewegung der Hauptklassen bestimmt werden kann.

Im Vorwort von „Zur Kritik der Politischen Ökonomie“[5] legte Marx die Grundzüge der in den 40er Jahren entwickelten materialistischen Geschichtsauffassung dar. Er hebt als den wichtigsten Grundzug hervor, daß die gesellschaftlichen Erscheinungen und ihre Entwicklung in den „materiellen Lebensverhältnissen wurzeln“, und daß sich die Anatomie dieser Lebensverhältnisse in der politischen Ökonomie erschließt. Gerade diese Erkenntnis war der Ausgangspunkt für die späteren Studien zur wissenschaftlichen Erfassung der Entwicklung der bürgerlichen Gesellschaft als einem naturgeschichtlichen Prozeß.

Marx schreibt: „Die Gesamtheit der Produktionsverhältnisse bildet die ökonomische Struktur der Gesellschaft, die reale Basis, worauf sich ein juristischer und politischer Überbau erhebt und welcher bestimmte gesellschaftliche Bewußtseinsformen entsprechen. Die Produktionsweise des materiellen Lebens bedingt den sozialen, politischen und geistigen Lebensprozeß überhaupt.“[6] Damit wird auf die Produktionsverhältnisse als die entscheidende *Struktur* der bürgerlichen Gesellschaft und nicht nur der bürgerlichen Gesellschaft, sondern jeder Gesellschaftsformation überhaupt verwiesen. Die Art und Weise der Produktion des materiellen Lebens bedingt und bestimmt den sozialen Lebensprozeß der Gesellschaft, also die Beziehungen, die zwischen gesellschaftlichen Gruppen entstehen und den Charakter dieser Beziehungen.

Um die Jahrhundertwende hat vor allem G. W. Plechanow[7] an die Grundgedanken des historischen Materialismus angeknüpft und damit nicht zuletzt wesentliche Züge des Leninismus beeinflußt. Dies betrifft auch die Grundgedanken der marxistischen Klassentheorie, weshalb hier Plechanows Interpretation der Entwicklung der materialistischen Geschichtsauffassung herangezogen werden soll.

Die Vielfalt gesellschaftlicher Strukturen und Prozesse, Faktoren, Elemente und Erscheinungen ist durch vielfältige Wechselwirkungen und Zusammenhänge verbunden. Dies war idealistischen wie materialistischen Gesellschaftstheoretikern schon früh bewußt. Worauf sich die gesellschaftstheoretischen Fragestellungen konzentrierten, war, welche Seiten der menschlichen und gesellschaftlichen Existenz für die Entwicklung entscheidend sind. Die Entdeckung der wesentlichen Seite des gesellschaftlichen Lebens verlangte also, sich über den „Standpunkt der Wechselwirkung zu erheben"[8]. Eine materialistische Antwort auf diese Frage konnte in dem Maße heranreifen, wie im realen geschichtlichen Ablauf der Zusammenhang zwischen dem Handeln großer Menschengruppen und ihren materiellen Interessen auch an der Oberfläche in Erscheinung trat. Eine solche Situation hatten die Geschichtsschreiber der Restaurationsperiode (Thierry, Guizot, Mignet) in Frankreich vorgefunden, die die Fragestellung der französischen Materialisten des 18. Jhs. über den Zusammenhang von Staatsordnung und Volkssitten fortführten. Sie gelangten zu dem Standpunkt „... letzten Endes verdanke sowohl das eine (Sitten des Volkes – d. Verf.) als auch das andere (Staatsordnung – d. Verf.) seine Existenz einem dritten, tieferen Faktor, der ‚zivilen Lebensweise der Menschen, ihren Eigentumsverhältnissen'".[9]

In der Tradition der französischen Materialisten erfaßten sie die Gesamtheit dieser Besitzverhältnisse als bürgerliche Gesellschaft, eine Tradition, die auch von dem idealistischen deutschen Philosophen G. F. W. Hegel aufgenommen worden war, von dessen Auffassung der bürgerlichen Gesellschaft auch Marx ausgegangen ist.

Die französischen materialistischen Geschichtsschreiber, die sich mit der feudalen Periode Frankreichs befaßten, sahen in den Eigentumsverhältnissen an Grund und Boden das entscheidende Moment der sozialen Gliederung, der Klassengliederung dieser Gesellschaft und in der Änderung der Grund- und Bodenverhältnisse die Ursache der Änderung der Gesellschaft. In der Erklärung dieser Eigentumsbeziehungen fielen sie jedoch auf die Gewalt, auf Eroberungen oder schlechthin die „menschliche Natur" des 18. Jhs. zurück. Dies war nicht zuletzt deshalb der Fall, da für sie Eigentumsverhältnisse der Menschen „in das Gebiet ihrer Rechtsbeziehungen (gehören); Eigentum ist vor allem eine Rechtsinstitution".[10]

Plechanow faßte ihren Standpunkt in dieser Frage wie folgt zusammen: „Sie waren aber nicht imstande, den Ursprung der ökonomischen Struktur einer Gesellschaft zu erklären. Und wenn sie davon sprachen, so wandten sie sich an die Eroberung und kehrten zum Standpunkt des achtzehnten Jahrhunderts zurück, da ein Eroberer auch ein ‚Gesetzgeber' ist, nur einer, der von außen kommt."[11]

Es war ein großes Verdienst der französischen utopischen Sozialisten, vor allem von Saint Simon, die Grundlagen der Eigentumsverhältnisse vom Standpunkt der industriellen Produktion zu beleuchten und sich einer richtigen Antwort auf die Frage nach der Rolle der Produktivkräfte und insbesondere der Arbeitsinstrumente in der gesellschaftlichen Entwicklung zu nähern.

Erst auf dieser Erkenntnisstufe konnte aber auch grundsätzlich die Frage nach dem Verhältnis des Menschen und seines Willens zu den ihn umgebenden und formenden Umständen wissenschaftlich beantwortet werden. Nach Plechanow wurde die Lösung des Problems durch den Hinweis auf die Produktionsverhältnisse ermöglicht, „deren Ausbildung vor sich geht unter dem Einfluß von Bedingungen, die vom menschlichen Willen unabhängig sind". „Der Charakter der ökonomischen Struktur und die Richtung, in der sich dieser Charakter ändert, hängen nicht vom Willen der Menschen ab, sondern vom Stand der Produktivkräfte und der Frage, welche bestimmten Änderungen in den Produktionsverhältnissen kraft der Weiterentwicklung dieser Produktivkräfte eintreten und für die Gesellschaft notwendig werden."[12]

Mit der Auffassung der Eigentumsverhältnisse als juristischem Ausdruck der Produktionsverhältnisse können ihre jeweiligen Formen aus der Dialektik von Produktivkräften und Produktionsverhältnissen erklärt werden – jenseits von Gewalt und Natur des Menschen. Damit wird – außerhalb der ideellen Beziehungen – auf objektive Strukturen und Prozesse, die die Menschen unabhängig von ihren Wünschen und Absichten einzugehen und zu vollziehen gezwungen sind, verwiesen, die die wissenschaftliche Erklärung der geschichtlichen Entwicklung ermöglichen.

Ohne die Orientierung auf die Erforschung gesellschaftlicher Strukturen wäre eine wissenschaftliche Untersuchung der Gesellschaft nicht denkbar. Gerade deshalb war die Entdeckung der Produktionsweise bzw. Gesellschaftsformation und der Produktionsverhältnisse als der entscheidenden gesellschaftlichen Verhältnisse von weitreichender Bedeutung.

Neuerdings haben L. Sevé u. a. in der Auseinandersetzung mit dem französischen Strukturalismus darauf hingewiesen, daß es nicht die Anerkennung der Struktur als Voraussetzung und Grundlage wissenschaftlichen Denkens und wissenschaftlicher Forschung ist, was den Strukturalismus als bürgerliche Denkrichtung gegenüber dem Marxismus abhebt, sondern sein Unvermögen, den Widerspruch als Triebkraft der Veränderung der Strukturen und der Entwicklung zu erkennen und methodisch zu erfassen, sowie die Dominanz der materiellen Produktion für die gesellschaftlichen Beziehungen zu erkennen.[13] Insbesondere gegenüber allen Spielarten subjektivistischer bürgerlicher Soziologie in den Fragen der Sozialstruktur und Klassentheorie ist dieser Ausgangspunkt des historischen Materialismus zu betonen. Diese Zusammenhänge standen auch im Mittelpunkt der Auseinandersetzung W. I. Lenins mit der subjektivistischen Soziologie der Volkstümler in Rußland.[14]

Jede Entwicklungsstufe der Produktivkräfte der Menschen, d. h. der Mittel, Methoden und Fertigkeiten, mit deren Hilfe die Menschen auf die Natur einwirken, um die zum Leben notwendigen Mittel, also vorab materielle Mittel und Gegenstände zu gewinnen, mit denen sie sich die Natur aneignen, den Aneignungsprozeß vollziehen – und nichts anderes sind die Produktivkräfte des Menschen –, bestimmt die Beziehungen der Menschen zueinander in diesem Prozeß, die Produktionsverhältnisse. Damit wird aber auch die gesellschaftliche Arbeit, in der diese beiden Seiten menschlicher gesellschaftlicher Praxis zusammenfließen, zu einer der zentralen Kategorien der Gesellschaftswissenschaften.

„Jede bestimmte Entwicklungsstufe der Produktivkräfte", schreibt Plechanow, „führt notwendigerweise zu einer *bestimmten Gruppierung der Menschen* im Produktionsprozeß, *das heißt zu bestimmten Produktionsverhältnissen,* das heißt zu einer *bestimmten Struktur der gesamten Gesellschaft.*"[15] Er beantwortet die Frage: „Was ist nun das gegenseitige Verhältnis der Klassen?" mit der Antwort: „Es ist vor allem jenes Verhältnis, das die Menschen im gesellschaftlichen Produktionsprozeß miteinander eingehen; es sind *die Produktionsverhältnisse.*"[16]

Marx hat im 3. Band von „Das Kapital" noch einmal auf der vollen Höhe der Erforschung der Anatomie der bürgerlichen Gesellschaft, der politischen Ökonomie des Kapitalismus die im Vorwort von „Zur Kritik der politischen Ökonomie" formulierten Grundsätze des historischen Materialismus und insbesondere das innere Wesen der Produktionsverhältnisse präzisiert:

„Die spezifische ökonomische Form, in der unbezahlte Mehrarbeit aus den unmittelbaren Produzenten ausgepumpt wird, bestimmt das Herrschafts- und Knechtschaftsverhältnis, wie es unmittelbar aus der Produktion selbst hervorwächst und seinerseits bestimmend auf sie zurückwirkt ... Es ist jedesmal das unmittelbare Verhältnis der Eigentümer der Produktionsbedingungen zu den unmittelbaren Produzenten – ein Verhältnis, dessen jedesmalige Form stets naturgemäß einer bestimmten Entwicklungsstufe der Art und Weise der Arbeit und daher ihrer gesellschaftlichen Produktivkraft entspricht – worin wir das innerste Geheimnis, die verborgne Grundlage der ganzen gesellschaftlichen Konstruktion und daher auch der politischen Form des Souveränitäts- und Abhängigkeitsverhältnisses, kurz, der jedesmaligen spezifischen Staatsform finden."[17]

Davon, ob die Mehrarbeit in Form der Sklavenarbeit, der feudalen Fronarbeit oder der kapitalistischen Lohnarbeit geleistet bzw. angeeignet wird, also von der spezifischen, ökonomisch bestimmten Art der Ausbeutung hängen politische und juristisch fixierte Unterordnungs- und Ausbeutungsverhältnisse ab. Letztere können nicht aus sich erklärt werden, sondern nur aus den spezifischen Ausbeutungsbeziehungen in der Produktion. Gleichwohl sind die Herrschafts- und Knechtschaftsverhältnisse nicht nur eine gegenüber den Produktionsbeziehungen passive Beziehung, sondern sie bestimmen wiederum die Entwicklung der ökonomischen Ausbeutungsbeziehungen.

Das soziale Verhältnis in der Produktion der materiellen Unterhalts- und Produktionsmittel eröffnet das innerste Geheimnis der Gesellschaftskonstruktion. Die zahlreichen über der Produktion aufgetürmten Schichten nichtmaterieller Tätigkeiten und ihre sozialen Beziehungen können nur von der sozialen Struktur der Produktion her erschlossen werden. Nur in bezug und in Beziehung zu den sozialen Beziehungen in der Produktion kann die soziale Struktur und Funktion der verschiedenen „nichtproduktiven" Ausbeuterklassen bzw. -gruppen, der Gruppen im Staatsapparat (die Bürokratie im engeren und weiteren Sinne), der sozialen Gruppen in der Zirkulations- und Dienstleistungssphäre, in den Bereichen der geistigen Arbeit usw. erklärt werden.

Stellt man diese Zusammenhänge in Rechnung, so wird es auch verständlich, daß in der Analyse der Klassenstruktur die Stellung zu den Produktionsmitteln nicht auf die juristisch fixierten Eigentumsverhältnisse im engeren Sinne reduziert werden kann, sondern diese immer nur als juristischer Ausdruck der Gesamtheit der Produktionsverhältnisse anzusehen sind. Im nächsten Abschnitt wird zu erläutern sein, in welchem Verhältnis die Eigentumsbeziehungen zu den gesamten Produktionsverhältnissen stehen. In unserer Untersuchung wird diese Frage im Zusammenhang mit der Bestimmung der Kriterien der Grundklassen bedeutsam.

Aus der gegensätzlichen Stellung im Produktionsverhältnis — ja als Bestandteil der Produktionsverhältnisse — ergibt sich in den auf Privateigentum an Produktionsmitteln beruhenden Gesellschaften die Klassenspaltung und die Basis der Klassen. Aber in diesen Gesellschaften existieren Klassen nicht nur als abstrakte Kategorien, nicht nur als wesentliche Seite von Erscheinungen, sondern sie sind gewissermaßen lebendige Organismen, sie sind als Klassen die Subjekte der Geschichte. In ihrem Antagonismus treten die Gegensätze der Gesellschaft zutage, und zwar als „eines aus den gesellschaftlichen Lebensbedingungen der Individuen hervorwachsenden Antagonismus".[18] Im geschichtlichen Prozeß stoßen nicht objektive Entgegensetzungen im Produktionsverhältnis aufeinander, sondern Klassen mit gegensätzlichen Interessen, in erster Linie gegensätzlichen materiellen Interessen.

Diese Interessen entstehen auf der Grundlage der materiellen Existenzweise der Klasse. Hierauf wiederum schaffen die Klassen ihnen eigentümliche Empfindungen und Vorstellungen. „Auf den verschiedenen Formen des Eigentums, auf den sozialen Existenzbedingungen erhebt sich ein ganzer Überbau verschiedener und eigentümlich gestalteter Empfindungen, Illusionen, Denkweisen und Lebensanschauungen. Die ganze Klasse schafft und gestaltet sie aus ihren materiellen Grundlagen heraus und aus den entsprechenden gesellschaftlichen Verhältnissen."[19] Die Psyche einer Klasse bildet sich auf der Grundlage ihrer materiellen und sonstigen Interessen, ihrer materiellen Existenzbedingungen in erster Linie heraus. Dieses System von Verhaltensweisen und Empfindungen bestimmt neben den materiellen Lebensbedingungen, deren Produkt es ja hauptsächlich ist, die Herausbildung der Denkweisen und Lebensanschauungen, der Ideologie der Klasse im engeren Sinne.

Das heißt aber nichts anderes, als daß die Psychologie und Ideologie der Klassen letztlich nur aus ihrer objektiven materiellen Existenzweise erklärt werden kann, wenn auch darüber hinaus mannigfache sonstige Faktoren in ihrer geschichtlichen Ausprägung wirksam werden. Wird dieser Zusammenhang anerkannt, so bedeutet dies auch, daß von einer deformierten Klassenideologie nicht auf eine deformierte Klassenstruktur geschlossen werden kann. Die Erforschung von Bewußtseinsformen kann deshalb nur eine ergänzende Funktion besitzen und erfordert auf jeden Fall eine alle Vermittlungsfaktoren berücksichtigende Analyse. Andererseits schließt die Anerkennung dieses Zusammenhangs aber auch die Schlußfolgerung ein, daß aus objektiven Strukturveränderungen nicht unmittelbar auf die Erhöhung des Klassenbewußtseins oder der politischen Organisiertheit geschlossen werden kann. Wohl werden die objektiven Voraussetzungen und das objektive Potential verstärkt, aber Organisiertheit und Bewußtsein bleiben durch verschiedene Vermittlungsglieder mit der objektiven Klassenstellung verbundene Beziehungen.

Auf den Ausgangspunkt dieses Abschnitts zurückkommend, sei nochmals daran erinnert, daß Marx in seinem Brief an J. Weydemeyer vom 5. 3. 1852[20] ausdrücklich die kleinbürgerlichen Ideologen verspottet, die nicht zur Kenntnis nehmen, was die französischen Geschichtsschreiber und die englischen Ökonomen zu den Klassen und zum Klassenkampf geschrieben haben. Zustimmend verweist er auf Ricardo, der „Rente (Grundeigentum), Profit (Kapital) und Arbeitslohn (Lohnarbeit)“ als die „ökonomischen Bedingungen“ des Kampfes unter den Klassen hervorgehoben hatte. „Albern“ nennt er Vertreter der Ansicht, die „die Existenz von Klassen an das Dasein *politischer* Privilegien und *Monopole*“ knüpfen.

Seinen eigenen Beitrag in der Herausarbeitung der Klassentheorie faßt Marx wie folgt zusammen: „Bürgerliche Geschichtsschreiber hatten längst vor mir die historische Entwicklung dieses Kampfes der Klassen, und bürgerliche Ökonomen die ökonomische Anatomie derselben dargestellt. Was ich neu tat, war 1. nachzuweisen, daß die *Existenz der Klassen* bloß an *bestimmte historische Entwicklungsphasen* der Produktion gebunden ist; 2. daß der Klassenkampf notwendig zur *Diktatur des Proletariats* führt; 3. daß diese Diktatur selbst nur den Übergang zur *Aufhebung aller Klassen* und zu einer *klassenlosen Gesellschaft* bildet.“[21] Der historische Charakter der Klassen konnte nur auf der Grundlage der materialistischen Geschichtsauffassung herausgearbeitet werden. Das setzte die Erkenntnis der materiellen Produktion als dem entscheidenden Bereich menschlicher gesellschaftlicher Praxis und der Dialektik von Produktivkräften und Produktionsverhältnissen als der Triebkraft der gesellschaftlichen Entwicklung voraus.

2.1 *Der Klassenkampf als vorwärtstreibender Antagonismus*

Bezugnehmend auf die mit der kapitalistischen Akkumulation verbundene soziale Polarisierung der kapitalistischen Gesellschaft schrieb Friedrich Engels: „Der Widerspruch zwischen gesellschaftlicher Produktion und kapitalistischer Aneignung tritt an den Tag als Gegensatz von Proletariat und Bourgeoisie."[22] Der Grundwiderspruch der kapitalistischen Produktionsweise ist bei Engels also nicht *identisch* mit dem antagonistischen Klassengegensatz dieser Gesellschaft, er drückt sich nur in diesem aus. Im dritten Band von „Das Kapital" hat Marx diese Beziehung als Widerspruch von kapitalistischer Produktion und Kapitalverwertung charakterisiert, der sich im tendenziellen Fall der Profitrate niederschlagen muß.[23] Das ist deshalb wichtig, weil hier Verschärfung und Entfaltung des kapitalistischen Grundwiderspruchs in den Kategorien der politischen Ökonomie erfaßt, die davon ausgehende Dynamik der kapitalistischen Entwicklung sichtbar und der historische Übergangscharakter des Systems deutlich wird.

Aus der Krise des Systems, die in gewissen Grenzen als Reflex objektiver Widersprüche auch als Auflösungstendenz und Modifikation von Kategorien der politischen Ökonomie zum Ausdruck kommt, kann jedoch keinesfalls die Auflösung der Klassenherrschaft abgeleitet werden, wie das etwa bei M. Mauke zum Ausdruck kommt.[24] Die methodische Grundlage dieses Fehlschlusses besteht in einer zwar richtigen Bestimmung der Produktionsverhältnisse als Gegenstand der politischen Ökonomie, aber in einer unrichtigen *Gleichsetzung* der ökonomischen Struktur und ihren Bewegungsgesetzen mit den Klassen und ihrer Bewegung.[25] In der zitierten Äußerung drückt Engels dagegen aus, daß es sich um einen *vermittelten Zusammenhang* handelt.

Der antagonistische Gegensatz der Grundklassen drückt aus, daß er nur mit der Sprengung der Grundstruktur der Gesellschaft aufgehoben werden kann und daß die Entwicklung der Struktur in diese Richtung zielt.

In der allgemeinen Richtung der Durchsetzung der modernen Produktivkräfte unterscheiden sich die historischen Aufgaben der Bourgeoisie und des Proletariats nicht. Diese Aufgabe muß jedoch jeweils unter völlig anderen Voraussetzungen vollzogen werden.

In „Manifest der Kommunistischen Partei" (1847/48) schrieben Marx und Engels: „Alle früheren Klassen, die sich die Herrschaft eroberten, suchten ihre schon erworbene Lebensstellung zu sichern, indem sie die ganze Gesellschaft den Bedingungen des Erwerbs unterwarfen. Die Proletarier können sich die gesellschaftlichen Produktivkräfte nur erobern, indem sie ihre eigene Aneignungsweise und damit die ganze bisherige Aneignungsweise abschaffen."[26] Der Unterschied besteht darin, daß in alten Gesellschaften, die auf Ausbeutung der arbeitenden durch die besitzenden Klassen beruhen, die Produktionsverhältnisse der neuen Ausbeutergesellschaften heranreifen, die Produktionsweise schon Gestalt annimmt, im Schoße der kapitalistischen Ausbeutergesellschaft jedoch nur die Produktivkräfte des Sozialismus und mit ihnen die sozialen Kräfte zur Umgestaltung der alten Produktionsverhältnisse. Das ändert sich auch nicht mit dem Übergang zum staatsmonopolistischen Kapitalismus und den damit modifizierten kapitalistischen Produktionsverhältnissen.

Die Betrachtung der konkreten Gesellschaften der Vergangenheit zeigt, daß in der Regel nicht nur ein Typ des Produktionsverhältnisses existiert, jedoch die herrschenden Produktionsverhältnisse den übrigen Rang und Funktion zugewiesen haben. Daraus folgt, daß in Wirklichkeit die Grundklassen nicht in Reinkultur existieren können, daß sich ihr Antagonismus immer in einem „gemischten" Milieu ausprägen und durchsetzen mußte.

Auf die gesellschaftliche Entgegensetzung bezieht sich der zweite Satz im „Manifest der Kommunistischen Partei": „Freier und Sklave, Patrizier und Plebejer, Baron und Leibeigener, Zunftbürger und Gesell, kurz, Unterdrücker und Unterdrückte standen in stetem Gegensatz zueinander ..."[27] Es ist immer dieser Zusammenhang – das antagonistische Modell –, der die Dynamik der Gesellschaft offenlegt und den Analysen konkreter Gesellschaften durch die Begründer des Marxismus zugrunde liegt.

Zu Beginn der sechziger Jahre griff die bürgerliche Soziologie begierig nach den Hypothesen des bürgerlichen polnischen Soziologen S. Ossowski.[28] Dieser hatte den Versuch unternommen, über die Analyse des sozialen Bewußtseins ein Bild der Klassenstruktur zu gewinnen. Er arbeitete dabei drei Strukturmodelle des sozialen Bewußtseins heraus, die bei ihm mit der Klassenstruktur nahezu identisch sind: ein dichotomisches Zweiklassenmodell; ein mehrklassiges Gradationsschema, das die Gesellschaft als Schichtungsstruktur erfaßt; und ein funktionales Schema, in dem Klassen Glieder eines sozialen Organismus sind. Er behauptet, daß Marx den Klassenbegriff im Zusammenhang mit diesen drei Modellen verwandt habe, so z. B. das dichotomisch-antagonistische im „Manifest der Kommunistischen Partei", das funktionalistische in „Das Kapital" und den Klassenbegriff auf der Grundlage des Gradationsschemas, der besser als Schichtbegriff im Sinne der bürgerlichen Soziologen aufzufassen wäre, in den konkreten historischen Analysen wie in „Der achtzehnte Brumaire des Louis Bonaparte". Diese drei Modelle existieren bei Ossowski nebeneinander, überlagern sich, lassen die eine oder andere Komponente in den Vordergrund treten. Zu Marx Zeiten habe das dichotomische Modell zwar noch eine gewisse Dominanz gehabt, heute stehe jedoch das Gradationsschema im Vordergrund, da die Stellung zum Produktionsmitteleigentum die „Adäquatheit eingebüßt" habe.[29]

Es ist eine Binsenweisheit, daß sich der Antagonismus sowohl zwischen Leibeigenem und Baron wie zwischen Feudalherren und Bourgeois unter einer hierarchischen ständischen Ordnung verbarg, ebenso wie heute ein bestimmter Typ kapitalistischer Großorganisationen oder staatlicher Institutionen den Klassengegensatz in hierarchisch-bürokratischen Gliederungen verdecken (und zu ersticken suchen). Es handelt sich aber hier nicht um ein gleichwertiges gesellschaftliches Gliederungsprinzip, das neben die Produktionsverhältnisse tritt – wie es von Max Weber und all seinen Epigonen behauptet wurde –, sondern auch die bürokratischen Gliederungen sind ein Ausdruck – wenn auch ein vermittelter – der in den Produktionsverhältnissen wurzelnden Klassengliederung.

Dem methodischen Vorgehen Ossowskis lag das für die vorherrschenden bürgerlichen soziologischen Strömungen der Nachkriegszeit charakteristische „Unverständnis" der Produktionsverhältnisse zugrunde, insbesondere ihre Unfähigkeit, den juristischen Eigentumsausdruck mit der

Gesamtheit der Produktionsverhältnisse in Beziehung zu bringen. Dabei steht es, wie schon betont, außer Zweifel, daß sich eine Analyse der Klassenbeziehungen nicht nur auf den Grundantagonismus beschränken kann, sondern – der Vielfalt historisch entstandener Produktionsverhältnisse und der sozialen Gliederung der Gesellschaft entsprechend – Zwischen- und Übergangsgliederungen Rechnung tragen muß. *Die Stellung der verschiedenen Klassen und anderen sozialen Kategorien zueinander und ihre Rolle im geschichtlichen Prozeß kann jedoch nur vom Antagonismus der Grundklassen her erschlossen werden.* Wie noch zu zeigen sein wird, sind dabei weder die Klassen noch ihre Kerngruppen starr fixiert.

Wenn die von Marx skizzierte Entwicklungsrichtung des Klassenkampfes zutreffend ist, deren Aufdeckung er als seinen spezifischen Beitrag zur Klassentheorie bezeichnete, so kann sich die marxistische Klassentheorie nicht auf die Konstatierung von Gegebenheiten und Strukturen beschränken, vielmehr steht die Herausarbeitung jener Kräfte, deren geschichtliche Funktion die Aufhebung der Klassengesellschaft ist, also die Arbeiterklasse, im Zentrum ihrer Betrachtungen. Denn: „Klassen interessieren den Marxismus-Leninismus vor allem als Triebkräfte des Geschichtsprozesses, als jener Vermittlungsfaktor, der dem menschlichen Handeln historische Wirksamkeit verleiht.“[30]

Das Erkennen der revolutionären Kräfte und die Entdeckung ihrer Kampf- und Entfaltungsbedingungen wird von den Begründern des Marxismus mit aller Deutlichkeit hervorgehoben. „Von allen Produktionsinstrumenten ist die größte Produktivkraft die revolutionäre Klasse selbst“,[31] schrieb K. Marx 1847. Und W. I. Lenin betonte, daß das Wichtigste im Werk von Marx die Klarstellung der historischen Rolle und Mission der Arbeiterklasse gewesen sei.[32]

Die endgültige Aufhebung der Klassen setzt die Beseitigung ihrer materiellen Grundlagen voraus. Dieser Prozeß reicht aber bis weit in den Aufbau einer kommunistischen Gesellschaft hinein. Die Arbeiterklasse hat also noch nicht mit dem Sturz, der Überwindung und Auflösung der Bourgeoisie – selbst wenn dies sozialökonomisch vollständig und ideologisch weitgehend erfolgt ist – ihre Mission vollständig erfüllt. Sie kann also mit dem Übergang zum Sozialismus nicht als herrschende Klasse abtreten und im Volk der sozialistischen Gesellschaft aufgehen. Denn die endgültige Beseitigung – auch der Wurzeln – der Klassen schließt die Aufhebung der wesentlichen Unterschiede zwischen Stadt und Land, geistiger und körperlicher Arbeit u. a. ein.

Historisch ist die Frage nach den revolutionären Kräften, die diese Aufgaben erfüllen können, die Frage nach der Klasse, die dazu in der Lage ist. Diese Klasse ist das moderne Proletariat. Dieses moderne Proletariat oder die moderne Arbeiterklasse kann nicht mit der Gesamtheit der Lohnarbeiter oder der arbeitenden Klasse schlechthin gleichgesetzt werden, sondern das moderne Proletariat ist in erster Linie die Fabrikarbeiterschaft. Erst die Fabrikarbeiterschaft – und noch nicht die Lohnarbeiter der Manufaktur oder des Verlagssystems – wird die völlige Negation, der dialektische Gegenpart des Kapitals, genauer des industriellen Kapitals, das sich die Produktion unterworfen hat. Diese moderne Arbeiterklasse ist aber nicht nur die Negation des Kapitals und seiner Gesellschaft, sondern sie ist mit den modernen Produktivkräften verbunden, selbst ein Bestandteil und Träger derselben. „Der Träger dieser materiellen Bedingungen (der kapitalistischen Großproduktion, H. Ju.) aber, oder ihr Schrittmacher, ist eine bestimmte geschichtliche Klasse, die vom Großkapitalismus hervorgebracht, organisiert, zusammengeschlossen, geschult, aufgeklärt und gestählt worden ist. Diese Klasse ist das Proletariat.“ „Nur eine bestimmte Klasse, nämlich die städtischen Arbeiter und überhaupt die Fabrikarbeiter, die Industriearbeiter, ist imstande, die ganze Masse der Werktätigen und Ausgebeuteten zu führen im Kampf für den Sturz der Macht des Kapitals ... in dem ganzen Kampf für die völlige Aufhebung der Klassen.“[33]

Die jeweilige empirische Erscheinungsweise oder zahlenmäßige Stärke der Arbeiter ist für diesen grundlegenden Zusammenhang nicht entscheidend, vielmehr sind es die daraus resultierenden Positionen und historischen Entwicklungstendenzen. Um die Mitte des letzten Jahrhunderts gab es auf der ganzen Erde etwa 10 Millionen Industriearbeiter, 1917 schon etwa 30 Millionen und gegenwärtig mehrere Hundert Millionen. Die Zusammensetzung und Struktur der Industriearbeiter hat sich im Verlauf dieser Entwicklung selbst beträchtlich verändert. Zu Marx und Engels Schaffenszeiten waren große Teile der Industriearbeiterschaft Kinder und Frauen; die in der kommunistischen Bewegung aktivsten Kräfte zum großen Teil Handwerksgesellen. Diese empirischen Fakten sind für die jeweiligen historischen Möglichkeiten der Arbeiterklasse von allergrößter Wichtigkeit. Aber aus ihnen ergibt sich nicht die historische Rolle der Arbeiterklasse.

Die Fabrikarbeiterschaft ist, wie es schon in der zitierten Äußerung Lenins deutlich wird, deshalb die revolutionärste Klasse, weil sich im Verlaufe der historischen Entwicklung nur aus ihrer objektiven Stellung und Situation ein konsequent revolutionärer Standpunkt gegenüber der kapitalistischen Gesellschaft ergibt, weil sich in diesem Standpunkt die Interessen aller anderen Gruppen der Arbeiterklasse und der Ausgebeuteten am klarsten und konsequentesten ausdrücken können und weil sich aus der Situation der Fabrikarbeiter in der Stadt und in der Großindustrie jene Organisation, Disziplin und Ausdauer entwickeln kann, die im Klassenkampf gegen den Kapitalismus und zum Aufbau des Kommunismus unabdingbar sind.[34] Damit wird die Fabrikarbeiterschaft zum Zentrum aller Werktätigen und Lohnarbeiter.

Deshalb wird in bestimmten Zusammenhängen sowohl von Marx und Engels wie von Lenin die Fabrikarbeiterschaft mit der Arbeiterklasse überhaupt identifiziert.[35]

Es sind die empirischen Tatsachen, in denen der unterschiedliche Entwicklungsgrad der Arbeiterklasse und der Klassenbeziehungen zum Ausdruck kommt und denen Aufmerksamkeit gewidmet werden muß, wenn man den Gang der geschichtlichen Entwicklung verstehen und beeinflussen will. Lenin hat in der Interpretation des Werkes von Marx und Engels immer wieder auf diesen Grundzug der materialistischen Geschichtsanalyse verwiesen. Marx habe das Beispiel gegeben „der Analyse der Stellung *jeder* einzelnen Klasse, manchmal auch verschiedener Gruppen oder Schichten innerhalb der Klasse, und wies augenfällig nach, wie und warum ‚jeder Klassenkampf ein politischer Kampf' ist. Der von uns angeführte Auszug (aus dem Kommunistischen Manifest, H. Ju.) zeigt, welch kompliziertes Netz von gesellschaftlichen Verhältnissen und *Übergangsstufen* von einer Klasse zur anderen, von der Vergangenheit zur Zukunft Marx analysiert, um die Resultante der ganzen historischen Entwicklung zu ermitteln".[36]

Es kann nochmals unterstrichen werden, daß die marxistische Klassentheorie keine deskriptive Theorie der Sozialstruktur ist, sondern die begriffliche Fixierung der sozialen Triebkräfte der geschichtlichen Entwicklung in erster Linie zum Gegenstand hat.

2.2 *Das Ganze der Produktionsverhältnisse*

Nach dem Urteil von W. I. Lenin gab der Materialismus von Marx „ein völlig objektives Kriterium an die Hand, indem er die ‚Produktionsverhältnisse' als die Struktur der Gesellschaft heraushob"[37], also materielle Verhältnisse, „die entstehen, ohne durch das Bewußtsein der Menschen hindurch gegangen zu sein".[38] Oder in den Worten von Karl Marx „Verhältnisse, welche die Menschen in ihrem gesellschaftlichen Lebensprozeß, in der Erzeugung ihres gesellschaftlichen Lebens eingehn".[39]

Wir hatten dargestellt, wie mit der Entwicklung der materialistischen Geschichtsauffassung die Eigentumsverhältnisse der Gesellschaft auf ihre Produktionsverhältnisse zurückgeführt wurden, an welche Voraussetzungen das gebunden und mit welchen Konsequenzen das verbunden war. Eine wesentliche Konsequenz besteht darin, daß unter den Bedingungen des Privateigentums an Produktionsmitteln die aus der sozialen Gliederung der Produktion hervorwachsenden Verhältnisse Klassenverhältnisse sind.

Bisher hatten wir die Produktionsverhältnisse in dieser allgemeinen Charakterisierung betrachtet. Was ist jedoch im Näheren darunter zu verstehen?

Gegenüber Proudhon, der die Arbeitsteilung zum Angelpunkt der geschichtlichen Entwicklung gemacht hatte und die Eigentumsbeziehungen gewissermaßen als äußerlich ansah, hatte Marx betont: „Die Produktionsverhältnisse jeder Gesellschaft bilden ein Ganzes."[40] Arbeitsteilung, Kooperation, Eigentum (im engeren Sinne) bilden Momente dieses Ganzen.

Aneignungs- und Eigentumsverhältnisse

Wir hatten die Marx'sche Formulierung im Vorwort von „Kritik der politischen Ökonomie" zitiert, daß die Eigentumsverhältnisse nur der juristische Ausdruck der Produktionsverhältnisse sind. Sind sie das, so müssen die zugrunde liegenden Produktionsverhältnisse als Eigentumsverhältnisse im eigentlichen Sinn betrachtet werden. Im juristischen Ausdruck als Willensverhältnis erscheint ein soziales Verhältnis, in den Besitzverhältnissen ein über Dinge (und die Verfügung darüber) vermitteltes und dahinter verstecktes Verhältnis von Menschengruppen. Sie sind der Fixpunkt, die den Charakter der jeweiligen Produktionsverhältnisse und Klassenbeziehungen bestimmenden Verhältnisse.

Woraus erwachsen diese Beziehungen? Sie erwachsen aus den Aneignungsverhältnissen, die als allgemeiner Ausdruck menschlicher Praxis, menschlicher Arbeit aufzufassen sind. „Alle Produktion ist Aneignung der Natur von seiten des Individuums innerhalb und vermittelst einer bestimmten Gesellschaftsform."[41] Das ist eine Beziehung, die für alle gesellschaftlichen Formationen Gültigkeit besitzt. Sie ist nicht ausdrücklich an Privateigentum gebunden oder damit verknüpft. Das ist nur in bestimmten Gesellschaftsformationen der Fall.

„*Eigentum* meint also ursprünglich nichts als Verhalten des Menschen zu seinen natürlichen Produktionsbedingungen als ihm gehörigen, als den seinen, als mit seinem *eignen Dasein vorausgesetzten* ..."[42] Und auf dieser Entwicklungsstufe ist die Produktion noch nicht von den Ergebnissen getrennt, damit noch keine soziale Spaltung verbunden: „Das Eigentum an der eignen Arbeit ist vermittelt durch das Eigentum an den Bedingungen der Arbeit ..."[43] Es ist damit schon angedeutet, daß aus der Beziehung Produktionsbedingungen—Produzent—Produktionsergebnis das *Verhältnis Produktionsbedingungen—Produzent als methodischer Ausgangspunkt* aufzugreifen ist: „Es ist jedesmal das unmittelbare Verhältnis der Eigentümer der Produktionsbedingungen zu den unmittelbaren Produzenten ... worin wir das innerste Geheimnis ... finden."[44]

Die für die einfache Warenproduktion charakteristische Beziehung der Übereinstimmung von objektiven und subjektiven Momenten der Produktion, der Produktionsbedingungen und der Produzenten wird durch die Entfaltung der Warenproduktion selbst aufgehoben. Mit der Verwandlung der Arbeitskraft in eine Ware, der Herausbildung des Kapitalverhältnisses bzw. dem Eindringen des Kapitals in die Produktion wird der Aneignungsprozeß zum Verwertungsprozeß des Kapitals. Die Identität von Arbeit und Aneignung wird zur Entgegensetzung, zur Trennung der Produzenten von ihren Produktionsbedingungen. Die Trennung von objektiven und subjektiven Bedingungen, vergegenständlichter und lebendiger Arbeit, Kapital und Arbeit macht die Produktionsbedingungen den Produzenten gegenüber zur feindlichen Macht. Diese Umstände ausdrückend schrieb Marx: „Um die Verhältnisse, worein Kapital und Lohnarbeit treten, als *Eigentumsverhältnisse* oder *Gesetze* auszudrücken, haben wir nichts zu tun als das Verhalten beider Seiten in dem *Verwertungsprozeß* als *Aneignungsprozeß* auszudrücken."[45]

Die Eigentumsverhältnisse erwachsen also aus den spezifischen Formen des Aneignungsprozesses. In der Aneignung der lebendigen Arbeit verwertet sich das Kapital oder in der Sprache der Ökonomie ausgedrückt: in der Produktion wird die Arbeitskraft als Quelle der lebendigen Arbeit, als variables Kapital zur Quelle des Mehrwerts für das Kapital.

Grundlage des Privateigentums an den Produktionsmitteln sind deshalb nicht die Rechtsverhältnisse, sondern eine bestimmte Stellung im gesellschaftlichen Produktionsprozeß, die die Kontrolle über die Bedingungen der Produktion und damit über die Produzenten und die Ergebnisse der Produktion, also die Produktionsmittel und Konsumtionsmittel der Gesellschaft ermöglicht. Die Struktur (des Produktionsverhältnisses), die eine derartige Stellung einschließt, ist von einem bestimmten Entwicklungsstand der Produktivkräfte abhängig. Die als Eigentumsbeziehungen gefaßte Stellung zu den Produktionsmitteln ist also ein Moment des Aneignungsprozesses, wie Arbeitsteilung und Kooperation auch. Sie kann deshalb aus dem Zusammenhang nicht willkürlich gelöst werden. Die Eigentumsbeziehungen sind somit mit den Beziehungen der Arbeitsteilung verbunden und darauf begründet. Deshalb schrieb W. I. Lenin: „Grundlage des Privateigentums bildet die bereits im Entstehen begriffene Spezialisierung der gesellschaftlichen Arbeit und die Veräußerung der Produkte auf dem Markt." „... die materielle Vereinzelung der Warenproduzenten (fand) ihren Ausdruck in der Institution des Privateigentums."[46]

Diese Beziehungen machen nochmals deutlich, daß man sozialökonomische Verhältnisse nicht auf juristisch fixierte Eigentumsverhältnisse oder Besitzverhältnisse reduzieren kann. Die Stellung sozialer Gruppen in den Produktionsverhältnissen erschöpft sich nicht in der Stellung zu den Produktionsmitteln. Die Analyse der Klassenstruktur und Klassenbewegung muß deshalb das Ganze der Produktionsverhältnisse, insbesondere auch die Verhältnisse der Arbeitsteilung und Kooperation einbeziehen.

Arbeitsteilung und Kooperation

Bestandteil der Entwicklung der gesellschaftlichen Arbeit ist die Entwicklung der Arbeitsteilung, „eine der Hauptmächte der bisherigen Geschichte"[47] in den Worten von Marx. Es kann hier nicht ausführlich auf die historische Entwicklung der Arbeitsteilung und ihre spezifischen Untergliederungen eingegangen werden.[48] Zu betonen ist lediglich, daß jede Produktionsweise Beziehungen der Arbeitsteilung als Resultate der Geschichte vorfindet, diese unterordnet und erst im Laufe der Entfaltung der eignen Gesetze die ihr adäquaten Beziehungen der Arbeitsteilung schafft.

F. Engels hat verschiedentlich hervorgehoben, daß von der Entwicklung der Arbeitsteilung der historische Materialismus am *einfachsten* zu erfassen sei.[49] Er hatte in umfassenden historischen Studien nachgewiesen, daß sich die Zersetzung der Gentilgesellschaft und die Herausbildung der Klassen unmittelbar auf Grundlage und mit den großen gesellschaftlichen Arbeitsteilungen vollzogen hatte.[50] „Aus der ersten großen gesellschaftlichen Arbeitsteilung (Heraussonderung von Hirtenvölkern und des noch mit dem häuslichen Handwerk verbundenen Ackerbaus; H. Ju.) entsprang die erste große Spaltung der Gesellschaft in zwei Klassen: Herren und Sklaven, Ausbeuter und Ausgebeutete."[51]

Mit der Heraussonderung des Handwerks aus dem Ackerbau geht die Entwicklung des Handels, von Warenaustausch und Warenproduktion einher. Diese Arbeitsteilung schließt die Entstehung der Städte und damit des Gegensatzes zwischen Stadt und Land ein: „Wobei die Stadt das Land ökonomisch beherrschen kann, wie im Altertum, oder auch das Land die Stadt, wie im Mittelalter.“[52] Die Arbeitsteilungen der Produktion stellen Ansätze der Klassenbildung dar, die „die bei der Produktion beteiligten Leute in Leitende und Ausführende, oder aber in Produzenten auf größerer und auf kleinerer Stufenleiter“[53] schied.

Erst mit der Kaufmannschaft entsteht eine Klasse außerhalb der Produktion, die die gesellschaftliche Leitung übernimmt, die Produzenten ökonomisch beherrscht und über Zins, Wucher, Grundeigentum und Hypothek ausbeutet. Neben und über den unmittelbaren Produzenten „bildet sich eine von direkt-produktiver Arbeit befreite Klasse, die die gemeinsamen Angelegenheiten der Gesellschaft besorgt: Arbeitsleitung, Staatsgeschäfte, Justiz, Wissenschaft, Künste usw. Das Gesetz der Arbeitsteilung ist es also, was der Klassenteilung zugrunde liegt“.[54]

So findet die kapitalistische Produktionsweise die Scheidung von Stadt und Land[55] ebenso vor wie die Trennung der geistigen Arbeit von der Handarbeit, die Gliederung des Reproduktionsprozesses in seine einzelnen Phasen, und ihre Spezialisierung (Handel, Transport, Geldwesen usw.), eine Differenzierung der verschiedenen Vermittlungsbereiche. Jede Form der Arbeitsteilung ist unmittelbar mit bestimmten Formen der Zusammenarbeit, der Kooperation verbunden. Die Beziehungen von Leitungsarbeit und ausführender Arbeit drücken eine bestimmte Arbeitsteilung aus – sobald sich diese Arbeiten verselbständigen und spezialisieren –, zum anderen jedoch auch eine bestimmte Form der Zusammenarbeit.

In den Beziehungen der Arbeitsteilung und Kooperation schlagen sich neue Produktivkräfte der Gesellschaft – neue Produktionsinstrumente, neue Produktionsverfahren, neue Produktionsfertigkeiten usw. – *unmittelbar* nieder. Es besteht ein unmittelbares Wechselverhältnis, da auch bestimmte Kooperationsbeziehungen und Arbeitsteilung Produktivkräfte der Gesellschaft freisetzen und erhöhen. Die Entwicklung der Produktivkräfte führt zur Vergesellschaftung der Arbeitsprozesse, sie kommt in der fortschreitenden Spezialisierung ebenso wie in der Schaffung des Gesamtarbeiters der Fabrik zum Ausdruck. Die Vergesellschaftung besteht darin, „daß die Konzentration der Kapitalien von der Spezialisierung der gesellschaftlichen Arbeit, von einer Verringerung der Anzahl der Kapitalisten in jedem gegebenen Industriezweig und einer Vergrößerung der Anzahl der speziellen Industriezweige begleitet ist; sie besteht darin, daß viele zersplitterte Produktionsprozesse zu einem einzigen gesellschaftlichen Produktionsprozeß verschmelzen“.[56] Oder auf die Kurzformel gebracht: „1. Arbeit für die ganze Gesellschaft und 2. Vereinigung der einzelnen Arbeiter zur Erzielung eines gemeinsamen Arbeitsproduktes.“[57]

Die Arbeitsteilung umfaßt nicht nur die berufliche Differenzierung und Spezialisierung von Tätigkeitsarten in der materiellen Produktion, sondern auch die historisch mit der Ausgliederung aus der Produktion entstandenen

Tätigkeitsarten, die wesentlich nichtmanuellen Arbeitstyps sind. Sie umfaßt nicht nur die Gliederung der jeweiligen Produktionseinheiten, sondern ihre Spezialisierung gegeneinander. Der Zusammenhang der letzteren kann sich in der warenproduzierenden Gesellschaft nur über den Markt herstellen; der Zusammenhang der Produzenten realisiert sich über die Konkurrenz durch das Wertgesetz. Die Teilung der Arbeit in der Fabrik dagegen erfolgt unter einem Kommando, sie entfaltet sich nicht mehr rein naturwüchsig, der Zusammenhang der Teilarbeiten stellt sich in einem gemeinsamen Produkt dar. „Die Teilung der Arbeit im Innern der Gesellschaft ist vermittelt durch den Kauf und Verkauf der Produkte verschiedner Arbeitszweige, der Zusammenhang der Teilarbeiten in der Manufaktur durch den Verkauf verschiedner Arbeitskräfte an denselben Kapitalisten, der sie als kombinierte Arbeitskraft verwendet.“[58]

Weil sich die Austauschbeziehungen über den Markt vollziehen, kann die Teilung zwischen Stadt und Land nicht einfach technischer Natur sein. Vielmehr ist sie den Klassengegensätzen untergeordnet bzw. geht als konstituierender Moment in dieselben ein. Ist im Feudalismus die Herrschaft des Grundeigentums die Herrschaft des Landes über die Stadt, so im Kapitalismus die Herrschaft des Kapitals die Herrschaft der Stadt über das Land. „In allen Gesellschaftsformen ist es eine bestimmte Produktion, die allen übrigen, und deren Verhältnisse daher auch allen übrigen, Rang und Einfluß anweist.“[59] Der Klassenantagonismus entfaltet und verwirklicht sich „in der Bewegung dieses Gegensatzes“, also eines Gegensatzes der Arbeitsteilung.

Für die Analyse der Klassenbeziehungen im heutigen Kapitalismus ist dieser Ansatz bedeutsam vor allem für die Untersuchung der Bauernschaft[60] und der Intelligenz.[61]

Arbeitsteilung in der Fabrik als Produktionsverhältnis

Gerade die Betrachtung der sozialen Gliederung der kapitalistischen Fabrik – einem typischen ökonomischen Verhältnis des Kapitalismus – unter dem Gesichtspunkt der Arbeitsteilung zeigt, daß der hier entstandene Gesamtarbeiter nicht schematisch nach der Stellung zu den Produktionsmitteln in seiner Klassenposition erfaßt werden kann. Die Stellung der verschiedenen Gruppen des Gesamtarbeiters der Fabrik ist ihrer gesellschaftlichen Natur, ihrer Stellung in der gesellschaftlichen Organisation der Arbeit nach nicht homogen.

Von den relativ homogenen Gruppen der „Handlanger“ und „Maschinenarbeiter“ hebt sich – zu Zeiten von Marx – nicht nur ein „numerisch unbedeutendes Personal“ ab, „das mit der Kontrolle der gesamten Maschinerie und ihrer beständigen Reparatur beschäftigt ist, wie Ingenieure, Mechaniker, Schreiner usw.“, also „eine höhere, teils wissenschaftlich gebildete, teils handwerksmäßige Arbeiterklasse“,[62] sondern auch das mit der kapitalistischen Usurpation des Produktionskommandos und der wissenschaftlichen Potenzen der Produktion sich entwickelnde Personal.

Was die erstere Gruppe betrifft, so entsteht sie mit der Vergrößerung und Differenzierung der Fabrik, damit, daß der Kapitalist die usurpierten Funktionen der Leitung und Oberaufsicht, „die Funktion unmittelbarer und fortwährender Beaufsichtigung der einzelnen Arbeiter und Arbeitergruppen selbst wieder an eine besondre Sorte von Lohnarbeitern“[63] abtritt, an Oberoffiziere und Unteroffiziere, „die während des Arbeitsprozesses im Namen des Kapitals kommandieren. Die Arbeit der Oberaufsicht befestigt sich zu ihrer ausschließlichen Funktion“.[64]

Was die mit den wissenschaftlichen Potenzen der Produktion verbundenen Gruppen angeht, so kann man sie nicht mit dem Wartungs- und Reparaturpersonal identifizieren. Vielmehr handelt es sich um die spätere betriebliche wissenschaftlich-technische Intelligenz. Ihre soziale Funktion wird von Marx umrissen, indem er generell diesen Prozeß darstellt: „Die Scheidung der geistigen Potenzen des Produktionsprozesses von der Handarbeit und die Verwandlung derselben in Mächte des Kapitals über die Arbeit vollendet sich ... in der ... großen Industrie.“[65]

Im Maße der Vergesellschaftung und Verwissenschaftlichung[66] dieser Funktionen, die sich ebenfalls als Spezialisierung, Aufgliederung in Teil- und Detailarbeiten darstellt, vollzieht sich bei den entsprechenden Gruppen eine soziale Differenzierung und die Frage nach der sozialen Stellung dieser Gruppen muß vor dem Hintergrund der Tatsachen erneut gestellt und beantwortet werden.

Die hier skizzierten Arbeitsteilungen markieren eine unterschiedliche Stellung, und zwar eine vertikal unterschiedliche Stellung in der gesellschaftlichen Organisation der Produktion. Diese ist Betandteil der Produktionsverhältnisse und kann bei der Bestimmung der Klassenposition der jeweiligen Gruppen nicht übersehen werden.

Jede Produktionsweise findet derartige Verhältnisse der Arbeitsteilung vor, ordnet sie sich unter und gestaltet sie um. So muß das Manufakturkapital von der handwerksmäßigen Gliederung der Arbeiter ausgehen. Die damit gesetzte Verwertungsschranke für das Kapital wird der Antrieb zur Entwicklung der Maschinerie als einem Kriegsmittel gegen die Arbeiterklasse. Aber mit der Maschinerie schafft das Kapital die große Industrie und ihre Produktionseinheit, die kapitalistische Fabrik, mit den ihr – und nunmehr dem in die Produktion eingedrungenen Kapital – völlig entsprechenden Verhältnissen der Kooperation und Arbeitsteilung.[67]

Es handelt sich darum, daß die vorhandenen, historisch vorgefundenen Beziehungen der Arbeitsteilung Bestandteile der Produktionsverhältnisse werden und in ihnen erst ihren Platz und Stellenwert erhalten, um soziale Beziehungen, die in die Klassenspaltung und soziale Gliederung der Gesellschaft eingehen. Sie werden zur *Bewegungsform der Gegensätze;* sie sind Gegensätze jedoch nicht aus sich selbst heraus. Als Elemente der Produktionsverhältnisse sind sie Moment des Aneignungsprozesses und der hieraus resultierenden Eigentumsverhältnisse. Ihre Entwicklung ist aber nicht Triebkraft des geschichtlichen Prozesses, wiewohl ihre fortschreitende Differenzierung die Entwicklung der Produktivkräfte ausdrückt.

Nicht anders verhält es sich mit den Beziehungen der Zusammenarbeit der Gruppen in der Produktion und dem Austausch der Tätigkeiten auf gesellschaftlicher Ebene, also mit der Kooperation. Die Formen des Zusammenwirkens werden zwar unmittelbar von den Produktivkräften beeinflußt, ihr Charakter ist jedoch nur aus dem Zusammenhang des gesamten Produktionsverhältnisses erfaßbar.

Reproduktionsprozeß

Die gesellschaftliche Arbeitsteilung und ihr Zusammenhang sind durch den Warenaustausch vermittelt, ihre Entwicklung ist untrennbar mit der Entwicklung der warenproduzierenden Gesellschaft als Ganzes verbunden. Da sich die Reproduktion als zusammenhängendes Ganzes, als Totalität von Beziehungen in der Wirklichkeit darstellt, ist es erforderlich, die Beziehung der einzelnen Phasen des Reproduktionsprozesses zueinander kurz zu untersuchen. Die Notwendigkeit dazu ergibt sich aus der Frage nach dem *methodischen* Ausgangspunkt in der Analyse der Klassen- und Sozialstruktur der Gesellschaft. Dieser Ausgangspunkt war in der Produktion gefunden worden. An den Reproduktionsprozeß (Produktion—Verteilung—Austausch—Konsumtion) sind alle Gruppen einer gegebenen Bevölkerung „angeschlossen" und sei es nur, wie z. B. Kinder, über den Konsum. Die materielle Produktion schafft den materiellen Reichtum der Gesellschaft, der in der Distribution unter die Klassen und sozialen Gruppen verteilt wird. In der Zirkulation, im Austausch wird dieser Reichtum für die Konsumtion in bestimmten Waren realisiert. Alle nichtmaterielle Produktion und überhaupt Nichtproduktionstätigkeit entfaltet sich nur im Maße und letztlich in Abhängigkeit von der Entwicklung der Produktivkräfte in der materiellen Produktion. Sie ist deshalb sekundäre Arbeit. An der Oberfläche und vom Standpunkt der Funktionsweise der Gesellschaft erscheint aber alle gesellschaftliche Tätigkeit nützlich. Und deshalb ist es auf den ersten Blick völlig untergeordnet, wie die soziale Gliederung der Gesellschaft verankert ist. Das wird insbesondere in den Vorstellungen über die sogenannte Arbeitnehmergesellschaft deutlich. Von diesen Standpunkten wird es unmöglich, die grundlegenden Kräfte der Gesellschaft und deren Antagonismen zu erkennen. Sie ergeben sich nur noch rein zufällig aus den Bruchstellen und Disparitäten des Systems.[68]

Angesichts der auf der materiellen Produktion aufgetürmten Schichtung von Tätigkeiten (und Funktionen), die mit dem Fortschritt der Produktivkräfte weiter wachsen müssen, und die alle in ein wie auch immer vermitteltes Verhältnis zur Produktion gestellt werden können, ist es erforderlich, die Analyse bis zu den jeweiligen Produktionsverhältnissen zurückzuführen.

Schon in der Entwicklung des historischen Materialismus war die Bestimmung des Verhältnisses von Produktion und Distribution eine zentrale Frage, die nicht einfach zu beantworten war. So schrieb Marx in „Das

Kapital" und anderswo, daß es an der Oberfläche die „Dieselbigkeit der Revenuen und Revenuequellen" ist, worauf sich die Klassen formieren.[69]

Aber in Wirklichkeit geht die Verteilung der Produktionsinstrumente und „was eine weitere Bestimmung desselben Verhältnisses ist, Distribution der Mitglieder der Gesellschaft unter die verschiednen Arten der Produktion"[70] der Verteilung der Produkte voraus. „Die Distribution der Produkte ist offenbar nur Resultat dieser Distribution, die innerhalb des Produktionsprozesses selbst einbegriffen ist und die Gliederung der Produktion bestimmt."[71]

Einkommensformen sind also nur Ausdrucksformen der ihnen zugrunde liegenden Produktionsverhältnisse, die die Verteilung der Produktionsmittel und Arbeitskräfte selbst als substantielles Moment der Gliederung der Produktion einschließen.[72]

Friedrich Engels bezeichnete Produktion und Austausch als die zwei Funktionen, die den wesentlichen Verlauf der ökonomischen Kurve bestimmen. In diesem Zusammenhang erörtert er die Beziehung der Produktions/Austauschverhältnisse und der Verteilungsverhältnisse für die Entstehung der Klassen. „Mit der Art und Weise der Produktion und des Austausches einer bestimmten geschichtlichen Gesellschaft und mit den geschichtlichen Vorbedingungen dieser Gesellschaft ist auch gleichzeitig gegeben die Art und Weise der Verteilung der Produkte." „Mit den Unterschieden in der Verteilung aber treten die *Klassenunterschiede* auf."[73]

Engels hebt also hervor, daß die unterschiedliche Rolle der Klassen in den Produktions- und Austauschverhältnissen in Verteilungsunterschieden, also in einer bestimmten Distribution hervortreten. „Der Zusammenhang der jedesmaligen Verteilung mit den jedesmaligen materiellen Existenzbedingungen einer Gesellschaft liegt so sehr in der Natur der Sache, daß er sich im Volksinstinkt regelmäßig widerspiegelt."[74]

Es ist die Verteilung „in ihren entscheidenden Zügen jedesmal das notwendige Ergebnis der Produktions- und Austauschverhältnisse"[75], weshalb der Ansatzpunkt zur Aufdeckung der Klassenstruktur in den Produktions- und Austauschverhältnissen gesehen werden muß, wenngleich sich die Klassen historisch erst auf der Ebene der Verteilung und der damit entstehenden gegensätzlichen materiellen Interessen herausbilden und formieren.

Wie schon betont, bilden die Glieder des Reproduktionsprozesses Momente einer Totalität, die zueinander in Wechselbeziehungen stehen. Das übergreifende Moment und die Ausgangsphase ist dabei die *Produktion. Sie ist das bestimmende Moment des gesellschaftlichen Reproduktionsprozesses.* Das ist der Grund, weshalb Verteilungs- und Konsumtionsstrukturen bis hin zu Bildungs- und Gesundheitsverhältnissen hinsichtlich der Klassengliederung immer abgeleitete Verhältnisse sind, die Klassenverhältnisse hier also in vermittelter Form zum Ausdruck gebracht werden. Dieser Zusammenhang wird auch mit der weiteren Differenzierung der Vermittlungsstufen durch die wissenschaftlich-technische Revolution der Gegenwart nicht aufgelöst. Deshalb besteht die Aufgabe der Analyse darin, bis zu den Produktionsverhältnissen vorzudringen.

Der Zusammenhang der sozialen Gliederung der Produktion mit der sozialen Gliederung anderer Bereiche, etwa der Lehrerschaft, des Gesundheitspersonals, des Militärs usw. ist abstrakt nicht zu bestimmen. Hier muß der Gesamtzusammenhang der Klassensituation und Klassengesellschaft in Betracht gezogen werden. Wesentlich ist dabei jedoch, daß sich die soziale Gliederung der Produktion nicht aus der sozialen Gliederung z. B. des Militärs erschließt – wiewohl beide Bereiche im Korsett einer despotischen Hierarchie existieren mögen und die Militärhierarchie der Fabrikhierarchie Pate stehen mag.[76]

Es wird auch an diesem Beispiel deutlich, daß sich unter den Bedingungen der kapitalistischen Warenproduktion (der Formation, in der die Arbeitskraft zur Ware wird) die soziale Gliederung der Produktion und ihre Kooperationsformen in den anderen gesellschaftlichen Bereichen durchsetzen.

Es wurde erwähnt, daß verschiedene Seiten des Produktionsverhältnisses den Änderungen durch die Entwicklung der Produktivkräfte unmittelbarer zugänglich sind als andere. So wirkt sich im Kapitalismus die Entwicklung neuer Produktionsverfahren unmittelbar auf die Spezialisierung, die Herausbildung neuer Produktionszweige usw. aus. Innerhalb der Betriebe verändert sich die Beschäftigungsstruktur und damit die Zusammensetzung des Gesamtarbeiters. Der Arbeitstyp, die Autoritätsbeziehungen usw. sind zur Anpassung gezwungen, kurz: die Arbeitsteilungs- und Kooperationsverhältnisse werden unmittelbar berührt. Gleichzeitig verstärkt sich mit dieser Entwicklung die Konzentration und Zentralisation des Kapitals. Das Produktionsmitteleigentum wird in den Händen einer zahlenmäßig immer kleineren Gruppe monopolisiert. Es treten damit auch quantitative Veränderungen in den juristisch fixierten Eigentums- und Besitzverhältnissen ein. Die Grundstruktur des Produktionsverhältnisses wird davon jedoch nicht berührt. Die Lohnarbeit bleibt die spezifische Form, in der die Mehrarbeit aus den Produzenten herausgepumpt wird, die Verwertung des Kapitals, die Profitmacherei das Motiv der Produktion und die juristisch fixierten kapitalistischen Eigentumsverhältnisse der Fixpunkt der Produktionsverhältnisse. Die Aneignungsweise bleibt erhalten. Der Antagonismus der Grundklassen wird nicht aufgehoben, die Grundklassen bleiben bestehen.

Eine grundlegende Änderung der Produktionsverhältnisse verlangt die Errichtung der Kontrolle der unmittelbaren Produzenten über die Produktionsbedingungen, die Ausschaltung der Kontrolle der Produktionsmittelbesitzer durch die Aufhebung des kapitalistischen Eigentums. Das ist der Beginn zur Durchbrechung des Verhältnisses von Lohnarbeit und Kapital, der kapitalistischen Aneignungsweise. Wiewohl damit die Beziehungen der Arbeitsteilung in der Produktion noch nicht geändert werden, deshalb auch z. B. die Bedingungen der Existenz der Intelligenz als sozialer Schicht weiterbestehen, ist der Unterschied zwischen manueller und körperlicher Arbeit nicht mehr Bewegungsform der Klassengegensätze. Die vorgefundenen Beziehungen der Arbeitsteilung werden nun Elemente der neuen

Aneignungsweise und erst mit der Fortentwicklung der sozialistischen Produktionsweise selbst überwunden und aufgehoben. Erst damit wird die Basis sozialer Unterschiede ausgetrocknet und die Grundlage der Klassen- und Schichtstruktur der Gesellschaft endgültig beseitigt.

2.3 *Die Definition der antagonistischen Grundklassen durch W. I. Lenin*

Erst vor dem Hintergrund des Verständnisses der Grundzüge der materialistischen Geschichtsauffassung, wie wir sie darzulegen versuchten, und der Klassentheorie als ihrem Bestandteil, erschließt sich der volle Gehalt der von W. I. Lenin 1919 gegebenen Definition der antagonistischen Grundklassen.[77] Diese Definition ist seither in den marxistischen Gesellschaftswissenschaften anerkannter Ausgangspunkt konkreter Klassenanalysen. Die in ihr entwickelten Kriterien der Klassenbestimmung sind auch die Grundlage und der Ausgangspunkt unserer sozialstatistischen Analyse der Sozial- und Klassenstruktur der BRD.

Nicht zuletzt deshalb ist es erforderlich, hier näher auf diese Definition einzugehen. Sie ist das Konzentrat, der Extrakt der marxistischen Auffassung zu den Klassenbeziehungen. Aber man kann sich in der theoretischen und wissenschaftlich-empirischen Forschung der Definitionen nicht wie eines Werkzeugs aus einem Werkzeugkasten bedienen. Vielmehr ist es notwendig, sich jeweils der theoretischen Ableitung und Substanz zu versichern und zu vergewissern. Nur so können historisch gewonnene Leitsätze und Definitionen in der Analyse der heutigen Probleme fruchtbar gemacht und mechanistische Verflachung wie dogmatische Kanonisierung vermieden werden.

Schon 1894/95 hatte Lenin in einer seiner ersten größeren Arbeiten, in „Der ökonomische Inhalt der Volkstümlerrichtung und die Kritik an ihr in dem Buch des Herrn Struve“[78] mit der Aneignung und Verteidigung der materialistischen Geschichtsauffassung, wie sie uns vor allem in ihrer Konkretisierung für die warenproduzierende und besonders die kapitalistische warenproduzierende Gesellschaft im „Kapital“ entgegentritt, die wesentlichen Elemente zur definitorischen Erfassung der Klassen dargelegt. Man muß daran erinnern, daß die Verteidung in zwei Richtungen erfolgt: gegen die subjektivistische Soziologie der Volkstümler und gegen den Objektivismus des „legalen“ Marxismus.

Lenin hatte dabei insbesondere das Verhältnis gesellschaftlicher Strukturen zu den Handlungen „lebendiger Persönlichkeiten“ herauszuarbeiten und er betonte, daß die Soziologie erst mit der Entdeckung der Produktionsverhältnisse als der gesellschaftlichen Grundstrukturen zur Wissenschaft geworden sei, weil damit die Handlungen der von der subjektiven Soziologie beschworenen sogenannten lebendigen Persönlichkeiten „verallgemeinert und auf die Handlungen von Personengruppen zurückgeführt (wurden), die sich nach ihrer Rolle im System der Produktionsverhältnisse, nach den Produktionsbedingungen und folglich auch nach ihren jeweiligen Lebensbedingungen sowie nach den durch diese Verhältnisse bestimmten

Interessen voneinander unterscheiden. Mit einem Wort, sie wurden auf die Handlungen der *Klassen* zurückgeführt, deren Kampf die Entwicklung der Gesellschaft bestimmte".[79]

Schon in dieser Definition ist der Ausgangspunkt „die Rolle im System der Produktionsverhältnisse", also im Aneignungsprozeß. Darin ist nun freilich auch die Beziehung der Arbeitsteilung und Kooperation und die aus den Produktionsverhältnissen unmittelbar herauswachsende und mit ihnen verbundene Distribution der Produktionsmittel und der unmittelbaren Produzenten, der Arbeitskräfte, eingeschlossen. Erst danach wird von den „Produktionsbedingungen" gesprochen, also den gegenständlichen, objektiven Produktionsbedingungen, der Stellung zu den Produktionsmitteln, die ja auch in der Distribution der Produktionsmittel zum Ausdruck kommt. Erst dann werden die „allgemeinen Lebensbedingungen" als daraus hervorgehend angeführt, also in erster Linie materielle Lebensbedingung, das, wovon und wie die Menschen ihren Lebensunterhalt bestreiten (Einkommen, Besitz usw.). Diese Verhältnisse in ihrer Gesamtheit sind die unmittelbare Grundlage zur Herausbildung der Interessen. Hierauf erst formieren sich die Klassen und treten als soziale Gruppen in Gegensatz zueinander.

Diese Definition hat Lenin auch nach fast fünfundzwanzig Jahren 1919 in „Die große Initiative" beibehalten. Man muß sich den konkreten Zusammenhang dieser Definition vergegenwärtigen, um ihre Akzente voll verstehen zu können. Der Untertitel dieser Broschüre lautet: „Über das Heldentum der Arbeiter im Hinterland. Aus Anlaß der ‚kommunistischen Subbotniks'." Lenin kam es darauf an, diese neuen Formen der Zusammenarbeit als Bestandteile eines neuen Gesellschaftssystems herauszuarbeiten. Gerade in der Übergangsperiode türmen sich die Schwierigkeiten riesenhaft. Die konkreten Umstände und der Weg zur klassenlosen Gesellschaft, als Endziel der Sozialisten – auch der Sozialdemokraten der II. Internationale –, werden nun in der Praxis sichtbar. Jetzt erst wird in vollem Umfang deutlich, was die Diktatur des Proletariats ist und weshalb sie Methode und Inhalt der Übergangsperiode sein muß. Es stellt sich aber auch heraus, daß der Klassenkampf mit der politischen Machteroberung durch das Proletariat und die Enteignungsdekrete gegenüber Grundbesitzern und Großkapitalisten nicht beendet ist, sondern mit anderen Mitteln und in anderen Formen „bis zur Aufhebung der Klassen" fortgeführt werden muß.

Als Methoden zur Schaffung einer neuen Arbeitsdisziplin werden die Subbotniks von Lenin als eine neue Form und Methode des Klassenkampfes herausgearbeitet.

Hieran knüpft Lenins Frage und Lenins Antwort an: „Was bedeutet aber ‚Aufhebung der Klassen'? Alle, die sich Sozialisten nennen, erkennen dieses Endziel des Sozialismus an, aber bei weitem nicht alle denken sich in seine Bedeutung hinein. Als Klassen bezeichnet man große Menschengruppen, die sich voneinander unterscheiden nach ihrem Platz in einem geschichtlich bestimmten System der gesellschaftlichen Produktion, nach ihrem (größtenteils in Gesetzen fixierten und formulierten) Verhältnis zu den Produktionsmitteln, nach ihrer Rolle in der gesellschaftlichen Organisation der Arbeit und folglich nach der Art der Erlangung und der Größe des Anteils am gesellschaftlichen Reichtum, über den sie verfügen. Klassen sind Gruppen von Menschen, von denen die eine sich die Arbeit der anderen aneignen kann infolge der Verschiedenheit ihres Platzes in einem bestimmten System der gesellschaftlichen Wirtschaft."[80]

Die Abschaffung der Klassen bedarf – nach Lenin – nicht nur des Sturzes der Gutsbesitzer und Kapitalisten und der Abschaffung ihres Eigentums an Produktionsmitteln, sondern der Abschaffung jeglichen Privateigentums an Produktionsmitteln, was insbesondere mit der Überwindung der Kleinproduktion und ihrer Träger verbunden ist. Dieser Prozeß kann nur im Zusammenhang mit der Schaffung neuer Produktivkräfte der Großproduktion erfolgreich verlaufen. Aber damit sind die Bedingungen zur Aufhebung der Klassen nicht erschöpft. Lenin schrieb „man muß sowohl den Unterschied zwischen Stadt und Land wie auch den Unterschied zwischen Hand- und Kopfarbeitern aufheben."[81] Es handelt sich nun nicht mehr um die Beseitigung der Gegensätze, sondern der Unterschiede. Das bedeutet die Überwindung der durch den Sozialismus vorgefundenen Bedingungen der Arbeitsteilung und Kooperation mit der Entfaltung der Produktivkräfte und gesellschaftlichen Verhältnisse des Sozialismus und Kommunismus.

Betrachten wir nun den Aufbau und die Elemente dieser Definition näher:

1. Klassen sind nicht abstrakte Begriffe, analytische Kategorien, geschichtsphilosophische Hypothesen u. dgl., sondern es sind Gruppen von Menschen, und zwar *„große Menschengruppen"*. Klassen entstehen auf der Grundlage bestimmter Verhältnisse, aber sie können mit ihren Entstehungsgrundlagen nicht identifiziert werden. Kleine Personengruppen können nicht als Klassen angesehen werden, selbst wenn auf sie alle wesentlichen Klassenkriterien zutreffen. Das erhält hinsichtlich der Beurteilung der Grundbesitzer in hochindustrialisierten kapitalistischen Gesellschaften, der Monopolbourgeoisie, der herrschenden Gruppen im Staatsapparat oder bestimmter gesellschaftlicher Randgruppen aktuelle Bedeutung.

Gleichzeitig ist damit aber auch angedeutet, daß sich die Charakterisierung und Analyse konkret historischer Klassen nicht in der sozialökonomischen Bestimmung erschöpft, sondern daß die Klassen als große Menschengruppen, als Subjekte der Geschichte, als lebendige Organismen durch vielfältige gesellschaftliche Faktoren beeinflußt werden und auch bestimmte psychologische, politische, ideologische usw. Züge ausbilden.

2. Ausgangspunkt der Bestimmung dessen, wodurch diese großen Menschengruppen definiert sind, ist ihr *Platz im „System der gesellschaftlichen Produktion"*. Damit wird die Definition auch abgeschlossen. Liest man genauer, so ist im Schlußsatz „gesellschaftliche Produktion" durch „gesellschaftliche Wirtschaft" ersetzt. Es wird somit hervorgehoben, daß die gesellschaftliche Produktion nicht allein z. B. auf die kapitalistische Fabrik bezogen werden kann, sondern daß „gesellschaftliche Produktion" zum einen auf die Beziehungen der Gesamtgesellschaft bezogen werden muß, zum anderen aber auch die Gruppen, die nicht in der Produktion tätig

sind – z. B. Handelskapitalisten und Handelspersonal, Bankkapitalisten und Bankpersonal –, also Gruppen, die in der Wirtschaft, im Erwerbsleben stehen, in die Klassenverhältnisse einbezogen sind.[82]

Es wird nicht vom Platz im System der gesellschaftlichen Produktion schlechthin ausgegangen, sondern vom *„unterschiedlichen Platz"*. Das Resultat dieses unterschiedlichen Platzes ist, daß sich die eine Klasse die *Arbeit* der anderen aneignen kann. Diese Formulierung der Aneignung der „Arbeit" schließt nun zweifellos jegliche Form der Mehrarbeit ein, unabhängig davon, ob sich diese Arbeit in einem Produkt vergegenständlicht, als Dienstleistung geleistet wird o. ä. Es wird damit – wendet man die Feststellung auf die kapitalistische Gesellschaft von heute an – die Ausbeutung in der Wirtschaft insgesamt angesprochen und nicht nur die Ausbeutung in der Produktion. Gleichzeitig zeigt diese Formulierung, daß die Definition für alle antagonistischen Grundklassen zugeschnitten ist. In der Sklaverei eignen sich die herrschenden Klassen die gesamte Arbeit bzw. Mehrarbeit der Sklaven an – der produzierenden und der dienstleistenden. In der Feudalgesellschaft eignen sich die feudalen Grundherren die Mehrarbeit der Produzenten in Form der Arbeits-, Produkt- und Geldrente an. Im Kapitalismus eignen sich die Kapitalisten die Mehrarbeit der gesamten Arbeiterklasse – und anderer Schichten – an, die sie ihren verschiedenen Gruppen in der Produktion, Zirkulation, den Dienstleistungen usw. abpressen. Es wird in der Definition nicht auf die Frage eingegangen, wie die herrschende Klasse die Mehrarbeit verwendet, in welchen Verhältnissen sie dieselbe konsumiert oder akkumuliert, da dies für die Struktur der Klassenbeziehungen unwesentlich ist.

Wie auch immer die Form dieser Aneignung, so ist ihr Inhalt die Ausbeutung der produzierenden, hervorbringenden, arbeitenden Klasse durch die besitzende.

Die Hervorhebung des historischen Charakters des jeweiligen Systems („geschichtlich bestimmten") bedeutet nicht nur schlechthin, daß dieses System historisch entstanden ist, sondern daß es sich um ein historisches „System" als Gesellschaftsformation handelt.

3. Dieser unterschiedliche Platz konkretisiert sich in der Stellung zu Produktionsmitteln, also den objektiven Produktionsbedingungen und der *„Rolle in der gesellschaftlichen Organisation der Arbeit"*, also in den Verhältnissen der Arbeitsteilung und der Kooperation. Im Verhältnis zu den Produktionsmitteln fixiert sich die Stellung im Aneignungsprozeß. Dieses Verhältnis bestimmt aber nicht die Stellung im Aneignungsprozeß. Deshalb kann es nicht Ausgangspunkt der Klassenbestimmung sein. Dieses Verhältnis schließt die Distribution der Produktionsmittel ein, was die Voraussetzung der Verteilung der Arbeitsergebnisse bzw. Produkte ist.

Die Fixierung in Gesetzen (oder nicht) bringt den Zusammenhang mit dem Überbau der Gesellschaft zum Ausdruck. Diese juristischen Gesetze machen nur die realen sozialen Beziehungen der Menschen im Erwerb ihres Lebensunterhaltes fest. Aber es sind diese Gesetze, die das Sanktionssystem der herrschenden Klasse in Bewegung setzen, die ein Herrschafts- und

Unterdrückungsinstrument darstellen, in denen aber auch das Verhältnis des Überbaus der Gesellschaft zu ihrer Basis zum Ausdruck kommt.

Warum wird hier nicht die Wendung gebraucht, sie unterscheiden sich nach „Besitz oder Nichtbesitz von Produktionsmitteln"? Weil diese Formel den Zusammenhang verflachen würde. So mag der Generaldirektor eines Konzerns möglicherweise — obwohl das in der Praxis selten der Fall ist — keine einzige Aktie besitzen, also nicht am Besitz unmittelbar beteiligt sein. Seine Stellung im Aneignungsprozeß ist jedoch derart, daß er über die Produktionsmittel verfügt und die Menschen dirigiert, also den Ausbeutungsprozeß leitet. Diese Stellung kommt auch im Einkommen und auf die Dauer im angehäuften Besitz zum Ausdruck. Aber diese Stellung ist nicht an den Besitzverhältnissen der Produktionsmittel festzumachen. Ähnlich verhält es sich auf dem anderen Pol mit Gruppen, die in die Arbeiterklasse übergehen, faktisch schon Lohnarbeiter sind, obwohl sie eigene Produktionsmittel besitzen. Besitz oder Nichtbesitz ist also eine zu enge Formulierung. Sie bringt nur das dinglich vermittelte soziale Verhältnis zum Ausdruck, obwohl gerade dies den Kern der Eigentumsbeziehungen im Kapitalismus ausdrückt.

Wir hatten schon weiter oben die Vielfalt der Beziehungen der Arbeitsteilung und Kooperation, um die es sich bei der Rolle in der gesellschaftlichen Organisation der Arbeit handelt, dargestellt. In diesem Zusammenhang geht es nicht schlechthin um die berufliche Gliederung, sondern um die Beziehung, wer kommandiert und wer gehorcht, wer leitet und wer ausführt, wer spezifische Funktionen ausübt — nicht nur als Einzelperson, sondern als soziale Gruppe. Das ist aber eng verbunden mit der Teilung in geistige Arbeit und in Handarbeit, mit der Trennung von Stadt und Land. Diese Teilung wird zur Bewegungsform der Klassengegensätze. Dies und nichts anderes umfaßt die Formulierung in der Definition Lenins. Das bedeutet aber auch, daß aus der Gliederung der Grundklassen herausfallende soziale Gruppen in einer besonderen Rolle oder Funktion in der gesellschaftlichen Organisation der Arbeit ihre eigentliche Wurzel haben (z. B. die Intelligenz im Kapitalismus).

4. Schon bei Ricardo war die Aufteilung des gesellschaftlichen Reichtums (Neuwertes) in Profit, Rente und Arbeitslohn entsprechend den ihrer Erlangung zugrunde liegenden Verhältnissen — Kapital, Grundeigentum, Lohnarbeit — die Basis der Klassenbildung.

Die in den Leninschen Formulierungen skizzierten Distributionsverhältnisse existieren nicht für sich, sondern gehen aus den Produktionsverhältnissen hervor. Die „Art der Erlangung" bezieht sich auf die spezifische Form, in der Einkommen realisiert werden. Ein Lohnarbeiter zieht aus dem Verkauf seiner Arbeitskraft sein Einkommen, der Kapitalist aus der Verwertung seines Kapitals, d. h. der in seinem Besitz bzw. unter seiner Kontrolle stehenden Produktionsbedingungen. Grundbesitzer realisieren auf der Grundlage des bei ihnen monopolisierten Bodens, der Produktionsbedingung im ursprünglichen Sinne — heute vor allem der Agrarproduktion — eine Art Monopoltribut, die Grundrente.

Es heißt aber in dieser Formulierung nicht nach der „Art des Anteils", sondern nach der „Art der Erlangung" des Anteils. Damit wird der Prozeßcharakter, die soziale Beziehung, die dem erlangten Anteil zugrunde liegt, hervorgehoben. Die konkrete Größe und Relation des Anteils ist vom Verlauf des Klassenkampfes und den Kräfteverhältnissen abhängig. Der Bezug auf den „gesellschaftlichen Reichtum" macht deutlich, daß die Einkommens- und Besitzverhältnisse hier im engen Zusammenhang gesehen werden, denn der Reichtum einer Gesellschaft stellt sich nicht nur im produzierten Neuwert, sondern auch in den Naturbedingungen, den akkumulierten Produktions- und Konsumtionsmitteln usw. dar.

Diese Verhältnisse sind statistisch-empirisch faßbare Verhältnisse. Es kann jedoch von hohem oder niedrigem Einkommen nicht automatisch auf eine unterschiedliche Klassenlage geschlossen werden. Besitz- und Einkommensverhältnisse sind Ausdrucksformen der Produktionsverhältnisse. Auf ihrer Grundlage formieren sich die materiellen Interessen und damit die Klassen selbst.

Diese Definition entwickelt und enthält in erster Linie die Kriterien der Grundklassen der auf dem Privateigentum an Produktionsmitteln beruhenden Gesellschaftsformationen, also der Klassen, die im gleichen Typ des Produktionsverhältnisses wurzeln.

Aber auch diese Grundklassen können in einer derartigen Definition nur in ihrer allgemeinsten Bestimmung charakterisiert werden. „Dies hindert nicht", schrieb Marx, „daß dieselbe ökonomische Basis – dieselbe den Hauptbedingungen nach – durch zahllos verschiedne empirische Umstände, Naturbedingungen, Racenverhältnisse, von außen wirkende geschichtliche Einflüsse usw., unendliche Variationen und Abstufungen in der Erscheinung zeigen kann, die nur durch Analyse dieser empirisch gegebnen Umstände zu begreifen sind."[83]

In den folgenden Abschnitten wird zu zeigen sein, wie und welche Abstufungen sozialer Gruppen der Kapitalismus hervorbringt und wie sich diese in der Klassengliederung niederschlagen. Das betrifft zum einen die Eingliederung alter Produktionsverhältnisse und Klassen in den Kapitalismus und die Entstehung neuer sozialer Gruppen aus den Produktionsverhältnissen des Kapitalismus und durch sie vermittelt. Denn nicht zuletzt dadurch wird die Bewegung des grundlegenden Klassenantagonismus und die Herausbildung der revolutionären Klasse, der modernen Arbeiterklasse, beeinflußt.

3. Sozialstruktur und Klassen- und Schichtstruktur

3.0 *Die methodische Seite*

In diesem Abschnitt ist der Inhalt und Zusammenhang der Begriffe soziale Gruppe, soziale Schicht und Klasse zu erörtern. Es geht dabei nicht in erster Linie um eine formaldefinitorische Abgrenzung, sondern um die Erkenntnis der realen Kategorien, die diesen Begriffen zugrunde liegen.

Zuerst handelt es sich um die Frage, wo der Ausgangspunkt der Klassenanalyse zu suchen ist. Finden wir ihn im Individuum als dem Träger verschiedener sozialer Rollen oder müssen wir von der sozialen Gruppe ausgehen?

Vergegenwärtigt man sich den Gang konkreter Untersuchungen, so wird z. B. die *Industriearbeiterschaft* in der BRD mit folgenden näheren Angaben beschrieben. Die Industriearbeiterschaft ist in hochentwickelten kapitalistischen Ländern der wichtigste Teil (mitunter auch als wichtigste Schicht oder wichtigste Abteilung bezeichnet, – diese Charakterisierungen sind später zu untersuchen) des Proletariats, der Arbeiterklasse. Sie ist der Teil des Proletariats, der in der Industrie arbeitet, dort materielle Werte schafft und von den Kapitalisten ausgebeutet wird. Diese Charakterisierung trifft auf alle Industriearbeiter, die Industriearbeiterschaft als Ganzes zu. Sie definiert eine statistisch erfaßbare Personengruppe.

Aber die Beschreibung der Industriearbeiterschaft kann dabei nicht stehen bleiben. Entsprechend verschiedener Entwicklungsstufen des Akkumulationsprozesses und damit der industriellen Entwicklung ergibt sich eine Untergliederung der Industriearbeiter nach Betriebsgrößen, Industriezweigen, beruflichen Qualifikationen. Darüber hinaus können beliebige weitere Differenzierungen vorgenommen werden, z. B. hinsichtlich der Aufteilung in Männer und Frauen, der Altersstruktur, der Löhne, der Konsumgewohnheiten, der Mitgliedschaft in Gewerkschaften, den konfessionellen Proportionen, der Herkunft usw. In der Tat gehören alle derartigen Fakten zur näheren Beschreibung der Industriearbeiterschaft als eines Teils der Arbeiterklasse. All diese Angaben und andere darüber hinaus geben Auskunft über die materiellen und sonstigen Lebensbedingungen, über die Organisierung auf der Basis der objektiven Interessen, die Mentalität und Psyche und schließlich auch die Ideologie der Industriearbeiter. Aber die „Industriearbeiterschaft" als soziale Kategorie, als bestimmte soziale Gruppe wird dadurch nicht definiert, – bzw. wenn man den realen Prozeß ausdrückt – wird nicht dadurch konstituiert.

Aus diesen Merkmalen ergeben sich Gruppierungen, die die *innere Gliederung* der Industriearbeiterschaft betreffen, andere wiederum, die *die Grenzen der Industriearbeiterschaft* überschreiten und *Gruppierungen in der Gesamtgesellschaft* konstituieren. Für den ersten Fall steht etwa die Gliederung nach Betriebsgrößenklassen. Dabei handelt es sich um eine wesentliche Gliederung, weil sie den verschiedenen Grad des Akkumulationsprozesses ausdrückt und somit die Entwicklungsstufen des Kapitalverhältnisses reflektiert. Für den zweiten Fall kann man die Gliederung nach dem Arbeitstyp anführen. Auch diese Gliederung spiegelt bestimmte Entwicklungsstufen der Industrialisierung wider. Jedoch trifft der vorherrschende manuelle Arbeitstyp nicht nur für die Industriearbeiterschaft zu, sondern auch für selbständige Produzenten der Kleinproduktion. Die Geschlechts- und Altersgliederung geht darüber hinaus durch alle Klassen und Schichten der Gesellschaft. Aber das Charakteristische besteht darin, daß alle diese für die Konstituierung der Gruppe untergeordneten Merkmale im Hauptzusammenhang eine bestimmte Färbung erhalten, die sie im anderen Gruppenzusammenhang nicht erlangen. Deshalb ist die Einbeziehung all dieser Merkmale Bestandteil einer Analyse der Klassensituation.

Als Träger von Merkmalen sind Personen Abstraktionen und in einer sozialstatistischen Analyse notwendige Zähleinheiten. Diese Merkmale drücken einen Gruppenzusammenhang aus. Ist dies der Fall, dann kommt es vor allem bei einer die quantitativen Aspekte erfassenden Klassenstrukturanalyse darauf an, jene Merkmale zu erfassen, die die Gruppenzusammenhänge in der Gewinnung des materiellen Lebens ausdrücken — verkürzt die Stellung in der Wirtschaft.

Man muß hierbei an den von Karl Marx schon in den „Thesen über Feuerbach“[1] geäußerten Grundsatz anknüpfen: Der Mensch existiert nicht als Abstraktum über oder neben den wirklichen Menschen. Der *wirkliche Mensch* existiert nicht anders, denn als *Komplex gesellschaftlicher Beziehungen und Zusammenhänge* und nur in diesen ist er wissenschaftlich erfaßbar. Marx kritisiert in diesem Kontext die Feuerbach'sche Zweiteilung in ein religiöses und ein menschliches Wesen und den Versuch ihrer Auflösung durch die Zurückführung des religiösen auf das menschliche Wesen. Marx' Kritik setzt daran an, daß Feuerbach auch das „menschliche Wesen“ abstrakt faßt und mündet in der Feststellung: „In seiner Wirklichkeit ist es das Ensemble der gesellschaftlichen Verhältnisse“.[2] Diese Verhältnisse sind aber das Ergebnis des Handelns der Menschen oder wie es W. I. Lenin später ausdrückte „... der materialistische Soziologe, der bestimmte gesellschaftliche Verhältnisse der Menschen zum Gegenstand seiner Untersuchung macht, erforscht damit auch die realen Persönlichkeiten, aus deren Handlungen diese Verhältnisse ja hervorgehen“.[3] Damit wird die wesentliche Seite der lebendigen Personen erfaßt; aus der Vielfalt und vielseitigen Bestimmtheit wird der soziale Typ.

Damit ist ausgedrückt:

1. der Gruppenzusammenhang der Individuen, der in jeweils bestimmten Merkmalen hervortritt;

2. der Gruppenzusammenhang als *gesellschaftliches* Verhältnis.

Nicht bestimmt ist jedoch, welcher Gruppenzusammenhang der für die gesellschaftliche Existenz *entscheidende* ist. Die materialistische Geschichtsauffassung antwortet darauf mit jenen Gruppenzusammenhängen, die aus der Art und Weise des Erwerbs des Lebensunterhalts, der materiellen Existenzweise hervorgehen. Diese Position negiert keinesfalls das Bestehen weiterer, nicht nur auf die Basis bezogener Zusammenhänge auf politischem, ideologischem usw. Gebiet. In der Tat wird ja die Individualität des lebendigen Menschen durch die Besonderheit der Kombinationen und die damit entstehenden Zusammenhänge erst geschaffen (Es handelt sich bei dieser Betrachtung um den gesellschaftlichen Menschen; natürlich ist die Voraussetzung dieser Existenz die biologische. Sie geht aber im Wortsinne als Voraussetzung in diese Betrachtung ein).

Der Gruppenzusammenhang geht auch in den verschiedenen bürgerlichen Schichtungstheorien nicht völlig verloren. Nur „Der methodische Hauptfehler der Theorie der Stratifikation besteht nicht darin, daß sie in der Gesellschaft eine gewaltige Anzahl verschiedener gesellschaftlicher Gruppen sieht, sondern in der Unfähigkeit zur wissenschaftlichen Systemanalyse der komplizierten Sozialstruktur.“[4]

Das bedeutet, daß die *wesentlichen* Gruppenzusammenhänge der jeweiligen Gesellschaft in den bürgerlichen Schichtungstheorien nur in verzerrter Weise zur Geltung gelangen können. Die Konstruktion gesellschaftlicher Gruppen erfolgt an der Schichtung, der Verteilung eines Merkmals bzw. seinen quantitativen Proportionen auf eine Gesamtheit von Personen. Der Subjektivismus und die Zufälligkeit ist in der Regel bei eindimensionalen Schichtungsmodellen (z. B. nach der Einkommenshöhe) größer als bei multidimensionalen (z. B. Status). Aber auch die Orientierung an multidimensionalen Merkmalen wie Status, Prestige usw. hat keine Klarheit über die innere Gesellschaftsstruktur gebracht, weil die empiristische Anschauung die Wirklichkeit subjektiv verzerrt und sich derartige Gruppierungen mit der Klassen- und Schichtstruktur nur zufällig decken[5] – wenn sie auch in dieser Beschränktheit wichtige Informationen vermitteln können.

Die Klassen- und Schichtstruktur der Gesellschaft – hier verstanden als aus dem Gesamtsystem der Produktionsverhältnisse bzw. der gesamten Produktionsweise hervorwachsende soziale Gliederung – ist von diesem Ansatz her ein Sonderfall der Schichtung[6], im gleichen Rang wie Bildungs- oder Religionsgliederung.

In der Tat spielen natürlich an der Oberfläche des geschichtlichen Prozesses unterschiedliche Gliederungen und Gruppierungen eine Rolle. Wie bekannt, werden soziale Auseinandersetzungen im Gewande religiöser Auseinandersetzungen ausgetragen. Es sind jedoch wie z.B. in Irland heute, schaut man genauer hin, die Kerne der kämpfenden Parteien unter konfessioneller Hülle versteckte Klassengruppierungen. Die Auseinandersetzung, der Kampf der Gruppen gegeneinander kann auch einfacher Anschauung nicht entgehen. Deshalb bleibt der einfachen historischen Anschauung der Klassenkampf und die Klassen viel weniger verborgen als der empiristischen bürgerlichen Soziologie.

Der entscheidende Schritt zum Materialismus besteht, wie dargelegt, nicht in der Anerkennung der Gruppenbindung der menschlichen Persönlichkeiten, sondern, wie es Marx in den „Thesen über Feuerbach“ skizzierte, in der Orientierung auf die entscheidenden Bereiche der menschlichen Praxis und die durch sie geschaffenen materiellen Verhältnisse, also die Art und Weise des Erwerbs, die Schaffung des materiellen Lebens und die dabei entstehenden sozialen Verhältnisse. Die auf dieser Grundlage entstehenden sozialen Gruppen sind die für die geschichtliche Entwicklung entscheidenden Gruppen. Wenn man in die Klassenbestimmung jedoch die Kennzeichnung einschließt, daß es sich um große Menschengruppen, die Subjekte der geschichtlichen Entwicklung handelt, dann kann dieser Zusammenhang nicht nur als Abstraktion auftreten, sondern muß in allen wesentlichen sozialen Gruppierungen auch an der Oberfläche der Erscheinungen sichtbar werden.

Im umfassenden Sinne ist die *Sozialstruktur*[7] die Gruppenstruktur der Gesellschaft. Diese erstreckt sich nicht nur auf die Basis des gesellschaftlichen Lebens, sondern auf alle gesellschaftlichen Bereiche. Die aus der Produktionsweise hervorgehende soziale Gliederung ist die entscheidende Gliederung der Gesellschaft. Sie ist der Schlüssel zum Verständnis der gesamten Sozialstruktur. Die aus dieser Gliederung hervorgehenden Gruppen werden entsprechend ihrer Basis und funktionellen und historischen Rolle als Klassen, Schichten und soziale Gruppen bezeichnet. Sie sind der eigentliche Gegenstand der Analyse der Klassen- und Schichtstruktur.

3.1 *Durch die Entwicklung bedingte analytische Schwierigkeiten*

Im Ständesystem des *Feudalismus* ist die sozialökonomische Stellung der Gruppen zusätzlich als hierarchische Gliederung juristisch befestigt[8], mitunter bis zur hierarchischen Abstufung der Konsumstrukturen (Kleidung, Haus usw.) und in dieser Form schon für die einfache Anschauung unübersehbar. Diese ständische Gliederung ist aber nur in bestimmten Perioden völlig mit der Klassenstruktur identisch. Die Entwicklung der Warenproduktion und des Warenaustauschs zersetzt die feudale Gliederung und die Machtergreifung der Bourgeoisie beseitigt die feudalen Privilegien.

Die Klassenbeziehungen des *Kapitalismus* entstehen mit der Entfaltung der Warenproduktion und dem Übergang zur kapitalistischen Warenproduktion, in der die Arbeitskraft ebenfalls zur Ware wird. Die sozialen Grundbeziehungen werden so von ständisch reglementierten zu dinglich vermittelten, von herrschaftlichen zu ökonomischen. Die Klassenbeziehungen vereinfachen sich, da die Pole dieser Klassengesellschaft mit dem Fortschritt der Produktionsweise offen zutage treten. Das bedeutet jedoch keineswegs, daß sich die soziale Gliederung der Gesellschaft völlig in den zwei Grundklassen auflöst und polarisiert. Das ist zwar eine unabdingbar mit der kapitalistischen Akkumulation verknüpfte geschichtliche *Tendenz,* gleichzeitig treten jedoch im geschichtlichen Prozeß entgegenwirkende und abschwächende Faktoren auf. Die Klassenstruktur wird somit zwar einfacher, aber ihre Analyse nicht unbedingt weniger kompliziert.

Die Verwandlung aller wesentlichen sozialen Beziehungen zu Warenbeziehungen in der totalen Warengesellschaft führt zur Verallgemeinerung der Lohnformen und damit erscheinen noch die Profite der Kapitalisten und die Profitbeteiligungen der Manager als Löhne. Gleichzeitig erscheinen alle akkumulierten Werte als sich selbst verwertende Werte und ihren Besitzern als Kapital. Damit ist noch das Prämiensparguthaben, die Volksaktie oder der Bundesschatzbrief in „Arbeitnehmerhand" als Zertifikat auf den Profit dem Aktienpaket eines Flick gleich. Mit der Verallgemeinerung der Lohnformen ist die Verflüchtigung und Anonymisierung der Bourgeoisie verbunden. Vom Generaldirektor bis zum Hilfsarbeiter erscheinen alle als „Arbeitnehmer" und somit als Verkäufer ihrer Arbeitskraft.

Diese und andere Erscheinungen in der Austausch- und Verteilungssphäre des heutigen Kapitalismus sind die Ansatzpunkte der apologetischen Illusion der „Arbeitnehmergesellschaft" und des „Interessenpluralismus ohne Antagonismus".

Mit dem Wachsen des Umfangs des Proletariats nimmt auch seine innere Gliederung und Differenzierung zu. Die Heraufkunft neuer sozialer Schichten und Gruppen geht einher mit der intensiven erweiterten Reproduktion unter den Bedingungen der neuen Produktivkräfte, mit der Ausdehnung der Funktionen des imperialistischen Staates und generell mit dem Anwachsen der Vermittlungs- und der Überbaubereiche gegenüber der materiellen Produktion. Diese Momente kommen verstärkt mit der Ausbildung des staatsmonopolistischen Kapitalismus in der Periode nach dem zweiten Weltkrieg zur Geltung.

Unter diesen Bedingungen ist die Stellung zu den Produktionsmitteln weniger als je zuvor mit dem formalisierten Eigentums- und Besitzverhältnis identisch. Ebensowenig ist der Zirkulationsakt des Verkaufs der Arbeitskraft in jedem Fall ein Indiz für die Ausbeutung durch das Kapital. Hinzu treten mit der Internationalisierung verbundene Veränderungen in der Bourgeoisie, der Arbeiterklasse sowie in anderen Schichten, die die Analyse der Klassenstruktur zusätzlich komplizieren.

3.2 *Grund-, Neben-, Übergangsklassen*

Auch unter den Bedingungen des staatsmonopolistischen Kapitalismus ist die Erforschung der Grundklassen, insbesondere der Arbeiterklasse als der revolutionären Kraft zur Überwindung dieser Gesellschaft, der Zentralpunkt einer marxistischen Analyse der Klassenstruktur.

Die *Grundklassen* sind die von Lenin definierten großen Menschengruppen der Gesellschaft, die aus dem System der Produktionsverhältnisse hervorwachsen, den Grundwiderspruch der auf Privateigentum an den Produktionsmitteln beruhenden Gesellschaftsformationen verkörpern und diesen Antagonismus in ihren sozialen Beziehungen zum Ausdruck bringen. Ihre Beziehungen sind antagonistisch, weil die eine Klasse über die Arbeit der anderen infolge ihrer Stellung im Aneignungsprozeß verfügt. Das trifft auf die Beziehungen zwischen Sklave und Sklavenhalter, hörigem Bauer und feudalem Großgrundbesitzer ebenso zu wie auf das Verhältnis zwischen Lohnarbeiter und Kapitalist. *Die Grundklassen repräsentieren die beiden Pole des herrschenden Typs der Produktionsverhältnisse,* der dem Gesamtsystem der Produktionsverhältnisse seinen Stempel aufdrückt.

Der Bezug auf den *herrschenden* Typ des Produktionsverhältnisses ist deshalb unbedingt erforderlich, da sonst eine Abgrenzung von gerade noch in Übergangsperioden bestehenden früheren Grundklassen nicht möglich ist. Es handelt sich also um nach der Ablösung der Herrschaft der alten Gesellschaftsordnung fortbestehende Produktionsverhältnisse und die darauf beruhenden Klassen (Großgrundbesitzer im Kapitalismus, Kapitalisten in der Übergangsperiode zum Sozialismus) sowie auf der anderen Seite um die sich im Schoße der alten Gesellschaft formierenden Grundklassen der neuen Produktionsweise.

So zeigen sich schon in der Periode des Frühkapitalismus, des Manufakturkapitalismus mit dem Eindringen des Kapitals in die Produktion die Konturen der neuen Klassen des Kapitalismus. Mit dem Sieg der bürgerlichen Produktionsweise verschwindet die alte Feudalklasse zwar von den Schalthebeln der Macht, aber noch nicht als sozial-ökonomische Kategorie. Die Großgrundbesitzer als Klasse bestehen weit in den Kapitalismus hinein. Eine bei allen Unterschieden ähnliche Grundkonstellation gibt es heute in vielen sogenannten Entwicklungsländern. Grundbesitzeraristokratien rivalisieren mit den Geld-, Handels- oder Industriekapitalisten.

Großgrundbesitzer wie Kapitalisten als herrschende Klassen wurzeln in den Produktionsverhältnissen. In diesen Gesellschaften sind die kleinen agrarischen und gewerblichen Produzenten die Hauptmassen des Volkes. In den realen Kämpfen stellen sie vielfach nicht nur die Bataillone, sondern ihre Interessen formieren auch die stärksten Parteien. Was den nichtbäuerlichen Teil dieser Klassen betrifft, so wächst er aus den kleinen Mittelständen des Feudalismus hervor. Diese Klasse der Kleinproduzenten ist historisch Rekrutierungsfeld der Großbourgeoisie wie des Proletariats. Sie ist an die Kleinproduktion gebunden, die noch in den Frühphasen der kapitalistischen Herrschaft den Hauptteil der Produktion bildet. Die Existenzbedingungen dieser Klasse werden nicht einfach mit dem Fortschritt des Kapitalismus ausgelöscht. Die Kleinproduktion wird in das System der kapitalistischen Produktionsverhältnisse eingegliedert. Diese Klasse beutet auch Lohnarbeiter aus. Aber vorwiegend besteht die Existenzgrundlage in der eigenen Arbeit mit eigenen Arbeitsmitteln. Gleichzeitig ist diese Klasse das Ausbeutungsobjekt des Finanz- und Handelskapitals (heute des Monopolkapitals).

Diese Klasse nimmt in den historischen Auseinandersetzungen eine ihrer widersprüchlichen Basis entsprechende zwiespältige Haltung ein. Aus der widersprüchlichen Stellung als arbeitende und hervorbringende Klasse auf der einen und besitzende und ausbeutende Klasse auf der anderen Seite resultiert hinsichtlich der Grundklassen eine vermittelnde und Übergangsposition, eine zwiespältige Haltung in den Klassenkämpfen. Diese Klasse ist von Anfang an – wie die kleinen Mittelstände – breiter als ihr produktiver Teil. Sie umfaßt auch die kleinen Existenzen, den Kleinbesitz in der Zirkulation und den Dienstleistungen einschließlich der freien Berufe, einen Teil der „ideologischen Stände“, und füllt sich in den anschließenden Phasen mit den Massen der Staatsbeamten und „Privatbeamten“, den frühen Angestellten auf.

In jedem Fall wurzeln auch die hier genannten Klassen in den Produktionsverhältnissen, und sie umfassen große Menschengruppen. Hinsichtlich ihrer Stellung im Gesamtsystem der kapitalistischen Produktionsverhältnisse und ihrer Rolle im Reproduktionsprozeß können Klassen wie die Grundbesitzer als *Nebenklassen* bezeichnet werden. Die historische Entwicklungstendenz im Kapitalismus charakterisiert sie gleichzeitig als eine *Übergangsklasse,* deren Bedeutung zurückgeht.

Hinsichtlich ihrer historischen Entwicklung ist die Kleinbourgeoisie ebenfalls als Übergangsklasse anzusehen. Weil sie eine eigentümliche, zwischen den Polen der Grundklassen liegende Interessenlage ausgebildet hat, ist diese Klasse häufig auch als *Zwischen- oder Mittelklasse* bezeichnet worden. Mit dieser Bezeichnung wird gleichzeitig dem mit der Ausdehnung und Intensivierung des Kapitalismus unvermeidlichen Trend zur sozialen Polarisierung Rechnung getragen.

3.3 *Die historische Komponente sozialer Begriffe*

Die für die beschriebenen Neben- und Zwischenklassen gegebene Charakterisierung kann nicht von ihrer entsprechenden historischen Entwicklungsstufe im Rahmen der gesamten Gesellschaftsformation getrennt werden. Anders als die Grundklassen, deren innere Struktur sich zwar auch mit der Entwicklung der Produktionsweise verändert, deren Grundverhältnis jedoch bestehen bleibt, verlieren Zwischen- und Nebenklassen wesentlich an historischem Gewicht und verschwinden mitunter schon im Rahmen der entsprechenden Gesellschaftsformation als Klassen von der geschichtlichen Bühne.

Klassen als wissenschaftliche Begriffe besitzen wie andere gesellschaftswissenschaftliche Kategorien auch ihre Gültigkeit nur innerhalb der historischen Verhältnisse, deren Produkt sie sind. Vergangene Perioden müssen von den gegenwärtigen her analysiert werden und nicht umgekehrt — selbst wenn die betreffenden Kategorien in vorhergehenden Perioden nicht nur in der Realität, sondern auch schon als Begriff aufgetreten sind. Damit ist gesellschaftswissenschaftliche Erkenntnis als historisch bedingt ausgewiesen und die Notwendigkeit begründet, in jeder Periode erneut die Kategorien als Abstraktionen des konkreten Ganzen zu gewinnen.[9]

Dem Erfordernis, vergangene Klassengesellschaften von der gegenwärtigen her zu analysieren, liegt auch der Umstand zugrunde, daß die bestimmenden Produktionsverhältnisse ein „besonderer Äther“ sind, „der das spezifische Gewicht alles in ihm hervorstechenden Daseins bestimmt.“[10] Im System des Kapitalismus bestimmt der Antagonismus der Grundklassen die Stellung und die Beziehungen aller anderen Klassen, Schichten und Gruppen. Ihre Rolle und gesellschaftliche Funktion ist nur von den Grundklassen her verständlich.

Was die Gesellschaft des staatsmonopolistischen Kapitalismus in der BRD betrifft, so halten wir es für zutreffend, nur von der Existenz zweier Klassen, den Grundklassen des Kapitalismus, Bourgeoisie und Proletariat, Kapitalistenklasse und Arbeiterklasse zu sprechen.

Zweifellos sind Interessengemeinsamkeit und Kohärenz der *Monopolbourgeoisie* größer als bei der gesamten Kapitalistenklasse. Diese Interessengemeinschaft ist nicht zufällig, sondern durch monopolistische Produktionsverhältnisse bedingt, die sich von den „normal"-kapitalistischen abheben. Diese monopolistischen Produktionsverhältnisse sind die herrschenden im Gesamtsystem der kapitalistischen Produktionsverhältnisse von heute. Die Monopolbourgeoisie ist aber eine zahlenmäßig kleine Gruppe. Es wäre schon deshalb unrichtig, sie als Klasse anzusehen, selbst wenn sie sich etwa von den Kapitalisten abhebt, wie früher die Kapitalisten von der Kleinbourgeoisie.

Ähnlich verhält es sich mit den Resten des Adels, der früheren *Großgrundbesitzerklasse*. Unbestreitbar wirft auch heute unter den Bedingungen des Privateigentums an Grund und Boden Grundbesitz – ob klein oder groß – eine absolute Grundrente ab. Tribut des Eigentumsmonopols unter den Bedingungen der Nichtvermehrbarkeit dieses Produktionsmittels. Früher waren Grundeigentum und Grundrente die Basis einer der drei großen Klassen der bürgerlichen Gesellschaft. Die Entwicklung des Kapitalismus ist in den einzelnen Ländern zur Liquidierung der Grundbesitzerklasse verschiedene Wege gegangen. Was den preußischen Weg betrifft, so beinhaltete er die Umwandlung der feudalen Grundbesitzer in preußische Junker, eine Klasse, die die Kommandohöhen des Staates zur Sanierung ihrer ökonomischen Basis einsetzte und kapitalistische Landwirtschaft auf halbfeudaler Grundlage betrieb. Obwohl die ökonomische Vorherrschaft dieser Klasse schon im letzten Jahrhundert durch die Großbourgeoisie gebrochen worden war, übte sie bis in die Weimarer Republik und das faschistische Deutschland hinein wesentlichen Einfluß im Staatsapparat, besonders in der Armee, der Diplomatie und der Ministerialbürokratie aus. Der starke Einfluß dieser Klasse in den Machtorganen verlängerte ihr Leben. Schon in diesen Perioden war sie nur mehr noch eine Fraktion oder Schicht der Bourgeoisie mit starken Eigeninteressen.

Im Ergebnis des zweiten Weltkrieges wurde die ökonomische Macht dieser reaktionären Schicht der deutschen Bourgeoisie in den ostelbischen Gebieten zerschlagen und damit ihr Einfluß weiter reduziert. Die zunehmende Verflechtung des Grundbesitzes mit dem Finanzkapital und anderen Kapitalistengruppen führte auf westdeutscher Ebene zum Verlust des politischen Eigengewichtes. Somit reduziert sich der Großgrundbesitz zu einer Gruppe des herrschenden Großkapitals. Das ist ökonomisch auch der Weg solcher Grundbesitzergruppen wie der Kirche, die diese Transformation des Grundbesitzes mit vollzieht. Die enge Verflechtung mit dem Finanzkapital bedingt, daß die Grundrente – insbesondere in ihrer kapitalisierten Form des Bodenpreises als Quelle spekulativer Monopolprofite – Bestandteil des durch das Großkapital insgesamt angeeigneten Profits wird.

Es ist allerdings nicht zu übersehen, daß in diesem Mechanismus auch die kleinen Grundbesitzer, die bäuerlichen Agrarproduzenten einbezogen sind.

Dieses Beispiel zeigt, daß soziale Kategorien nicht in jedem Fall die ihnen zugrunde liegenden realen sozialen Gruppen für die ganze Gesellschaftsformation zutreffend charakterisieren. Entsprechend den Entwicklungstendenzen und dem Gewicht der ökonomischen Basis, ihrem absoluten und relativen Umfang sowie ihrer Rolle in den Klassenkämpfen muß ihr Inhalt in jeder Periode erneut überprüft und gewonnen werden. Die *Reihenfolge Klasse—Schicht—Gruppe drückt dabei auch eine Rangfolge des gesellschaftlichen Gewichts und der gesellschaftlichen Perspektive aus.*

Der feudale Großgrundbesitz (Adel) verwandelte sich aus der herrschenden Grundklasse des Feudalismus in eine Nebenklasse des Kapitalismus. Im Maße der kapitalistischen Durchdringung der Landwirtschaft verwandelt sich die Nebenklasse in eine Schicht oder Fraktion der Bourgeoisie und reduziert sich schließlich auf eine Gruppe der Bourgeoisie, die sich nicht sehr von Gruppen wie den Kapitalisten der Nahrungsmittelindustrie, der Bauwirtschaft o. a. unterscheidet.

Über die Kleinbourgeoisie schreiben im Rahmen einer Gesamtanalyse des Monopolkapitalismus an Lenin anknüpfend sowjetische Autoren: „Hinsichtlich der Klassenstruktur der bürgerlichen Gesellschaft betonte W. I. Lenin, daß es in der kapitalistischen und halbkapitalistischen Gesellschaft nur drei Klassen gibt: Bourgeoisie, Kleinbourgeoisie und Proletariat. Diese Klassenstruktur sollte man auch für den heutigen Kapitalismus nicht so schnell vergessen.“[11] In der näheren Charakterisierung heißt es: „Die Klasse der Kleinbourgeoisie, das sind die kleinen Eigentümer aus Stadt und Land, die ausschließlich oder hauptsächlich von der eigenen Arbeit leben.“[12] „Die städtische Kleinbourgeoisie, das sind die Handwerker, Kleinindustriellen, Kleinhändler und einfachen Besitzer kleiner Betriebe . . .“[13]

Es ist jedoch die Frage aufzuwerfen, ob der verminderten Rolle der *Kleinbourgeoisie* im gesellschaftlichen Prozeß auch in der kategorialen Bestimmung Rechnung zu tragen ist. Was ihre sozialökonomische Grundposition betrifft, so hat sie sich etwa bei nichtkapitalistischen Handwerkern kaum wesentlich geändert. Diese sind aber stärker als früher in das kapitalistische Produktionssystem als Zulieferer, Lückenbüßer usw. eingegliedert. Von einer selbständigen ökonomischen Rolle im Rahmen der Volkswirtschaft kann nicht mehr die Rede sein. Jedoch können diese Gruppen weder als Gruppen der Arbeiterklasse noch der Bourgeoisie angesprochen werden.

Obwohl diese einzelnen Gruppen des Kleinbürgertums hinsichtlich des absoluten und relativen Gewichts eine unterschiedliche Entwicklung und Umstrukturierung durchlaufen haben, hat sich insgesamt ihr Anteil an der Bevölkerung stark verringert. Außerdem muß auf die starke soziale Differenzierung jener traditionellen Gruppen des Kleinbürgertums verwiesen werden, deren Erwerbsquelle nicht im Eigentum an Produktionsmitteln bestand, sondern in der Beschäftigung im Staatsapparat, bei Privatkapitalisten, in der Sphäre geistiger Arbeit und dgl. Diese Gruppen sind als Gruppen schon mit dem Übergang zum Imperialismus nicht mehr in einer der traditionellen Kleinbourgeoisie völlig vergleichbaren Lage geblieben. Vielmehr hat die reale Proletarisierung, der Übergang großer Teile in die Arbeiterklasse, den wesentlichen früheren Zusammenhang dieser Gruppen mit der alten Kleinbourgeoisie aufgelöst.

Aus diesen und den angeführten anderen Gründen scheint es uns für die BRD der Gegenwart nicht mehr gerechtfertigt, das Kleinbürgertum als Klasse anzusehen. Vielmehr bezeichnen wir in dieser Arbeit ihre Gruppen und Schichten als *Mittel- oder Zwischenschichten* im staatsmonopolistischen Kapitalismus.

Zusammenfassend ist festzuhalten, daß es die Bestimmung der Beziehungen der verschiedenen sozialen Kräfte zueinander, ihrer Rolle in Bündnissen, Koalitionen und dgl. erforderlich macht, den konkreten Inhalt sozialer Kategorien in jeder Phase neu zu bestimmen. Das Ergebnis muß sich auch begrifflich niederschlagen. In der konkreten Analyse ist darüber hinaus das Erkennen der Übergangs-, Rand- und Vermittlungsgruppen von besonderer Wichtigkeit.

3.4 *Soziale Schichten und soziale Gruppen*

Allgemein

Die schon zitierten sowjetischen Autoren betonten: „Im Unterschied zu den Klassen sind alle anderen gesellschaftlichen Gruppen soziale Schichten. In Abhängigkeit von der sozialen Abstufung kann eine Schicht verschiedene Klassen einschließen (z. B. die erwerbstätige Bevölkerung, die Farmer usw.), andere können Bestandteil einer Klasse sein (z. B. die Industriearbeiter, Handwerker)."[14] Im Verlauf ihrer Analyse arbeiten die Autoren auch Schichten zwischen den Klassen heraus, die sie nicht zur Kleinbourgeoisie zählen, z. B. Halbproletarier, Leitungs- und Aufsichtspersonal in der Wirtschaft u. a.

In einer im Zusammenhang mit der Analyse des staatsmonopolistischen Kapitalismus erfolgten Klassenanalyse legen französische marxistische Autoren dar:[15] Die Klassen repräsentierten den Grundwiderspruch der entwickelten kapitalistischen Gesellschaft. Zwischen diesen Polen könne man eine Reihe mehr oder weniger differenzierter Zwischenschichten (couches intermediaires) unterscheiden. Diese Zwischenschichten bildeten nicht eine oder mehrere Klassen im strengen Sinne des Wortes. Insofern könne weder von einer Mittelschicht noch von einer Mittelklasse gesprochen werden. Sondern es handele sich um verschiedene je sozial differenzierte Schichten, die sich in einer Zwischenposition befänden. Die einen besäßen oder verliehen ihre eigenen Produktionsmittel (Bauern, selbständige städtische Mittelschichten); andere, die lohnabhängigen Zwischenschichten (Angestellte, Ingenieure, Techniker, Lehrer, Wissenschaftler usw.) verfügten über keine eigenen Produktionsmittel. Jede dieser Gruppen bilde eine Einheit mit besonderen Merkmalen. Von den Klassen und sozialen Schichten seien soziale Kategorien (catégories sociales) zu unterscheiden, z. B. die

Intellektuellen[16] oder die Bürokratie. Sie unterschieden sich von den Klassen und sozialen Schichten durch ein besonderes Verhältnis zu einer Anzahl von besonderen Techniken oder durch ihre grundlegende Funktion innerhalb des kulturellen Systems. Diese Kategorien existierten nicht außerhalb der Klassenverhältnisse. So gehörten die Intellektuellen zu verschiedenen Klassen und Schichten, sie höben sich aus diesen aber wiederum durch eine besondere Tätigkeit heraus.

Hinsichtlich der Gliederung der Klassen stellen die französischen Autoren fest, daß diese in mehr oder weniger dauerhafte Schichten, Fraktionen, die sich um den Kern gruppierten, differenziert seien.

In beiden Veröffentlichungen wird die Notwendigkeit hervorgehoben, Schichten und Fraktionen innerhalb der Klassen ebenso zu berücksichtigen wie soziale Schichten, die zu den Klassen in diesen oder jenen Merkmalen eine Zwischenposition einnehmen, die zwischen den Klassen stehen. Es zeigt sich auch die Notwendigkeit, die Stellung dieser Schichten nicht aus Einzelmerkmalen abzuleiten, sondern aus ihrer Stellung und Rolle im Gesamtsystem der Produktionsverhältnisse. Das betrifft insbesondere auch Gruppen, die in verschiedenen Klassen und Zwischenschichten verteilt sind, (z. B. Bauern bzw. Landwirte, Staatsbeschäftigte u. a.). Darüber hinaus sind Gruppen zu berücksichtigen, die als Randgruppen oder deklassierte Gruppen existieren sowie demographisch bestimmte Bevölkerungsgruppen, z. B. Frauen, Jugendliche, rassische, ethnische und nationale Minderheiten, konfessionelle Gruppierungen, soweit sie selbst Bewegungsformen des Klassengegensatzes, der Unterdrückung und Ausbeutung im Gesamtzusammenhang der Klassengesellschaft werden.

Wir verwenden in dieser Arbeit, wie schon dargelegt, den Begriff „soziale Schicht" zur Charakterisierung sozialer Gruppen, die nicht mit den Klassen identisch sind, jedoch durch eine bestimmte objektive Stellung in der Wirtschaft definiert sind. Das betrifft in erster Linie aus dem Gesamtsystem der Produktionsverhältnisse hervorwachsende Gruppen, die gegenüber den Grundklassen eine zwiespältige Zwischenposition einnehmen. Wir bezeichnen sie als Mittel- oder Zwischenschichten. Zum anderen wird der Schichtbegriff zur Charakterisierung der inneren Gliederung der Klassen, zur Kennzeichnung ihrer einzelnen Gruppen, Fraktionen, Abteilungen verwendet. Das schließt in konkreten Untersuchungen auch Schichtungen nach bestimmten Merkmalen (z. B. Einkommenshöhe, Qualifikation u. a.) ein, in denen die innere Gliederung zum Ausdruck kommt.

Schichten innerhalb der Klassen

Im historischen Prozeß agierende Schichten oder Gruppen innerhalb der Grundklassen bilden sich mit der Entwicklung der Produktionsweise heraus. Sie entwickeln spezifische Interessen, deren allgemeine Grenzen die Klasseninteressen sind.

Die wesentliche innere Gliederung der Grundklasse geht aus ihrer politischen Ökonomie und der Entfaltung des Klassenverhältnisses hervor, was die historischen Faktoren einschließt. Die somit entstehenden Schichten sind nicht unbedingt stabile Gruppierungen. Will man ihre Herausbildung erfassen, so sind verschiedene Gesichtspunkte zu berücksichtigen:

1. Es handelt sich um *Gruppierungen,* die mit der *Entwicklung und Differenzierung des Reproduktionsprozesses, seiner gesellschaftlichen Arbeitsteilung, also der Entwicklung der Produktivkräfte verknüpft sind.*

So bilden sich entsprechend der Entwicklung des Kapitals Fraktionen der Kapitalisten heraus: Handelskapitalisten, Geld- und Bankkapitalisten, Industriekapitalisten, Dienstleistungskapitalisten, Massenmedienkapitalisten usw. Innerhalb dieser großen Gruppen und Fraktionen bilden sich entsprechend der auf objektiven Grundlagen entstehenden spezifischen Interessenlagen Untergruppierungen, die nach ihrer Stärke, Entwicklungstendenz usw. auch eine unterschiedliche Rolle im gesellschaftlichen Prozeß spielen. In diesem Zusammenhang steht auch die Gliederung der Kapitalistenklasse entsprechend der spezifischen Funktion im Verwertungsprozeß des Kapitals: Rentnerkapitalisten, fungierende Eigentümerkapitalisten, kapitalistische Manager, Spitzengruppen der Staatsbürokratie u. a.

Der arbeitsteiligen Struktur des Reproduktionsprozesses entspricht auch die Gliederung der Arbeiterklasse. „Die Arbeiterklasse der industriell entwickelten kapitalistischen Länder besteht aus drei Hauptabteilungen, dem Industrieproletariat, dem Handels- und Büroproletariat und dem landwirtschaftlichen Proletariat.“[17] Es handelt sich bei dieser Gliederung nicht um eine bestimmte berufliche Gliederung.

Hervorzuheben ist, daß die durch die Arbeitsteilung hervorgerufene soziale Gliederung neben der territorialen die Grundlage der Organisierung der Klasseninteressen sowohl der Kapitalisten wie der Arbeiterklasse wird (Vgl. z. B. die Struktur der Gewerkschaften und der Unternehmerverbände!).

2. Es handelt sich um die *Gliederung und Schichtung der Klassen um ihren Pol, ihren Kern, der die Grundinteressen am deutlichsten zum Ausdruck bringen kann.* Für die kapitalistische Gesellschaft kann diese Gliederung ohne die Analyse der Bewegung des Kapitals nicht ausreichend erfaßt werden. Diese Schichtung bringt die Bewegungsform des Antagonismus zum Ausdruck, die Hauptkräfte und die ihnen aggregierten Gruppen. Wie schon in verschiedenen Zusammenhängen betont, muß das Herausfinden dieser Gliederung auch die unter 1. genannten Momente berücksichtigen. Das Auffinden des Kern kann nicht aus der Analyse technologischen Struktur der Produktion heraus geleistet werden, wie dies durch die Ideologen der „neuen Arbeiterklasse“ oder mit anderer Intention von bürgerlichen Liberalen wie Calbraith versucht worden ist.[18] Vielmehr muß von der typischen Ausprägung des Klassenverhältnisses unter den gegebenen Bedingungen ausgegangen werden, der Entfaltung des Verhältnisses von Arbeit und Kapital unter den Bedingungen des staatsmonopolistischen Kapitalismus, eines Systems, das die Ausbeutung aller werktätigen Schichten auf die gesamtgesellschaftliche Ebene gehoben hat.[19]

In der Veränderung des Kerns kommt auch der Wandel der historischen Klassenposition zur Geltung. In der ersten Periode der Herrschaft der

Industriekapitalisten machten diesen Kern z. B. in England vor allem die Textilkapitalisten der Baumwollindustrie aus. Ihnen standen auch die Gruppen der Industriearbeiter ihres Bereichs, die Textilarbeiter gegenüber, die in den Klassenkämpfen aktivste Kraft der englischen Arbeiter. In der zweiten Jahrhunderthälfte geht diese Position an die Großkapitalisten der Montanindustrie über, mit dem Übergang zum Imperialismus an finanzkapitalistische Gruppen, die Finanzaristokratie.[20] Monopolistische Bourgeoisie auf der einen und nichtmonopolistische auf der anderen wird innerhalb der Bourgeoisie in der Periode des Imperialismus die wichtigste Differenzierungslinie.

Daneben treten andere Faktoren wie Rüstungskapital, militärisch-industrieller Komplex, gegenwärtig die mit dem Ausdruck „Machtelite“ verklausulierte Verflechtung von Finanzaristokratie und Spitzen des politischen Systems usw. als wesentliche Gruppierungen innerhalb des Kapitals in Erscheinung. Damit ist aber die Schichtung der nichtmonopolistischen und der Gesamtbourgeoisie nach der in ihrem Besitz und ihrer Verfügung befindlichen Kapitalmasse bzw. der Anzahl der ausgebeuteten Arbeiter und Angestellten nicht aufgehoben.

Die Industriearbeiterschaft der Großindustrie – unabhängig vom speziellen Industriezweig – und einschließlich des Bergbaus ist zweifellos der Kern der Arbeiterklasse. Um diesen Kern gruppieren sich die Schichten der Arbeiter der Großbetriebe anderer Bereiche der materiellen Produktion (Transport/Verkehr, Fernmeldewesen, Bauwirtschaft, Landwirtschaft); die Arbeiter der Klein- und Mittelindustrie- und -Betriebe, des Handwerks; die unteren und ein Teil der mittleren technischen Angestellten in der Wirtschaft, vor allem der Großindustrie; das untere und ein Teil des mittleren Personals im Handel und den Dienstleistungen; die unteren und ein Teil der mittleren kaufmännischen Angestellten; die Untergruppen der Staatsangestellten und -beamten; die Untergruppen im Geld- und Kreditsektor u. a.

Diese Gliederung nach Kern- und Randschichten erleichtert nicht nur die Analyse der Rolle der einzelnen Schichten im Klassenkampf, sondern erlaubt auch die Übergangsgruppen genauer anzuvisieren, so von den Oberschichten der Arbeiterklasse (früher als Aristokratie[21] charakterisiert) zu den lohnabhängigen Mittelschichten; von anderen Gruppen in die Kleinbauernschaft und in andere Gruppen der selbständigen Mittelschichten; von den Unterschichten (z. B. Gelegenheitsarbeiter) in deklassierte Schichten usw.

3. Darüber hinaus sind *innerhalb der Klassen* auch *mehr oder weniger stabile Gruppierungen, Schichtungen*[22] *nach Merkmalen wirksam, auf deren Grundlagen sich Interessen formieren,* die als Ausdrucksform der gesellschaftlichen Lage angesehen werden müssen, die jedoch nicht völlig mit der durch 1. und 2. hervorgerufenen Schichtung übereinstimmen.

So gibt es in der Arbeiterklasse etwa relevante Schichtungen nach sozialer Herkunft, nach Einkommen, Qualifikation, Bildung u. a. Es handelt sich um zusätzliche Charakterisierungsmomente. Diese Momente machen besonders deutlich, daß die Grenzen zu den an die Arbeiterklasse angrenzenden Gruppen und Schichten fließend sind und sich gerade dadurch an den Rändern mitunter die Konturen der Klassen verwischen. Diese sekundären Schichtungen sind es, die von der bürgerlichen Soziologie in den Vordergrund gestellt werden.

Schichten zwischen den Klassen

Im wesentlichen handelt es sich hier um die Schichten der Kleinproduktion und des Kleinbesitzes in Stadt und Land und um die Intelligenz und die lohnabhängigen Zwischenschichten. Auch diese sozialen Schichten sind in sich vielfältig gegliedert. Nichtsdestotrotz wachsen sie aus dem Gesamtsystem der Produktionsverhältnisse hervor und machen ein Element der entsprechenden Klassen- und Schichtstruktur aus.

Kleinproduzenten: Die an die Kleinproduktion und den Kleinbesitz gebundenen Mittelschichten auf dem Lande (werktätige Bauern, Dorfhandwerk, Landmaschinenreparatur, Gastwirte, Hotel- und Pensionsbesitzer, und dgl.) und in der Stadt (Handwerk jeglicher Art, Kleinindustrie, kleine Handels-, Transport-, Dienstleistungsunternehmer, Kleinhändler, z. T. freie Berufe, Hausbesitzer, Besitzrentner und dgl.) wurzeln in erster Linie in der dem kapitalistischen Reproduktionssystem eingegliederten kleinen Warenproduktion. „Der Kleinproduzent, der im System der Warenproduktion wirtschaftet – das sind die beiden Merkmale, die den Begriff ‚kleiner Bourgeois', Kleinbürger ... ausmachen.“[23] Die einzelnen Schichten oder Gruppen sind dabei nicht immer völlig klar voneinander abgrenzbar.

Diese Schichten sind sowohl nach ihrer spezifischen ökonomischen Funktion wie auch nach ihrer Stellung zu den Grundklassen gegliedert. So wächst der Gegensatz zur Bourgeoisie mit abnehmender Besitzgröße und Beschäftigtenzahl. Umgekehrt wächst die Affinität zur Bourgeoisie mit wachsender Beschäftigtenzahl und Besitzgröße. Die Grenzen nach oben erscheinen rein quantitativ bestimmt, und sie sind in der Praxis fließend. Gerade die Oberschicht ist das unmittelbare Rekrutierungsfeld der Bourgeoisie. Aber auch der Übergang zur Arbeiterklasse ist nicht durch starre Grenzen fixiert. Von besonderer Wichtigkeit sind hier die halbproletarischen Schichten, die wir faktisch in Gruppen wie den Nebenerwerbsbauern finden, in Hausbesitzern ab einer bestimmten Größenordnung u. a., die auch noch im Lohnverhältnis stehen. Diese halbproletarischen Massen, in den Entwicklungsländern die plebejischen Elemente des Volkes spielen dort eine große Rolle.[24] Die Grenzen sind dort nicht nur zum Proletariat, sondern auch zum Lumpenproletariat fließend. Im staatsmonopolistischen Kapitalismus sind Formen des Übergangs zu lohnabhängigen Zwischenschichten von Bedeutung. Der Übergang vom Ladenbesitzer zum Filialleiter, vom Handwerksmeister zum Kundendienstleiter, also zu Angestellten des Kapitals, findet gegenwärtig in vielen konkreten Formen statt.

Intelligenz und lohnabhängige Zwischenschichten: Liegen auch ihre historischen Ausgangspunkte im Kleinbürgertum und ihre gegenwärtigen Wurzeln im Gesamtsystem der Produktionsverhältnisse, so sind sie doch im Unterschied zu den Kleinproduzenten nicht mit der Kleinproduktion, sondern mit der Großproduktion und der Entwicklung der modernen Produktivkräfte verbunden, so handelt es sich bei ihnen nicht um tendenziell abnehmende, sondern um wachsende Schichten. Insbesondere ist ihr Wachstum mit dem Anwachsen der Vermittlungsbereiche und der Bereiche „geistiger Produktion" und geistiger Arbeit und der Ausdehnung der Funktionen und Aktivitäten des imperialistischen Staates verbunden, was nicht losgelöst von dem parasitären Charakter des Imperialismus untersucht werden kann.

Was ihren Gruppen bei allen konkreten Unterschieden der Funktion gemeinsam ist, das ist — im allgemeinsten Ausdruck — ihre *spezifische* von der Arbeiterklasse unterschiedliche Rolle im System der Organisation der gesellschaftlichen Arbeit und — was sie von der Kapitalistenklasse abhebt — in der Regel der Nichtbesitz der Produktionsmittel in ihren Arbeitsbereichen und die Ausbeutung ihrer Arbeitskraft durch das Kapital und den imperialistischen Staat.

Im Unterschied zu den Kleinproduzenten ist ihre Existenzbasis nicht der Besitz, sondern eine Arbeitskraft, die auf Grund ihrer Qualifikation Privilegien einschließt oder/und besondere „Dienstleistungsfunktionen" zur Organisierung der Ausbeutung und Kapitalverwertung und der Aufrechterhaltung der Herrschaft des staatsmonopolistischen Gesellschaftssystems.

Die Analyse dieser Gruppen ist eines der kompliziertesten Kapitel der Klassenanalyse. Ihrer arbeitsrechtlichen Stellung nach sind sie Angestellte, Beamte und Selbständige (Journalisten, Künstler u. a. — wobei die Grenze zu den freien Berufen kaum exakt zu ziehen ist). Ihrer sozialökonomischen Stellung nach handelt es sich um die Intelligenz, die Leitungskader der staatlichen und privatkapitalistischen Wirtschaft und die Angestellten und Beamten des staatlichen (und auch privaten) Repressionsapparates und einen Teil der Angestellten und Beamten des sonstigen Staatsapparates (mit Ausnahme der kapitalistischen Elemente).

Bei aller Verschiedenheit der spezifischen Funktion und beruflichen Qualifikation resultiert auch ihre wesentliche innere Gliederung aus der Stellung zu den Grundklassen. Gerade hier müssen die genannten Faktoren im Zusammenhang des gesamten Gesellschaftssystems untersucht werden. So stehen z. B. untere Polizeibeamte in ihrer sozialen Lage in keiner anderen Stellung als Post- oder Eisenbahnbeamte der gleichen Kategorie. Das kommt u. a. in der gleichen Besoldungsstufe zum Ausdruck. Während aber die spezielle Loyalitätsbindung und ihre berufliche Tätigkeit als Funktion zur Aufrechterhaltung der Herrschaft der Monopole die ersteren zu einer lohnabhängigen Zwischengruppe macht, werden die letzteren infolge ihrer sozialen Lage, der Bindung an die Arbeiterklasse im Arbeitsbereich und anderer Momente zu einer Randschicht der Arbeiterklasse.

Die fließenden Übergänge dieser Zwischenschichten nach oben und unten, die ja nur als Stufen in der gleichen hierarchischen Gliederung erscheinen und ihre infolge verschiedener objektiver Faktoren zwiespältige Haltung sind auf die Bewußtseinsbildung in der Arbeiterklasse — insbesondere ihrer Angestellten — und Beamtenschichten — von zentraler Bedeutung.

Es ist nochmals zu betonen, daß die Abgrenzung einzelner Gruppen gerade deshalb besonderer Untersuchungen bedarf, weil sie in sozialstatistischen Gruppen wie Angestellten, Beamten, Selbständigen usw. gemeinsam mit Gruppen der Arbeiterklasse und der Bourgeoisie erscheinen.

Es handelt sich nach Auffassung des Verfassers bei diesen Schichten nicht um Bevölkerungsschichten, die Steiner wie folgt definiert: „Im Unterschied zu sozialökonomischen Schichten sind bei sozialökonomisch inhomogenen Bevölkerungsschichten nicht Klassenkriterien, sondern andere verbindliche Merkmale entscheidend."[25] Vielmehr sind die Zwischenschichten – bei all ihrer Verschiedenheit – im Gesamtsystem der kapitalistischen Produktionsverhältnisse, im kapitalistischen Wirtschaftssystem verwurzelt und von daher deshalb auch zu definieren. Besondere Bildung ist bei der Intelligenz nicht zuletzt Ausdruck der spezifischen Funktion entsprechender geistiger Arbeit im Reproduktionssystem – für das einzelne Individuum freilich immer Voraussetzung, aber eben Ausdruck einer spezifischen Rolle im System der gesellschaftlichen Organisation der Arbeit, eines historisch entstandenen und bestimmten Systems der Arbeitsteilung.

Deklassierte Schichten

Die deklassierten Schichten stellen ein Konglomerat von aus dem Arbeitsprozeß bzw. den Klassen und sozialen Schichten *ausgegliederten* Individuen und Gruppen dar. Es sind aus dem historisch gegebenen Reproduktionsprozeß ausgegliederte Gruppen. Diese Gruppen wurzeln somit nicht mehr im Reproduktionsprozeß, sie sind aber ein unvermeidliches Produkt, eine ständige Begleiterscheinung des kapitalistischen Reproduktionsprozesses. Sie sind der Bodensatz, die abgesunkenen Opfer der kapitalistischen Gesellschaft.[26]

Diese deklassierten Schichten sind aber nicht gleichzusetzen mit den verschiedenen Formen der industriellen Reservearmee, mit den besonders armen und unter dem Existenzminimum vegetierenden Individuen und Gruppen oder mit sogenannten gesellschaftlichen Randgruppen.

Jedoch sind die deklasssierten Schichten Rekrutierungsreservoir des *Lumpenproletariats*.[27] Es handelt sich um ein Konglomerat von Gruppen, die nicht mehr in der Lage oder gewillt sind, sich den Reproduktionsbedingungen des kapitalistischen Systems zu unterwerfen und in parasitäre Formen des Lebensunterhalts ausweichen (Banditen, Diebe, Stadt- und Landstreicher, Prostituierte, Zuhälter, Hehler, Bettler u. a. – natürlich ist heute das Antlitz dieser Gruppen anders als im London von Oliver Twist, und es ist auch in der BRD anders als zur gleichen Zeit in New York oder Kalkutta).

Es muß betont werden, daß es sich nicht nur um Individuen aus der Arbeiterklasse, sondern ebenso aus den Mittelschichten, der Bourgeoisie, der Intelligenz, Studentenschaft usw. handelt. Nicht nur das Antlitz, sondern auch die Struktur und der Umfang dieser Gruppen hängt von konkreten kapitalistischen Reproduktionsbedingungen ab.

Das Lumpenproletariat ist die Kehrseite der Bourgeoisie. Was diese auf der Grundlage ihrer Produktionsverhältnisse begründet, versucht jene ohne Eigentum und Besitz zu erlangen: arbeitslose Einkommen. Verfolgt diese ihr Interesse als „Recht und Ordnung“ mit dem Staatsapparat, so jene mit der „direkten Aktion“. Diese Schichten sind für die Klassenanalyse deshalb von besonderer Bedeutung, weil ihr Anwachsen z. B. häufig Nährboden zunehmender anarchistischer Ideologien und Gruppierungen ist, die nicht nur manipulierbare Größen in der Strategie der Reaktion sind, sondern nach den geschichtlichen Erfahrungen – seit dem III. Louis Bonaparte – auch schnell zu ihren Schlägertruppen werden.

Randgruppen

Als Randgruppen werden hier die an den Rand des Reproduktionsprozesses gedrängten Gruppen aufgefaßt, die in der Regel noch im Arbeitsprozeß oder im sozialen Zusammenhang ihrer Klasse oder Schicht stehen, wenn möglicherweise infolge Arbeitslosigkeit diese Bindung auch zeitweise unterbrochen sein mag, um Gruppen also, die in der Regel unter dem historisch bestimmten Existenzminimum leben (Dauerarbeitslose, Saisonarbeiter, Wanderarbeiter, Hausierer u. a.) sowie um Gruppen von Sozialeinkommensbeziehern. Diese Gruppen stehen jedoch in ihrer Mehrheit in einem Zusammenhang mit der Arbeiterklasse bzw. müssen als Gruppen der Arbeiterklasse betrachtet werden.

Gerade dann, wenn sich diese Gruppen aus ethnischen, nationalen, rassischen oder anderen Minderheiten rekrutieren, deutet dies darauf hin, daß derartige Unterschiede Bewegungsformen der Klassenausbeutung und Unterdrückung geworden sind.

Bevölkerungsgruppen und sozialstatistische Gruppen

Der Zusammenhang von *Bevölkerungsgruppen* ergibt sich aus demographischen Merkmalen, die nicht aus den Produktionsverhältnissen oder der sozialen Lage abgeleitet werden können, die auch keine Ausdrucksform dieser Verhältnisse sind. Sie erstrecken sich deshalb über alle Klassen und Schichten. Aber sie stehen nicht außerhalb der Klassengegensätze der Gesellschaft. In ihren Unterschieden bewegen sich häufig die Gegensätze der Herrschafts- und Klassenordnung und somit werden diese Unterschiede zu Gegensätzen. Dies trifft im Kapitalismus – in unterschiedlicher Gewichtung für einzelne Länder und Perioden – zu auf die Beziehungen zwischen Mann und Frau, alt und jung, den Generationen überhaupt, zwischen ethnischen, nationalen, rassischen oder anderen Gruppen. Somit werden diese Gruppierungen die Basis zur Herausbildung besonderer Interessen, die die Klassengegensätze je nach den Umständen abschwächen oder verschärfen.

Ähnliche Beziehungen bestehen für die Verhältnisse zwischen Stadt und Land, zwischen einzelnen Regionen, zwischen Schreibkundigen und Analphabeten, Akademikern und Nichtakademikern, also Gruppierungen entlang der verschiedensten Merkmale.

Die Klassenstrukturanalyse muß insbesondere jenen Gruppen Aufmerksamkeit widmen, in deren Lage die Klassengegensätze der Gesellschaft in zusätzlicher und vermittelter Form wirksam werden und Verhältnisse der doppelten Ausbeutung und Unterdrückung begründen (Industriearbeiterinnen, ausländische Arbeiter).

Schließlich kann man auch nicht die *durch juristische Normen oder die amtliche Statistik geschaffenen Gruppen* übersehen, welche die Oberflächenerscheinungen sozialer Verhältnisse der Klassengesellschaft fixieren, häufig allerdings Verhältnisse, die auch an der Oberfläche längst nicht mehr zutreffen und durch die Entwicklung überholt sind.

Es ist z. B. in der BRD eine arbeitsrechtlich begründete und sozialstatistisch erfaßte Kategorie wie „Angestellte" (trotz ihrer unterschiedlichen und gegensätzlichen Klassenelemente) Grundlage gewisser gemeinsamer Interessen geworden hinsichtlich der spezifischen Bedingungen des Arbeitsvertrages, der Entlohnungsform, versicherungsrechtlicher Bedingungen, Gehaltsstaffelung, Manteltarife u. a. Nicht zuletzt kommt dieser Umstand auch in der gemeinsamen gewerkschaftlichen Organisierung zum Ausdruck. Ähnliches gilt für Kategorien wie Landwirte, Selbständige, Arbeitnehmer, Rentner, Hausfrauen, Schüler. Wie bei ähnlichen ökonomischen „Oberflächen"-Kategorien (z. B. Unternehmergewinn) kommt es auch hier auf die ideologiekritische Auflösung dieser Begriffe und ihre analytische Rückführung auf die Klassen- und Schichtverhältnisse an.

☆

Hiermit sind die wesentlichen Kategorien, die eine sozialstatistische Klassenstrukturanalyse des staatsmonopolistischen Kapitalismus berücksichtigen muß, skizziert. Im Vordergrund und Zentrum stehen die Grundklassen, ihre Kerne und ihre innere Schichtung und Gruppierung. Zwar nehmen im historischen Zusammenhang Zwischenschichten gegenüber den Grundklassen eine Übergangsposition ein, weshalb besonders die konkreten Übergangsgruppen herauszuarbeiten sind. Aber im konkreten Zusammenhang sind die Mobilitätsvorgänge keine Einbahnstraße. Das ist die Ursache, weshalb die Mittelschichten die Ausbildung der Arbeiterklasse in nahezu jeder geschichtlichen Situation stark beeinflussen und ihnen sowohl in der Bündnisstrategie der Kräfte des Monopolkapitals wie der Arbeiterbewegung eine zentrale Rolle zufällt.

Deklassierte Schichten und Randgruppen der verschiedensten Art sind ein notwendiges Produkt der kapitalistischen Entwicklung. Schließlich müssen auch Bevölkerungsgruppen und sozialstatistische Gruppen im Zusammenhang der Klassenstruktur untersucht werden.

4. Zur Anatomie der Klassen und Schichten des Kapitalismus

Ökonomische Aspekte

4.0 *Politische Ökonomie und Klassentheorie*

In diesem Abschnitt 4 wird das Ziel verfolgt, die wesentlichen Kriterien zur Bestimmung der Klassen und sozialen Schichten des Kapitalismus aus ihrer politischen Ökonomie zu entwickeln. In den wissenschaftlichen Arbeiten von Karl Marx, Friedrich Engels und W. I. Lenin finden wir dazu die grundlegenden Darstellungen. Es scheint uns erforderlich angesichts des gegenwärtigen Diskussionsstandes, ihre Ansichten relativ ausführlich zu referieren und dabei die Verbindung zur Analyse der Klassenstruktur des heutigen Kapitalismus herzustellen. Der Anspruch auf eine umfassende systematische Ableitung kann jedoch nicht erhoben werden. Das schlösse die systematische Darstellung der marxistischen politischen Ökonomie und ihre Entwicklung bis zur Theorie des staatsmonopolistischen Kapitalismus ein. Wir begnügen uns deshalb mit dem Versuch der Darlegung einiger für die Analyse der Klassenstruktur wesentlicher Kategorien.

Wir beginnen mit einigen Bemerkungen zum Verhältnis von politischer Ökonomie und Klassentheorie, welche die schon in Abschnitt 1 aufgeworfenen Fragen weiter zu klären versuchen. Ferner gilt es, die Kontinuität des Charakters der kapitalistischen Gesellschaftsformation in ihren verschiedenen Entwicklungsphasen und -etappen deutlich zu machen. Hieraus ergibt sich die Notwendigkeit und Möglichkeit, jene vor allem im „Kapital" und anderen Schriften dargelegten theoretischen und methodischen Grundsätze der Analyse der Klassenstruktur und der Klassenbewegung für die heutige Entwicklungsphase des Kapitalismus anzuwenden und weiterzuentwickeln.

Weil der staatsmonopolistische Kapitalismus eine Entfaltungsstufe des Grundwiderspruchs des Kapitalismus verkörpert und insofern – im Rahmen des Imperialismus, des monopolistischen Kapitalismus – eine Entwicklungsphase der kapitalistischen Produktionsweise darstellt, ergibt sich eine Kontinuität der grundlegenden Klassenstruktur des staatsmonopolistischen Kapitalismus (SMK) gegenüber früheren Entwicklungsetappen des Kapitalismus. Jedoch ist der SMK auch durch Besonderheiten gekennzeichnet. Diese rühren nicht zuletzt aus dem historischen Platz des gegenwärtigen Kapitalismus, der die zunehmende Durchdringung der kapitalistischen Gesellschaft durch Übergangsmomente hervorruft. Die privatkapitalistische Aneignungsweise wird durch die formale Anerkennung des gesellschaftlichen Charakters der Produktion modifiziert, d. h. die privatmonopolistische Aneignung vollzieht und realisiert sich in bedeutendem Maße mit und über die Organe und Mechanismen des Staates. Die Notwendigkeit zentraler Planung und Lenkung findet in der staatsmonopolistischen Regulierung ihren Ausdruck ebenso in der Herausbildung immer größerer Kapitaleinheiten, immer verzweigterer Konzernkomplexe. Zwar sind auch die gesellschaftlichen Produktivkräfte – wie Wissenschaft, Ausbildungsgrad usw. – längst aus der Kral des Privatkapitals und seiner unmittelbaren Verwertungsmotive und -interessen ausgebrochen; aber nur, um auf der gesellschaftlichen Ebene, die jetzt der Staat repräsentiert, um so nachhaltiger für die Kapitalverwertung zugerichtet und hergerichtet zu werden.

Auch das System der Klassenbeziehungen ist nur schwer verständlich, wenn die Analyse nicht der Tatsache Rechnung trägt, daß die monopolistische Profitmaximierung als zentrales Motiv auf einer gesamtgesellschaftlichen Ebene verwirklicht wird. Damit wird das durch die Monopole geschaffene System der Umverteilung der geschaffenen Werte und insbesondere des Mehrwertes – aber nicht nur des Mehrwertes, sondern auch des durch Kleinproduzenten geschaffenen Produkts und vielfach auch des notwendigen Produkts der Arbeiterklasse – auf eine neue Stufe gehoben, auf der die politische Vermittlung der monopolistischen Profitjägerei auf der Basis des staatsmonopolistischen Mechanismus ein qualitativ neues Element darstellt und die Klassenbeziehungen neu richtet.

Diese Entwicklung ist in mancher Hinsicht mit der des Übergangs zum Imperialismus vergleichbar. Nicht daß der Imperialismus völlig neue Klassen geschaffen hätte, aber das ökonomische Monopol, das Monopol als sozialökonomisches Verhältnis, als Produktionsverhältnis hat die Klassenbeziehungen und die Klassenstruktur beeinflußt. Der Imperialismus bedeutet in vieler Hinsicht einen dialektischen Umschlag. Eine lineare Verlängerung der Klassenstruktur und der Klassenbeziehungen des Kapitalismus der freien Konkurrenz war deshalb mit schweren Fehleinschätzungen verbunden, wie sie deutlich bei K. Kautsky oder R. Hilferding festgestellt werden können,[1] obwohl auch ihnen wesentliche Seiten der Veränderungen nicht entgangen waren.

In dieser neuen Epoche vollzieht sich die Klassenpolarisierung nicht mehr nur auf nationaler Ebene, sondern mit der Herausbildung eines ersten proletarischen Staates und dann eines sozialistischen Weltsystems im internationalen Maßstab. Zwar schafft auch das im Kapitalismus keine neuen Klassen oder sozialen Schichten, aber wie diese Situation der Systemkonkurrenz eine mächtige Schubkraft zur Herausbildung des staatsmonopolistischen Kapitalismus wird, so auch auf die verstärkte Herausbildung und das Wachstum neuer sozialer Gruppen.

Ähnliche Aspekte für die Klassenbeziehungen weist gegenwärtig die verstärkte Internationalisierung auf privatkapitalistischem und staatsmonopolistischem Wege auf. War schon im letzten Jahrhundert die Herausbildung des kapitalistischen Weltmarktes die Voraussetzung für die volle Entfaltung der kapitalistischen Produktionsweise, die Bewegungsform von Industrie und Handel, und damit auch des internationalistischen Zusammenhangs des Proletariats der verschiedenen Länder, so hat dieser Prozeß heute eine weit höhere Stufe erreicht. Was einst die Arbeiter aus Irland für den britischen Kapitalismus, das ist heute für die Entwicklung des Kapitalismus die im globalen Maßstab geschaffene, mobilisierte und in

Bewegung gebrachte relative Überbevölkerung und Reservearmee der industriell schwächer entwickelten kapitalistischen Länder. Die internationale und internationalisierte Reservearmee und aktive Arbeiterarmee ist nicht zuletzt ein Faktor, der zu einer Neuschichtung der Arbeiterklasse auf diesem internationalen Niveau führt.

Andererseits, welche herrschende Oligarchie, welche Monopoldynastie irgendeines westeuropäischen Landes ist heute mit der herrschenden Klasse anderer Länder außer durch das Band allgemeiner Klasseninteressen nicht auch direkt durch materielle Interessen und verwandtschaftliche Bindungen versippt? Doch das sogenannte Jet-Set, die „Cafe-Society"[2] des Düsenzeitalters ist der Flitterabglanz dieser materiellen Verflechtungen, der Durchsetzung der nationalen Monopolbourgeoisien mit internationalen Fraktionen, insbesondere mit Fraktionen des US-Kapitals.

Gleichermaßen bringen die internationalen Konzerne[3] und die Integrationsgebilde der verschiedensten Art neue soziale Gruppen hervor. Wie nie zuvor hat die Internationalisierung das Heer der Spezialisten, die moderne Intelligenz, und die oberen Kader erfaßt.

Diese Bemerkungen illustrieren für den gegenwärtigen Kapitalismus, daß die Bewegung der Klassen untrennbar mit der ökonomischen Bewegung verbunden ist, daß die Klassenstruktur aus der ökonomischen Struktur der Gesellschaft hervorgeht, ja daß sie als Ausdruck derselben angesehen werden muß.[4]

Was den Kapitalismus der freien Konkurrenz betrifft, so brachte das Gesetz der Durchschnittsprofitrate zum einen die Beziehungen der einzelnen Kapitalisten als feindliche Konkurrenten zum Ausdruck, zum anderen aber ihren Bruderbund gegenüber der hervorbringenden Klasse, der Arbeiterklasse und damit die Beziehungen zwischen Kapitalisten und Arbeitern als Klassenbeziehungen. Die Quelle aller Profite ist die Mehrarbeit in der Produktion, die Mehrwert schafft. Der Anteil an diesem Mehrwert ist ein der Größe des Kapitals entsprechender Anteil. Heute bringt dagegen die ökonomische Kategorie des Monopols und des Monopolprofits wiederum veränderte soziale Beziehungen zur Geltung.

Es sind aber nicht nur Feststellungen auf dieser Abstraktionsebene, die den Zusammenhang zwischen ökonomischer Struktur und Klassenstruktur auszudrücken vermögen. Die Gesetzmäßigkeiten, die sich in den allgemeinen Kategorien des historischen Materialismus niederschlagen, finden auch ihre Widerspiegelung in der politischen Ökonomie der jeweiligen Produktionsweise.

Friedrich Engels nannte die politische Ökonomie die „Wissenschaft von den Bedingungen und Formen, unter denen die verschiedenen menschlichen Gesellschaften produziert und ausgetauscht haben und unter denen sich demgemäß jedesmal die Produkte verteilt haben ..."[5]; „die Wissenschaft von den Gesetzen, welche die Produktion und den Austausch des materiellen Lebensunterhalts in der menschlichen Gesellschaft beherrschen" und somit „wesentlich eine historische Wissenschaft".[6]

Die politische Ökonomie handelt deshalb nicht von Dingen, sondern von dinglich vermittelten bzw. unter dinglicher Hülle versteckten sozialen Beziehungen und somit von Klassen. Diesen Gedanken unterstreicht die Darstellung von Marx aus dem Jahre 1849 über das Kapital. Er schreibt dort, daß Kapital nicht einfach eine Summe von Produkten ist, auch nicht von Waren oder auch nicht einfach ein Tauschwert, obwohl sich Kapital auch notwendig immer als das darstellt. „Wie nun wird eine Summe von Waren, von Tauschwerten zu Kapital? Dadurch, daß sie als selbständige gesellschaftliche Macht, d. h. als Macht eines Teils der Gesellschaft sich erhält und vermehrt durch den *Austausch gegen unmittelbare, lebendige Arbeit* (Arbeitskraft, in der überarbeiteten Fassung). Die Existenz einer Klasse, die nichts besitzt als die Arbeitsfähigkeit, ist eine notwendige Voraussetzung des Kapitals."[7]

Nicht alle dinglich vermittelten Beziehungen sind Klassenbeziehungen, sondern in ihrer konkreten unmittelbaren Form Beziehungen zwischen Käufern und Verkäufern usw., die sich nicht mit den Klassenbeziehungen decken. Die „dingliche Vermittlung" bedarf der Aufschlüsselung.

Wenn sich Waren am Markt tauschen, dann liegt ihnen ein gleicher Wert (oder später Produktionspreis) zugrunde. Der Wert wohnt den Produkten aber nicht von Natur aus inne. Er entsteht durch die (abstrakte) allgemeine menschliche Arbeit; aber durch die menschliche Arbeit unter bestimmten Umständen: Existenz der Arbeitsteilung, also vieler Produzenten, die ihre Produkte austauschen müssen, wenn sie die Voraussetzungen zum Neubeginn der Produktion je wieder sichern wollen; und Existenz dieser Produzenten als Privatproduzenten, deren Arbeit sich erst mit der Realisierung, also dem Verkauf der Produkte, als gesellschaftlich notwendige Arbeit erweisen kann. Dem Wert und dem Wertgesetz liegen also bestimmte Produktions- und Austauschverhältnisse zugrunde. Für die politische Ökonomie kommt es darauf an, den Fetichismus dieser Beziehungen und Kategorien aufzudecken und zu zeigen, daß die den Verhältnissen der Dinge zugrunde liegenden Beziehungen gesellschaftliche Beziehungen und unter bestimmten Verhältnissen Klassenbeziehungen sind. Nicht von Dingen ist also letztlich in der politischen Ökonomie des Kapitalismus die Rede, sondern von sozialen Verhältnissen, von Klassen.

Die innere Anatomie dieser Beziehungen, ihre naturgeschichtliche und gesetzmäßige Entwicklung für die warenproduzierende Gesellschaft, das war letzten Endes Gegenstand des Hauptwerkes von Karl Marx, „Das Kapital".[8] Dabei wird jedoch eine enge ökonomische Interpretation dem „Kapital" nicht gerecht. Das vor Augen geführt zu haben, ist eines der besonderen Verdienste Lenins, der den historischen Materialismus als die „Soziologie" des „Kapital" hervorhebt und insbesondere auf den Berg von Tatsachenmaterial verweist, aus dem Marx den naturgeschichtlichen Prozeß herausarbeitete, und zwar der kapitalistischen Gesellschaftsformation „mit den tatsächlichen sozialen Ausdrucksformen des Klassenantagonismus, der den Produktionsverhältnissen innewohnt".[9]

Wie wird dieser naturgesetzliche Zusammenhang, der ausdrückt, daß die Entwicklung objektiven Charakters ist und unabhängig von den Bewußtseinsformen der Menschen verläuft, für die Klassenbeziehungen faßbar?

Im Zentrum des historischen Materialismus steht die Entfaltung der gesellschaftlichen Arbeit in der Dialektik von Produktivkräften und Produktionsverhältnissen. Unter bestimmten Bedingungen entfaltet sich diese Dialektik in den Kategorien der Warenproduktion. Entfaltung der gesellschaftlichen Arbeit bedeutet letztlich Durchsetzung der Ökonomie der Zeit, Steigerung der Produktivkraft der menschlichen Arbeit, was sich in einem über den Bedarf der Produzenten hinausgehenden Mehrprodukt darstellt. Entstanden auf einem Niveau der Produktivkräfte, das schon Spezialisierung und Austausch einschließt, treibt das Mehrprodukt und seine Verwendung diese Prozesse wiederum voran und bildet die eigentliche materielle Voraussetzung zur Entstehung der Klassen.

Ist die Klassenspaltung entstanden, so wird die Schaffung, Aneignung und Verteilung des Mehrprodukts das Gravitationszentrum der Klassenbeziehungen und im Kapitalismus das Mehrwertgesetz das „absolute Gesetz dieser Produktionsweise".[10] Das innerste Geheimnis und die spezifische Form der Klassenbeziehungen erschließt sich aus der Form, in der unbezahlte Mehrarbeit, das Mehrprodukt den unmittelbaren Produzenten abgepreßt, abgepumpt wird.[11]

Das Mehrprodukt ist die Basis des Reichtums der herrschenden Klasse, der Fonds, aus dem aber auch alle anderen nichtproduzierenden Tätigkeiten bezahlt oder materiell gewährleistet werden, die das gesellschaftliche System – als System der Herrschenden – weiterentwickeln und in Gang halten.

Erst im Kapitalismus nimmt das Mehrprodukt die Form des Mehrwertes an. Freilich ist dies keine Kategorie der Erscheinungswelt in dieser Gesellschaft. Was dort sichtbar und der Anschauung zugänglich ist, das sind Unternehmergewinn, Zins, Rente, Dividende, Handelsgewinn usw. In der Verteilungssphäre kommt der Klassenkonflikt, der Gegensatz von Profit und Lohn, in diesen Kategorien zum Ausdruck.

Die politische Ökonomie befaßt sich also mit Klassenbeziehungen und bringt sie in ihren Kategorien, die „nur die theoretischen Ausdrücke, die Abstraktionen der gesellschaftlichen Produktionsverhältnisse" sind,[12] zur Geltung. Die Dialektik der antagonistischen Verhältnisse der Klassengesellschaft kommt in den Kategorien der politischen Ökonomie zum Ausdruck, die die Entwicklungs- und Bewegungsgesetze dieser Produktionsweise erfassen.

Der Doppelcharakter der warenproduzierenden Arbeit entfaltet sich bis zur Polarisierung des Warenmarktes, auf dessen einem Pol sich die gegenständlichen Produktionsbedingungen, die Produktions- und Lebensmittel, und auf dessen anderem sich die Arbeitskraft als Ware konzentrieren. Die Polarisierung von Kapital und Arbeit erscheint im sozialen Ausdruck als Klassengegensatz. In dieser Gesetzlichkeit kommen die Grundgestalten, die Haupttendenzen zum Tragen. Aber zwischen den Polen liegen die Rekrutierungsfelder und Zwischentypen, das Milieu und

Grundmaterial der Haupttypen und die Schlacken des Verbrennungsprozesses.

Es ist eines der Anliegen der folgenden Abschnitte, nicht nur die Bestimmung der Grundtypen in den Kategorien der politischen Ökonomie zu beleuchten, sondern gleichfalls die Übergangs- und Zwischenfiguren -- soweit sie hier vorkommen – zu erfassen. Der Zentralpunkt der Klassenanalyse des Kapitalismus ist das Verhältnis von Lohnarbeit und Kapital. Der Skizzierung der wesentlichen Voraussetzungen und der historischen Entwicklung dieses Verhältnisses ist deshalb der folgende Abschnitt gewidmet.

4.1 *Das Verhältnis von Lohnarbeit und Kapital und die Grundklassen*

Die Darstellung der Beziehungen zwischen Lohnarbeit und Arbeiterklasse, wie sie in den Werken der Begründer des wissenschaftlichen Sozialismus zum Ausdruck kommen, ist heute insbesondere für die begriffliche und damit auch theoretische Abgrenzung der Arbeiterklasse gegenüber anderen werktätigen Bevölkerungsschichten wichtig. Für entwickelte kapitalistische Länder stellt sich dabei vor allem das Problem der Abgrenzung nach „oben", vor allem zu Schichten nichtmanueller Arbeiter, für Entwicklungsländer besteht insbesondere das Problem der Abgrenzung nach unten, gegenüber halbproletarischen, plebejischen Schichten.[13]

In der Geschichte des Sozialismus spielt die Analyse der Beziehung zwischen Lohnarbeit und Arbeiterklasse eine große, ja eine entscheidende Rolle für die richtige Bestimmung des revolutionären Subjekts in der Epoche des Imperialismus und der Bündnisbeziehungen. Diese Probleme stehen im Mittelpunkt nahezu aller klassenanalytischen Untersuchungen Lenins. Insbesondere ist auf „Die Entwicklung des Kapitalismus in Rußland" (1896–1899)[14] zu verweisen.

Gegenwärtig ist die kapitalistische Produktionsweise etwa 400 Jahre alt aber ihre eigentliche Herrschaft datiert erst etwa ab 1750, von 200 Jahren, mit der industriellen Revolution.[15] Und erst mit diesem Zeitpunkt beginnt die Existenz der modernen Arbeiterklasse und der modernen Großbourgeoisie.

Was ihren sozialen Inhalt betrifft, so ist die Lohnarbeit im Kapitalismus Ausbeutung der unmittelbaren Produzenten, wie vorhergehende Ausbeutungsformen auch, für die Produzenten also nur ein Formwechsel der Ausbeutung. Sind die früheren ausgebeuteten, eigentumslosen Produzenten die eine, so die enteigneten Kleinproduzenten die andere Quelle bzw. Rekrutierungsbasis der Lohnarbeiter.

„Die Arbeit (Arbeitskraft, in der überarbeiteten Neuauflage) war nicht immer eine Ware. Die Arbeit war nicht immer Lohnarbeit, d. h. *freie Arbeit.* Der Sklave verkaufte seine Arbeit (Arbeitskraft) nicht an den Sklavenbesitzer ... Er ist eine Ware ... Der *Leibeigene* verkauft nur einen Teil seiner Arbeit (Arbeitskraft). Nicht er erhält einen Lohn vom Eigentümer des Grund und Bodens? Der Eigentümer des Grund und Bodens erhält vielmehr von ihm einen Tribut. Der Leibeigene gehört zum Grund und Boden und wirft dem Herrn des Grund und Bodens Früchte ab. Der *freie Arbeiter* dagegen verkauft sich selbst, und zwar stückweis."[16]

Lohnarbeit ist also zuerst einmal die Arbeit von Freien, d. h. von besonderen juristischen Fesseln, die sie zum Eigentum oder zum Zubehör des Eigentums der Herren machen würden, freien Personen. Aber diese Art Freiheit ist noch nicht ausreichend, einen Freien zum Lohnarbeiter zu machen, d. h. ihn zu zwingen, Arbeit gegen Geld zu leisten. Der Austausch von Arbeit gegen Geld ist ein Akt zwischen Käufer und Verkäufer, also zuerst ein Zirkulationsakt und als solcher erscheint er auch immer in allen Entwicklungsetappen. Aber er setzt Kontraktbedingungen voraus – sobald er zur typischen Erscheinung werden soll –, die Marx wie folgt beschreibt: „... einerseits Eigner von Geld, Produktions- und Lebensmitteln, denen es gilt, die von ihnen geeignete Wertsumme zu verwerten durch Ankauf fremder Arbeitskraft; andrerseits freie Arbeiter, Verkäufer der eigenen Arbeitskraft und daher Verkäufer von Arbeit ... Mit dieser Polarisierung des Warenmarkts sind die Grundbedingungen der kapitalistischen Produktion gegeben. Das Kapitalverhältnis setzt die Scheidung zwischen den Arbeitern und dem Eigentum an den Verwirklichungsbedingungen der Arbeit voraus." „Der Prozeß, der das Kapitalverhältnis schafft, kann also nichts andres sein als der Scheidungsprozeß des Arbeiters vom Eigentum an seinen Arbeitsbedingungen, ein Prozeß, der einerseits die gesellschaftlichen Lebens- und Produktionsmittel in Kapital verwandelt, andrerseits die unmittelbaren Produzenten in Lohnarbeiter."[17]

Deshalb ist der Kapitalismus „das Entwicklungsstadium der Warenproduktion, in dem auch die Arbeitskraft zur Ware wird", in dem „die Verkäufer von Arbeitskraft" von „der arbeitenden Bevölkerung des Landes gestellt (werden), die an der Produktion materieller Werte teilnimmt."[18]

Der Kern dieses Umwandlungsprozesses, die ursprüngliche Akkumulation, besteht also in der Umwandlung der materiellen Produktion in Lohnarbeit, nachdem dieses Verhältnis vorher spurenhaft schon in anderen Bereichen existiert und sich auch danach weiter auf alle Bereiche der Arbeit und Tätigkeiten einschließlich der Ideologieproduktion im Kapitalismus ausbreitet.

In der Marxschen Darstellung im „Kapital" wird die Entwicklung des Kapitalismus und seiner Klassen als Aspekt der Akkumulation des Kapitals behandelt und dargestellt.[19] Akkumulation ist erweiterte Reproduktion, „Reproduktion auf erweiterter Stufenleiter", die auch das „Kapitalverhältnis auf erweiterter Stufenleiter, mehr Kapitalisten oder größere Kapitalisten auf diesem Pol, mehr Lohnarbeiter auf jenem"[20] schafft. Die Bedingung der Entwicklung der Kapitalistenklasse ist historisch und logisch die Entwicklung der Arbeiterklasse: „... im selben Verhältnis wie der mittelalterliche Zunftbürger sich zum modernen Bourgeois, im selben Verhältnis entwickelte sich auch der Zunftgeselle und nichtzünftige Tagelöhner zum Proletarier."[21] Und umgekehrt sind die Bedingungen der Erweiterung und Veränderung der Struktur der Arbeiterklasse mit der Akkumulation verknüpft bzw. deren Resultat.

Hinsichtlich der Arbeiterklasse müssen bei der Akkumulation zwei Aspekte beachtet werden, deren einem Marx im „Kapital“ bei der Untersuchung des relativen Mehrwertes und besonders der Wirkung der Maschinerie Rechnung trägt. Er betrifft die gesellschaftliche Funktion des Arbeiters als Mehrwertproduzent und die daraus entstehende Gliederung der Arbeiterklasse. Der andere Aspekt resultiert aus der Situation außerhalb des eigentlichen Produktionsprozesses, den Nahrungs-, Wohnungsverhältnissen usw.[22] Letzterem folgt eine von Marx auch so bezeichnete Schichtung nach Lebenslagen, deren wesentliche Komponente die Einkommen sind.[23]

Wird das Kapital zum herrschenden Produktionsverhältnis, so wird die weitere innere Gliederung und Schichtung der Arbeiterklasse vom konkreten Verlauf der Akkumulation abhängen.

Die Lohnarbeit ist eine Begleiterscheinung der Waren- und Geldwirtschaft. Sie ist, wie schon erläutert, Austausch von Arbeit gegen Geld und betrifft in dieser Form auch zuerst meist Tätigkeiten außerhalb der eigentlichen Produktion, die als Dienste geleistet werden. Sobald diese Dienste gegen Geld verrichtet werden, handelt es sich – in welchen Modifikationen auch immer – um Lohnarbeit, sei es nun die Tätigkeit eines Mietlings im Kriegsdienst, eines Kammerdieners oder Lastträgers: „... die Lohnarbeit, in der die ganze kapitalistische Produktionsweise bereits im Keime steckt, ist sehr alt; vereinzelt und zerstreut ging sie jahrhundertelang her neben der Sklaverei. Aber zur kapitalistischen Produktionsweise entfalten konnte sich der Keim erst, als die geschichtlichen Vorbedingungen hergestellt waren.“[24] Aber in all diesen Perioden erscheint die Lohnarbeit „als Ausnahme, als Nebenbeschäftigung, als Aushilfe, als Durchgangspunkt.“[25]

Nichtsdestoweniger wird sie vom Kapitalismus nicht geschaffen, sondern nur angewandt und verbreitert. Durchgangspunkt ist sie noch zum Handwerksmeister und selbständigen Bauern, noch ist der Lohnarbeiter kein „lebenslänglicher“ oder erblicher, die Lohnarbeit selbst ist erst Nebenerwerbsquelle und noch nicht Basis des ausschließlichen oder des Haupteinkommens. Alle diese Momente charakterisieren die Träger dieser Formen der Lohnarbeit noch historisch als Übergangsgruppen zur vollen Lohnarbeit, die in verschiedenen konkreten Formen ja auch heute noch existieren. In den selbständigen Mittelschichten sind sie auszumachen als Nebenerwerbs- und Zuerwerbsbauern, Filialladenbesitzer, Pächter usw. Schwieriger ist ihre Aufdeckung bei Gruppen, deren einzige Einkommensquelle ihre Lohnarbeit ist. Aber gerade auch bei ihnen ist bei der Klassenanalyse die Geltung von Momenten wie Dauerhaftigkeit, Abgeschlossenheit u. dgl. in Zusammenhang mit ihrem Erwerbsstatus zu bringen.

Es bedarf im übrigen keines näheren Kommentars, daß z. B. der mittelalterliche Handwerksbetrieb aus den genannten Momenten den Lohnarbeiter ebenso ausschließt wie den kapitalistischen Unternehmer. Das schon akkumulierte Geldkapital aus dem Handel und Wucher kann nicht in die industrielle Produktion eindringen – infolge des Mangels an Arbeitskräften entsprechender Qualifikation und der Sperren der Zunftordnung. Es kann sich also nicht im eigentlichen Sinne in Kapital verwandeln. Deshalb entstehen die Manufakturen außerhalb der Zunftordnung der Städte und die ländliche Hausindustrie wird eine Basis des kapitalistischen Verlagssystems.

Kapitalistische Lohnarbeit wird Lohnarbeit erst, wenn sie von der Ausnahme zur Regel wird, für ihren Träger vom Durchgangsstadium zur Lebenslänglichkeit. Das setzt aber die endgültige Trennung von Besitz und Produktionsmitteln voraus.[26]

Besondere Aufmerksamkeit verdient die ökonomische Charakterisierung dieses entstehenden Proletariats im „Kapital“: „Die Klasse der Lohnarbeiter, die in der letzten Hälfte des 14. Jahrhunderts entstand, bildete damals und im folgenden Jahrhundert nur einen sehr geringen Volksbestandteil, der in seiner Stellung stark beschützt war durch die selbständige Bauernwirtschaft auf dem Land und die Zunftorganisation der Stadt.

In Land und Stadt standen sich Meister und Arbeiter sozial nahe. Die Unterordnung der Arbeit unter das Kapital war nur formell, d. h. die Produktionsweise selbst besaß noch keinen spezifisch kapitalistischen Charakter. Das variable Element des Kapitals wog sehr vor über sein konstantes. Die Nachfrage nach Lohnarbeit wuchs daher rasch mit jeder Akkumulation des Kapitals, während die Zufuhr von Lohnarbeit nur langsam nachfolgte.“[27/28]

Entscheidend ist nicht nur die formelle Trennung des einzelnen Individuums vom Eigentum, sondern seine Herauslösung aus dem Kleinproduzentenmilieu und die reale Trennung von dessen Existenzgrundlagen. Nur dann wird er voll der Konkurrenz ausgesetzt, ist tatsächlich gezwungen, den Strömen und Bewegungen des Kapitals zu folgen und sich dessen Arbeitsdisziplin zu unterwerfen. Aber auch diese Disziplinierung ist keine direkte Folge der Eigentumslosigkeit. Das „vogelfreie Proletariat“ muß erst mit Blut, Eisen und Arbeitshaus in die industrielle Produktion gejagt werden. Erst im Verlauf des Siegeszuges der kapitalistischen Maschinerie und Fabrik kann diese Produktionsweise auf die außerökonomische Disziplinierung verzichten und den durch die Produktion der relativen Überbevölkerung und Reservearmee geschaffenen ökonomischen Disziplinierungsinstrumenten vertrauen. Jeder westdeutsche Zeitungsleser wird die Klagen der westdeutschen Unternehmer über das Nachlassen der Arbeitsdisziplin vor Augen haben, wenn in Zeiten der „Vollbeschäftigung“ dieser Mechanismus an Schärfe einbüßt. Aber das ist ein Klagelied, so alt wie der Kapitalismus.

Die objektive Polarisierung hinsichtlich des Eigentums ist also keine ausreichende Bedingung für die kapitalistische Akkumulation. „Es genügt auch nicht, sie zu zwingen, sich freiwillig zu verkaufen. Im Fortgang der kapitalistischen Produktion entwickelt sich eine Arbeiterklasse, die aus Erziehung, Tradition, Gewohnheit, die Anforderungen jener Produktionsweise als selbstverständliche Naturgesetze anerkennt. Die Organisation des ausgebildeten kapitalistischen Produktionsprozesses bricht jeden

Widerstand, die beständige Erzeugung einer relativen Überbevölkerung hält das Gesetz der Zufuhr von und Nachfrage nach Arbeit und daher den Arbeitslohn, in einem den Verwertungsbedürfnissen des Kapitals entsprechenden Gleise, der stumme Zwang der ökonomischen Verhältnisse besiegelt die Herrschaft des Kapitalisten über den Arbeiter."[29] Die relative Überbevölkerung schafft die der Kapitalverwertung zuträglichen Kontraktbedingungen bzw. -voraussetzungen beim Kauf der Arbeitskraft, also in der Zirkulationssphäre und das Maschinensystem als objektivierter Verwertungszwang die Konsumtionsbedingungen der Arbeitskraft in der Produktion.

Die andere Seite dieser Entwicklung besteht aber in der Schaffung der „aus Erziehung, Tradition, Gewohnheit" disziplinierten Arbeiterklasse, die sich eben gerade dadurch von allen produzierenden und unterdrückten Klassen der Vergangenheit unterscheidet.

Werfen wir unter Berücksichtigung der aufgeführten Momente einen Blick auf die erste vom materialistischen Standpunkt durchgeführte Analyse der Arbeiterklasse, auf „Die Lage der arbeitenden Klasse in England" (1845)[30] von Friedrich Engels, in der er die englische Arbeiterklasse (synonym mit „Proletariat" und „besitzloser Klasse" verwandt; ebenso wie „Mittelklasse", „besitzende Klasse", „Bourgeoisie" als den gleichen Gegenstand bezeichnende Begriffe gebraucht werden[31] als die „wichtigste Frucht" der industriellen Revolution ansieht und mit der er die „Geschichte der arbeitenden Klasse in England"[32] als erst beginnend charakterisiert.

Was ist das bei Friedrich Engels für eine Klasse?

– Sie ist „eine wirkliche, feste Klasse der Bevölkerung, während es früher oft nur ein Durchgang in die Bourgeoisie war. Wer jetzt als Arbeiter geboren wurde, hatte keine andere Aussicht, als lebenslang Proletarier zu bleiben. Jetzt also erst war das Proletariat imstande, selbständige Bewegungen vorzunehmen."[33]
– Sie ist ein Kind der Industrie: „Die ersten Proletarier gehörten der Industrie an und wurden direkt durch sie erzeugt." „Die kleine Industrie schuf die Mittelklasse, die große schuf die Arbeiterklasse ..."[34]
– Industrielle Revolution bedeutet Entwicklung der Maschine. Sie ist nicht nur der Stimulus der Entstehung des „industriellen Proletariats", sondern auch des Ackerbauproletariats".[35]
– Dieser Prozeß der Proletarisierung erfaßt aber nicht nur das Gewerbe, „so geschah dasselbe, außer dem Gebiet der Industrie im engeren Sinne, in den Handwerken und selbst im Handel".[36] Somit werden – wie an anderen Stellen auch – als in die weitere Ausbildung der Arbeiterklasse eingehend die in vergleichbarer Lage zu den Arbeitern befindlichen Beschäftigten des Handels angesehen.
– Die Ausbildung der Industrie, des Fabriksystems bedingt die Zuspitzung des Klassengegensatzes und die Teilnahme der Arbeiter am Klassenkampf: „Je weiter das Fabriksystem in einen Arbeitszweig eingedrungen, desto mehr nehmen die Arbeiter an den Bewegungen teil;

je schärfer der Gegensatz zwischen Arbeitern und Kapitalisten, desto entwickelter, desto schärfer das proletarische Bewußtsein im Arbeiter."[37]

- Außer der durch die historische Entwicklung und die arbeitsteilige Gliederung der Industrie und Wirtschaft bestimmten Gliederung des Proletariats ergibt sich eine Schichtung, eine „Stufenleiter verschiedener Lebenslagen", hervorgerufen durch den Druck und die Stufen der Reservearmee, die Anforderungsstruktur der Industrie, die Einkommen; und somit die betriebliche und außerbetriebliche Situation umfassend.[38]
- Ihre Situation ist bestimmt durch „die Unsicherheit der Lebensstellung, die Notwendigkeit, vom Lohn aus der Hand in den Mund zu leben, kurz das, was sie zu Proletariern macht."[39]
- Erst mit dem Bruch der patriachalischen Arbeitsbeziehungen kann sich der Arbeiter seiner Interessen bewußt werden, erst als sich der Zusammenhang Arbeiter–Brotherr als einer des „Privatinteresses" und des „Geldgewinns" herausstellt, „erst da hörte er auf, auch in seinen Gedanken, Gefühlen und Willensäußerungen der Sklave der Bourgeoisie zu sein. Und dazu hat hauptsächlich die Industrie im großen Maßstabe und die großen Städte gewirkt."[40]
- Der Kern der Arbeiterklasse und der Arbeiterbewegung bestimmt sich nicht am Stande der Technologie, sondern an der historischen Entwicklung des Klassengegensatzes, der zwar dadurch maßgeblich bestimmt, aber nicht einseitig determiniert ist: „Die von ihnen (nämlich der Wolle-, Seide-, Baumwolle-, Flachsverarbeitung – H. Ju.) lebende Klasse ist die zahlreichste, älteste, intelligenteste und energischste, daher aber auch die unruhigste und der Bourgeoisie am meisten verhaßte von allen englischen Arbeitern; sie steht, und speziell die Baumwollfabrikarbeiter stehen an der Spitze der Arbeiterbewegung ..."[41] „Die Fabrikarbeiter, und unter ihnen besonders die der Baumwollbezirke, bilden den Kern der Arbeiterbewegungen."[42]

Diese Charakterisierung der Arbeiterklasse – und hier der Arbeiterklasse Englands in den 40er Jahren des letzten Jahrhunderts (das muß berücksichtigt werden) – macht deutlich, wie ihre Entwicklung an die Entwicklung der kapitalistischen Industrie geknüpft ist, wie sich im sozialen Prozeß die Differenzierung und Entgegensetzung der Klassen vollzieht und welche Kriterien zur Kennzeichnung dieser Polarisierung notwendig benutzt werden müssen. Sie zeigt aber gleichzeitig, wie diese Entgegensetzung die Grundlage der Formierung der Industriearbeiter zur kämpfenden Klasse, zur Klasse für sich ist.

Darüber hinaus verdienen jedoch Bemerkungen von Friedrich Engels über die Zwischengruppen unsere Aufmerksamkeit:

- Die Kleinmeister der Metallindustrie von Birmingham tragen alle Kennzeichen der Übergangsgruppen vom Kleinbürgertum ins Proletariat: „So sind diese kleinen Meister weder rechte Proletarier – da sie teilweise von der Arbeit der Lehrlinge leben und nicht die Arbeit selbst, sondern das fertige Produkt verkaufen – noch rechte Bourgeois, da es der Hauptsache nach immer ihre eigne Arbeit ist, die sie erhält."[43]

– Bei der Untersuchung der Textilfabriken tauchen zum ersten Mal bei Engels auch das Aufsichtspersonal und andere privilegierte Gruppen wie Mechaniker und Schreiber auf. Diese Aufseher arbeiten auch in der modernen Produktion, und sie sind Lohnarbeiter – nach ihrem Erwerbsstatus: „Aber diese Aufseher sind keine echten Arbeiter mehr, sie sind Deserteure ihrer Klasse, die sich für höheren Lohn in den Dienst der Bourgeoisie begeben haben und im Interesse der Kapitalisten gegen die Arbeiter kämpfen. Ihr Interesse ist das der Bourgeoisie, und daher sind sie den Arbeitern fast mehr verhaßt wie die Fabrikanten selbst."[44]

  In einem anderen Zusammenhang – dem Kirchenbesuch – nennt Engels „dann die Halbbourgeois, die Aufseher, Werkmeister und dergleichen".[45] Natürlich kann diese Charakterisierung nicht auf Kategorien gleicher Bezeichnung in der heutigen kapitalistischen Industrie übernommen werden; hier wird jeweils zur Bestimmung der Klassenlage dieser Gruppen eine sozial-ökonomische Funktionsanalyse erforderlich sein. Es wird jedoch deutlich, daß schon Engels für dieses relativ frühe Stadium der Industrie die ersten Ansätze lohnabhängiger Zwischenschichten registriert.

Verweisen wir für die historische Entwicklung der Arbeiterklasse noch auf die komprimierte Zusammenfassung von Jürgen Kuczynski, der sich auf die Darstellungen von Marx und Engels stützt und sie weiterführt[46]: Waren bis in die Spätperiode des Feudalismus alle gewerblichen Arbeiter in der Regel männliche und gelernte Arbeitskräfte, so erzeugt erst die Manufakturperiode eine Klasse ungeschickter Arbeiter. Dieser ungelernte Arbeiter wird durch die innerbetriebliche Arbeitsteilung, die Trennung des einzelnen Arbeiters vom Gesamtprodukt, das Entstehen der Detailarbeit erzeugt. Die Fabrik, die Industrie schafft den Gelernten nahezu völlig – bis auf die unbedeutende Gruppe der Mechaniker – ab. Die Hauptgruppen sind die Maschinenarbeiter und ihre Handlanger. Gleichzeitig löst sich aus der Arbeiterschaft das Aufsichtspersonal, das Korps der Industrieunteroffiziere. Die Nivellierung der Qualifikation mit der Maschinenarbeit, ihre Aufgliederung in Detailarbeiten usw. führt dazu, daß das Industrieproletariat in seiner Frühzeit „nicht nur in seiner überwältigenden Mehrheit aus ungelernten Arbeitern, sondern auch in seiner Mehrheit aus Frauen und Kindern besteht."[47] Mit dem Übergang des Kapitalismus zur intensiven Ausbeutung in der zweiten Hälfte des letzten Jahrhunderts wird eine relativ breite Schicht gelernter Arbeiter neu geschaffen und die Kinder- und Frauenarbeit zurückgedrängt. Diese spezialisierten Arbeiter erlangen aber nicht mehr die Beziehungen zum Gesamtprodukt und damit zur Leitung und den geistigen Potenzen des Arbeitsprozesses, wie sie für den Handwerker charakteristisch waren, sondern sie bleiben Teilarbeiter. Mit dem Imperialismus, mit fortschreitender Konzentration von Produktion und Kapital verbreitern sich die Angestelltengruppen in der Industrie.[48]

Schließlich sei hinsichtlich der Ausbildung der Kapitalistenklasse nochmals auf die Akkumulationstheorie Bezug genommen. Konzentration und Zentralisation des Kapitals führen zur relativen zahlenmäßigen Verminderung der Kapitalistenklasse. Ihre Fraktionierung ergibt sich aus der historischen Entwicklung des Kapitals selbst und stabilisiert oder lockert sich mit und auf der Grundlage der gesellschaftlichen Arbeitsteilung, die sich auch als Arbeitsteilung des gesellschaftlichen Gesamtkapitals ausdrückt.[49] Nicht zuletzt findet im Prozeß der ursprünglichen Akkumulation gerade die Rolle des Staates beim Zusammenraffen der großen Vermögen unser aktuelles Interesse. Es stellen sich Analogien nicht nur zur bürokratischen Bourgeoisie der Entwicklungsländer her, für die die Bereicherung im Staatsdienst eine Quelle der ursprünglichen Akkumulation ist,[50] sondern zu den Spitzenbürokraten des staatsmonopolistischen Kapitalismus, deren Funktion mehr und mehr die Organisierung der Ausbeutung auf gesamtgesellschaftlicher Ebene ist und sich auch im Zugang zu kapitalistischen Einkommen und Vermögen ausdrückt.

Mit fortschreitender Akkumulation wird auch die Trennung von Kapitaleigentum und Kapitalfunktion und eine entsprechende Neugruppierung der Bourgeoisie relevant. Das ist jedoch eine strukturelle Erscheinung, auf die in Abschnitt 4.3 eingegangen wird.

Eine nähere Bestimmung der Beziehung von Lohnarbeit und Kapital setzt jedoch die Untersuchung des für den Kapitalismus spezifischen Charakters der Ausbeutung und der Arbeit voraus. Nicht zuletzt ist dies deshalb erforderlich, weil diese Bestimmung in der gegenwärtigen Diskussion zur Definition der Grundklassen, insbesondere der Arbeiterklasse Bedeutung besitzt. Diese Problematik ist deshalb Gegenstand des nächsten Abschnittes.

4.2 *Kapitalistische Ausbeutung und produktive Arbeit*

Bestimmung der Ausbeutung

Im vorigen Abschnitt war erläutert worden, daß Lohnarbeit als Austausch von Geld und Arbeit entsteht, als Akt der Zirkulation. Aus diesem Akt selbst geht noch nicht hervor, daß ein Ausbildungsverhältnis besteht. Der für Käufer und Verkäufer zufällig entstehende Gewinn erscheint als Ergebnis von Prellerei.

Ausbeutung bedeutet in erster Linie die Aneignung von Mehrarbeit, von unbezahlter Arbeitszeit der arbeitenden Klasse durch die besitzende Klasse.

Erst mit der Rückführung der Wert- und Mehrwertbeziehungen auf die Teilung der Arbeitszeit in bezahlte und unbezahlte, in notwendige Arbeit und Mehrarbeit wird die dingliche Verhüllung des Kapitalverhältnisses, der Waren- und Kapitalfetischismus durchstoßen; die Beziehungen zwischen Kapitalisten und Lohnarbeitern sind nun als Ausbeutungsbeziehungen erkennbar und wissenschaftlich bewiesen. Sie unterscheiden sich von vorkapitalistischer Ausbeutung nur der Form nach.

Die Aufteilung der Arbeitszeit in notwendige und Mehrarbeitszeit ist nur bei der feudalen Fronarbeit klar geschieden.[51] Schon in der feudalen Natural- und Geldrente erscheint sie in anderer Form. In der Sklaverei erscheint dagegen in jedem Fall die ganze Arbeitszeit als Arbeit für den Herren, während im Verhältnis der kapitalistischen Lohnarbeit an der Oberfläche sich die ganze Arbeitszeit als dem Arbeiter bezahlt darstellt.

Wir hatten schon darauf verwiesen, daß die Aufteilungsverhältnisse davon bestimmt sind, inwieweit die von den Produzenten geschaffenen Produkte die notwendigen Mittel für ihre eigene Existenz und Reproduktion als Produzenten übersteigen. Daß diese Bestimmung von vornherein historische Momente einschließt, liegt auf der Hand.

Im Kapitalismus hat diese Beziehung notwendige Arbeit – Mehrarbeit verschiedene Aspekte und Erscheinungsweisen. Von der Gebrauchswertseite der Warenproduktion erscheint sie als Aufteilung des Neuprodukts in Lebensmittel für die unmittelbaren Produzenten, in Produktionsmittel für die Erweiterung der Produktion und die Unterhaltsmittel für die Kapitalisten und ihren Anhang. Dem entspricht die Gliederung der gesellschaftlichen Produktion in die zwei Hauptabteilungen. Nach ihren Wertbestandteilen, in denen sie sich niederschlägt, zerfällt notwendige und Mehrarbeit in den Fonds zur Erneuerung des variablen Kapitals – nicht schlechthin in den Lohnfonds, denn die Konsumtionsmittel sind ja in der Verfügung der Kapitalisten und fungieren in ihrer Geldform als variables Kapital – und den Mehrwert, aufgeteilt in Akkumulationsmittel und Revenue. Außer acht gelassen werden hier die verschiedenen Formen der Umverteilung, über die die nichtproduzierenden Gruppen an den entsprechenden Fonds beteiligt sind.

Zwar sind die Wertproportionen nicht von ihren stofflichen – hier hinsichtlich der Gebrauchswerte – Grundlagen getrennt, jedoch sind die für die kapitalistische Produktionsweise entscheidenden Proportionen die Wertproportionen, weil sich nur in den Wertkategorien die Entwicklung der kapitalistischen Warenproduktion vollziehen kann. Geht man von der Erscheinungssphäre aus, so tritt der Mehrwert nicht in seiner reinen Form auf, sondern in Profitkategorien wie Unternehmerlohn, Unternehmergewinn, Handelsspanne, Zins, Rente usw. In dieser Form kann der Mehrwert nur als die mystische Frucht von Geld, Maschinen, Boden und Unternehmerinitiative und als ihnen jeweils zurechenbarer Teil erscheinen. Das setzt sich bis in die Kategorien der sogenannten Gewinn- und Verlustrechnung der Einzelkapitalisten fort.[52]

Die Zurückführung der Profitkategorien auf den Mehrwert und des Mehrwerts auf die unbezahlte Arbeit der Lohnarbeiter, das ist die Aufdeckung der kapitalistischen Ausbeutung. Dabei kann es sich nicht um eine lineare Reduktion handeln. Denn zweifellos ist die Basis der Lohnarbeit, die für den Kapitalisten Quelle der Aneignung von Mehrarbeit ist, breiter als die kapitalistische Lohnarbeit in der materiellen Produktion, die die Quelle des Mehrwertes ist. Auch dieser Gesichtspunkt zeigt, daß es sich bei der Beziehung von Lohnarbeit und Kapital um ein Klassenverhältnis handelt. Schon die einfache historische Anschauung macht deutlich, daß der Haussklave als Ware gehandelt und der Ausbeutung unterworfen ist, wie der Sklave in der Produktion auch. Im übertragenen Sinn gilt diese Fragestellung auch für die Lohnarbeit.

Es ist in der marxistischen politischen Ökonomie unbestritten, daß die Verwandlung der Arbeitskraft in variables Kapital ihre produktive Konsumtion, d. h. das Abpressen der Mehrarbeit im Schützengraben der Klassenbeziehungen, in der materiellen Produktion im Kern bedeutet. Es muß jedoch die Frage beantwortet werden, welcher Natur unter dem Gesichtspunkt der Ausbeutung diese Beziehungen in Bereichen sind, in denen ebenfalls Kapital angelegt ist und der Lohn der dort beschäftigten Arbeiter ebenfalls nicht der Preis ihrer Arbeit, sondern der Preis ihrer Arbeitskraft ist. Findet auch hier Kapitalverwertung und Ausbeutung statt?

Unter diesen Gesichtspunkten müssen die Marx'schen Definitionen des Proletariers gesehen werden wie: „Unter ‚Proletarier' ist ökonomisch nichts zu verstehn als der Lohnarbeiter, der ‚Kapital' produziert und verwertet und aufs Pflaster geworfen wird, sobald er für die Verwertungsbedürfnisse des ‚Monsieur Kapital' ... überflüssig ist."[53]

Es soll versucht werden, der Beantwortung dieser Fragen durch Untersuchung der Auffassung der produktiven Arbeit bei Marx näher zu kommen.[54] Man kann nicht außer acht lassen, daß Marx dabei die Fragestellung der klassischen bürgerlichen Ökonomie aufgreift, die sich auf die Schöpfer des Reichtums, des materiellen Reichtums der Gesellschaft bezogen hatte und mit dieser Fragestellung das ideologische Kampfmittel der Bourgeoisie gegen die privilegierten Stände des Feudalismus entwickelte, die sich vielfach hinter der besonderen Nützlichkeit ihrer höheren Berufe als Pfarrer, Beamte usw. verschanzt und daraus ihre Privilegien abgeleitet hatten.[55] Die *Frage nach* der Arbeit, die den materiellen Reichtum schafft, also nach *der produktiven* Arbeit, *kann nicht von der Frage nach der konkreten gesellschaftlichen Form,* in der diese Arbeit verrichtet wird und nach der Form des von ihr geschaffenen Reichtums *getrennt werden.* Die klassische bürgerliche Ökonomie unterlag deshalb Konfusionen, weil sie die kapitalistische Warenproduktion und ihre Kategorien aus der Natur des Menschen ableitete und sie somit als natürlich setzte.

Die in der konkreten Polemik von Marx dargelegten Auffassungen – meist nur in für die Veröffentlichung nicht fertiggestellter Form – widersprechen sich nur vordergründig und scheinbar. Der innere Zusammenhang und die logische Geschlossenheit der verschiedenen Äußerungen erschließt sich dann, betrachtet man sie unter dem Gesichtspunkt des Doppelcharakters warenproduzierender Arbeit im Kapitalismus und des allgemeinen Charakters der Lohnarbeit im Kapitalismus.

Die Fragestellung nach der produktiven Arbeit erfolgt somit

– vom Standpunkt des (Gebrauchswert-)Resultats der Arbeit (Arbeitsprozeß);

– vom Standpunkt der Verwertung der Arbeitskraft durch das Gesamtkapital (Wertbildungs- und Verwertungsprozeß);
– vom Standpunkt der Verwertung der Arbeitskraft durch das Einzelkapital (Verwertungsprozeß).

Wir untersuchen nachfolgend diese Bestimmungen der produktiven Arbeit.

Produktive Arbeit als gebrauchswertschaffende Arbeit

Als allgemeine Bestimmung ist der Arbeitsprozeß nur eine Abstraktion von seiner jeweiligen gesellschaftlichen Form. Von diesem Standpunkt ist der Arbeitsprozeß „zweckmäßige Tätigkeit zur Herstellung von Gebrauchswerten, Aneignung des Natürlichen für menschliche Bedürfnisse, allgemeine Bedingung des Stoffwechsels zwischen Mensch und Natur, ewige Naturbedingung des Lebens und daher unabhängig von jeder Form dieses Lebens, vielmehr allen seinen Gesellschaftsformen gleich gemeinsam.[56] Somit ist Produktionsarbeit, die sich in einem Gebrauchswert vergegenständlicht, produktive Arbeit.[57]

Ihre Vergegenständlichung ist das Resultat einer konkreten, auf die Veränderung der Arbeitsgegenstände gerichteten Tätigkeit.[58] Marx schließt in seine zitierte Bestimmung jedoch ein, daß diese Charakterisierung nicht zu eng nur auf Handarbeit im unmittelbaren Sinne bezogen werden kann, obwohl sich dieser Typ der Produktionsarbeit bis weit in den Kapitalismus hinein historisch als der ausschließliche Typ unmittelbarer Produktionsarbeit darstellt.

Unter diese – noch von jeglicher gesellschaftlichen Formbestimmtheit gelösten – Definition des *produktiven Arbeiters*, des *Erzeugers materiellen gesellschaftlichen Reichtums*, fallen alle arbeitenden, produzierenden, hervorbringenden Klassen und Gruppen der Vergangenheit, der Gegenwart und der Zukunft.

Was den heutigen Kapitalismus betrifft, fallen darunter die lohnabhängig Beschäftigten in der materiellen Produktion, die produzierenden Mittelschichten – Bauern und Handwerker –, und bis zum gewissen Grad auch kapitalistische Kleinindustrielle. Sie alle sind an der Schaffung der Gebrauchsgegenstände unmittelbar beteiligt, einschließlich in der unmittelbaren Produktionsvorbereitung (Arbeitsorganisation, Überwachung, Wartung, Materialversorgung usw.) und der Verlängerung der Produktion in die Zirkulation (Lagerhaltung, Verpackung, Transport, Übermittlung usw.).

Gesamtarbeiter

Erst mit dem Kapitalismus beginnt die Epoche der *gesellschaftlichen Arbeit*. Bis zu seiner Schwelle ist die innerbetriebliche Arbeitsteilung zur Herstellung eines Produkts noch nicht entwickelt. Die jeweiligen als Waren hergestellten Gebrauchswerte sind in der Regel das Produkt individueller Arbeit. Das wird nicht durch die Tatsache hinfällig, daß es auch schon in früheren Perioden zur Bewerkstelligung öffentlicher Aufgaben riesige arbeitsteilige Kooperationen gegeben hat (Straßenbau, Pyramiden, Flußregulierung usw.), denn die Produktion der Existenzmittel blieb davon unberührt.

Der individuelle Arbeiter (Handwerker oder Bauer) vereinigte in sich die zur Herstellung des Produkts notwendige Hand- und Kopfarbeit, er kontrolliert den Arbeitsprozeß selbst, kombinierte seine Arbeitsmittel. Er vereinigte in sich alle Funktionen des Arbeitsvermögens, die sich später von der eigentlichen Produktion trennen und Funktionen zur Unterdrückung der Produzenten werden. Schon diese Stufe setzt Arbeitsteilung im gesellschaftlichen Maßstab voraus und diese ist in jedem Fall Grundlage und Stimulus der Warenproduktion. Sie berührt aber nicht direkt den hier geschilderten Zusammenhang.

Erst der Kapitalismus hat das Produkt der individuellen Arbeit über die Entwicklungsstufen einfache Kooperation-Manufaktur-Fabrik zum Produkt einer gesellschaftlichen Arbeit gemacht, „in das gemeinsame Produkt eines Gesamtarbeiters, d. h. eines kombinierten Arbeitspersonals, dessen Glieder der Handhabung des Arbeitsgegenstandes näher oder ferner stehen. Mit dem kooperativen Charakter des Arbeitsprozesses selbst erweitert sich daher notwendig der Begriff der produktiven Arbeit und ihres Trägers, des produktiven Arbeiters. Um produktiv zu arbeiten, ist es nun nicht mehr nötig, selbst Hand anzulegen; es genügt, Organ des Gesamtarbeiters zu sein, irgendeine seiner Unterfunktionen zu vollziehen. Die obige ursprüngliche Bestimmung der produktiven Arbeit, aus der Natur der materiellen Produktion selbst abgeleitet, bleibt immer wahr für den Gesamtarbeiter, als Gesamtheit betrachtet. Aber sie gilt nicht mehr für jedes seiner Glieder, einzeln genommen“.[59]

Bezogen auf die kapitalistische Fabrik sind also sowohl die manuellen Produktionsarbeiter wie auch Meister, technische Angestellte, Ingenieure, Wissenschaftler in der Produktion sowohl in den vor- und nachgelagerten Bereichen einschließlich der Forschung und Entwicklung produktive Arbeiter.[60] Ja, vom Standpunkt des Arbeitsresultates ist es auch der Kapitalist, soweit er Dirigent des Arbeitsprozesses; Marx schreibt deshalb: „Als Lenker des Arbeitsprozesses kann der Kapitalist *produktive Arbeit* verrichten im Sinne, daß seine Arbeit in den Gesamtprozeß einbegriffen, der sich im Produkt verkörpert.“[61]

Mit dieser Bestimmung ist jedoch noch keine Aussage zur spezifischen gesellschaftlichen Form der Arbeit getroffen, also auch nicht über die soziale Funktion und Rolle der einzelnen Gruppen. Die *ursprüngliche* Bestimmung der produktiven Arbeit gilt in vollem Umfang in der kapitalistischen Fabrik nur noch für das direkte Produktionspersonal. Mit dem Übergang zur Automatisierung und Chemisierung der Produktion verschiebt sich die innere Struktur des Gesamtarbeiters, die Produktionsarbeit im unmittelbaren Sinne vermindert sich, die Grenzen werden fließend.[62/63]

Der von Marx entwickelte Begriff des Gesamtarbeiters bezieht sich in erster Linie auf Produktionseinheiten zur Herstellung von Gebrauchswerten, also Betrieben der materiellen Produktion. Er kann nicht – oder nur im übertragenen Sinne – auf die Beschäftigten in der Verwaltung, Zirkulation usw. bezogen werden.[64]

Vom Standpunkt des Resultates des Arbeitsprozesses, also der allgemeinen Bestimmung der produktiven Arbeit, vergegenständlicht sich nicht jede individuelle oder gesellschaftliche Arbeit oder Tätigkeit, die zweckbestimmt ist, in einem Gebrauchswert. All diese Arbeiten sind insofern unproduktive Arbeiten.

Immaterielle Produktion

Es muß hier auf eine Form der Produktion verwiesen werden, die im Rahmen der Warenproduktion auftritt, jedoch im Verhältnis zur materiellen Produktion früher nur einen verschwindenden Bereich besetzt hatte, der allerdings mit der Entwicklung des Kapitalismus gewachsen ist: die *„nichtmaterielle"* Produktion. Es handelt sich heute im weiten Umfang um Arbeiten, die von der sozialen Schicht der Intelligenz verrichtet werden.

Die Resultate der immateriellen Produktion treten als Waren auf. Ihre Besonderheit besteht darin, daß sie von der Leistung ihrer Produzenten unterschiedlich sind. So das Buchmanuskript von der Arbeit des Schriftstellers, die chemische Formel von der Arbeit des Chemikers, die Konstruktionszeichnung von der Arbeit des Konstrukteurs, das schriftlich fixierte „Know-how" von der Arbeit des Technologen, Wissenschaftlers, Ingenieurs. Das Arbeitsergebnis ist hier also immaterieller Art, es ist das Ergebnis vorwiegend geistiger Arbeit. Marx schrieb seinerzeit: „Es bleibt hier meistens bei der Übergangsform zur kapitalistischen Produktion, daß die verschiedenen wissenschaftlichen oder künstlerischen Produzenten, Handwerker oder Professionelle, für ein gemeinschaftliches Kaufmannskapital ... arbeiten."[65]

Heute handelt es sich um wachsende Anlagesphären des Kapitals, das auch hier in vielen Bereichen die Form des Verlegerkapitals weit hinter sich gelassen hat und diese Prozesse geistiger Arbeit, die Herstellung immaterieller Waren voll der kapitalistischen Verwertung unterworfen hat. Die im Unterschied zur materiellen Produktion bestehenden Begrenzungen sind an anderer Stelle zu erörtern. Mit der wissenschaftlich-technischen Revolution, in der für das Monopolkapital die Verfügung über Forschung und Entwicklung – und das ist Verfügung über Waren der immateriellen Produktion – zu einer Grundlage des Monopolprofits wird,[66] ist die Bedeutung dieser Produktion weiter gewachsen.

Marx führt als zweite Form dieser immateriellen Produktion jene an, die nicht trennbar ist vom Akt des Produzierens.[67] So ist vom Standpunkt des Resultats die Arbeit eines Lehrers oder Arztes der Akt des Arbeitens (Schulstunde geben, Operieren) selbst. In anderen Zusammenhängen werden diese Formen der Arbeit als Dienstleistungen untersucht, da immaterielle Produktion an den historischen Ausgangspunkten in der Form von Dienstleistungen vollzogen wird.[68] Die immaterielle Produktion entwickelt sich nicht unabhängig von der materiellen Produktion, sondern nur im Maße der Entfaltung der Produktivität der materiellen Arbeit.

Bei Kautsky war die Analyse dieser Art von Produktion die Grundlage zur Analyse der sozialen Schichten der modernen Intelligenz.[69] Er hebt drei soziale Formen geistiger Produktion hervor: „Einmal die von den Organen der Gesellschaft betriebene, direkt der Befriedigung der gesellschaftlichen Bedürfnisse dienende, dann die geistige Tätigkeit im Alleinbetrieb; und endlich die geistige Tätigkeit im kapitalistischen Betrieb."[70]

Daran wird deutlich, daß auch die geistige Arbeit unter bestimmten sozialen Bedingungen verrichtet wird, unter Produktions- und Austauschverhältnissen, unter denen die Produkte der Arbeit Waren werden und der Prozeß ihrer Erzeugung zwiespältig, doppelseitig ist. Arbeitsprozeß auf der einen; Wertbildungsprozeß (und in seiner kapitalistischen Bestimmtheit Verwertungsprozeß, Mehrwertproduktionsprozeß) auf der anderen Seite.

So wird vom Standpunkt der Zielstellung der kapitalistischen Produktionsweise nur die Arbeit und ihr Verrichter produktiv, die und der Mehrwert erzeugt und in einem weiteren Sinne zur Verwertung des Kapitals als Quelle unbezahlter Mehrarbeit beiträgt.

Dieser Bestimmtheit gilt jetzt unsere Aufmerksamkeit.

Die spezifisch produktive Arbeit des Kapitalismus

Mit der Herrschaft des Kapitals zeichnet sich eine Verengung des Begriffs der produktiven Arbeit ab, da jetzt nicht mehr die Arbeit der kleinen Warenproduktion als produktive Arbeit angesprochen werden kann,[71] sondern nur noch die Arbeit, die direkt durch das Kapital eingesaugt wird. „Nur der Arbeiter ist produktiv, der Mehrwert für den Kapitalisten produziert oder zur Selbstverwertung des Kapitals dient."[72] Im Vordergrund steht, daß dieses geschichtliche Produktionsverhältnis „den Arbeiter zum unmittelbaren Verwertungsmittel des Kapitals stempelt."[73] „Produktive Arbeit im Sinne der kapitalistischen Produktion ist die Lohnarbeit, die im Austausch gegen den variablen Teil des Kapitals (den in Salair ausgelegten Teil des Kapitals) nicht nur diesen Teil des Kapitals reproduziert (oder den Wert ihres eigenen Arbeitsvermögens), sondern außerdem Mehrwert für den Kapitalisten produziert ... nur die Lohnarbeit ist produktiv, die Kapital produziert."[74]

„Unter diese produktiven Arbeiter gehören natürlich alle, die zur Produktion der Ware d' une manière ou d' une autre (auf die eine oder andre Weise) mitarbeiten, vom eigentlichen Handarbeiter bis zum manager, engineer (also unterschieden vom Kapitalisten)."[75] Die produktive Arbeit ist so losgelöst von ihrer konkreten Fähigkeit, Gebrauchswerte zu erzeugen, losgelöst von der Stofflichkeit der Produktion, denn der Reichtum der kapitalistischen Gesellschaft erscheint in der Form des absoluten Tauschwertes, des Geldes. Und für diese Produktionsweise zählt nur die Fähigkeit, diesen Tauschwert zu erzeugen. Das ist in der Tat die gesellschaftliche Funktion des Arbeiters, der hier Lohnarbeiter ist. Er ist Träger jener Ware, der diese Fähigkeit innewohnt, nicht nur Tauschwert, sondern mehr Tauschwert als sie selbst wert ist, zu erzeugen.

Mit der Loslösung von der Stofflichkeit wird jedoch auch der Übergang zur Kapitalverwertung in Bereichen deutlich, in denen keine materielle Produktion stattfindet.

Verwertungsmaterial des Kapitals sind deshalb nicht nur die produktiven Arbeiter oder der Gesamtarbeiter in der Produktion, sondern auch die Lohnarbeiter in allen anderen Bereichen, wo Lohnarbeit dem Kapital gegenübertritt.

Überall dort, wo Kapital angelegt ist, muß es sich verwerten. Unabhängig von seiner konkreten Funktion kann es sich nur verwerten, wenn es seinen Wert vergrößert, wenn es ihm Tauschwert hinzufügt. Dabei ist die Herkunft dieses Tauschwertes für das Kapital völlig zweitrangig. Es realisiert diesen zusätzlichen Wert als Profit. Das ist der Fall, wenn es als Kapital *fungiert*. Nicht seine potentielle Existenz als akkumulierte Geld- oder Warensumme ist dafür ausreichend, sondern daß es Lohnarbeit anwendet und deren unbezahlte Mehrarbeit einsaugt. Dieser Zusammenhang ist für alles industrielle Kapital (in der materiellen und immateriellen Produktion) und kommerzielle Kapital (Waren- und Geldhandlungskapital) gegeben. Diese entsprechenden Einzelkapitale konstituieren das produktive Gesamtkapital, üben für die Reproduktion dieses Gesamtkapitals wichtige Funktionen aus (produzieren und realisieren den Mehrwert) und teilen sich den Mehrwert.

Aber dieses fungierende Kapital hat einen Schatten; es erfährt mit dem Geldkapital und besonders dem fiktiven Kapital eine Verdoppelung. Dieses Kapital ist zinstragendes Kapital. Es vermehrt sich nur dadurch, daß ein Teil des Profits der fungierenden Kapitalisten an es abgeführt wird. Wird Geldkapital an einen Kapitalisten verliehen, dann wird es in der Hand des fungierenden Kapitalisten fungierendes Kapital. In der Hand seines Eigentümers bleibt nur der Eigentumstitel. Wesentlich ist: dieses Kapital ist nur Eigentumstitel und tritt nicht unmittelbar dem Lohnarbeiter, sondern dem fungierenden Kapitalisten gegenüber. Ähnlich gestaltet sich die Beziehung des Grundeigentums zum fungierenden Kapital.

In der kapitalistischen Wirklichkeit sind diese Formen allerdings meist vermischt. Das Bankkapital ist ebensowenig reines Geldhandlungskapital wie das Handelskapital Warenhandlungskapital. Das Einzelkapital des industriellen Kapitalisten hat meist auch fiktives Kapital als Bestandteile. Mit der Herausbildung des Finanzkapitals aus der Verschmelzung von Industrie- (und anderem fungierenden Kapital) und Bankkapital verwischt sich diese Scheidelinie in der Kapitalistenklasse.[76]

Zur näheren Bestimmung des Charakters und der Funktion der Lohnarbeit ist es erforderlich, jene Bereiche zu betrachten, in denen keine Mehrwertproduktion stattfindet. Soweit diese Bereiche Anlagesphären des Kapitals werden, handelt es sich zweifellos auch hier um das „Verhältnis jedes Kapitalisten zu seinen Arbeitern", „das Verhältnis überhaupt von Arbeit und Kapital, das wesentliche Verhältnis".[77]

Als Beispiel dient die Lohnarbeit in der nichtproduzierenden Sphäre, der durch das Waren- und Geldhandlungskapital ausgebeutete kommerzielle Lohnarbeiter, der Lohnarbeiter im Handel und Bankwesen und im weiteren Sinne die kaufmännischen Angestellten in der Sphäre der materiellen Produktion. Es ist zu klären, inwieweit diese Lohnarbeiter unter die spezifisch kapitalistische Bestimmung der produktiven Arbeit fallen.

Lohnarbeit in der nichtproduzierenden Sphäre: der kommerzielle Lohnarbeiter

Vom Standpunkt der Wertbildung und der Reproduktion des Gesamtkapitals wird in dieser Sphäre kein Wert und Mehrwert erzeugt. „Das allgemeine Gesetz ist, daß alle Zirkulationskosten, die nur aus der Formverwandlung der Ware entspringen, dieser letztren keinen Wert hinzusetzen.“[78]

Was ist also dieser kommerzielle Lohnarbeiter? „Nach einer Seite hin ist ein solcher kommerzieller Arbeiter Lohnarbeiter wie ein andrer. Erstens, insofern die Arbeit gekauft wird vom variablen Kapital des Kaufmanns, nicht von dem als Revenue verausgabten Geld, und daher auch nur gekauft wird nicht für Privatbedienung, sondern zum Zweck der Selbstverwertung des darin vorgeschoßnen Kapitals. Zweitens, sofern der Wert seiner Arbeitskraft und daher sein Arbeitslohn bestimmt ist, wie bei allen andren Lohnarbeitern, durch die Produktions- und Reproduktionskosten seiner spezifischen Arbeitskraft, nicht durch das Produkt seiner Arbeit.“[79]

Sobald Kapital Lohnarbeit heuert, erfolgt dies ausschließlich zum Zweck der Selbstverwertung, also des Profitmachens. Das ist völlig unabhängig von der konkreten Anlagesphäre. Das für den Ankauf der Arbeitskraft vorgeschossene Kapital ist also variables Kapital. Es ist dies auch der Unterschied zum Dienst, der Dienstleistung, die immer ihrer konkreten nützlichen Arbeit wegen gekauft wird, nicht aber um einen Tauschwert zu verwerten. Der Dienstleistende wird deshalb aus der Revenue bezahlt, wie andere Waren, die der individuellen Konsumtion dienen. Dienstleistungen sollen nichts anderes, als Bedürfnisse befriedigen. Kapitalistische Lohnarbeit dagegen tauscht sich immer gegen variables Kapital. Nichtsdestotrotz steht auch der dienstleistende Lohnarbeiter im Zusammenhang der Lohnarbeit, weil sich der Preis seiner Arbeit und Arbeitskraft am allgemeinen Wert der Arbeitskraft orientiert.

Der Unterschied und die Gemeinsamkeit zum industriellen Kapital besteht in folgendem: „Die unbezahlte Arbeit dieses Kommis, obgleich sie nicht Mehrwert schafft, schafft ihm aber Aneignung von Mehrwert, was für dies Kapital dem Resultat nach ganz dasselbe; sie ist also für es Quelle des Profits.“[80]

Und an anderer Stelle: „Die in diesen Zirkulationskosten zu machende Auslage ist daher für das merkantile Kapital eine produktive Anlage. Also ist auch die kommerzielle Arbeit, die es kauft, für es unmittelbar produktiv.“[81] *Vom Standpunkt des Einzelkapitals ist also die Arbeit produktiv –*

unabhängig ob sie sich selbst in Mehrwert darstellt oder nicht – *die ihm unbezahlte Mehrarbeit abwirft,* die für *es* die Quelle des Profits bildet. Darin ist gleichzeitig auch der zunehmend parasitäre Charakter, der sich aus dieser Profitrationalität der kapitalistischen Produktionsweise ergibt, eingeschlossen. Diese Profitrationalität ist der einzige Maßstab für die Ausdehnung und Entwicklungsrichtung der kapitalistischen Wirtschaft. Sie macht noch die Totenbestattung zur produktiven Kapitalanlage und den Totengräber zum produktiven Lohnarbeiter (oder den Besitzer eines Vergnügungsetablissements zum fungierenden Kapitalisten und die Amüsier- und Animierdamen zu produktiven Lohnarbeiterinnen).

Jedoch können sich diese Bereiche nur im Maße der wachsenden Produktivität der materiellen Produktion ausdehnen.[82] Der Zusammenhang mit der eigentlichen Mehrwertproduktion ist für das Gesamtkapital nicht zerrissen. Denn die Handelsspanne, als Teil des Mehrwertes, ist in der materiellen Produktion geschaffen. Für das Gesamtkapital deckt sie die Zirkulationskosten. Für das merkantile Kapital lösen sich die Zirkulationskosten aber in die zu ersetzenden Kapitalbestandteile und den Mehrwert auf.

Hebt man den Charakter des kommerziellen Lohnarbeiters hervor, so ist er für sein Kapital in erster Linie ein produktiver Lohnarbeiter. Seine Arbeitskraft tauscht sich gegen variables Kapital und nicht gegen Revenue – was für den einzelnen Arbeiter allerdings unbeträchtlich ist, weil es sich beide Male für ihn um Geld handelt. Seine Mehrarbeit ist für sein Kapital eine Quelle des Profits. Bleibt das Kontor aber beim industriellen Kapitalisten, handelt es sich für diesen um Unkosten, um Abzug vom Mehrwert.

Was generell die konkret nützliche Seite der Arbeit betrifft, so gilt: „Dieselbe Sorte Arbeit kann produktiv oder unproduktiv sein."[83] Sobald kapitalistisch betrieben, wird sie produktive Arbeit. Die Diagnosetätigkeit eines frei praktizierenden Arztes ist eine Dienstleistung gegenüber dem Patienten und in ökonomischer Hinsicht unproduktiv. Der Patient bezahlt aus seinem Geldbeutel (oder über die Versicherung). Die gleiche Tätigkeit eines angestellten Arztes in einem kapitalistisch betriebenen Diagnosezentrum ist in ihrer gesellschaftlichen Formbestimmtheit produktive Lohnarbeit. Er erhält seinen Lohn aus dem variablen Kapital der Klinikbesitzer. Die Patienten kaufen die Dienstleistung von den Klinikkapitalisten.

Fassen wir die schon eingangs dargelegten Hauptaspekte der Bestimmung[84] der produktiven Arbeit bei Marx nochmals zusammen:

1. Mit der Bestimmung der *produktiven Arbeit als Gebrauchswerterzeugung im Arbeitsprozeß* werden über die kapitalistische Produktionsweise hinaus und von ihr unabhängig die Schöpfer des materiellen Reichtums der Gesellschaft bestimmt.

2. Mit der Bestimmung der *produktiven Arbeit als Mehrwertproduktion in der kapitalistischen materiellen Produktion* wird die Verwertung des Kapitals auf die Mehrwertproduktion, das spezifische Ausbeutungsverhältnis in der Produktion zurückgeführt, der durch die Konkurrenz

hergestellte Oberflächenzusammenhang durchstoßen und die Grundstruktur des Kapitalismus enthüllt.

3. Die Bestimmung der *produktiven Arbeit aus der Verwertung der Einzelkapitale* drückt eine Beziehung der kapitalistischen Erscheinungswelt aus. Die Kapitalverwertung, das Profitmachen hat sich von seiner Basis, der Ausbeutung in der Produktion gelöst. Aber das damit gleichzeitig ausgedrückte Klassenverhältnis beinhaltet, daß sich der produzierte Gesamtmehrwert nur in Profit verwandeln kann durch die Aneignung der Mehrarbeit der gesamten Arbeiterklasse. Deshalb ist von dieser Bestimmung her nur der private Dienste Leistende unproduktiv, weil hier schon die Sphäre der Konsumtion erreicht ist, wo Lohnarbeit gegen Revenue getauscht wird.

Instrument der Analyse

Marx hat die Begriffe der produktiven Arbeit nicht nur in der theoretischen Analyse der Lohnarbeit, des Kapitals und des Mehrwerts benutzt, sondern auch in empirischen sozialstatistischen Bevölkerungsanalysen. So ergab sich aus dem Bevölkerungszensus in England von 1861 eine Beziehung zwischen produktiv und unproduktiv Beschäftigten, die Marx zu folgendem Kommentar veranlaßt:

„Endlich erlaubt die außerordentlich erhöhte Produktivkraft in den Sphären der großen Industrie, begleitet, wie sie ist, von intensiv und extensiv gesteigerter Ausbeutung der Arbeitskraft in allen übrigen Produktionssphären, einen stets größren Teil der Arbeiterklasse unproduktiv zu verwenden und so namentlich die alten Haussklaven unter dem Namen der ‚dienenden Klasse', wie Bediente, Mägde, Lakaien usw., stets massenhafter zu reproduzieren."[85] Marx untersucht die Bevölkerungsstruktur unter dem Gesichtspunkt, welchen Einfluß der Fortschritt der Maschinerie und die damit gewaltig gestiegene Produktivität der Arbeit auf das Anwachsen parasitärer Vergeudung der gesellschaftlichen Arbeit hat.[86] Ihm kommt es auf die Herausstellung der Pole an: Steigerung der industriellen Produktivkraft auf dem einen; anwachsende unproduktive Bevölkerung auf dem anderen – eine unproduktive Bevölkerung, deren Dienste völlig von den Besitzenden konsumiert werden.[87]

Eine sozialstatistische Analyse für den gegenwärtigen Kapitalismus, die den Marx'schen Intentionen folgt, würde neben den privaten „Haussklaven" die kollektiven Diener des Kapitals zur Erhaltung des Systems, also die Beschäftigten im Repressionsapparat des Staates herausheben und ihre Entwicklung etwa mit den Beschäftigten in den Nahrungs- und Verbrauchsgüterindustrien vergleichen müssen. Die Gegenüberstellung dieser Arten produktiver und unproduktiver Arbeit erhellt die parasitären Entwicklungstendenzen des Kapitalismus. Aber auch diese Staatsbeschäftigten stehen ebenso wenig wie die früheren „Haussklaven" außerhalb des Zusammenhangs der arbeitenden Klasse. Auch ihr Salair wird nach den Reproduktionskosten ihrer Arbeitskraft bezahlt. In der Hauptsache gilt für sie kein anderer Maßstab(ausgenommen die höheren Chargen)! Deshalb leisten sie Mehrarbeit für den Staat und gestatten ihm, seine Klassenfunktion „mit viel Leistung für wenig Geld“ zu realisieren.

Was den Bereich der Warenproduktion unter der Regie des Staates und die darin Beschäftigten betrifft, so muß ihre Funktion von der Funktion des Staates als nicht mehr nur fiktiver, sondern realer Gesamtkapitalist bestimmt werden.[88] Hieraus ergibt sich eine nicht nur vermittelte, sondern eine direkte Bindung an die Lohnarbeit. Über verschiedene Umverteilungsmechanismen des heutigen Kapitalismus gelangt der von ihnen produzierte Mehrwert in den Verfügungsbereich der Privatmonopole. Sie sind also im Sinne der kapitalistischen Produktionsweise produktive Lohnarbeiter. Für die Privatmonopole erscheint das — weil es sich um den von ihnen gesellschaftlich beherrschten Staat handelt — als gesellschaftliche Produktivkräfte, die ihnen wie (noch!) die Luft unentgeltlich zukommen.

Welche Bedeutung besitzen die Bestimmungen der produktiven Arbeit für die aus der Wirtschaft hervorwachsende soziale Struktur?

Es ergibt sich hieraus eine Gliederung der Gesellschaft nach:

- den produktiven Klassen der Gesellschaft als den hervorbringenden, arbeitenden, den materiellen Reichtum schaffenden Gruppen, Schichten und Klassen und nach den nichtproduzierenden, den aneignenden und den vermittelnden.
- den Mehrwertproduzenten in der materiellen Produktion;[89] den Lohnabhängigen in anderen Bereichen; den Kapitalisten aller Bereiche. Heraus fallen von vornherein die Gruppen, die nicht im kapitalistischen Produktionsverhältnis stehen. (Ein besonderes Problem stellen die Zwischengruppen dar, die aus den kapitalistischen Produktionsverhältnissen hervorwachsen.)
- den Lohnabhängigen unter dem Kapitalverhältnis; den Dienstleistenden (im vollen ökonomischen Sinne) und den Kapitalisten.

Verweist die erste Bestimmung auf die materielle Produktion als den entscheidenden, im Sinne des historischen Materialismus strukturbestimmenden Bereich menschlicher Praxis, so die zweite auf die Mehrwertproduktion als die für die kapitalistische Produktionsweise typische Form der Produktion des Reichtums durch die Ausbeutung der Lohnarbeit und damit auf den Kern des kapitalistischen Ausbeutungsverhältnisses. Die dritte Bestimmung hebt den Gegensatz von Lohnarbeit und Kapital in allen Bereichen hervor.

Diese Bestimmungen als Ganzes enthüllen den Kern der Beziehungen zwischen Lohnarbeit und Kapital, weil sie die Frage nach den Produzenten des materiellen Reichtums und des Reichtums in seiner spezifisch kapitalistischen Form wissenschaftlich beantworten.

Darauf weisen Formulierungen hin wie: „Es kann dann als Charakteristikum der *produktiven* Arbeiter, i. e. der Kapital produzierenden Arbeiter, bezeichnet werden, daß ihre Arbeit sich in Waren realisiert (Produkten der Arbeit), materiellen Reichtum.“[90] In die Bestimmung der produktiven Arbeit und der produktiven Lohnarbeiter in der kapitalistischen materiellen Produktion sind also auch alle anderen Aspekte der produktiven Arbeit eingeschlossen. Diese Lohnarbeiter schaffen den materiellen Reichtum der Gesellschaft; sie produzieren Mehrwert; ihre Mehrarbeit ist die Quelle der Kapitalverwertung ihres Kapitalisten, seines Profits.

Aber diese Bestimmungen sind offensichtlich nicht Bestimmungen der Arbeiterklasse und liefern deshalb auch keine Abgrenzungskriterien. Das zeigte sich schon bei der Betrachtung des Austauschs von Arbeitskraft und variablem Kapital, als der Grundlage der Kapitalverwertung. Die eigentliche Definition der Arbeiterklasse kann deshalb nur vom Ansatz der Definition dieser besonderen Ware Arbeitskraft erfolgen, was die Untersuchung einschließt, unter welchen Bedingungen und in welchen Formen sie das für den Kapitalismus adäquate Verwertungsmaterial abgibt.

Die erörterten Bestimmungen der produktiven Arbeit vermitteln Einblicke in den spezifischen Charakter der Ausbeutung der einzelnen Gruppierungen der Arbeiterklasse und anderer Schichten. Mit der Nähe zur unmittelbaren Produktion wächst bei Lohnarbeitergruppen der Grad der Direktheit der Ausbeutungsbeziehungen. Würde man jedoch dies als wesentlich methodischen Ansatzpunkt benutzen, so gingen die durch die Entfaltung des Kapitalverhältnisses mit fortschreitender Akkumulation des Kapitals entstehenden Gliederungsgesichtspunkte völlig verloren.

Der Begriff der produktiven Arbeit ist nach wie vor auch ein wichtiger Kampfbegriff der Arbeiterklasse, wie er einer für die Bourgeoisie war, weil er enthüllt, daß die Kapitaleigentümer längst alle produktiven Funktionen verloren haben und sie in jeder Hinsicht eine unproduktive (und parasitäre) Klasse geworden sind.

Im nächsten Abschnitt ist zu untersuchen, wie die Kapitalisten diese Funktionen verloren, an wen sie diese abgetreten und welche Konsequenzen sich daraus für die Abgrenzung insbesondere lohnabhängiger Zwischengruppen von der Kapitalistenklasse ergeben haben.

4.3 *Die Trennung von Kapitaleigentum und Kapitalfunktion*

Schon im Kapitalismus der freien Konkurrenz zeigen sich in der Produktionssphäre die Folgen der fortschreitenden Akkumulation und der Entgegensetzung von produktivem und Geldkapital auf die soziale Gliederung. Grundlage dieser Prozesse sind letztlich die Vergesellschaftungsprozesse in der Reproduktion.

Die Schaffung des Gesamtarbeiters ist – wie schon erläutert – die Folge für die Produktion. Gleichzeitig oder mit Phasenverschiebung trifft dies aber auch für die anderen, die Produktion realisierenden und vermittelnden Bereiche zu. Vergesellschaftung bedeutet auch hier, daß die Erledigung der Funktion das Resultat eines arbeitsteilig – und hier meist noch hierarchisch – gegliederten Körpers ist.

Auf der anderen Seite findet dieser Prozeß seinen kapitalistischen Ausdruck in der fortschreitenden Konzentration und Zentralisation des Kapitals, der arbeitsteiligen Gliederung der Kapitalfunktionen und entsprechenden Gruppierung der Kapitalisten. Ein wesentliches Resultat ist die Trennung von Kapitaleigentum und Kapitalanwendung oder (was synonym verwendet wird) Kapitalfunktion. Eine mißverständliche Auffassung dieser Spaltung hat zu einer verengten Interpretation des Kapitalverhältnisses auf das Kapitaleigentum beigetragen. Kapital besteht aber nicht in erster Linie als „akkumulierte Ansprüche, Rechtstitel",[91] also Rechtstitel auf den Mehrwert – obwohl es an der Oberfläche als solches erscheint und so gewissermaßen zu seinem historischen Ausgangspunkt, dem Wucherkapital mit seiner Kreislaufformel G–G' zurückkehrt.

Neben den „Hauptagenten"[92] bringt jede Produktionsweise ihre Unteragenten hervor. Den Verwaltern (villici) der Sklavenhalter,[93] die selbst Sklaven – aber eine besondere Art – bleiben, entsprechen für die spezifische Produktionsweise des Kapitalismus die Unter- und Obermanager, ebenso wie den in die herrschende Klasse des alten Roms kooptierten barbarischen Heerführern neue Herrschaftsschichten des staatsmonopolistischen Kapitalismus vergleichbar sind. Meist mit der Ausdehnung ursprünglich durch den Kapitalisten wahrgenommener Funktionen, also sowohl echter wie auch nur vermeintlicher Kapitalfunktionen, und der Vergesellschaftung dieser Funktionen sind aus den kapitalistischen Produktionsverhältnissen neue soziale Gruppen hervorgewachsen, deren Klassenanalyse von Bedeutung ist. Gerade weil sie den verschiedensten Interpretationen unterliegen, ist es nützlich, sich die Ausgangspunkte von Marx zu vergegenwärtigen. Wovon im folgenden für diese Gruppen in den Kategorien der politischen Ökonomie die Rede ist, das ist ihre Stellung in der gesellschaftlichen Organisation der Arbeit.

Kapitaleigentum und Kapitalfunktion

Wohl ist auch die fortschreitende Trennung von Kapitaleigentum und Kapitalfunktion durch die Akkumulation bedingt, aber ihre eigentliche Grundlage ist die unterschiedliche und gegensätzliche Rolle von Geldkapital und produktivem, fungierendem Kapital im kapitalistischen Reproduktionsprozeß.

War der historische Siegeszug der Bourgeoisie und ihre progressive Rolle das Eindringen des außerhalb der Produktion gebildeten Geldkapitals in die Produktion, seine Verwandlung in produktives Kapital und die Revolutionierung der Produktionsweise, so markiert das Heraustreten des ursprünglichen Kapitalisten aus der Produktion den historischen Niedergang dieser Produktionsweise.

Geldkapitalist und produktiver Kapitalist spielen „ganz verschiedene Rollen im Reproduktionsprozeß". „Der eine verleiht nur, der andre wendet es produktiv an."[94] Vollzieht der erste ohnehin nur einen vom Standpunkt der Produktion parasitären aber für die Entwicklung der Produktion unter kapitalistischen Produktionsverhältnissen zweifellos notwendigen Akt, so ist der fungierende Kapitalist die Personifizierung des Kapitals, „soweit es fungiert, und es fungiert, soweit es profitbringend in der Industrie oder im Handel angelegt wird und mit ihm, durch seinen Anwender, die

Operationen vorgenommen werden, die durch den jedesmaligen Geschäftszweig vorgeschrieben sind."[95] Ersteres ist die Funktion des Kapitaleigentums, letzteres die ökonomische Funktion des Kapitals, die Kapitalfunktion.

Entsprechend spaltet sich der Profit, den allein das produktive Kapital machen kann, in den Unternehmergewinn des fungierenden Kapitalisten und den Zins des Leihkapitalisten. Da der Zins in diesem Verhältnis von vornherein eine feste Größe ist, ist der Unternehmergewinn die Differenz zum Gesamtprofit. Aber diese Profitkategorien erscheinen als gesellschaftliche Größen, sie verknöchern, so daß ihre Existenz unabhängig davon ist, ob der fungierende Kapitalist mit dem eigenen Kapital arbeitet oder mit geliehenem. Zins und Unternehmergewinn tauchen in jedem Fall auf. Weil Unternehmergewinn und Zins gegeneinander definiert und die Höhe des einen von der Höhe des anderen abhängig ist, stehen sie in Gegensatz zueinander, aber als ökonomische Kategorien nicht zum Lohn.

Der Zins erscheint als Frucht des Kapitals – als akkumulierte Geldmenge – und der Unternehmergewinn als Frucht der unternehmerischen Anstrengung bei der Organisierung der Ausbeutung und der Geschäftstätigkeit. Weil letzteres Anstrengung erfordert und vom Kapitaleigentum losgelöst ist, stellt sich für den Kapitalisten der Unternehmergewinn „als Resultat seiner Funktion als Nichteigentümer, als – Arbeiter"[96] dar. Er hat die Vorstellung, daß dies „selbst Arbeitslohn ist, Aufsichtslohn ... höherer Lohn als der des gewöhnlichen Lohnarbeiters, 1. weil sie komplizierte Arbeit, 2. weil er sich selbst den Arbeitslohn auszahlt."[97] Mehrwertproduktion, Mehrwertrealisierung und Mehrwertauspressung erscheinen damit nur noch als eine Art hierarchische Schichtung von Arbeitern – zwar nicht mehr mit der gleichen Gottgewolltheit wie die feudale Hierarchie aber um so nachhaltiger mit „Intelligenzquotient" u. a. von der bürgerlichen Soziologie apologisiert. Mit der Verallgemeinerung der Lohnform wurden die gegensätzlichen Rollen an der Oberfläche wegretuschiert. Jeder arbeitet, nur der Kapitalist – wertneutral ausgedrückt – arbeitet etwas anders: „So daß die Arbeit des Exploitierens und die exploitierte Arbeit, beide als Arbeit identisch sind. Die Arbeit des Exploiteurs ist ebenso gut Arbeit, wie die Arbeit, die exploitiert wird."[98] Der fungierende Kapitalist erscheint nur noch – unabhängig vom Kapitalverhältnis – als „einfacher Träger des Arbeitsprozesses überhaupt, als Arbeiter und zwar als Lohnarbeiter."[99]

Diese Vorstellung befestigt sich in dem Maße, wie „ein Teil des Profits als Arbeitslohn abgesondert werden kann und sich wirklich absondert"[100] und zwar im „Gehalt des Dirigenten". Dieser vertritt mit fortschreitender Stufenleiter der Produktion nun den fungierenden Kapitalisten und sein Entgelt hat die „Form des Arbeitslohns für geschickte Arbeit."[101]

Es bleibt also nicht bei der einfachen Trennung von Kapitaleigentum und Kapitalfunktion, Geldkapitalisten und industriellen oder kommerziellen Kapitalisten. Die noch zufällige Einsetzung von bezahlten Managern, Direktoren, Leitern wird mit der Bildung von Kapitalgesellschaften, also Gesellschaftskapital, die Regel und damit auch die Herauslösung des Verwaltungs- oder Aufsichtslohnes aus dem Unternehmergewinn ein fester ökonomischer Tatbestand. Der gleiche Vorgang vollzieht sich auch auf Seiten des Geldkapitals.[102] Es reift damit der Zustand heran, in dem „der bloße Dirigent, der das Kapital unter keinerlei Titel besitzt, weder leihweise noch sonstwie alle realen Funktionen versieht, die dem fungierenden Kapitalisten als solchem zukommen".[103] Das Entstehen eines nun kombinierten gesellschaftlichen Kapitalisten ist aber das Verschwinden des tatsächlichen Kapitalisten aus dem Produktionsprozeß. Es bleibt nur noch „der Funktionär und verschwindet der Kapitalist als überflüssige Person aus dem Produktionsprozeß."[104] Natürlich verschwindet der Eigentümer-Kapitalist nicht aus der Reproduktion; gerade an den Umschlags- und Knotenpunkten errichtet das Kapital jetzt seine Raubritterburgen und Kontrollstellen.[105] Und insbesondere diese Funktionen bleiben bei den Geldkapitalisten bzw. den mit dem Imperialismus entstandenen Finanzkapitalisten.

So entsteht auf der Seite und anstelle der alten fungierenden Kapitalisten die neue Schicht fungierender Kapitalisten, die neuen Organisatoren der Ausbeutung, die *Manager.* Auf der anderen Seite sondert die Konzentration des Geldkapitals *Rentiers, Börsenjobber* usw. aus.

Mit der Verselbständigung des Verwaltungslohnes gegenüber dem Unternehmergewinn in der Aktiengesellschaft verschmelzen ökonomisch wieder Zins und Unternehmergewinn in der Dividende. Die Dividende macht (in ihrer reinen Funktion) also am Ursprung den Gesamtprofit des fungierenden Aktienkapitals abzüglich des Verwaltungslohnes aus.[106] Mit diesem Aufsichts- und Verwaltungslohn werden nicht nur die Entgelte und Kosten der Dirigenten gedeckt, sondern die gesamten Verwaltungskosten bis zu den Gehältern des letzten Meisters und Lohnkontenführers. Was von der Grundlage Profit, ist hier in der bürgerlichen Betriebswirtschaft völlig in Kosten verwandelt.

Jedoch mit den Aktiengesellschaften taucht schon eine für die weitere Entwicklung des Kapitalismus zukunftsträchtige Parasitenschicht auf. Es sind Leute, die Unternehmergewinn für sich reklamieren und vereinnahmen, ohne die Funktionen des fungierenden Kapitalisten auszuüben — dazu sind die Dirigenten, die kaufmännischen und technischen Leiter da. Es ist das eine „neue Finanzaristokratie, eine neue Sorte von Parasiten in Gestalt von Projektemachern, Gründern und bloß nominellen Direktoren."[107] Es sind „neben und über dem wirklichen Dirigenten eine Anzahl Verwaltungs- und Aufsichtsräte" („bloßer Vorwand zu Plünderung der Aktionäre und zur Selbstbereicherung").[108] Sie werden in der weiteren Entwicklung das feste Kontrollscharnier der Eigentümerkapitalisten, der Finanzoligarchie über das Gesellschaftskapital. Deshalb ist für die Autoren von „Der Imperialismus der BRD" in der Analyse der Finanzoligarchie von heute ein Ausgangspunkt in „der Entwicklung des Privatkapitals zum monopolistischen Gesellschaftskapital mit ihren Wirkungen auf die sich fortsetzende Trennung von Kapitaleigentum und -funktion."[109]

Kündigt sich mit den historischen „Durchgangspunkten"[110] zu einer neuen Produktionsweise, die sich ja gerade im staatsmonopolistischen

Kapitalismus auf weit höherer Ebene und in weit größerem Maßstab durchsetzen, auch die zunehmende Hinfälligkeit des Kapitalverhältnisses als Bewegungsform der Produktivkräfte an, so kann es nur aus einer verkürzten Sicht gerade dieses Eigentumsverhältnisses herrühren, wenn aus dem Heraustreten der Eigentümer-Kapitalisten aus der Produktion die Auflösung der kapitalistischen Klassenherrschaft abgeleitet wird.

Mit der Verwandlung von Unternehmergewinn in Arbeitsentgelt wird aus dem Agenten der Kapitalverwertung, dem Kapitalfunktionär, ein Lohnarbeiter des kommerziellen Sektors, der Leitung und Oberaufsicht, was die organisatorischen und technischen Funktionen einschließt. Aus der Vergesellschaftung dieser Funktionen ergibt sich die wachsende Anzahl der mit diesen Tätigkeiten Beschäftigten, die alle Arbeitslohn erhalten. Es ist erforderlich, den Charakter von Leitung und Aufsicht näher zu betrachten, wenn die Grenzen zwischen eigentlichen Kapitalfunktionären und Lohnarbeitern theoretisch bestimmt werden sollen, wobei festzuhalten ist, daß die dem jeweiligen Entwicklungsstand entsprechende konkrete soziale Grenze nur aus der Analyse der empirischen Fakten erfolgen kann.

Leitung und Aufsicht

Wie in vorhergehenden Abschnitten dargestellt, ist nicht nur die kapitalistische Produktion durch den Doppelcharakter von Arbeits- und Verwertungsprozeß gekennzeichnet, sondern auch alle anderen Tätigkeiten, die der Kapitalverwertung unterliegen. Das trifft also auch auf die Leitung und Aufsicht zu, soweit sie als Lohnarbeit verrichtet wird.

Aber darüber hinaus unterliegt die Ausübung dieser Funktion einer weiteren Zwiespältigkeit: „Die Arbeit der Oberaufsicht und Leitung entspringt notwendig überall, wo der unmittelbare Produktionsprozeß die Gestalt eines gesellschaftlich kombinierten Prozesses hat und nicht als vereinzelte Arbeit der selbständigen Produzenten auftritt. Sie ist aber doppelter Natur.“[111] Zum einen stellt sie den Zusammenhang der Teilarbeiten her, der sich nur im „kommandierenden Willen“ realisieren kann: „Es ist dies eine produktive Arbeit, die verrichtet werden muß in jeder kombinierten Produktionsweise.“[112]

Zum anderen entspringt sie der Trennung der unmittelbaren Produzenten von den Produktionsbedingungen, also den Privateigentumsbedingungen: „Je größer dieser Gegensatz, desto größer die Rolle, die diese Arbeit der Oberaufsicht spielt.“[113] Die Leitung kann nur in der Aufsicht realisiert werden. Diese Aufsicht ist zwar im Kapitalismus weniger – oder besser nicht ausschließlich – direkt, sondern bedient sich der Technik, der ökonomischen Normierung, vielfältiger Anreizsysteme usw. – vergleicht man mit der Sklaverei. Nichtsdestoweniger ist sie auch für diese Produktionsweise erforderlich. Deshalb sind die Funktionen von Oberaufsicht und Leitung, die aus dem Klassengegensatz entspringen, „untrennbar verquickt mit den produktiven Funktionen, die alle kombinierte gesellschaftliche Arbeit einzelnen Individuen als besondre Arbeit auferlegt.“[114]

Es handelt sich also um einen Doppelcharakter der „konkreten Arbeit" bei diesen Beschäftigtenkategorien. Anders als der Doppelcharakter der kapitalistischen Produktion, der für das „Verwertungsmaterial" mit einem eindeutigen Klassenstandpunkt verbunden ist, entsteht für die Beschäftigtengruppen mit Aufsichtsfunktion eine ihrer Stellung eigentümliche Zwiespältigkeit. Das bedeutet nicht, daß nicht auch der Arbeiter in der materiellen Produktion mit der Produktion des Mehrwerts die Mittel seiner verbreiteten und vertieften Ausbeutung schafft. Ebenfalls ergibt sich ja auch für ihn der ständige Gegensatz zwischen seinen beruflichen Interessen, seiner Rolle als Produktivkraft und seiner Stellung als Verwertungsmaterial, dem letzten Endes der Gegensatz von konkreter und abstrakter Arbeit, Arbeitsprozeß und Verwertungsprozeß zugrunde liegt. Für die genannten Beschäftigtenkategorien entspringt jedoch aus ihrer „konkreten" Arbeitsfunktion ein Gegensatz zu den Lohnarbeitern der materiellen Produktion, während sie gleichzeitig mit diesen durch ihre Interessen als Lohnabhängige, und damit ebenfalls Ausgebeutete verbunden sind.

Schon Marx konnte diesen Gegensatz wie folgt charakterisieren: Zustimmend zitiert er Hodgskin, daß zu jener Zeit Meister mit Gesellen gegenüber den Kapitalisten gleiche Interessen haben. „Aber sie sind außerdem entweder Kapitalisten oder Agenten der Kapitalisten und in dieser Hinsicht ist ihr Interesse entschieden entgegengesetzt dem Interesse der Arbeiter."[115] Ähnlich hatte Engels schon 1845 die Position der Meister von Birmingham charakterisiert. Was aber damals noch nicht hervortrat, weil diese Prozesse erst später deutlich einsetzten, war die Nivellierung der Lage dieser „zahlreichen Klasse industrieller und kommerzieller Dirigenten"[116], die Marx nun in dem Maße konstatiert, wie sie im Vergleich zu anderen Lohnarbeitern die Fähigkeit verlieren, komplizierte Arbeit zu leisten. Diese Fähigkeit ist ebenfalls jeweils konkret bestimmt. Aber die Ausgleichung erfolgt generell mit der Senkung der Produktionskosten für diese Sorte Arbeitskraft, das heißt mit der Verbilligung ihrer Bildung, mit der Anhebung des allgemeinen Bildungsniveaus, also mit der Erweiterung der Rekrutierungsbasis usw. Das Resultat ist, daß die Löhne für diese Kategorien sinken, daß mit dem massenhaften Auftreten ihre Austauschbarkeit und Konkurrenz untereinander wächst usw. Charakteristisch ist gerade für diese Bereiche, daß mit ihrer Vergesellschaftung eine soziale Polarisierung der dort Beschäftigten einsetzt.

Der Doppelcharakter der Arbeitsfunktionen ist allen Aufsichtspersonen, unabhängig von ihrem Bereich gemeinsam.[117] Man kann auch nicht nur die sogenannten ‚Männer der Linie' in Betracht ziehen, sondern muß auch alle jene Personen einbeziehen, die mehr oder weniger unmittelbar dem Geschäft der direkten Auspressung des Mehrwerts verschrieben sind, so Zeitstudienleute, Normierer u. a. Es ist schwierig, abstrakt das Verhältnis von produktiven und systembedingten Funktionen für Leitung und Aufsicht zu bestimmen. Die Entwicklung der Proportionen scheint auch nicht im direkten Verhältnis zur Stellung in der hierarchischen Stufenleiter zu stehen. Hinsichtlich der widersprüchlichen Interessenlage, die Lohnabhängige dieses Bereichs aufweisen, kann gesagt werden, daß sie nach oben einer zunehmenden Eindeutigkeit Platz macht.[118] Dem liegt der Umstand zugrunde, daß hier Kapitalfunktionen wahrgenommen werden und nicht mehr nur Leitungs- und Aufsichtsfunktionen in Lohnarbeit.[119] Die umgekehrte Proportion läßt sich nach unten aber nicht aufstellen. Selbst bei Annäherung der Verwertung der Arbeitskraft an die Bedingungen der Arbeiterklasse, bleibt der Doppelcharakter der Arbeitsfunktion eine wesentliche Komponente. Es ist jedoch gerade für die moderne mechanisierte bis automatisierte Fabrik charakteristisch, daß die offenen Repressionsfunktionen bei unterem Aufsichtspersonal zurücktreten.

Neben den Gruppen, die im Zuge der Vergesellschaftung, Mechanisierung und Verwissenschaftlichung dieser Funktionen in die Arbeiterklasse eingegliedert werden, besteht für die Hauptgruppe – nun aber auf höherer Ebene und in wiederum hierarchischer Abstufung – die schon von Engels und Marx charakterisierte Zwiespältigkeit fort, während sie für das kapitalistische Management keine Rolle spielt.

Diese Tatsachen waren auch schon zu Beginn des Imperialismus Gegenstand verschiedener Untersuchungen. So schrieb 1911 Richard Woldt: „Zwischen der Kapitalistengruppe und der subalternen Verwaltungsbureaukratie wird noch eine besondere Spezies von Lohnarbeitern eingegliedert, die Bureauchefs ersten und zweiten Grades ...“[120] Und er stellte auch fest, daß sich die „hohe Bureaukratie“ im Klassenkonflikt im Industriebetrieb „wird in jedem einzelnen Fall auf die Seite der Unternehmer stellen und stellen müssen“. Anders die „subalterne Bureaukratie“.[121]

Die oben getroffene Charakterisierung trifft auf das direkte und indirekte Aufsichts- und Leitungspersonal aller anderen Sektoren des Reproduktionsprozesses und im übertragenen Sinne auch auf den staatlichen Bereich zu. Darüber hinaus gibt es jedoch die Kategorien der kaufmännischen Angestellten bzw. der Verwaltungsangestellten und des wissenschaftlich-technischen Personals, die kein Leitungspersonal sind und auf die die entwickelte Charakterisierung nicht in dieser Form zutrifft.

Wenden wir uns deshalb unter dem Hauptgesichtspunkt dieses Abschnitts, der ökonomischen Widerspiegelung der Stellung im System der Arbeitsorganisation, nochmals den kommerziellen oder kaufmännischen Angestellten zu.

Die kommerziellen Lohnarbeiter

Der logische Ausgangspunkt des kommerziellen Lohnarbeiters ist die Herauslösung der Zirkulation aus der Produktion, sein historischer Ausgangspunkt die Entstehung des Kaufmanns- und Handelskapitals. Er gehört zu einer besonderen Sorte von Lohnarbeitern, die höher bezahlte – höher im Verhältnis zur Industriearbeiterschaft –, komplizierte, überwiegend nichtmanuelle oder geistige Arbeit ausübt. Diese Charakteristik trifft zum historischen Ausgangspunkt auf alle Angestelltenkategorien bzw. auch auf die Aufsichtspersonen (die Meister) zu. In jenen Phasen war nicht nur die enge Verbindung mit dem Kapitalisten selbst typisch, sondern auch der Aufstieg in die Kapitalistenklasse häufig. Die Vergesellschaftung, Mechanisierung und Verwissenschaftlichung dieser Funktionen und Bereiche reduziert die Masse der hier eingesetzten Arbeit tendenziell auf einfache Arbeit. Dieser Prozeß setzt schon Ende des letzten Jahrhunderts ein und ist heute noch nicht abgeschlossen, sondern findet immer aufs neue statt. In ihm vollzieht sich die reelle Subsumtion der jeweiligen Gruppen der Lohnarbeit unter das Kapital, was mit einer erneuten sozialen Differenzierung und Polarisierung in diesen Bereichen verbunden ist.

Es tritt bei der Analyse dieser Prozesse immer wieder der Fehler auf, daß von einer Proletarisierung schon dann gesprochen bzw. dieser Prozeß mit einer Eingliederung der entsprechenden Gruppen in die Arbeiterklasse gleichgesetzt wurde, wenn die Löhne sinkende Tendenz hatten, Arbeitslosigkeit auftrat usw. Für viele der genannten Beschäftigtenkategorien ist das schon Ende des letzten Jahrhunderts der Fall. Solange diese Gruppen jedoch die Fähigkeit zur Leistung – gegenüber der Arbeiterklasse abgehobener – komplizierter Arbeit behalten – was ja höhere Reproduktionskosten ihrer Arbeitskraft, also höhere Bildung einschließt – bleiben die genannten Prozesse vorübergehend.

Diese Tatsache muß schon in diesem Zusammenhang erwähnt werden, weil die Erscheinung der komplizierten Arbeit und des Aufsichtslohnes bzw. Verwaltungslohnes diesen Kategorien mit den Dirigenten und fungierenden Kapitalisten gemeinsam ist. Diese Erscheinungen sind bis heute die Grundlage illusionären Bewußtseins in weiten Schichten der Angestellten geblieben, die ihre Lohnabhängigkeit verdecken oder abmildern.

Allerdings wäre es unzutreffend, für den Kapitalismus der freien Konkurrenz alle Beschäftigten des Handels etwa unter die Kategorie des kommerziellen Lohnarbeiters zu subsumieren. Die Masse des Verkaufspersonals, soweit es durch das Handelskapital ausgebeutet wurde, befand sich schon damals in einer der Arbeiterschaft vergleichbaren Lage. Die Differenzierung dieser Funktion ist deshalb nicht erst eine Erscheinung des Imperialismus, aber hier setzt sie sich auf den höheren Etagen fort.

Vergesellschaftung und Verwissenschaftlichung

Wir greifen auf diese Kategorien im Sinne zurück, wie sie von H. Steiner[122] in seiner damals (für den deutschen Sprachraum) bahnbrechenden Arbeit zur Sozialstruktur der Angestellten im Imperialismus verwendet wurden.

Den theoretischen Fragestellungen jener Jahre lag vor allem das sprunghafte Wachstum der Angestellten in der Periode des Imperialismus zugrunde bei sichtbarer Verlangsamung oder Stagnation des Arbeiterwachstums. Vielfach wurde bei der Klärung der Ursachen die Betonung ausschließlich auf den parasitären Charakter der monopolkapitalistischen

Produktionsverhältnisse und der imperialistischen Gesellschaft gelegt: die Tendenzen zur Bürokratisierung, Militarisierung usw. Steiner stellte dagegen eine numerische Korrelation des Angestelltenwachstums zum Produktionsniveau fest und betonte, dem hier schon dargelegten Ansatz von Karl Marx folgend: „Eine diesbezügliche explizite Unterscheidung in den Ursachen des Angestelltenwachstums nach Produktivkräften einerseits und Produktionsverhältnissen andererseits ist nicht möglich. Allein das durch den Grad des Vergesellschaftungsprozesses und seiner einzelnen Seiten bewirkte Angestelltenwachstum kann in seiner jeweils gegebenen historischen Phase oder entsprechend kapitalistischer Verwirklichung dargestellt werden.“[123]

Um jedoch gegenüber den Parasitismusthesen die Rolle der Produktivkraftentwicklung hervorzuheben, kommt er zu starren Formulierungen von der „ursächlichen Rolle des Entwicklungsstandes der Produktivkräfte und das entsprechende Produktionsniveau“[124], in denen, nimmt man sie für sich, der für den Kapitalismus typische Zusammenhang aufgehoben wird, daß sich auch die Beschäftigtenstruktur nur im Rahmen der Akkumulation des Kapitals bewegt und verändert und deshalb die verschiedenen Erscheinungen durch die schon erörterte Zwiespältigkeit charakterisiert sind.

Die Ausdehnung der kapitalistischen Kooperation führt zu „Delegierung der ‚Funktion des Kapitals‘ an von ihm besoldete Angestellte“. Das ließ „die Kategorie des kapitalistischen Angestellten entstehen, dessen Aufgabe in ihrer ursprünglichen Gestalt darin bestand, die vergesellschafteten Produktions-, Arbeits- und Lebensbedingungen im Interesse und zum Nutzen des Kapitals zu leiten.“[125]

Von Wichtigkeit ist insbesondere Steiners Gedanke, daß der Widerspruch zwischen „Vergesellschaftungsprozeß der Produktion und dessen kapitalistischer Verwirklichung“ im Widerspruch „zwischen gesellschaftlicher Kooperation und hierarchischer Machtausübung des Kapitals“ zum Ausdruck kommt oder zwischen „der Vergesellschaftung der Leitung und der kapitalistischen Form“.[126]

Mit diesem Prozeß der Vergesellschaftung der Leitungsfunktionen – und sich wechselseitig bedingend – verläuft der Prozeß der Verwissenschaftlichung der Produktion. Wir hatten bereits die Marxsche Darstellung der Herauslösung der Wissenschaft aus der Produktion und ihre Entgegensetzung zu den unmittelbaren Produzenten referiert. Gleichzeitig erhöht sich jedoch mit dem Vergesellschaftungsgrad der Produktion, der Leitungsprozesse sowie aller übrigen Bereiche das zur Bewältigung dieser Prozesse erforderliche Bildungsniveau und der Anteil der wissenschaftlich qualifizierten geistigen Arbeit insbesondere auch in der Produktion. Der quantitative Anteil der Bereiche für Wissenschaft, Forschung, Entwicklung, Bildung am gesamten Reproduktionsprozeß nimmt zu. Diese Prozesse beschleunigen sich besonders mit der wissenschaftlich-technischen Revolution unserer Tage.[127] Notwendigerweise sind diese Prozesse von tiefgreifendem Einfluß auf die Arbeiterschaft und alle anderen werktätigen Gruppen.

Die fortschreitende Trennung von Kapitaleigentum und Kapitalanwendung führt auf der einen Seite zu einer Neugruppierung der Bourgeoisie. Die fungierenden Kapitalisten werden durch eine Schicht kapitalistischer Manager ersetzt, die als Lohnarbeiter auftreten. Das heißt nicht, daß die fungierenden Kapitalisten im heutigen Kapitalismus weggefallen seien. Vielmehr bestehen sie als relativ breite kapitalistische Schicht vor allem in Klein- und Mittelbetrieben fort. Die eigentliche Managerschicht ist dagegen erst ein Produkt hoher Stufenleiter der Produktion und des Gesellschaftskapitals. Aus dem Geldkapital gliedern sich darüber hinaus Rentierschichten aus. Und aus der eigentlichen Eigentümerschicht wächst schon mit den Aktiengesellschaften die neue Finanzaristokratie hervor, die im Imperialismus zum Kern der das Finanzkapital repräsentierenden Finanzoligarchie wird.

Auf der anderen Seite entsteht mit der Vergesellschaftung der Leitungs-, Aufsichts-, Zirkulations- und Verwaltungsfunktionen ein jeweils hierarchisch und bürokratisch gegliederter Apparat, dessen Zielsetzung die Maximierung der Verwertung des industriellen (bzw. anderen) Kapitals ist. Am Ausgangspunkt nahezu ausschließlich mit komplizierter Lohnarbeit in Bewegung gehalten, tritt auch hier mit fortschreitendem Umfang und Massencharakter eine innere soziale Differenzierung ein und produziert auf der einen Seite Gruppen der Arbeiterklasse und auf der anderen die Gruppen der Intelligenz und lohnabhängiger Mittelschichten.

Diese soziale Gruppierung und Differenzierung kann jedoch nicht an den Proportionen zwischen aus dem Arbeitsprozeß entspringenden Tätigkeiten und den der kapitalistischen Form der Produktion und Leitung geschuldeten Tätigkeiten bestimmt werden. So ist der technische Produktionsleiter weit weniger unmittelbar und direkt an der Auspressung des Mehrwertes aus den Fließbandarbeitern beteiligt als der Fließbandaufseher, der das Tempo bestimmt, die Pausen reguliert usw.[128]

Wir können somit feststellen, daß die Untersuchung der spezifischen Funktionen vom Standpunkt der kapitalistischen Produktion als Einheit von Arbeits-, Wertbildungs- und Verwertungsprozeß wichtige Hinweise auf die soziale Stellung der einzelnen Gruppen erbringt; ebenso wie die Untersuchung vom Standpunkt der Bestimmung der produktiven Arbeit.

Nach oben verschwindet die Zwiespältigkeit zwischen Lohnarbeiterinteresse und mehr oder weniger direkter oder vermittelter Ausbeutungsfunktion zugunsten der Eindeutigkeit der Ausbeuterstellung. Auch vom Standpunkt des Umfangs ihrer Einkommen treten die oberen Manager aus dem (formalen) Verhältnis der Lohnarbeit heraus. Damit ist die soziale Abgrenzung zu den Mittelgruppen gegeben.

Die Abgrenzung nach unten kann jedoch nicht mechanisch aus der spezifischen Arbeitsfunktion – in den genannten Zusammenhängen – abgeleitet werden. Hier muß in erster Linie vom Charakter der Arbeitskraft als Ware ausgegangen werden. Jedoch wird der dadurch bedingte Klassenzusammenhang des Proletariats bei einigen Gruppen durchbrochen – infolge der spezifischen Funktion ihrer „konkreten“ Arbeit.

4.4 *Zum Warencharakter der Arbeitskraft*

Lohnarbeit und Arbeiterklasse

Der zunehmende Umfang der Lohnarbeit ist nicht identisch mit der Zunahme der Arbeiterklasse.[129] Er ist zuerst einmal ein Ausdruck dafür, daß ein wachsender Teil in der kapitalistischen Gesellschaft geleisteter Arbeit als Ware erscheint, nicht nur die einfache Arbeit: „Ebenso sind alle sogenannten höheren Arbeiten, geistige, künstlerische usw. in Handelsartikel verwandelt worden und haben dadurch ihre alte Weihe verloren."[130]

In entwickelten kapitalistischen Gesellschaften beträgt der Anteil der Lohnarbeit zwischen 70 und 95 Prozent der erwerbstätigen Bevölkerung. Dieses Verhältnis drückt aus, daß das kapitalistische Produktionsverhältnis zum allgemein und unmittelbar herrschenden geworden ist und sich die Reproduktion des Kapitals erweitert hat. Formen der Kleinproduktion, die auf dem Eigentum der Produzenten beruhen, treten demgegenüber zurück. Diese Formen der Kleinproduktion bestehen auch vorher nicht außerhalb des Gesamtsystems der kapitalistischen Reproduktion, vielmehr sind sie über vielfältige Verknüpfungen – vor allem der Zirkulation und Verteilung – Bestandteile desselben. Auch sind die Beziehungen der kleinen Warenproduzenten zu ihren Beschäftigten Verhältnisse der Lohnarbeit. Gleichzeitig führt das Anwachsen der Staatsbeschäftigung – und hier ist das Verhältnis jedes einzelnen Beschäftigten ein Verhältnis des Bezugs von Geld für eine Tätigkeit, eine Lohnarbeit – zur Ausdehnung der Lohnarbeit.

Diese Tatsachen drücken sich exakt im Anteil der Lohnarbeit aus. Dieser Anteil ist deshalb eine wichtige Kennziffer für den Entwicklungsgrad der kapitalistischen Wirtschaft.

In vorhergehenden Abschnitten war dargelegt worden, daß der Kern der kapitalistischen Lohnarbeit im Austausch von Arbeit gegen (variables) Kapital besteht, daß aus dieser Beziehung in der kapitalistischen Warenproduktion Mehrwert entsteht, sich generell darin die Aneignung unbezahlter Mehrarbeit durch das Kapital vollzieht. Es war darauf verwiesen worden, wie sich aus der unterschiedlichen Stellung einzelner Lohnarbeitergruppen im und zum Reproduktionsprozeß ein verschiedenartig vermitteltes Verhältnis zur Mehrwertproduktion ergibt und aus dem Unterschied bzw. Gegensatz zwischen Produzent, Eintreiber und Aneigner des Mehrwerts sich verschiedene Gruppen in einer eigentümlich zwiespältigen Position befinden, die immer wieder zum Vergleich mit dem alten Kleinbürgertum führte, in dem auch die soziale Rekrutierungsbasis dieser Gruppen lag. Lenin sprach deshalb von der der „Klasse der Kleinbesitzer in Landwirtschaft, Industrie und Handel" „entsprechenden Schicht der Intelligenz, der Angestellten usw.",[131] und in anderen Zusammenhängen von den „bürgerlichen Bankangestellten" und den „kleinbürgerlichen Angestellten".[132] Vielfach sind sie in diesem Stadium Lieferanten und Eintreiber von Mehrarbeit zugleich.

Muß bei der Analyse der Grundbeziehung der kapitalistischen Ausbeutung von der Mehrwertproduktion ausgegangen werden, so ist es gerade unter den Bedingungen der Ausdehnung der gegenüber der materiellen Produktion vermittelnden Bereiche notwendig, in der Charakterisierung der Ware Arbeitskraft als Lieferant unbezahlter Mehrarbeit und damit als Verwertungsmaterial des Kapitals den Ansatzpunkt zur allgemeinen (ökonomischen) Bestimmung der Arbeiterklasse zu suchen. Wir gehen deshalb nochmals auf die Darstellung in Abschnitt 4.1 und 4.2 zurück und konzentrieren uns im folgenden auf diesen Aspekt.

Die Entstehung des doppelt freien Lohnarbeiters, das ist die Verwandlung der Arbeitskraft in eine Ware, die Trennung der unmittelbaren Produzenten von ihren Produktionsbedingungen, die Scheidung der objektiven von den subjektiven Momenten der Produktion. Dieses Produktionsverhältnis ist ein Klassenverhältnis. Seine Entfaltung und Entwicklung ist die Entfaltung des Gegensatzes von Arbeit und Kapital. Gerade deshalb liegt hier der entscheidende Ansatzpunkt auch für die Bestimmung der Arbeiterklasse unserer Tage.

Die moderne Arbeiterklasse bildet sich mit dem Eindringen des Kapitals in die Produktion heraus; sie ist an das produktive Kapital und seine Bewegungen gebunden; hier findet im eigentlichen Sinne der Austausch von Arbeit und Kapital statt. Aber mit der maschinellen Großproduktion findet auch erst die Expropriation (Enteignung) der Arbeiter ihre Vollendung: „Für Westeuropa hat Marx das Gesetz festgestellt, daß erst die maschinelle Großindustrie den Arbeiter endgültig expropriiert“,[133] ihm also den Rückzug in die Kleinproduktion abschneidet.

Aber ebenso endgültig wie der Arbeiter expropriiert wird, erfolgt die Unterjochung vorkapitalistischer Produktions- und Arbeitsweisen unter das Kapital. Mit dem Eindringen des Kapitals in die Produktion kann der Mehrwert erst als Frucht der Ausbeutung greifbar werden, wo er vorher noch als der Zirkulation entspringend erschien. Die Mehrwertproduktion kann erst auf dieser Stufe als Ausbeutungsform der Produzenten durch die Produktionsmittelbesitzer – nach den Regeln des Tauschs, dem Äquivalenzprinzip des Wertgesetzes – enthüllt werden.

In der ökonomischen Grundsubstanz trifft diese Ausbeutungsbeziehung auch schon auf die kleinbürgerliche Produktion zu, die Lohnarbeit anwendet. Aber erst für die Klasse der Fabrikarbeiter fällt die patriachalische Dämpfung und es bleibt die nackte Ware-Geld-Profit-Beziehung des Kapitals.

Die *Frage nach der Arbeiterklasse* ist deshalb nicht die *Frage nach* der Lohnarbeit schlechthin, sondern *nach der kapitalistisch verwerteten Lohnarbeit;* danach, wie die Lohnarbeit zum Antipoden des Kapitals wird und werden muß, wie sich in der Arbeiterklasse der Gegenpol verkörpert, sich in ihr deshalb auch am kompromißlosesten und klarsten die Interessen aller Lohnarbeiter und anderen vom Kapital ausgebeuteten Schichten ausdrücken müssen. Diesem allgemeinen Ausdruck der Rolle der Arbeiterklasse entspricht in der konkreten Entwicklung, in der Bindung an Großindustrie und Maschinerie die Herausbildung von Disziplin und Kommunikation, Organisiertheit, Konzentration, völliger Differenzierung zur Gegenklasse in der Produktion usw. – also mit deskriptiven soziologischen Kategorien erfaßbare Eigenschaften, die sich mit der Entfaltung des Warencharakters der Arbeitskraft unter den Bedingungen moderner kapitalistischer Produktion entwickeln.[134]

Die Analyse der ökonomischen Kategorie Ware Arbeitskraft stellt somit die Grundlage zur Bestimmung der modernen Arbeiterklasse dar; sie vermittelt entscheidende Einblicke in die Anatomie dieser Klasse als ausgebeutete Klasse und als Antipode des Kapitals.

Unsere weitere Betrachtung gilt deshalb der Ware Arbeitskraft:

1. ihrer Produktion und ihrem Verkauf,
2. ihrem Verbrauch.

Die Ware Arbeitskraft: Reproduktion und Zirkulation

„Unter Arbeitskraft oder Arbeitsvermögen verstehen wir" – so in der Definition von Marx – „den Inbegriff der physischen und geistigen Fähigkeiten, die in der Leiblichkeit, der lebendigen Persönlichkeit eines Menschen existieren und die er in Bewegung setzt, sooft er Gebrauchswerte irgendeiner Art produziert."[135] Die Arbeitskraft ist also die Fähigkeit, physische und/oder geistige Arbeit zu leisten; der spezifische Arbeitstyp ist nur Variation, bedingt durch die Erfordernisse der Produktion. Jeder normale Mensch ist Träger dieser Arbeitskraft. Jede Produktion von Gebrauchswerten ist Verausgabung von Arbeitskraft, aber nicht jede Verausgabung von Arbeitskraft ist Gebrauchswertherstellung. Diese Arbeitskraft stückweise, zeitweise, nach Kontrakt zur Ableistung von Arbeit gegen Geld verkauft, das ist ihr Verkauf als Ware. Ihre Betätigung ist an die lebendige Persönlichkeit gebunden, aber sie wird nicht *mit* dem Menschen verkauft – wie beim Sklaven –, sondern ihr Träger verkauft sie als seine Ware. „Was also die kapitalistische Epoche charakterisiert, ist, daß die Arbeitskraft für den Arbeiter selbst die Form einer ihm gehörigen Ware, seine Arbeit daher die Form der Lohnarbeit erhält. Andrerseits verallgemeinert sich erst von diesem Augenblick die Warenform der Arbeitsprodukte."[136] Letzteres ist deshalb der Fall, weil die Arbeiterklasse ihre Lebensmittel als Waren beziehen muß, die bei den hörigen Bauern das Ergebnis eigener Arbeit waren und nicht die Warenform annahmen.

Aber der Besitzer kann die Arbeitskraft nicht wie einen Rock verkaufen bzw. nach dem Verkauf ablegen. Sie bleibt an seine lebendige Existenz gebunden. Gerade deshalb ist ja ihre Benutzung und Ausbeutung die Einzwängung und Unterdrückung des Arbeiters in das kapitalistische Verwertungsverhältnis, seine Unterwerfung unter die Fabrikdespotie usw.

Der aus der ursprünglichen Akkumulation herauskommende doppelt freie Lohnarbeiter muß sich zur Erhaltung seiner Existenz den Besitzern der Produktions- und Lebensmittel verdingen. Den einzelnen Besitzern kann er – immer in historischen Grenzen – wechseln und auswählen, aber ihrer Klasse bleibt er ausgeliefert. Daher ist zwar der Akt des Verkaufs und Kaufs der Arbeitskraft nicht anders wie der Zirkulationsakt jeder Ware. Aber die Gleichheit am Warenmarkt ist illusionär, denn sie ist an unterschiedliche Voraussetzungen geknüpft, die mit den Existenzbedingungen der Ware Arbeitskraft zusammenhängen.

Ihr Preis wird durch einen ständigen Druck unbeschäftigter Lohnarbeiter (Reservearmee, relative Überbevölkerung) tendenziell unter ihren Wert gedrückt, also nicht durch die Beschäftigten, sondern die Unbeschäftigten bestimmt. Der Arbeiter kann seine Arbeitskraft auf Dauer oder längere Periode nicht dem Arbeitsmarkt entziehen – das ist nur im Rahmen von Koalitionen möglich, deshalb auch eine Waffe der Arbeiter, aber eine zeitlich begrenzte Waffe –, weil er auf die Existenzmittel angewiesen ist; der Kapitalist aber nicht seine physische, sondern nur seine Existenz als Kapitalist einsetzt. Hinzu kommt, daß der Arbeiter seine Ware Arbeitskraft nicht lagern kann, um gleich dem Kapitalisten beim Preiskampf in eine vorteilhafte Position zu gelangen.[137] Dies alles sind Faktoren, die in Richtung eines tendenziellen Unterschreitens des Wertes der Arbeitskraft wirken.

Es gilt jetzt, kurz auf die Herausbildung des Wertes dieser Ware einzugehen, die in der Zirkulation, auf dem Markt durch den Kapitalisten gekauft wird. Entscheidend ist die analytische Trennung von Arbeitskraft und Arbeit: Die Arbeitskraft ist von der Arbeit, ihrer Funktion, ebenso verschieden, „wie eine Maschine von ihren Operationen".[138] Die Arbeitskraft funktioniert nicht auf dem Markt, sondern erst in der Produktion. Ihr „In-Bewegung-Setzen", ihre Funktion, die Arbeit hat mit dem Zirkulationsakt nicht das geringste zu tun. Deshalb kann der Wert der Arbeitskraft, der dem Kauf-Verkaufs-Akt zugrunde liegt, nicht in direkte Beziehung gesetzt werden zu dem Wert, den das Funktionieren der Arbeitskraft in der Produktion, die Arbeit schafft. Das ist wichtig für die Beantwortung der Frage, wodurch der Lohn bestimmt ist. Man ist nur zu schnell geneigt, dem sogenannten gesunden Menschenverstand folgend, z. B. den höheren Lohn für komplizierte Arbeit aus dem größeren Wertprodukt, das sie schafft, abzuleiten. Aber das ist – wie noch zu erläutern sein wird – falsch.

Weil der lebendige Mensch Träger und Verkäufer der Ware Arbeitskraft, ist ihre Produktion die Produktion der Persönlichkeit des Arbeiters. Die Entwicklung des Menschen ist deshalb im Kapitalismus in das Maß des Wertes eingepfercht. Der Wert der Arbeitskraft ist wie der anderer Waren „nur ein bestimmtes Quantum in ihr vergegenständlichter gesellschaftlicher Durchschnittsarbeit";[139] vom Standpunkt des Arbeiters seine Reproduktionskosten.

Wie sind diese Kosten definiert, wie setzen sie sich zusammen?

- Sie sind „der Wert der zur Erhaltung ihres Besitzers notwendigen Lebensmittel".[140]
- Darüber hinaus nicht nur die Kosten zur Erhaltung des Besitzers selbst, sondern zu seiner Erhaltung als „arbeitendes Individuum", das

„Muskel, Nerv, Hirn usw." verausgabt und zwar in seinem „normalen Lebenszustand".[141]

– Die Kosten für die Lebensmittel zur Erhaltung der Gattung, für die „Ersatzmänner", für die Familie usw.[142]

– Die Kosten für die Ausbildung („Bildung und Erziehung", was sich letztlich auch in Warenäquivalenten darstellt) der „spezifischen Arbeitskraft", d. h. ihrer Fähigkeiten und Fertigkeiten, bestimmte konkrete, nützliche Arbeiten zu verrichten. Diese Kosten sind für einzelne Kategorien unterschiedlich. Sie gehen in den Umkreis der Reproduktionskosten ein. Zu Marx' Zeiten sind sie für die „gewöhnliche Arbeitskraft", die Produktionsarbeit im eigentlichen Sinne leistet, „verschwindend klein".[143]

Die natürlichen und die notwendigen Bedürfnisse, die den Reproduktionskosten zugrunde liegen, sind von Land zu Land und von Epoche zu Epoche unterschiedlich. Nahrung, Wohnung, Kleidung, Heizung, die zur Existenz erforderlich sind, also die natürlichen Bedürfnisse befriedigen, sind entsprechend klimatischer und anderer Bedingungen von Land zu Land unterschiedlich. „Andrerseits ist der Umfang sogenannter notwendiger Bedürfnisse, wie die Art ihrer Befriedigung, selbst ein historisches Produkt und hängt daher großenteils von der Kulturstufe eines Landes, unter andrem auch wesentlich davon ab, unter welchen Bedingungen, und daher mit welchen Gewohnheiten und Lebensansprüchen die Klasse der freien Arbeiter sich gebildet hat."[144] In die Wertbestimmung geht also ein historisches und moralisches Element ein. Frauen- und Kinderarbeit spielen hier ebenfalls eine Rolle.[145] Aber trotz all dieser Modifizierungen, die nicht ein für allemal abgeschlossen sind, ist zu einem bestimmten Zeitpunkt in einem bestimmten Land der „Durchschnittsumkreis der notwendigen Lebensmittel gegeben",[146] – als gesellschaftliche Größe.

Die Reproduktionskosten der Ware Arbeitskraft lösen sich auf in eine Summe Lebens- bzw. Existenzmittel, deren Minimum für die Reproduktion der Arbeitskraft und damit „Minimalgrenze des Werts der Arbeitskraft" durch den „Wert der physisch unentbehrlichen Lebensmittel" gebildet wird.[147] Allerdings kann auch dieses physische Minimum nicht aus der gesellschaftlichen Existenz des Arbeiters und dem Entwicklungsniveau der Gesellschaft gelöst werden und stellt sich deshalb heute für Indien anders als für die BRD oder die USA.

Die Obergrenze wird durch die Stellung des doppelt freien Lohnarbeiters als Verwertungsmaterial des Kapitals historisch bestimmt; sie ist also eine gesellschaftliche Grenze. Aber die Stellung als Verwertungsmaterial bedingt die Unterwerfung unter die ökonomischen Gesetze dieser Produktionsweise. Die Grenze ist nicht voluntaristisch oder politisch definiert, sondern durch den Wert. Dieser kann allerdings nur durch den Klassenkampf, den gewerkschaftlichen Kampf der Arbeiter realisiert werden. Gesetze dieser Produktionsweise sind die Gesetze der Akkumulation des Kapitals, aus denen die Produktion der Reservearmee, die zunehmende Verstärkung des Gegensatzes zwischen dem von den Arbeitern produzierten Reichtum und ihren Verwirklichungsmöglichkeiten hervorgeht. Diese Bewegungen verstärken historisch nicht die ökonomische Stellung der Arbeiterklasse gegenüber dem Kapital, sondern die hieraus hervorgehenden Tendenzen verschlechtern die objektive Position. Freilich sind das heute nicht mehr die allein wirkenden Tendenzen. Die nachhaltige Verstärkung des Potentials der jeweiligen Arbeiterklasse durch die welthistorischen Veränderungen sind unübersehbar.

Es zeigt sich schon am Problem der Regulierung der Zufuhr von Arbeitskräften, daß für das Kapital bei bestimmten Arbeiterkategorien Schranken bestehen, die das kapitalistische System nicht beseitigt, sondern reproduziert. Das ist der Fall z. B. für spezialisierte Arbeitskräfte, deren Ausbildung teuer ist, zum Teil nur aus der privilegierten Bildung der Bourgeoisie herrühren kann und mit dem Klassencharakter verbunden ist, den die Arbeitsteilung zwischen geistiger und körperlicher Arbeit angenommen und der sich zuerst mit der kapitalistischen Industrie noch verstärkt hatte.

Damit entstehen für derartige Kategorien Reproduktionsbedingungen, die selbst dann, wenn sie generell den Marktgesetzen unterliegen, aus den allgemeinen Bestimmungen und den allgemeinen Reproduktionsbedingungen herausfallen. Ihre Arbeitskraft weist deshalb der einfachen Arbeitskraft gegenüber Besonderheiten auf: sie ist nicht beliebig reproduzierbar, ersetzbar, usw. In der Entwicklung des Kapitalismus handelte es sich um Lieferanten komplizierter Arbeit, was in der Regel komplizierte geistige, nichtmanuelle Arbeit ist.

Die Ware Arbeitskraft: Konsumtion

Wie andere Waren, so hat auch die Ware Arbeitskraft nur ihres Gebrauchswerts wegen für ihren Käufer und Konsumenten Nutzen. Wie Bier und Wurst die Bedürfnisse wie Durst und Hunger stillen, so die Ware Arbeitskraft, der Gebrauchswert der Arbeitskraft das Bedürfnis des Kapitals nach Mehrarbeit, nach Mehrwert. Ihr Gebrauchswert für den Kapitalisten besteht darin, daß sie ihm mehr Wert schafft als sie selbst Wert besitzt und der Kapitalist für sie ausgeben muß. Natürlich kann sie das nur, wenn die Fähigkeit, allgemein menschliche Arbeit zu liefern, sich im Wert zu vergegenständlichen, den Aspekt der gebrauchswertschaffenden oder allgemeiner der nützlichen, konkreten Arbeit aufweist, was erst die spezifische Ausbildung voraussetzt.

Wie die Befriedigung von Bedürfnissen im Verbrauch von Gebrauchswerten erfolgt, so das Bedürfnis des Kapitals nach Mehrwert bzw. Mehrarbeit durch die Betätigung, die Vernutzung der Arbeitskraft im Produktionsprozeß. Produktive Konsumtion ist hier die Betätigung der Arbeitskraft, die Vergegenständlichung der lebendigen Betätigung in Waren, die Verwertung, d. h. die Ausbeutung der Arbeitskraft und damit auch des Arbeiters.

Wir hatten weiter vorn dargestellt, daß dieses Verhältnis historisch entsteht und somit auch die Teilung der Arbeitszeit in notwendige Arbeitszeit und Mehrarbeitszeit sich historisch als Resultat der Entwicklung der Produktivkraft, der natürlichen Bedingungen der Gesellschaft, der Arbeitsintensität, der Arbeitszeit, des Klassenkampfes darstellt und somit für das Einzelkapital eine vorgegebene gesellschaftliche Größe ist. Der Antrieb des Mehrwertes wird für den Kapitalisten deshalb eine Triebkraft zur Revolutionierung der Produktion, weil sich ihm das als eine Methode zur Steigerung der Mehrwertrate anbietet. Die verbesserte und erhöhte Verwertung der Arbeitskraft verlangt die Revolutionierung der Arbeitsweise.

In Zweigen, in denen das Kapital Kleinproduktion vorfindet, deren Arbeitsweisen es unterwerfen muß, hat seine technische und organische Zusammensetzung einen niedrigen Grad. Weil die Arbeitsmittel also noch nicht so teuer und die Leitung noch kein besonders kompliziertes Geschäft, ist für die Arbeiter immer wieder der Übergang zur Kapitalistenklasse möglich. Die Differenzierung zwischen Arbeiter und Kapitalist kann hier noch nicht so schroff sein.

Das ist verbunden mit einem noch geringen Vergesellschaftungsgrad der Produktion (einfache Kooperation); der Teilarbeiter und Gesamtarbeiter zeichnet sich erst in den Konturen ab (Manufaktur). Die ganze Produktion hängt auf dieser Stufe noch an der Arbeitskraft, besonders wo eine spezialisierte Arbeitskraft erforderlich ist. Die mangelnde Zufuhr stellt für das Kapital eine echte Verwertungsschranke dar. Hohe Löhne halten die Profitraten in Grenzen. Das Kapital hat hier die Produktion erobert, tauscht Arbeit gegen Kapital – es hat sich die Arbeitsprozesse aber erst formal unterworfen (formale Subsumtion).

Die Revolutionierung erfolgt erst mit der Großindustrie und der Maschinerie, und das bringt auch erst die endgültige Trennung der Arbeiter von den Produktionsmitteln und ist der Geburtsakt der modernen Arbeiterklasse. Es ist der Schöpfungsakt des dem modernen produktiven Kapital adäquaten Verwertungsmaterials. Die Maschine schafft den Teilarbeiter, ersetzt teure durch billige Arbeitskraft, komplizierte Arbeit durch einfache Arbeit, geschickte durch ungeschickte, in der Frühperiode gar Männer durch Frauen und Kinder,[148] erhöht die Mobilität der Arbeitskräfte, macht sie in beliebigen Zweigen einsatzfähig usw.

Sie löst den Arbeiter aber auch aus patriarchalischen Verhältnissen, ermöglicht damit erst die Herausbildung eigenständiger Interessen und mit der Einebnung der spezifischen Besonderheiten der Arbeitskräfte erst die Organisierung der Produktion auf großer Stufenleiter und im großen Maßstab.[149]

Das erfordert weit umfangreichere und teurere Arbeitsmittel, gegenständliche Produktionsbedingungen, Rohstoffe, – eine weit höhere organische Zusammensetzung des Kapitals – und schließt damit eine endgültige Trennung der Produzenten von den Produktionsmitteln ein. Es erfolgt die gewaltige Steigerung der Produktivkraft der gesellschaftlichen Arbeit auf Kosten des Arbeiters.[150] Die Mittel zur Erhöhung der Produktion und zur Verwohlfeilerung der Produkte werden Mittel zur verschärften Ausbeutung und Unterdrückung des Arbeiters, verwandeln ihn in einen

Teilarbeiter, ein Anhängsel der Maschine, vernichten tendenziell den konkreten Arbeitsinhalt, machen die geistigen Potenzen des Arbeitsprozesses, nachdem sie aus der unmittelbaren Produktion herausgelöst sind, zum Mittel der Beherrschung der Arbeiter, unterwerfen ihn der Despotie der Fabrikordnung usw.

Die Trennung von objektiven und subjektiven Bedingungen der Produktion äußert sich nicht nur als gesamtgesellschaftliches Verhältnis: Monopolisten der Produktions- und Lebensmittel, die Kapitalisten, auf der einen Seite und eigentumslose Arbeiterklasse auf der anderen Seite. Gleichzeitig wächst im Produktionsprozeß und erst hier die für den Kapitalismus charakteristische Klassenbeziehung hervor. In den Vorarbeiten zum „Kapital", in „Grundrisse der Kritik der politischen Ökonomie"[151] gibt Marx eine Charakterisierung dieser Verhältnisse, die er ausdrücklich aus den Eigentumsverhältnissen und nicht aus der Technologie ableitet. Es ist das Verhältnis, das auf der philosophisch-literarischen Ebene vielfach – auch von Marx – als Entfremdung bezeichnet wurde: Die Mehrarbeit erscheint als Mehrarbeit des Kapitals; nicht mehr der Arbeiter eignet sich – wie bei der kleinen Warenproduktion – das Produkt seiner Arbeit an; das eigene Arbeitsprodukt wird zu fremdem Eigentum und die fremde Arbeit erscheint als Eigentum des Kapitals; die Arbeit als Gesamtheit ist von ihren einzelnen Teilen getrennt. „In ihrer Kombination erscheint diese Arbeit ebenso sehr einem fremden Willen und einer fremden Intelligenz dienend, und von ihr geleitet – ihre *seelenhafte Einheit* außer sich habend, wie in ihrer materiellen Einheit untergeordnet unter die *Gegenständliche Einheit* der *Maschinerie,* des capital fixe, das als *beseeltes Ungeheuer* den wissenschaftlichen Gedanken objektiviert und faktisch das Zusammenfassende ist, keineswegs als Instrument zum einzelnen Arbeiter sich verhält, vielmehr er als beseelte einzelne Punktualität, lebendiges isoliertes Zubehör an ihm existiert."[152] Schließlich mündet dies darin: „Die Arbeit selbst, wie ihr Produkt, ist *negiert als die des besondren, vereinzelten Arbeiters.*"[153]

Erst mit der großen Industrie erfolgt diese reelle Unterordnung, die reelle Subsumtion des Arbeitsprozesses und der Arbeit unter das Kapital[154] und zeitigt alle die genannten Resultate für Arbeiter und Kapitalisten. Es sind dies Merkmale, die für den Kern der modernen Arbeiterklasse in der Großproduktion charakteristisch sind. Genau an diesen Punkten werden aber auch die Unterschiede zu anderen Lohnarbeitergruppen innerhalb und außerhalb der Arbeiterklasse und zu den kleinen Warenproduzenten deutlich. Letztlich handelt es sich dabei um eine bestimmte Stellung oder/und bestimmte unterschiedliche Stellungen im System der gesellschaftlichen Organisation der Arbeit.

Allerdings wäre es verfehlt, die Realisierung dieser Tendenz für heute mit Material aus der Periode der extensiven Ausbeutung zu belegen. Vielmehr realisieren sich diese Prozesse jeweils auf einer anderen Ebene der Produktivkraftentwicklung und ihrer Anforderungen an die Kapitalverwertung, einschließlich der spezifischen Ausbildung der Arbeitskraft. Die dabei auftretenden Prozesse sind in ihrer Auswirkung auf die spezifische Ausbildung der Arbeitskraft widersprüchlich. Entwertung von Fertigkeiten geht mit erhöhtem Bedarf für neue Fertigkeiten aber auch mit der Schaffung einfacher repetitiver Arbeit einher.[155] Auf längere Perioden bezogen scheint jedoch eine Anhebung des allgemeinen Ausbildungsniveaus für die in den entwickelten kapitalistischen Ländern einfache Arbeitskraft stattzufinden. Das macht nicht zuletzt der Vergleich mit schwach entwickelten kapitalistischen Ländern deutlich. Deshalb kann von einem *allgemeinen Zug der Höherqualifizierung der Arbeiterklasse* gesprochen werden, einem Anstieg des Niveaus des Gravitationszentrums. Einfache Arbeit ist also historisch definiert. Jedoch weniger als je zuvor bedeutet das die Rückgewinnung der Initiative im Arbeitsprozeß, wie sie noch in der einfachen kapitalistischen Kooperation sich entfalten konnte.[156] Im Gegenteil, selbst wenn der Produzent aus der unmittelbaren Linie der Einwirkung auf den Arbeitsgegenstand heraus und neben die Produktion tritt, ist die automatisierte Maschinerie den Produzenten gegenüber mehr als je zuvor das „beseelte Ungeheuer", in dem sich der wissenschaftliche Gedanke „objektiviert" hat. Die Wissenschaft kommt nun zwar wieder in die Produktion zurück, aber nicht als Kraft des Arbeiters, sondern des Kapitals, nicht als Kenntnis und Fähigkeit der Arbeiter, sondern als spezialisierter Detailarbeiter. Dieser hochspezialisierte Detailarbeiter – die wissenschaftlich-technische Intelligenz – hat seine Rekrutierungsbasis gegenwärtig noch nicht vorwiegend in der Arbeiterklasse. Ob er Kommandofunktionen in der Produktion innehat oder nicht, bleibt er noch eine Gruppe des Gesamtarbeiters außerhalb der eigentlichen Arbeiterklasse.

Diese Prozesse bleiben aber nicht auf die materielle Produktion beschränkt. Sie ergreifen alle anderen Reproduktions- und vermittelnden Bereiche und spiegeln sich auch in der erhöhten organischen Zusammensetzung des hier angelegten Kapitals und der Schaffung der Teil- und Detailarbeit.[157]

Damit haben sich auf anderer Ebene weitgehend die Prozesse, wie sie vorher die Produktion bestimmten, wiederholt:[158] Die Masse der angewandten Arbeitskraft wird – in ihrem allgemeinen Qualifikationsniveau – den Produktionsarbeitern vergleichbare Arbeitskraft. Als Besonderheiten bleiben die Spezifika der anderen Beschäftigungssektoren und die vermittelteren Formen der Ausbeutung. Das ist aber auch der endgültige Übergang der „subalternen" Angestellten und eines Teils der mittleren Angestellten in die Arbeiterklasse. Was allerdings darüber hinaus als ein wesentlicher Unterschied bleibt, ist der hierarchische Anschluß an die Mittelschichten und z. T. auch an die Bourgeoisie im unmittelbaren Arbeitssektor und somit das Fehlen einer klaren Differenzierung zur Gegenklasse.

Erst mit diesen Prozessen wird die Arbeitskraft dieser Lohnarbeiterkategorien auf die für die kapitalistische Verwertung adäquate Form (herunter) gebracht. Die vorher bestehenden Reproduktionsschranken sind damit niedergerissen, und die Arbeitskraft entfaltet voll ihren Warencharakter. Das offenbart sich aber nicht in der Zirkulation, sondern erst in der kapitalistischen Konsumtion der Arbeitskraft.

Komplizierte Arbeit und Arbeiterklasse

Die im letzten Abschnitt erläuterten Verhältnisse, wie sie mit dem Übergang zur reellen Subsumtion entstehen, widerspiegeln sich auch in der Entwicklung des Gebrauchswertes der Ware Arbeitskraft. Mit dem Detailarbeiter reduziert sich die nützliche, ihres spezifischen Gehalts entkleidete konkrete Arbeit mehr und mehr auf die allgemeine Fähigkeit zur Verausgabung menschlicher Arbeitskraft überhaupt. Als einfache Arbeit ist sie das dem Kapital eigentlich entsprechende Verwertungsmaterial.

Wie ist das Verhältnis einfacher zur komplizierten Arbeit? Die einfache Arbeit „ist Verausgabung einfacher Arbeitskraft, die im Durchschnitt jeder gewöhnliche Mensch, ohne besondere Entwicklung, in seinem leiblichen Organismus besitzt. Die einfache Durchschnittsarbeit selbst wechselt zwar in verschiednen Ländern und Kulturepochen ihren Charakter, ist aber in einer vorhandnen Gesellschaft gegeben. Komplizierte Arbeit gilt nur als potenzierte oder vielmehr multiplizierte einfache Arbeit, so daß ein kleineres Quantum komplizierter Arbeit gleich einem größeren Quantum einfacher Arbeit“.[159]

Die jeweilige Durchschnittsarbeit ist zweifellos durch die Masse der jeweiligen Industriearbeit bestimmt. Einfache Arbeit vergegenständlicht sich in einem Wertprodukt des durchschnittlichen Industriearbeiters; das Wertprodukt der komplizierten Arbeit ist höher.

Wie schon erläutert, besteht aber kein *direkter* Zusammenhang zwischen dem Wert der Arbeitskraft und dem durch sie erzeugten Wertprodukt. Steigender Wert der Ware Arbeitskraft bedeutet steigende Reproduktionskosten, erhöhter Arbeitszeitaufwand für die notwendigen Lebensmittel u. a. Dem können verschiedene Ursachen zugrunde liegen. Das Wertprodukt steigt dagegen nicht mit steigenden Reproduktionskosten. Es bleibt das gleiche. Beeinflußt wird dagegen davon der Ausbeutungsgrad. Je größer der Lohn, desto kleiner der Profit; oder je höher die notwendige Arbeit, desto kleiner die Mehrarbeit und auch das Mehrprodukt und der Mehrwert – alle anderen Bedingungen als gleich betrachtet. Die Mittel und Methoden, deren sich das Kapital bedient, um die Ausbeutung zu erhöhen, wurden vorn gestreift. Dazu gehört zweifellos sowohl die Steigerung der Produktivität wie die Unterbezahlung der Arbeitskraft.

Komplizierte Arbeit schafft einen größeren Wert und geschickte Arbeitskraft hat einen höheren Wert. Aber letzteres resultiert aus den höheren Bildungskosten und ersteres aus der spezifischen Fähigkeit der Ware Arbeitskraft, ihrem Gebrauchswert. Sie ist, wie andere Waren auch, Träger von Gebrauchswert und Tauschwert. Aber wiewohl das eine in der Warenproduktion nicht denkbar ohne das andere, drücken sich darin völlig verschiedene Beziehungen aus: im Tauschwert die sozialen Beziehungen der Produzenten und im Gebrauchswert die Auseinandersetzung mit der Natur.

Die Verteilungsverhältnisse der kapitalistischen Gesellschaft entsprechen nur an der Oberfläche dem sogenannten Leistungsprinzip; tatsächlich gehen sie aus den Produktions- und Eigentumsverhältnissen hervor. Die Löhne sind nicht nach der Unterschiedlichkeit der geleisteten Arbeit unterschiedlich hoch, sondern weil die entsprechenden Arbeitskräfte unterschiedliche Reproduktionskosten haben und infolge der anderen schon aufgeführten ökonomischen Gesetze des Kapitalismus. Es drückt sich darin also auch eine abgestufte Stellung der Lohnarbeitergruppen aus.

Wie F. W. Engels im „Anti-Dühring" darlegte, wird das Wertprodukt je Arbeitsstunde je nach Intensität und Geschicklichkeit immer unterschiedlich sein. Und Engels fragt und antwortet: „Wie löst sich nun die ganze wichtige Frage von der höhern Löhnung der zusammengesetzten Arbeit? In der Gesellschaft von Privatproduzenten bestreiten die Privatleute oder ihre Familien die Kosten der Ausbildung des gelernten Arbeiters; den Privaten fällt daher zunächst der höhere Preis der gelernten Arbeitskraft zu: der geschickte Sklave wird teurer verkauft, der geschickte Lohnarbeiter höher gelohnt."[160]

Diese Fragestellung gilt nicht nur für gelernte Arbeiter, unter denen man besonders geschickte Mechaniker – zur Zeit von Engels – verstehen könnte, sondern generell für komplizierte Arbeit.

Um diese Prozesse exakter erfassen zu können, wenden wir uns nochmals der Darstellung von Marx über den *kommerziellen Lohnarbeiter* zu.[161]

Der Wert ihrer Arbeitskraft ist wie bei anderen Kategorien durch die Reproduktionskosten bestimmt, während die Ausübung „wie bei jedem andren Lohnarbeiter, keinswegs durch den Wert seiner Arbeitskraft begrenzt ist".[162] Der eigentliche kommerzielle Lohnarbeiter – nicht das einfache Verkaufspersonal im Handel, das unterschied sich auch zu Marx' Zeiten nicht wesentlich vom Industrieproletariat hinsichtlich der Arbeitsqualifikation – gehört:

– „zu der besser bezahlten Klasse von Lohnarbeitern",

– „deren Arbeit geschickte Arbeit ist, über den Durchschnitt steht".[163]

Und diese Klasse steht noch außerhalb der eigentlichen Arbeiterklasse. Aber auch ihr Lohn hat gegenüber der Durchschnittsarbeit im Verlauf der Entwicklung des Kapitalismus fallende Tendenz.

Die Gründe dafür:

– die Arbeitsteilung im Kontor schafft den Teilarbeiter, dessen Ausbildung dem Einzelkapitalisten nichts mehr kostet;

– „weil die Vorbildung, Handels- und Sprachkenntnisse usw. mit dem Fortschritt der Wissenschaft und Volksbildung immer rascher, leichter, allgemeiner, wohlfeiler reproduziert werden, je mehr die kapitalistische Produktionsweise die Lehrmethoden usw. aufs Praktische richtet";[164]

- „Verallgemeinerung des Volksunterrichts erlaubt, diese Sorte aus Klassen zu rekrutieren, die früher davon ausgeschlossen, an schlechte Lebensweise gewöhnt waren";[165]
- mit dem Zugang aus diesen Klassen verstärkt sich die Konkurrenz unter den kommerziellen Lohnarbeitern, was ihren Preis drückt.

Das Resümee: „Mit einigen Ausnahmen entwertet sich daher im Fortgang der kapitalistischen Produktion die Arbeitskraft dieser Leute; ihr Lohn sinkt, während ihre Arbeitsfähigkeit zunimmt."[166]

Marx schrieb diese Analyse 1865 und Engels bestätigte 1894, daß sich zu dieser Zeit schon in der Londoner City arbeitslose kommerzielle Lohnarbeiter beobachten ließen, die sich unter dem Lohn geschickter Industriearbeiter anböten.[167] Und in jenen Jahren beginnt auch in den Spalten der theoretischen Zeitschrift der deutschen Sozialdemokratie „Neue Zeit" die Diskussion über die Proletarisierung der geistigen Arbeit und die Klassenlage der Intelligenz.[168] Die beredte Klage über die Unterbezahlung der geistigen Arbeit, der Lehrer, Ärzte, Ingenieure beginnt in jenen Jahren des Übergangs zum Imperialismus. Zwar ist die Höhe der Einkommen eine wichtige Ausdrucksform und eine Ausdrucksform, die quantitative Vergleiche mit anderen Lohnarbeitergruppen erlaubt, aber eben nur ein quantitatives Maß, in dem völlig verschiedene Prozesse und Tendenzen zum Ausdruck kommen können.

Der Spottname vom verhungerten Stehkragenproletariat hat gerade in jenen Jahren seinen Ursprung. Aber die Mentalität der hungernden Angestellten – und Beamteneltern, damit der Sohn zur Schule gehen kann – häufig als Streben zum „Mehr-Scheinen-Als-Sein" gedeutet –, entspringt unmittelbar den Reproduktionsbedingungen dieser Schicht: Bildung als Voraussetzung und Element qualifizierter Arbeitskraft hebt diese Schicht aus dem Proletariat heraus und sichert ihr langfristig auch höhere Einkommen.[169]

Lohnentwicklung und Arbeitslosigkeit allein sind, wie schon erläutert, nicht ausreichend als Kennziffern des tatsächlichen, endgültigen Übergangs von Angestelltengruppen in die Arbeiterklasse – obwohl sie natürlich Anzeichen und Ausdrucksformen sind und zweifellos die Annäherung sozialer Interessen ausdrücken. Entscheidend ist der Verlust von Privilegien, die sich im Wert der Arbeitskraft niederschlagen. Historisch ist das der Prozeß der Verlagerung von geistiger Arbeit in den Bereich der Arbeiterklasse, die entsprechende Verlagerung des Rekrutierungsfeldes und die Hebung des entsprechenden allgemeinen Bildungsniveaus.[170]

Die gleichen Grundprozesse, die Marx bei den kommerziellen Lohnarbeitern registrierte, stellte er ausdrücklich auch bei anderen Gruppen, wie dem Leitungs- und Aufsichtspersonal,[171] der „Klasse der industriellen und kommerziellen Dirigenten" fest. Auch hier erfolgt der eigentliche Prozeß der Proletarisierung über die Entwertung der Arbeitskraft: im Zuge der Anhebung des Bildungsniveaus der Industriearbeiter; im Zuge der Senkung der Produktionskosten für diese geschickte Arbeitskraft.

Maurice Dobb[172] stellte fest, daß sich die Einkommensunterschiede dort, wo die Ausbildungskosten privat getragen werden, zu „verewigen scheinen". Aber gerade diese Tatsache macht das Postulat der freien Berufswahl zu einer Illusion. Deshalb ist die Selbstrekrutierungsquote der Intelligenz und insbesondere der höheren freien Berufe auch besonders hoch. „Der Zugang zu diesen Berufen ist infolgedessen besonders begrenzt und das Einkommensniveau liegt aus diesem Grunde hoch."[173] „Die privilegierte Lage ... (der Mittelstandsberufe, H. Ju.) ... ist in der Tat hinreichend ausgeprägt, um diese aus der Klasse der Lohnbezieher ... herauszuheben und in eine separate Kategorie einzuordnen."[174]

Auch vom Gesichtspunkt der komplizierten Arbeit bzw. der geschickten Arbeitskraft ergeben sich wesentliche Gründe, die es erforderlich machen, die Gruppen, die hohe Qualifikation erfordernde geistige Arbeit ausüben, selbst dann, wenn sie ihre Arbeit als Lohnarbeit verrichten, nicht als Gruppen der Arbeiterklasse anzusehen, sondern als Gruppen der Mittelschichten. Die Proletarisierung dieser Gruppen kann nicht an sinkenden Löhnen, Arbeitslosigkeit usw. bestimmt werden, sondern an der Reduzierung des Werts ihrer Arbeitskraft auf den Umkreis der Arbeiterklasse. Erst das bedeutet den Verlust von darin unter den Bedingungen des Kapitalismus eingeschlossenen Privilegien.

Lohngesetz und Arbeiterklasse

Wenn die Existenz des Lohnarbeiters an seine Arbeitskraft und ihren Verkauf als Ware gegen Lohn gebunden ist, so bringt der gesetzmäßige Zusammenhang der Bestimmung des Lohnes, das Lohngesetz, auch den ökonomischen Zusammenhang, das gemeinsame ökonomische Interesse als Klasse und die gesellschaftliche Stellung der Arbeiterklasse im Kapitalismus zum Ausdruck.[175] Es ist das Verteilungsgesetz des Kapitalismus für die Arbeiterklasse.

Es drückt den schon verschiedentlich in diesem Beitrag erläuterten Zusammenhang aus, daß die Arbeiterklasse nur einen Teil des von ihr produzierten gesamten gesellschaftlichen Reichtums erhält und darüber verfügen kann. Sie erhält diesen Anteil über den Lohn, als Preis der Ware Arbeitskraft. Das sind aber nur Existenzmittel, die zur Reproduktion als Verwertungsmaterial des Kapitals erforderlich sind. Nur in diesem Rahmen und *gegen* diese ihre gesellschaftliche Existenzbestimmung kann sich die Persönlichkeit des Arbeiters entfalten.

Der Lohn *tendiert*, gerade weil der Kapitalismus Klassenherrschaft und als solche geschichtlich auch angetreten – wenn auch eine nach ökonomischen Gesetzen regulierte Ausbeuterordnung –, zum Minimum an Existenzmitteln.[176] Die Bestimmung des Werts und des Minimums des Lohnes ist ökonomisch, aber ökonomisch im Sinne der politischen Ökonomie, also der Wissenschaft von den Produktionsverhältnissen. Organisiertheit und Klassenkampf der Arbeiterklasse – als historische und moralische Faktoren – sind deshalb unabdingbare Voraussetzungen, um einen Lohn zur Befriedigung der notwendigen, durch die kapitalistische Produktionsweise erzeugten Bedürfnisse zu erzwingen, also eine Bezahlung um den Wert.

Friedrich Engels nennt diesen Zusammenhang, das Lohngesetz, „ein Gesetz der politischen Ökonomie, mit anderen Worten, ein Gesetz der gegenwärtigen ökonomischen Organisation der Gesellschaft“. Weil es ein an die Produktions- und Eigentumsverhältnisse gebundenes Verteilungsgesetz ist, bleibt es „allmächtig“, solange diese gesellschaftliche Organisationsform besteht; schmiedet den Arbeiter jeweils aufs neue an die Ketten, die ihn „zum Sklaven seines eigenen vom Kapitalisten monopolisierten Produkts machen“.[177]

Aber dieses Lohngesetz zieht keine „unbeweglich starre Linie“, die Lohnhöhe kann für verschiedene Schichten der Arbeiterklasse durchaus verschieden sein, entsprechend ihren unterschiedlichen Reproduktionskosten und ihrer unterschiedlichen Kampfkraft. Das gilt erst recht für Gruppen, die aus der Arbeiterklasse herausfallen, wenngleich sie auch ihre Arbeit als Lohnarbeit verrichten. Aber sie fallen eben deshalb aus der Arbeiterklasse und der vollständigen Unterwerfung unter das Lohngesetz heraus, weil ihre besondere, von der Arbeiterklasse unterschiedliche Stellung in der gesellschaftlichen Arbeitsorganisation für sie besondere Reproduktionsbedingungen schafft. Ihre Reproduktionsbedingungen liegen an der Grenze der Arbeiterklasse, selbst wenn die Gesetze der Warenproduktion und -zirkulation ihre Bewegung bestimmen.

Auch für die Arbeiterklasse hat es Perioden gegeben, in denen die Nachfrage nach ihrer Arbeitskraft ihre Zahl dauerhaft überstieg. Das war sowohl in der Periode der Einführung der Dampfmaschine in England der Fall – um 1800 –, als die Produktionsmaschine des englischen Kapitals nahezu konkurrenzlos den Weltmarkt zu beschicken hatte und ihrer eigenen Expansion kaum Grenzen gesetzt waren; aber auch im frühen 19. Jahrhundert in den USA, als die Lohnarbeiterexistenz in den Städten der Ost- und Westküste für die Arbeiter nur episodenhafte Durchgangsstation zum freien Farmer und Landbesitzer war.

Aber sonst gilt das Gesetz, „nach dem der Lohn der unorganisierten Arbeiter ständig dem absoluten Minimum zustrebt“.[178] Und wer wollte bestreiten, daß dieses Gesetz nicht auch heute noch Gültigkeit hat! Gerade aus diesem Zusammenhang entsteht immer wieder in den verschiedenen Teilbereichen der unabdingbare Zwang zur gewerkschaftlichen Organisation, die gerade dann auch für Gruppen am Rande der Arbeiterklasse Notwendigkeit ihrer Existenzsicherung wird, wenn sie in den Wirkungskreis des Lohngesetzes einbezogen werden.

Ohne den organisierten Widerstand der Arbeiterklasse, insbesondere ihrer gewerkschaftlichen Organisationen, produzieren die Gesetze der kapitalistischen Akkumulation, die Gesetze der Produktion des Kapitals, mit naturgesetzlicher Gewalt die physische und psychische Degradation der arbeitenden Klasse. Ohne den Kampf der Arbeiterklasse und die Maßregeln, die die Entfaltung des Klassenkampfes, als Gefahr für das Profitsystem überhaupt, dem kapitalistischen Staat abzwingt und die er den

Kapitalisten selbst auferlegen muß, gibt es keine Barriere gegen die ständige Bezahlung unter dem Existenzminimum.

Die gesellschaftliche Stellung ist nicht von der Höhe des Lohnes abhängig, sondern von der Tatsache, „daß die Arbeiterklasse, statt für ihre Arbeit das volle Arbeitsprodukt zu erhalten, sich mit einem Teil ihres Produkts begnügen muß, den man Lohn nennt". Und der Klassenkampf zwischen Arbeit und Kapital tobt ständig um die konkrete Festsetzung der Aufteilung, und er wird solange existieren, „solange eine Lohnsenkung das sicherste und bequemste Mittel zur Steigerung des Profits bleibt",[179] und wir können hinzufügen, unabhängig von den Methoden, deren sich das Kapital auch in den jeweiligen Epochen bedient und bedienen mag.

Diese Tatsache ist aber auch eine wesentliche ökonomische Grundlage der Herausbildung des Lohnarbeiterinteresses, das nun alle Lohnarbeiter bzw. Lohnabhängigen zu erfassen vermag und insgesamt ihre gegen das Kapital gerichtete Position ausdrückt.

Von diesen objektiven Interessen her können auch Gruppen privilegierter Lohnabhängiger in den Klassenkampf einbezogen werden. Die Voraussetzungen sind dazu um so günstiger, je mehr die kapitalistische Ausbeutung auf eine gesamtgesellschaftliche Ebene gehoben wird, wie das im staatsmonopolistischen Kapitalismus zunehmend der Fall ist.

5. Die Klassenstruktur des staatsmonopolistischen Kapitalismus der BRD

5.0 *Der staatsmonopolistische Kapitalismus (SMK) als Phase des Monopolkapitalismus und die Klassen*

Die Gesellschaft der BRD wird in der marxistischen Analyse als staatsmonopolistischer Kapitalismus (SMK) charakterisiert, eine Entwicklungsphase des Monopolkapitalismus, deren Entfaltung sich in allen hochentwickelten kapitalistischen Ländern in diesen oder jenen Formen in den letzten Jahrzehnten vollzogen hat.[1] Fragt man nach dem historischen Platz dieser Entwicklungsphase, so handelt es sich um Kapitalismus, in dem die objektiven Elemente des Sozialismus herangereift und logische Zwischenstufen zum Sozialismus, d. h. eine eigene Entwicklungsperspektive des Kapitalismus nicht mehr möglich sind. Das schließt jedoch keinesfalls die objektive Notwendigkeit kürzerer oder längerer Entwicklungsetappen der Zurückdrängung und Entmachtung der Monopole aus, also Übergangsetappen antimonopolistischen Charakters, Etappen des Kampfes um eine reale Demokratie des werktätigen Volkes, die die Bedingungen des Weitertreibens des Umwandlungsprozesses in sich bergen und forcieren.

Die fehlende *historische Entwicklungsperspektive* des Kapitalismus kann auch keinesfalls als fehlender historischer *Entwicklungsspielraum* des SMK interpretiert werden. Was die Ausbildung des SMK als Herrschaftssystem betrifft, so handelt es sich ohnehin nicht um einen naturwüchsigen Prozeß. Was die ökonomischen Strukturen betrifft, so besteht in der weiteren Konzentration und Monopolisierung, im Ausbau der staatsmonopolistischen Regulierung bis zum nackten Staatskapitalismus im Inneren sowie in der weiteren Internationalisierung des Kapitalverhältnisses[2] auf allen Ebenen nach außen ein „objektiver“ Entwicklungsspielraum.

Die weitere Entwicklungsrichtung ist damit jedoch angezeigt. Jede partielle staatsmonopolistische Widerspruchslösung muß den Übergangscharakter des gegenwärtigen Kapitalismus unterstreichen und verstärken. Das ist keine neue Entwicklungstendenz. Dieser Übergangscharakter wird mit der Entwicklung zum Imperialismus und vollends mit der Oktoberrevolution sichtbar und findet seinen Ausdruck in der allgemeinen Krise[3] des kapitalistischen Systems. Die Auswirkungen auf die Klassen- und Schichtstruktur des Kapitalismus sind vielfältig. Keinesfalls kann aber eine Auflösung der Klassenstrukturen beobachtet werden.

Von Wichtigkeit für die Erforschung der Klassenstruktur der Gegenwart ist im internationalen Rahmen die Gleichzeitigkeit verschiedener historischer Entwicklungsetappen der Gesellschaft und die dementsprechende Ausbildung der Klassen- und Sozialstruktur.

Erstens betrifft das die Existenz verschiedener Entwicklungsstadien des Kapitalismus im Rahmen des imperialistischen Weltsystems, z. B. die Entwicklungsstufen, die der Kapitalismus in Iran, in Argentinien oder der BRD erreicht hat. Der Zusammenhang zwischen internationalem imperialistischem System, als der im Rahmen der kapitalistischen Welt herrschenden Struktur und nationalem Kapitalismus macht vollends offenkundig, daß Strukturuntersuchungen nur ein Element der Klassenanalyse sein können. Das internationale System, insbesondere unter den Bedingungen der globalen Auseinandersetzung mit dem Sozialismus, hat Rückwirkungen auf die Bewegung der Klassengegensätze in den jeweiligen Ländern, auf das Aufschürzen oder das zeitweise oder teilweise Abschwächen der Widersprüche, somit auch auf das Entwicklungstempo des Umfangs und der inneren Struktur der einzelnen sozialen Klassen, Schichten und Gruppen, auf die Herausbildung ihrer Interessen, ihrer Mentalität und Ideologie. Das Gefälle in der Entwicklung der Produktivkräfte, der gesellschaftlichen Arbeitsteilung, der kapitalistischen Warenproduktion, der Reallöhne[4] usw. – was bei der Internationalität des Kommunikations- und Informationswesens stärker als früher, und das ist eines der wesentlichen neuen Momente, in die Ausbildung der Interessen der Klassen und Schichten eingeht – birgt eine Tendenz der Verschärfung der Klassengegensätze in schwächer entwickelten Ländern in sich. Gleichzeitig werden in den entwickelten kapitalistischen Ländern, vor allem seit Mitte der 60er Jahre, Tendenzen der Verschärfung der Klassengegensätze wirksam. Sie beruhen auf dem Widerspruch zwischen den neuen Bedürfnissen der

Arbeiterklasse, der Intelligenz, der Jugend, die sich auf der Grundlage der Produktivkräfte der wissenschaftlich-technischen Revolution entwickelt haben, und den Verwertungs- und Herrschaftsschranken des staatsmonopolistischen Systems.

Nichtsdestoweniger ergibt der internationale Vergleich, der Vergleich unterschiedlicher Entwicklungsstufen aufschlußreiche Einsichten in die Entwicklungsrichtung, das Wesentliche der Existenz — und begrifflich der Definition — der einzelnen Klassen und Schichten, z. B. der Angestellten, der Intelligenz, überhaupt der lohnabhängigen Zwischenschichten, der plebejischen städtischen Schichten, der Industriebourgeoisie, des bürokratischen Kapitals usw., die sonst nur aus dem Studium des historischen Materials zu gewinnen wären.

Zweitens ist die Gleichzeitigkeit verschiedener Gesellschaftsformationen im Weltmaßstab für die Erforschung der Klassenstruktur aufschlußreich. So gibt es neben dem Kapitalismus seit 55 Jahren eine sich entwickelnde sozialistische Gesellschaftsformation. Heute besteht eine sozialistische Gesellschaft nicht nur in der UdSSR, sondern auf verschiedenen Übergangs- und Entwicklungsstufen auch in anderen Ländern. In der Nachkriegszeit hat sich ein sozialistisches Weltsystem herausgebildet. In Deutschland und einigen anderen Ländern stehen sich heute gegensätzliche Gesellschaftssysteme gegenüber. Gerade der Prozeß der Aufhebung, Umformung, Neugruppierung, der aus dem Kapitalismus hervorgegangenen Klassen und Schichten im sozialistischen Teil des früheren Deutschland ist äußerst aufschlußreich auch für die Erforschung der Klassenstruktur des kapitalistisch gebliebenen Teils.[5] Das Problem der Aufhebung der Klassengegensätze und der Klassen ist aus der Theorie in die Praxis getreten. Es zeigt sich, daß die Abschaffung der Klassen und sozialen Schichten mit der sozialistischen und kommunistischen Umgestaltung und Entfaltung der Produktivkräfte und Produktionsverhältnisse verbunden ist. Das schließt letztlich auch die Aufhebung der knechtenden Unterordnung des Individuums unter die Arbeitsteilung, also die Schaffung von den kommunistischen Aneignungsverhältnisse adäquaten Verhältnissen der Arbeitsteilung, Arbeitsorganisation usw. ein. Dies ist kein Prozeß von nur einigen Jahrzehnten.

Die Entwicklung der Gesellschaften mit sozialistischer Staatsmacht ist seit deren Errichtung durch das Zurückdrängen, die Umgestaltung und die Auflösung der auf dem Privateigentum an den Produktionsmitteln beruhenden Klassen gekennzeichnet. Dieser Prozeß ist jedoch nicht mit der Beseitigung der Klassen schlechthin identisch — wohl aber mit der Beseitigung der Klassengegensätze. In Gesellschaften wie der DDR findet gegenwärtig nicht die Auflösung der Klassen und sozialen Schichten der sozialistischen Gesellschaft statt, sondern ihre Annäherung, nicht zuletzt auch in der Produktion.[6]

Im Ergebnis der Entwicklung in den 50er und 60er Jahren hat sich in der BRD der SMK in vollem Umfang durchgesetzt. Für diese Periode trägt der sozialistische Teil (Teil II) die Fakten zusammen. Ab 1949 verfügte das westdeutsche Großkapital als gesellschaftlich herrschende Schicht mit dem Staat der Bundesrepublik Deutschland wieder über eine zentrale Staatsmacht, die in zunehmendem Maße durch sie kontrolliert und beherrscht wurde.[7] Die großen territorialen Bevölkerungsumgruppierungen als Folgen des Krieges sind 1949/1950 hauptsächlich abgeschlossen. Bis auf das Saargebiet, das erst 1957 eingegliedert wird, hat das Staatsgebiet der BRD seinen heutigen Umfang. Es beginnt auch ab 1950 wieder eine zentrale Statistik. Die Restaurationsphase des durch die Niederlage des Faschismus angeschlagenen monopolkapitalistischen Systems ist schon in den frühen 50er Jahren abgeschlossen. Die erweiterte Reproduktion der monopolistischen Herrschaft unterliegt seither mehr und mehr den Bedingungen der wissenschaftlich-technischen Revolution, die der wesentlichste Faktor des umfassenden Übergangs zum SMK wird.

Die Elemente des SMK tauchen allerdings sehr viel früher, schon in der Periode des ersten Weltkrieges auf und wurden schon damals von Lenin analysiert.[8] Das System des Faschismus stellte schließlich eine terroristische Variante des SMK dar. Aber erst in der Nachkriegsperiode wurde dieses System, das sowohl Resultat als auch Bedingung monopolistischer Kapitalverwertung ist, fester, untrennbarer Bestandteil des kapitalistischen Reproduktionsprozesses unter „normalen" Verhältnissen.

In den Nachkriegsjahrzehnten haben sich in der BRD Veränderungen der Proportionen der Klassen- und Sozialstruktur in einem in der deutschen Geschichte kaum gekannten und bestenfalls mit dem letzten Viertel des vorigen Jahrhunderts vergleichbaren Tempo vollzogen. Im Vordergrund steht das Anwachsen der Lohnarbeit, das Anwachsen der Arbeiterklasse und ihre Strukturveränderung, das Wachstum der Intelligenz und lohnabhängiger Mittelschichten, die kapitalistische Industrialisierung des Agrarsektors auf Kosten des Bestands der unmittelbaren Produzenten, der Bauern, vor allem der werktätigen Bauern.

Jedoch ebensowenig wie diese Entwicklung evolutionär zur Aufhebung kapitalistischer Produktionsverhältnisse führt, folgt aus ihr die Aufhebung der für den Kapitalismus charakteristischen Klassen und Schichten. Deshalb muß die Kontinuität der Klassen- und Schichtstruktur unterstrichen werden, die mit der kapitalistischen Gesellschaftsformation verbunden ist.

Der SMK als eine der Phasen eines der großen Entwicklungsstadien – nämlich des monopolkapitalistischen – dieser kapitalistischen Produktionsweise verändert also die Grundstruktur der Klassen nicht. Er bleibt im Rahmen der kapitalistischen Warenproduktion, in der die Arbeitskraft der Masse der unmittelbaren Produzenten zur Ware geworden ist, verbreitert diese Tendenz jedoch bis zu den „letzten Grenzen" und verallgemeinert die Lohnform für die Einkommen von nahezu allen Schichten. Er verändert jedoch nicht die Grundbeziehung dieser Produktionsweise, die darin besteht, daß die eigentums- und besitzlose Masse der Produzenten, die arbeitende und hervorbringende Klasse, durch die Eigentümer und Verfüger über die Produktions- und Konsumtionsmittel der Gesellschaft im Verhältnis von Lohnarbeit und Kapital ausgebeutet wird. Diese

Grundbeziehung wird dadurch verstärkt, daß nicht nur der Anteil und die Masse der durch die Konzerne, die großen Monopole unmittelbar und direkt ausgebeuteten Lohnarbeit wächst, sondern auch der Anteil und die Masse der durch die realen „Gesamtkapitalisten", den kapitalistischen Staat innerhalb und außerhalb der Produktion mobilisierenden Lohnarbeit.

Mit dem Staat – und in dieser Begrenzung – ist an die Stelle der unmittelbaren Kapitalverwertung der Einsatz aller durch ihn mobilisierenden Mittel zur Stützung des Systems der Kapitalverwertung getreten, an die Stelle der Ausbeutung durch das individuelle oder kollektive Privatkapital die Ausbeutung durch den Staat.[9] Aber das Kapital – und in der gegebenen Entwicklungsphase das Monopolkapital – bleibt die herrschende Macht dieser Gesellschaft und seine Verwertungsbedürfnisse stecken der Entwicklung der Produktivkräfte die Grenzen. Wie in dieser Gesellschaft auch immer die konkreten agierenden Gruppierungen, ihre Innenstruktur, Abgrenzung usw.: Arbeiterklasse und Kapitalistenklasse bleiben die Hauptprotagonisten. Sie bleiben die Pole der Gesellschaftsstruktur. Aber es verändern sich gegenüber früher Massen, Linien und Felder zwischen den Polen.

Diese Veränderungen erschließen sich nur aus der Veränderung der Bedingungen und der Bewegung des Kapitals selbst. Die Geschichte des Kapitalismus als Gesellschaftsformation ist die Geschichte der Entwicklung des Kapitals als sozialökonomische Herrschaftsform. Die Beziehungen und Interessen der Klassen treffen sich in seinen Entwicklungs- und Expansionsbedingungen; ihre Entwicklung und innere Gliederung selbst ist damit verbunden.

Verweisen wir unter diesem Blickwinkel auf charakteristische Merkmale des *Kapitalismus der freien Konkurrenz* (Vgl. Abschnitt 4)[10]: Im ökonomischen Gesetz der Durchschnittsprofitrate drücken sich zum einen die Beziehungen der fungierenden Kapitale und zum anderen der Zusammenhang der Kapitalistenklasse aus. Dieser Mechanismus der freien Konkurrenz und der Durchschnittsprofitrate schließt die Konkurrenz der Einzelkapitale auf den Märkten ebenso ein wie die Konkurrenz um die Anlagesphären bzw. die freie Kapitalwanderung. Die soziologische Grundlage dieses Mechanismus ist eine Vielzahl von Kapitalisten in den einzelnen Zweigen und Bereichen, also auch ein – im Verhältnis zu unserem Jahrhundert – relativ geringer Konzentrationsgrad der Produktion und des Kapitals. Die Gleichheit der Kapitalisten ist die Gleichheit gleicher Kapitalmassen. Die innere Gliederung der Kapitalistenklasse ergibt sich aus der funktionellen Gliederung selbst: Teilung in Geldkapitalisten und fungierende Kapitalisten; fraktionelle Gliederung entsprechend der Funktionen im Reproduktionsprozeß. Dazu kommt die Schichtung innerhalb der einzelnen Gruppen nach der Kapitalgröße. Der Übergang vom Kleinbürgertum in die Kapitalistenklasse ist eine Frage der Kapitalgröße.

Die Arbeiterklasse ist unter diesen Bedingungen noch auf viele Betriebe zerstreut. Entsprechend dem industriellen Entwicklungsgrad ist das Gewicht der Arbeiterklasse in der Kleinproduktion und im Handwerk groß. Lohnabhängige Zwischengruppen nehmen auf dieser Stufe erst einen sehr schmalen Raum ein.

Allerdings treten mit der Konzentration und Zentralisation des Kapitals und insbesondere mit der Bildung von Kapitalgesellschaften Tendenzen hervor, die zur Bildung neuer Fraktionen bzw. Schichten der Kapitalistenklasse führen: die Dirigenten oder Manager, die die Unternehmerfunktionen der fungierenden Kapitalisten übernehmen; die Schicht der Aktionäre, deren Teilhabe am Mehrwert nicht einfach über den Zins, wie generell bei den Geldkapitalisten, erfolgt, sondern auf der Dividende, der Verzinsung des fiktiven Kapitals beruht; die Gruppe der Finanzaristokratie, die sich zwischen Börse und Gesellschaftskapital ansiedelt und eine parasitäre Rolle spielt.

Die freie Konkurrenz als Bewegungsform des Kapitals schlägt unter dem Druck der modernen Produktivkräfte, deren profitable Verwertung, d. h. kapitalistische Anwendung zum Stimulus der Konzentration und Zentralisation wird, gesetzmäßig um in das Monopol. Mit diesem Prozeß wird der alte Zusammenhang der Kapitalistenklasse außer Kraft gesetzt. Der alte Konkurrenzmechanismus verliert die zentrale Rolle.

An die Stelle der freien Konkurrenz tritt die *monopolistische Konkurrenz,* an die Stelle des Durchschnittsprofits und des Produktionspreises der *Monopolprofit* und der *Monopolpreis.* Die Demokratie der Kapitalistenklasse wird zur monopolistischen Hierarchie. Eine neue Finanzoligarchie, die zum einen die parasitäre Rolle der alten Finanzaristokratie übernimmt, zum anderen aber die neue Monopolmacht des aus der Verschmelzung vor allem von Industrie- und Bankkapital hervorgegangenen Finanzkapitals repräsentiert und personifiziert, hat die Kontrolle der gesamten Wirtschaft an sich gerissen.

Die zunehmende Konzentration führt zur stärkeren Beschäftigungskonzentration der Arbeiter in Großbetrieben. Die Lohnarbeit dehnt sich aus. Mit wachsendem Vergesellschaftungsgrad der Produktion beginnt eine schnelle Zunahme lohnabhängiger Zwischenschichten in der Produktion. Verbunden damit und mit der schnellen Ausdehnung der Bereiche geistiger Tätigkeiten formiert sich die Intelligenz als eine soziale Schicht der entwickelten kapitalistischen Gesellschaft. Die Akkumulation des Kapitals auf dieser Entwicklungsstufe führt ebenfalls zur verstärkten sozialen Zersetzung und Differenzierung der Mittelschichten der kleinen Warenproduktion und des Kleinbesitzes. Es werden jedoch mit der Entstehung und Ausdehnung neuer Wirtschaftsbereiche, die das Kapital — aus welchen Gründen auch immer — noch nicht unmittelbar okkupiert, neue Gruppen der selbständigen Mittelschichten geschaffen. Die Zersetzung der Bauernschaft führt zur Reproduktion der für die kapitalistische Gesellschaft charakteristischen Klassen und Schichten in der Landwirtschaft. Der Grundbesitz wird kapitalistisch. Die alten Landlords und Krautjunker wandeln sich zu einer Fraktion der Bourgeoisie.

Bekanntlich hat W. I. Lenin die Imperialismustheorie unmittelbar aus den schon von Marx und Engels analysierten Tendenzen und ökonomischen

Konsequenzen des kapitalistischen Konzentrations- und Zentralisationsprozesses entwickelt. Von entscheidender Bedeutung war, daß er diese Entwicklungen nicht als isolierte ökonomische Phänomene betrachtete, sondern in ihren gesamtgesellschaftlichen Auswirkungen. Zum zweiten ist bedeutsam, daß er die damit entstandenen Monopole nicht in erster Linie als Markt- oder Distributionsformen ansah – obwohl sie das zweifellos auch sind und als solche auch zutage treten –, sondern ihren Charakter als neue Produktionsverhältnisse im Rahmen der Entwicklung der kapitalistischen Gesellschaftsformation hervorhob. Das war aber die theoretische Voraussetzung, um den qualitativen Umschlag im Kapitalismus, der mit dem Herrschaftsantritt der Monopole aktuell wurde, erkennen und ableiten zu können, nämlich den Übergang des Kapitalismus in sein monopolistisches, imperialistisches Stadium.

Vom Standpunkt der historischen Entwicklung des Gesamtsystems her handelt es sich um eine Entfaltungsstufe des Grundwiderspruchs der kapitalistischen Produktionsweise, des Widerspruchs zwischen dem gesellschaftlichen Charakter der Produktion und der privatkapitalistischen Aneignung, zwischen Produktion und Kapitalverwertung.

Um die Dynamik der Entwicklung des Kapitalismus, die ja über den Monopolkapitalismus der ersten Stufe hinausgeht und bis zur Ausbildung des staatsmonopolistischen Kapitalismus führt, in ihrer Auswirkung auf die Klassenverhältnisse voll erfassen zu können, ist es erforderlich, sich die Entfaltung des Grundwiderspruchs in ökonomischen Kategorien zu vergegenwärtigen. Es handelt sich dabei in erster Linie um das Anknüpfen an die von Marx und Engels im 3. Band von „Das Kapital“ bzw. im „Nachtrag“ dargelegten Zusammenhänge des tendenziellen Falls der Profitrate, der Überakkumulation und Kapitalverwertung und der Rolle des Kreditsystems bzw. der öffentlichen Finanzierung.[11]

Hier wird in den ökonomischen Kategorien die Entfaltung der wesentlichen Widersprüche der kapitalistischen Produktionsweise und die damit einhergehende Einschränkung der Wirksamkeit der Grundprinzipien der kapitalistischen Produktionsweise, d. h. ihre zunehmende Hinfälligkeit als Gesellschaftsformation faßbar.

Nehmen wir als Ansatzpunkt die Überakkumulation von Geldkapital: Es ist in Erinnerung zu rufen, daß die Selbstverwertung des Kapitals nicht mit der Erzeugung des Mehrwertes in der Produktion abgeschlossen ist. Die erzeugten Waren müssen verkauft werden, damit ihr Wert und der in ihnen enthaltene Mehrwert realisiert werden. Erst in Geldform in der Hand des Kapitalisten ist der Ausgangspunkt wieder erreicht, das Kapital vermehrt, die Akkumulation vollzogen. Das Kapital des Kapitalisten ist größer als vorher. Noch in seinem letzten Lebensjahr, 1895, stellte F. Engels fest, daß seit 1866 in keinem der Industrieländer „die Akkumulation des einzelnen Kapitalisten in der Vergrößerung seines eigenen Geschäfts volle Verwendung finden“ konnte.[12]

Das zusätzliche Kapital, das nicht in fungierendes Kapital verwandelt werden kann, stellt eine Form der Überakkumulation dar. Auf der anderen

Seite führt der technische Fortschritt zur Erhöhung der organischen Kapitalzusammensetzung und des Kapitalminimums, das zur profitablen Anwendung der modernen Produktivkräfte erforderlich ist. Vom Standpunkt der Entwicklung und Anwendung der modernen Produktivkräfte herrscht deshalb immer Geldmangel. Überakkumulation und Produktion von relativ überschüssigem Kapital auf der einen Seite und Mangel an Mitteln zur Anwendung und Entwicklung der für die erweiterte kapitalistische Reproduktion erforderlichen Produktivkräfte und Produktionsbedingungen auf der anderen Seite sind nur verschiedene Ausdrücke des gleichen Prozesses.

Mit der Entstehung der Kapitalgesellschaften, mit der Ausdehnung des Kreditsystems als mächtigem Hebel zur Zusammenfassung vieler kleiner Kapitale und Vermögen, wird dieser Widerspruch zeitweise überbrückt. Ansaugvorrichtung für diese Geldkapitale und Vermögen sind aber nicht nur die Aktiengesellschaften und das private Kreditwesen, sondern wird in zunehmendem Maße der kapitalistische Staat.

Die Überakkumulation von Kapital wird nicht nur in der Form von relativ überschüssigem Geldkapital sichtbar. Um einen generell gleichen Vorgang handelt es sich bei der Stillegung, Entwertung und/oder Vernichtung von Kapital in Warenform oder in Form des produktiven Kapitals infolge des Konkurrenzkampfes für einige Einzelkapitale oder massenhaft in der Krise. Auch hier werden Kapitale aus dem Kreis des um den Profit kämpfenden und in den Ausgleich der Profitrate eingehenden Gesamtkapitals verdrängt. Aus welchen Gründen im einzelnen auch immer, diese Kapitale können die zu ihrer Verwertung erforderlichen Profite nicht mehr machen.

Dieser Entwicklung liegt letztlich das Gesetz des tendenziellen Falls der Profitrate zugrunde, das ja nichts anderes als die fortschreitende Entfaltung des Grundwiderspruchs dieser Produktionsweise ausdrückt, und zwar als einen gewissermaßen naturwüchsigen ökonomischen Prozeß. Denn die Entwicklung der Produktivkräfte kann sich im Kapitalismus nur in Kapitalform vollziehen; was bedeutet, daß die Elemente des Produktionsprozesses in dieser Produktionsweise notwendig Kapitalcharakter haben, weshalb Gesichtspunkte der technischen Entwicklung, der Bedürfnisbefriedigung usw. dem Profit unterordnet sind. Das Wachsen des Anteils der vergegenständlichten Arbeit – in Kapitalform des konstanten Kapitals – gegenüber dem Anteil an lebendiger Arbeit – in Kapitalform des variablen Kapitals – im Produktionsprozeß ist ein Gesetz der Entfaltung der Produktivkraft. Das bedeutet für die einzelnen Zweige ein stetiges Steigen des Kapitalminimums; in der historischen Entwicklung zwar auch ein absolutes Wachsen des variablen Kapitals und damit in der Regel auch der produktiv beschäftigten Arbeiterklasse, der relative Anteil am vorgeschossenen Gesamtkapital hat jedoch eine gegenläufige Tendenz. Während also die von den Arbeitern geschaffene Mehrwertmasse ebenso wächst wie in der Regel die Mehrwertrate oder der Ausbeutungsgrad, steigt zwar auch die Profitmasse, aber die das Verhältnis Profit: Gesamtkapital ausdrückende Profitrate hat aus den gleichen Zusammenhängen heraus die

Tendenz zum Fallen. Das bedeutet, daß sich die Verwertungsbedingungen des Kapitals mit der Entwicklung der Produktivkräfte verschlechtern.

Dieser Tendenz wirken jedoch viele Faktoren entgegen: Verschärfte Ausbeutung, Ökonomie des Kapitals, beschleunigter Kapitalumschlag u. a. Hinzu kommen die Wertminderungen des Kapitals, insbesondere des fixen Kapitals, die mit dem technischen Fortschritt selbst verbunden sind. So führt die Senkung der gesellschaftlich notwendigen (Durchschnitts-)Arbeit in der Regel auch zur Senkung des Werts der Erzeugniseinheiten der laufenden Periode und damit auch zur Wertminderung der schon in Benutzung befindlichen Erzeugungseinheiten aus der vorhergehenden Produktionsperiode, wenn sie als Kapital fungieren. Dieser Vorgang der Kapitalentwertung drückt sich im moralischen Verschleiß aus.

Faktisch läuft auch das auf eine Reduzierung des um die Aufteilung des geschaffenen Mehrwerts über den Profitmechanismus kämpfenden Kapitals hinaus.

Nicht alles (relativ) entwertete Kapital wird durch die Vernichtung seiner physischen Bestandteile aus dem Verkehr gezogen. Dies ist nur dann der Fall, wenn gebrauchsfähige Maschinen verschrottet, erzeugte Waren zerstört werden. Bekanntlich ist gerade das in Krisen der Fall. Das Kapital wird aber auch dann als Kapital aus dem Verkehr gezogen, wenn es vom Staat übernommen wird. Es wird ein Charakteristikum des staatsmonopolistischen Kapitalismus, daß der Staat den Privatkapitalen immer neue Anlagesphären mit seinen Finanzierungen und Vorfinanzierungen erschließen, daß er immer neue Absorbtionsmöglichkeiten für das relativ überschüssige Kapital schaffen, daß er immer größere Mittel der Gesellschaft, immer größere Finanzmassen in seinen Händen zentralisieren muß, die praktisch auf den verschiedensten Wegen in den Kreislauf und Reproduktionsprozeß des Privatkapitals eingespritzt werden, womit der Staat immer größere Bereiche im Reproduktionsprozeß des Privatkapitals abdeckt.[13]

Formen der staatlichen ökonomischen Aktivitäten, im Kern staatliche Wirtschaftstätigkeit und öffentliche Finanzierung beginnen nicht erst mit dem SMK, sie begleiteten faktisch schon die Entstehungsperiode des Kapitalismus und setzen mit dem Zerfall der freien Konkurrenz wieder verstärkt ein.[14] Seitdem besteht ihre Entwicklungstendenz darin, daß sie sich von den allgemeinen Reproduktionsbedingungen (z. B. Infrastruktur wie Straßen-, Hafenbau) in die Gebiete der kapitalistischen Warenproduktion ausdehnen. So werden im SMK wachsende Anteile der privaten Investitionen in der Produktion über die staatliche Umverteilung finanziert. Durch den Staat werden zunehmend gesellschaftliche Mittel mobilisiert und zur Aufrechterhaltung des kapitalistischen Profitsystems in seinen Händen zentralisiert. Gleichzeitig wachsen die vorwiegend unmittelbar durch den Staat betriebenen Reproduktionssektoren, die Bereiche des sogenannten gesellschaftlichen Konsums wie Bildungswesen, Gesundheitswesen; während die Ausdehnung der Repressionsfunktionen in die Breite und in die Tiefe der Reaktion auf die zunehmende soziale Zerrüttung des Gesellschaftssystems und auf die Klassenkonflikte ist. In diesen Formen muß das kapitalistische System den zunehmenden Verwertungsproblemen und den sozialen Problemen Rechnung tragen. Beide Momente können nur in ihrer Wechselwirkung und in ihrem Zusammenhang zutreffend erfaßt werden. Gerade deshalb sind die aus der Existenz des Sozialismus und damit des Klassenkampfes auf internationaler Ebene hervorgehenden Zuspitzungen der objektiven Situation des kapitalistischen Systems bei der Analyse der Dynamik des Kapitalismus auch methodisch voll in Rechnung zu stellen.

Welche Veränderung bedeutet die Entwicklung zum SMK gegenüber den ersten Phasen des Monopolkapitalismus?

In ihrem Grundgehalt sind die Monopole sozialökonomische Herrschaftsverhältnisse, die auf Kosten aller anderen Kapitale die Entwertung ihres Kapitals bzw. die Folgen dieser Entwertung verhindern und ihre Akkumulation sicherstellen. Daß sie damit notwendig den Mechanismus der freien Konkurrenz untergraben und über den Profitraten der anderen Kapitale liegende Profite realisieren, wurde schon betont. Die Basis ihres Profits bleibt aber nicht nur die durch das Gesamtkapital der Arbeiterklasse abgepreßte Mehrwertmasse; hinzu kommt der durch den Staat angeeignete Mehrwert, das Wertprodukt der Mittelschichten und das Nationaleinkommen unterdrückter und ökonomisch abhängiger Völker und Nationen. In der Form des assoziierten Kapitals der großen Konzerne kontrollieren und verfügen sie unmittelbar über Kapitale, die weit umfangreicher sind als die Eigentumstitel der Monopolkapitalisten. Ihr Ausbeutungsfeld wird die Nation – und darüber hinaus ihre Kolonien und Einflußsphären im Ausland – auch in jenen Sektoren, die nicht unmittelbar dem Kapital subsumiert sind. Dieser neue Ausbeutungsmechanismus wird nach außen und innen durch den imperialistischen Staat abgestützt und die Dominanz der Monopolinteressen durch die Personalunion von Regierung, Bürokratie und Finanzoligarchie sichergestellt.

Mit dem SMK entsteht ein ökonomischer Regulierungsmechanismus des gesamtgesellschaftlichen Reproduktionsprozesses, dessen Grundlage die mit fortschreitender Konzentration und Zentralisation kontinuierlich zunehmende Monopolmacht und der Staatsapparat ist. Das ist die materielle Grundlage dafür, daß der Regulierungsmechanismus nicht nur zur Erhaltung des kapitalistischen Gesellschaftssystems im allgemeinen eingesetzt wird, sondern seine Zielsetzung in der Gewährleistung der *monopolkapitalistischen* Verwertungsbedingungen besteht.

Der Staat kann dabei nicht mehr einfach als „Diener" des Monopolkapitals aufgefaßt werden. Vielmehr sind Staat und Monopole als widersprüchliche Einheit des monopolistischen Reproduktionsprozesses, eine Einheit, die aus der Verschmelzung von Staats- und Monopolmacht hervorgegangen ist, aufzufassen.[15] Monopolprofite sind nun nicht mehr ein einfaches Resultat der ökonomischen oder der sozialökonomischen Macht des Monopols alleine, sondern die Frucht eines Ausbeutungsprozesses auf gesamtgesellschaftlicher Ebene. Die Existenzbedingungen aller Schichten und Klassen unterliegen damit dem Druck der Monopole und den Eingriffen des Staates. Sie werden staatsmonopolistisch reguliert. Heute wird dies nicht zuletzt in den Inflationsprozessen[16] und der staatlichen Steuer- und Subventionspolitik sichtbar. Somit ist eine neue Potenz des sozialökonomischen Prozesses entstanden. Aber gerade weil darin nicht ein gesamtgesellschaftliches Interesse zum Ausdruck kommen kann, sondern das „öffentliche Interesse“ im Rahmen dieser Gesellschaftsstruktur das Interesse der Monopole, des Großkapitals ist, sind der sogenannten Konfliktregulierung mehr oder weniger enge Grenzen gesetzt.

Welche Veränderungen der Klassen- und Schichtstruktur sind in diese Entwicklung eingeschlossen?

1. Mit dem Monopolkapital als herrschendem Produktionsverhältnis wurde die *Monopolbourgeoisie* zur herrschenden sozialen Schicht. Die Finanzoligarchie wird zur Personifikation des Finanzkapitals. Weil diese Herrschaft über die Eigentumstitel hinausgeht, weil sie sozialökonomisch Herrschaft und Kontrolle über einen Aneignungsprozeß darstellt, werden sowohl die Gruppe der Spitzenmanager und im SMK auch die Schicht der Spitzenfunktionäre und Spitzenbürokraten des staatsmonopolistischen Systems zu der herrschenden Schicht der Monopolbourgeoisie aggregierten Gruppen. Eine besonders reaktionäre Rolle spielt die mit dem Rüstungskapital, der Militarisierung der Wirtschaft und Gesellschaft, dem sogenannten „Militär-Industriekomplex“, verbundene Gruppe.[17]

Hinzu kommt mit der Internationalisierung des Monopolverhältnisses und der Entwicklung internationaler staatsmonopolistischer Gremien die Herausbildung entsprechender Gruppen der Monopolbourgeoisie und der Bourgeoisie.

Damit ist der auf dem kapitalistischen Privateigentum an Produktionsmitteln beruhende Zusammenhang der Bourgeoisie ebensowenig aufgehoben wie ihre funktionelle bzw. fraktionelle Gliederung und ihre Schichtung nach Kapital- und Profitumfang. Die Gliederung in monopolistische und nichtmonopolistische Bourgeoisie wird jedoch Ausdruck eines wesentlichen Gegensatzes innerhalb der Kapitalistenklasse.

2. Akkumulation von Kapital bedeutet Wachsen der Lohnarbeit als sozialökonomischer Basis der *Arbeiterklasse.* Mit der Konzentration der Produktion und des Kapitals nimmt – wenn auch nicht linear – die Konzentration der Arbeiterklasse zu. Der Anteil der Arbeiterklasse, der in Großbetrieben unmittelbar dem Monopolkapital unterworfen ist, wächst ebenso, wie der Umfang des Teils der Arbeiterklasse, der direkt durch den Staat ausgebeutet wird. Charakteristisch ist, daß vor allem mit der Entfaltung des SMK jene Gruppen der Arbeiterklasse schnell wachsen und auch an relativem Gewicht gewinnen, die nicht unmittelbar in der materiellen Produktion beschäftigt sind. Damit wird die innere Gliederung und Schichtung der Arbeiterklasse vielfältiger.

Von Bedeutung ist ferner, daß mit dem Übergang zum Imperialismus Oberschichten der Arbeiterklasse in das System der Beteiligung an den

Monopolprofiten einbezogen werden. Die alte *Aristokratie der Arbeiter*, die in vieler Hinsicht bei der Formierung der Arbeiterklasse und der Arbeiterbewegung eine Avantgarderolle gespielt hatte, wird unter den Bedingungen des Imperialismus eine soziale Basis des Opportunismus in der Arbeiterbewegung, zur Transformationsstation kleinbürgerlicher und bürgerlicher Ideologien in der Arbeiterklasse. Dieser Prozeß hatte schon im 19. Jahrhundert auf der Grundlage des Industriemonopols in England stattgefunden. Mit dem Übergang zum Imperialismus wird er für alle entsprechenden Staaten charakteristisch. Für keine Phase war es jedoch zutreffend, aus diesem Prozeß mechanistisch die Rolle aller Gruppen der Arbeiteraristokratie im Klassenkampf zu bestimmen.[18] Nach wie vor spielen auch unter dem Imperialismus Oberschichten der Arbeiterschaft eine Avantgarderolle im Klassenkampf und sind vielfach die Rekrutierungsbasis von Kadern der revolutionären Arbeiterbewegung.

3. Umfang und Gewicht der *lohnabhängigen Mittelschichten* und der *Intelligenz* nehmen zu. Gleichzeitig verändert sich ihr sozialer Charakter mit der Zunahme der Lohnarbeit, der Verschiebung ihrer Rekrutierungsbasis, der Unterordnung unter das Monopolkapital und das staatsmonopolistische System. Das Wachstum dieser Gruppen ist sowohl mit dem Wachstum der Produktivkräfte verbunden wie mit dem zunehmenden parasitären Charakter des Gesamtsystems, das die Widersprüche der Kapitalverwertung und die sozialen Konflikte mit der Ausdehnung der unproduktiven Sektoren – als Kapitalanlagesphären – und des Staatsapparates beantworten muß. Die Ausdehnung dieser vorwiegend mit nichtmanueller Arbeit verbundenen und demzufolge auch nicht von der traditionellen Arbeiterklasse besetzten Bereiche sind mit der Entwicklung des Imperialismus zunehmender sozialer Differenzierung unterworfen. Nach wie vor reproduzieren sich jedoch die lohnabhängigen Zwischengruppen und die Intelligenz als besondere soziale Schichten des entwickelten Kapitalismus.

4. Das ökonomische Gewicht des *alten Kleinbürgertums* wird vermindert. Charakteristisch für die nichtagrarischen selbständigen Mittelschichten ist jedoch weniger, daß sie überhaupt verschwinden, sondern daß sie aus den Zentren der Produktion und Wirtschaft verdrängt werden und sich ihre ökonomische Basis in andere Bereiche verlagert. Über das Finanz- und Kreditsystem werden ihre Geldvermögen erfaßt und in Akkumulationsmittel der Monopole verwandelt. Die Formen unmittelbarer und mittelbarer Abhängigkeit und Verflechtung mit dem Großkapital nehmen in der Breite und in der Tiefe zu. Ihre Beteiligung oder Nichtbeteiligung am Profit wird zunehmend durch die Wirtschaftspolitik des Staates bestimmt.

5. Neben der generell mit der Einbeziehung der Landwirtschaft in die kapitalistische Warenproduktion verbundenen sozialen Differenzierung der Landwirtschaft und der Reproduktion der Klassenstruktur des Kapitalismus in der Landwirtschaft, ist mit der Entwicklung des SMK die zunehmende staatliche Steuerung dieser Prozesse charakteristisch. Gegenüber der monopolistischen Unterwerfung des Agrarsektors treten gemein-

same Interessen der verschiedenen Klassen der bäuerlichen Agrarproduzenten hervor.

Der aus den früheren feudalen Oberklassen hervorgegangene Großgrundbesitz verschmilzt mit dem Groß- und Monopolkapital und wird eine Gruppe dieser Schicht.

6. Schon mit dem Übergang zum Imperialismus, aber verstärkt mit der Herausbildung des SMK entstehen und vermehren jene sozialen Gruppen ihr Gewicht, die vom ökonomischen Standpunkt des Reproduktionsprozesses nur Konsumentenfunktionen wahrnehmen und deren Existenzgrundlage unmittelbar mit der staatsmonopolistischen Umverteilung des Nationaleinkommens verbunden ist. Es handelt sich um die Gruppen der Sozialeinkommens- und Rentenbezieher, ebenso um Gruppen wie Schüler, Studenten usw. die, obwohl sie – außer als Konsumenten u. ä. – nicht im Wirtschaftsprozeß verwurzelt sind, soziale Interessen entwickeln.

Schließlich muß im Zusammenhang mit der staatsmonopolistischen Regulierung und Wirtschaftspolitik, einschließlich der als sogenannter Gesellschaftspolitik erfolgenden Initiativen, auf die Schaffung von Kleinbesitzerschichten (Hausbesitz usw.) verwiesen werden. Diese Schichten reichen weit in die Arbeiterklasse hinein, womit eine gewisse Überlappung der Arbeiterklasseninteressen mit kleinbürgerlichen Interessen unvermeidlich ist.[19] Dieser Effekt wird insbesondere bei ländlichen Schichten der Arbeiterklasse und Übergangsgruppen (Nebenerwerbsbauern, Zuerwerbsbauern) infolge – wenn auch kleinen – Grundbesitzes verstärkt.

Will man das Wesentliche der Veränderungen hervorheben, so muß *zuerst* die Stellung der Finanzoligarchie gegenüber allen anderen Klassen und Schichten betont werden. Obwohl diese Herrschaft eine permanente Verschwörung gegen das Volk darstellt, ist der Charakter des staatsmonopolistischen Systems mit nicht weniger als mit einer Verschwörungstheorie zu erfassen. Wie frühere Klassenherrschaften, beruht auch der SMK auf materiellen Interessen und Bindungen.

Als *zweites* wesentliches Moment kann hervorgehoben werden, daß mit der Entwicklung des Imperialismus die Intelligenz und die lohnabhängigen Zwischenschichten an Bedeutung gewinnen. Es ist hier nicht mehr in erster Linie die gemeinsame Rolle in den Arbeitsprozessen als direkte Produzenten materieller Güter, die eine Affinität zur Arbeiterklasse begründet – wie heute noch bei Bauern, Handwerkern, Kleinproduzenten –, sondern die gemeinsame Stellung als Lohnabhängige. Beruht also die zwiespältige Haltung der alten Mittelschichten auf dem Widerspruch zwischen Arbeit und Privateigentum, so diejenigen der neuen Mittelschichten auf dem Widerspruch zwischen Lohnarbeit und Leitungsfunktionen bzw. gegenüber der Arbeiterklasse spezifischen Reproduktionsfunktionen.

Schon daran wird sichtbar, daß das staatsmonopolistische System nicht ausschließlich durch die zunehmende Polarisierung von Lohnarbeit und Kapital charakterisiert werden kann. Eine Reduzierung der Klassenverhältnisse auf die antagonistischen Pole: Kern der Arbeiterklasse und

Monopolbourgeoisie kann die konkrete Klassenbewegung nicht allseitig erfassen. Sie wird außerdem der Klassenstruktur des heutigen Kapitalismus nicht gerecht. Aber sie ist eine notwendige Bedingung, um den Antagonismus der spätkapitalistischen Gesellschaft aufdecken und die Richtung des Klassenkampfes bestimmen zu können.

5.1 *Die Grundklassen im staatsmonopolistischen Kapitalismus*

5.1.0 *Theoretische Ausgangspunkte*

In diesem und in den folgenden Abschnitten wird, ausgehend und unter Benutzung der in Abschnitt 3 entwickelten Kategorien, versucht, die Grundelemente der Klassen- und Sozialstruktur des heutigen Kapitalismus in der BRD darzulegen. Theoretische Kriterien, wie sie vor allem in den Abschnitten 2, 3 und 4 herausgearbeitet wurden, sind hier auf die Ebene operationaler Anwendung gemäß den bereits entwickelten spezifischen Aufgabenstellungen der sozialstatistischen Analyse umzusetzen.

Das grobe *Grundschema „Arbeiterklasse—Kapitalistenklasse—Mittelschichten“* erfaßt dabei nach unserer Ansicht die Hauptlinie der Klassenstruktur.

Arbeiterklasse und Kapitalistenklasse sind deshalb die Grundklassen der kapitalistischen Gesellschaftsformation, weil sie unmittelbar aus dem herrschenden Produktionsverhältnis in der materiellen Produktion hervorwachsen. Es handelt sich dabei im Kern um ein Verhältnis der Ausbeutung der Arbeiterklasse durch die Kapitalistenklasse, beruhend auf dem Eigentumsmonopol der Kapitalistenklasse. Aber das Ausbeutungsverhältnis ist breiter als die Ausbeutung der Arbeiterklasse in der materiellen Produktion. Auf der Seite der Kapitalistenklasse reicht das Aneignungsverhältnis ebenfalls über die materielle Produktion hinaus. Es ist vollends im Rahmen des SMK gesamtgesellschaftlicher Natur. Die Grundklassen sind deshalb breiter als ihre Abteilungen in der materiellen Produktion.

Wesentliche Rekrutierungsbasis der Bourgeoisie sind historisch die wohlhabenden Gruppen der Mittelstände der Feudalgesellschaft. Die Zersetzung und Differenzierung dieser Mittelstände auf der Basis der Warenproduktion und Geldwirtschaft vollzieht sich mit der Durchsetzung der kapitalistischen Produktionsweise. Die Entfaltung des Kapitalverhältnisses und damit die Entwicklung und Differenzierung der Bourgeoisie ist der historische Prozeß der Akkumulation des Kapitals. In diesem Prozeß schlagen sich unmittelbar die Widersprüche der kapitalistischen Produktionsweise und die sozialen Gegensätze ihrer sozialen Basis nieder. Die Analyse der Grundklassen des Kapitalismus kann nicht von der technischen Entwicklung oder der Entwicklung der Produktivkräfte schlechthin ausgehen. Denn in der kapitalistischen Produktionsweise nehmen die Produktivkräfte Kapitalcharakter an, und ihre Entwicklung vollzieht sich deshalb nicht nur einfach auf einer bestimmten sozialökonomischen

Grundlage, sondern unter der Herrschaft der spezifischen Entwicklungsgesetze dieser Produktionsweise, die wesentlich die Entwicklungsgesetze des Kapitals sind.

Kapital und Lohnarbeit sind die antagonistischen Pole dieses Verhältnisses und Entwicklungsprozesses und als solche die dialektischen Seiten des Akkumulationsprozesses. Grundlage und Ausgangspunkt der Untersuchung der Grundklassen des Kapitalismus ist deshalb Struktur und Bewegung von Kapital und Lohnarbeit – heute unter den spezifischen Bedingungen des SMK.

5.1.1 *Die Bourgeoisie – die Klasse der Kapitalisten*

5.1.1.0 *Repräsentanten und Nutznießer der Ausbeutung*

Mit der Entstehung der Monopole als der herrschenden Produktionsverhältnisse des modernen Kapitalismus ist der alte Zusammenhang der Kapitalistenklasse aufgelöst. Deshalb wäre es unzutreffend, von der Bourgeoisie als Ganzes, als der im heutigen Kapitalismus herrschenden Klasse zu sprechen. Aber es wäre ebenso unzutreffend, den durch das Kapitalverhältnis, das kapitalistische Ausbeutungsverhältnis der Lohnarbeit gegebenen und nach wie vor bestehenden Klassenzusammenhang der Bourgeoisie zu ignorieren oder zu unterschätzen. Ausgangspunkt der Analyse der Bourgeoisie muß deshalb nach wie vor das Kapitalverhältnis und der Kapitalbegriff bleiben.

Von daher ergibt sich: „Der Eigentümer des Kapitals (unabhängig ob in Form von produktivem, Waren- oder Geldkapital) ist ein Vertreter der Klasse der Bourgeoisie, wenn seine Größe den grundlegenden Zielen und dem Charakter der kapitalistischen Produktion entspricht. Das bedeutet, daß die Masse des Kapitals, das Profit bringt, ausreichend sein muß für den Fonds zur ‚standesgemäßen' Befriedigung der Bedürfnisse des Kapitalisten und darüber hinaus ebenfalls für einen Akkumulationsfonds, der die Produktion des Kapitals auf einer erweiterten Stufenleiter gestattet."[20]

Es ist nicht ausreichend, die Bourgeoisie nur als eine Klasse von Produktionsmittelbesitzern zu charakterisieren – das sind auch die selbständigen Mittelschichten –, sondern es muß gleichzeitig mit der Charakterisierung des Umfangs der Produktionsmittel ihr spezifischer Kapitalcharakter dargelegt werden.

Erst daraus ergibt sich, daß die Eigentumstitel als juristischer Ausdruck der Willensverhältnisse in die herrschende Stellung im kapitalistischen Aneignungsprozeß eingeschlossen sind und daß sie den Fixpunkt dieser Verhältnisse darstellen. Aber das Wesentliche ist die Stellung in diesen historisch gegebenen Aneignungsverhältnissen, wodurch letzten Endes die Aneignung der durch die arbeitende Klasse geleisteten Mehrarbeit und des durch die arbeitende Klasse als Mehrwert geschaffenen Mehrprodukts möglich und die dialektische Einheit von kapitalistischem

Eigentum und Ausbeutung, Eigentum und Kontrolle, Besitz und Verfügung deutlich wird.

Zweifellos stellen die Kapitaleigentümer den Kern der Bourgeoisie dar, aber der Klassenzusammenhang ist von vornherein breiter und erfaßt – was vor allem mit der Herausbildung von Gesellschaftskapital bedeutsam wird – auch jene Gruppen, die als Repräsentanten der Kapitalverwertung und der Sicherung des Profitsystems auf den verschiedenen Ebenen wirksam sind und den Eigentümern aggregiert werden.

Die Bourgeoisie als Ganzes lebt von der Ausbeutung der Arbeiterklasse. In ihren Händen sind die wesentlichen Produktionsmittel und der größte und entscheidende Teil des materiellen Reichtums der Gesellschaft konzentriert. Sie kontrolliert und beherrscht die Wirtschaft und mit der Wirtschaft die kapitalistische Gesellschaft. Der Staat als öffentliche Macht dieser Gesellschaft ist das Instrument der kapitalistischen Interessen und der Sicherung des Systems als Ganzes. Die Bourgeoisie als eine der beiden Grundklassen des Kapitalismus ist mit dem System der Ausbeutung verbunden, steuert, kontrolliert und beherrscht dieses System, ist sein Nutznießer und sozialer Träger.

Wie das Kapital die Grundlage des Monopol- und Finanzkapitals, so ist die Bourgeoisie die soziale Rekrutierungsbasis der Schicht der Monopolkapitalisten und der herrschenden Gruppe der Finanzoligarchie. Wie das Monopolkapital die Herrschaft über das Gesamtkapital antritt, seine Interessen durchsetzt und den nichtmonopolisierten Kapitalen Funktion und Einfluß zuweist, so erlangt die Schicht der Monopolbourgeoisie bzw. die Gruppe der Finanzoligarchie die Herrschaft über die Gesamtbourgeoisie. Sie realisiert die Herrschaft bzw. Herrschaftssicherung des kapitalistischen Profitsystems und bestimmt Rang und Einfluß der nichtmonopolistischen Schichten.

Mit der Trennung des Kapitaleigentums von der Anwendung des Kapitals verliert das kapitalistische Eigentum ursprünglich in ihm eingeschlossene produktive Funktionen und wird ausschließlich parasitär. Natürlich ist die Verwertung des Kapitals von vornherein Ausbeutung der Lohnarbeit. Aber in den Frühstadien ist das Profitmotiv ein mächtiger Antrieb der Entwicklung der Produktivkräfte bis zum Stadium der Großproduktion und eine Grundlage für die revolutionäre Rolle der Kapitalistenklasse.

Diese revolutionäre, progressive Rolle war mit dem Eindringen des Kapitals in die Produktion unter dem Kommando der Kapitalisten verbunden. Jenes Kapital, das in der ursprünglichen Akkumulation auf der Grundlage der Warenproduktion und Geldwirtschaft entsteht und als Wucher-, Geld- und Handelskapital die Zersetzung der Feudalgesellschaft und die Polarisierung der Warenproduktion vorantreibt, bereitet erst die kapitalistische Produktionsweise vor und spielt die Rolle des destruktiv revolutionären Ferments. Zur herrschenden Macht wird das Kapital aber erst dann, wenn es sich die materielle Produktion unterwirft und sie entsprechend seinen Verwertungsbedürfnissen umgestaltet. So wird die

Industriebourgeoisie, das kapitalistische Unternehmertum zur entscheidenden Fraktion der Bourgeoisie, die die historischen Bedürfnisse und Interessen der Gesamtbourgeoisie zum Ausdruck bringt, die in dieser Periode mit der ungehemmten Entfaltung der Produktivkräfte zusammenfallen – eine Entwicklung, die immer den Januskopf wachsender Ausbeutung und Unterdrückung der arbeitenden Massen trägt. Diese, und nur diese historisch relativ kurze Phase ist die Stunde des bis auf den heutigen Tag von den Verteidigern des kapitalistischen Systems beschworenen „freien Unternehmertums".

Mit der Konzentration und Zentralisation des Kapitals entsteht aus den Gesetzmäßigkeiten und Widersprüchen der kapitalistischen Akkumulation das Gesellschaftskapital als Träger der Großproduktion und Wirtschaftstätigkeit auf großer Stufenleiter. Damit werden Prozesse wirksam, die mit der Trennung von Kapitaleigentum und Kapitalanwendung den fungierenden Kapitalisten aus der Produktion verschwinden und seine progressive Rolle als Repräsentant des Fortschritts der Produktivkräfte hinfällig werden lassen.

Natürlich bestehen bis heute weite Bereiche der kapitalistischen Wirtschaft, in der kapitalistische Unternehmer, fungierende Kapitalisten wirken. Und in der Tat stellen sie nach wie vor zahlenmäßig die Masse der Kapitalistenklasse: in den Klein- und Mittelbetrieben. Aber aus der Großproduktion und Wirtschaftstätigkeit auf großer Stufenleiter sind sie verschwunden. Dieser Teil der Kapitalistenklasse ist damit nicht mehr der die entscheidenden Kapitalbewegungen repräsentierende Faktor, selbst dann nicht, wenn in seinem Bereich die Masse der Lohnarbeit ausgebeutet und der Großteil der Mehrarbeit von der Arbeiterklasse abgepreßt wird.

In diesen Veränderungen wird die Verwandlung des großkapitalistischen Eigentums in ein ausschließlich parasitäres Verhältnis und der großkapitalistischen Eigentümer in eine parasitäre Schicht deutlich.

Es sei nochmals auf die Erörterungen in den Abschnitten 4.3 und 5.0 verwiesen, wo auf die wesentlichen Elemente der inneren Gliederung der Kapitalistenklasse unter den Bedingungen der freien Konkurrenz und auf die mit der Herausbildung des Gesellschaftskapitals und dem Übergang zum Imperialismus eingetretenen Veränderungen eingegangen wurde.

Die Trennung von Geldkapitalisten und fungierenden Kapitalisten, die mit dem Gesellschaftskapital verbundene Herausbildung der Manager, Aktionäre und der neuen Finanzaristokratie, setzt sich mit dem Imperialismus auf einer höheren Ebene fort, was W. I. Lenin zu der Feststellung veranlaßte: „Die Trennung des Kapitaleigentums von der Anwendung des Kapitals in der Produktion, die Trennung des Geldkapitals vom industriellen oder produktiven Kapital, die Trennung des Rentners, der ausschließlich vom Ertrag des Geldkapitals lebt, vom Unternehmer und allen Personen, die an der Verfügung über das Kapital unmittelbar teilnehmen, ist dem Kapitalismus überhaupt eigen. Der Imperialismus oder die Herrschaft des Finanzkapitals ist jene höchste Stufe des Kapitalismus, wo diese Trennung gewaltige Ausdehnung erreicht."[21]

Diese hier genannte Differenzierung ist mit der weiteren Entwicklung des Imperialismus ebenso wenig aufgehoben wie die Gliederung der Bourgeoisie nach dem spezifischen Anlage- und Aufgabenbereich ihrer Kapitale. Nach wie vor muß auch die innere Schichtung nach der Kapitalgröße berücksichtigt werden. Aber mit der Entstehung des Monopol- und Finanzkapitals wird zwischen dem Großkapital und dem übrigen Kapital nicht mehr nur ein quantitativer Übergang, sondern eine – wenn auch fließende – qualitative Grenze sichtbar.[22]

Deshalb ist die *für den Monopolkapitalismus wesentliche Gliederung* der Bourgeoisie die *zwischen monopolistischer und nichtmonopolistischer Bourgeoisie*. An die Stelle der herrschenden Klasse tritt eine herrschende Schicht dieser Klasse, oder noch exakter: eine herrschende Gruppe. Der Aufdeckung ihrer sozialen Struktur, also ihrer Struktur als Personengruppe kommt angesichts der Anonymisierung der großkapitalistischen Herrschaftsverhältnisse und der Verbreitung der an dieser Erscheinung anknüpfenden Ideologien des Volkskapitalismus, der pluralistischen Gesellschaft usw. heute eine besondere Bedeutung zu.

5.1.1.1 *Monopolbourgeoisie und Finanzoligarchie*

Grundlage der Analyse der Monopolbourgeoisie und der herrschenden Gruppe der Finanzoligarchie bzw. der staatsmonopolistischen Oligarchie ist die Untersuchung der Struktur und Bewegung des Monopolkapitals unter den heutigen Bedingungen des SMK. Wir stützen uns in unserer skizzenhaften Erörterung auf die vorhandenen und bekannten marxistischen Analysen.[23] Dabei liegt der Schwerpunkt auf

- dem weiteren Fortgang des Monopolisierungsprozesses;
- dem staatsmonopolistischen Mechanismus.

Als zentrale soziologische Fragen ergeben sich nicht nur die Beziehungen zwischen Eigentümern und Managern auf der Ebene der Einzelkapitale, sondern zunehmend die Beziehungen zwischen den monopolistischen Gruppen im Staatsapparat und den monopolistischen Gruppen auf der Ebene der Einzelkapitale. Empirischer Ansatzpunkt auf der Ebene der Einzelkapitale ist zweifellos die Untersuchung der fungierenden großen Einzelkapitale, insbesondere die großen Gesellschaften und Konzerne, unabhängig von ihrer konkreten Anlagesphäre. Diese großen Kapitale haben den nationalen Rahmen längst hinter sich gelassen und operieren auf internationaler Ebene. Die Konzerne sind heute die *Grundzellen* des Monopolisierungsprozesses.[24] Diese Ebene ist gleichzeitig das Feld der unmittelbaren Konfrontation von Monopolkapital und Arbeiterklasse. Zweifellos sind die Großaktionäre, die Vorstandsvorsitzenden und -mitglieder sowie die wichtigen sonstigen Direktoren dieser Gesellschaften und Konzerne Gruppen der Monopolbourgeoisie.

Damit sind jedoch erst die Grundzellen des Monopolkapitals erfaßt. Bekanntlich vollzieht sich die Organisierung und Realisierung des Monopols auf verschiedenen weiteren Ebenen. Zuerst muß auf die *Zweigmonopolisierung* eingegangen werden, die sich früher vorrangig in Form von Kartellen, Syndikaten usw. realisierte. Diese Formen sind heute zurückgetreten, wenn sie auch nach wie vor bedeutsam sind. Ihre Funktionen werden von verschiedenen *Unternehmerverbänden und -organisationen* wahrgenommen.[25] Diese Verbände sind Formen des Zwangszusammenschlusses der Einzelkapitale der jeweiligen Bereiche und Zweige unter dem Kommando des Monopolkapitals. In und über diese Verbände realisierte sich zum großen Teil die Verzahnung und Verflechtung des Monopolkapitals mit dem Staatsapparat und den politischen Parteien: monopolistische Interessen werden in politische Entscheidungsprozesse umgesetzt. Deshalb sind die Spitzenfunktionäre solcher Verbände (BDI, BDA, DIHT usw.) und funktionell ähnlicher Gremien (CDU-Wirtschaftsrat u. a.) ebenso wie die Spitzenmanager auf der Ebene der großen Privatkapitale der Monopolbourgeoisie aggregierte Gruppen. Über derartige Verbände und Gremien verfügt das Monopolkapital heute nicht nur in der BRD und Westberlin, sondern auch im internationalen Bereich, vor allem in der EWG.

Auch die Zweigmonopolisierung vollzieht sich heute nicht nur im nationalen Rahmen – wobei neben den hier genannten Formen auch die Formen direkter und indirekter Verflechtungen der verschiedensten Art zu berücksichtigen sind –, sondern auch auf internationaler Ebene. Im Rahmen des jeweiligen Staatsgebietes gibt es deshalb mehr oder weniger starke Auslandsfraktionen des Monopolkapitals, in der BRD vor allem des US-Kapitals.

Die Zusammenfassung monopolistischer Interessen vollzieht sich auf der Ebene der *Finanzgruppen,* mehr oder weniger stabilen Gruppierungen, in denen die aus dem monopolistischen Eigentum resultierenden finanzpolitischen Interessen zusammenfließen und Konzerne, Beteiligungen, Unternehmen der verschiedensten Art und Bereiche vereinigt sind. Das verwischt die Linien des Reproduktionsprozesses und die verschiedenartige Funktion der jeweiligen Kapitale endgültig. In diesen Finanzgruppen wird die dominierende Rolle des kapitalistischen Eigentums realisiert. Empirisch faßbar werden diese Gruppierungen über die Kapitalverflechtung und die Verflechtung der personellen Repräsentanz (Vorstände, Aufsichtsräte usw.)

Die Repräsentanten dieser Gruppierungen sind die eigentliche Finanzoligarchie, die reichen Familien, Großkapitalisten, Top-Manager (z. B. die Flick, Thyssen, Quandt, Abs, Horten usw.).

Der Spiralenform der Monopolisierung entspricht soziologisch also nicht nur die Hierarchie der Gesamtbourgeoisie, sondern auch des Großkapitals.[26] „Das Monopol ... personifiziert sich im Großkapitalisten, in der Monopolbourgeoisie und ihrer Spitze, der Finanzoligarchie."[27]

Schon im Kapitalismus der freien Konkurrenz offenbart sich der „Bruderbund" von Börse und Regierung und setzt sich auf höherer Ebene im Imperialismus in der Personalunion von Finanzoligarchie und Regierung fort. Diese Verflechtungen sind selbstverständlich auch im SMK wirksam. In dem Maße, wie der Staat aber zum „reellen Gesamtkapitalisten“ und direkten Ausbeuter wird, wächst der Bereich seiner unmittelbaren Wirtschaftstätigkeit. Aus der Spitzenbürokratie rekrutieren sich die Leiter der Staatsbetriebe und Staatskonzerne, die den Ausbeutungsprozeß Zigtausender Lohnarbeiter kommandieren und – im Rahmen des Gesamtsystems – den Aneignungsprozeß im Monopolinteresse realisieren. Im SMK sind darüber hinaus Schaltstellen des monopolistischen Reproduktionssystems – auf nationaler und internationaler Ebene – unmittelbar im Staatsapparat installiert. Die Verschmelzung der Macht der Monopole und des Staates wird soziologisch gerade in diesen Gruppen relevant, die mit der Bourgeoisie und Monopolbourgeoisie verschmelzen. Das betrifft heute alle wichtigen Bereiche der Staatsaktivität – nicht zuletzt den Militär- und Rüstungsapparat – und darüber hinaus die Spitzen der auf dem Boden der Verteidigung der sogenannten Marktwirtschaft stehenden Parteien und Institutionen (Kirchen, Verbände usw.). Diese sogenannte politische Elite wird funktionell zu einem Bestandteil der herrschenden Klasse. „Wenn sich früher diese Kategorie auch völlig oder fast völlig aus den Reihen der Großbourgeoisie und der Grundaristokratie rekrutierte, so besteht sie heute zu einem bedeutenden Teil aus Personen, die aus den Oberschichten der Intelligenz und der Angestellten kommen. Fest verbunden mit der Monopolbourgeoisie bildet diese Gruppe gemeinsam mit ihr die herrschende Spitze des modernen Kapitalismus ...“,[28] eine Gruppe, für die die Bezeichnung „staatsmonopolistische Oligarchie“ den Kern trifft.[29]

Diese Entwicklung, die sich in allen imperialistischen Staaten vollzogen hatte, veranlaßte nicht wenige, und auch progressive Soziologen wie C. W. Mills, das monopolkapitalistische Eigentum als Kern und Grundlage dieser Gruppierungen zu ignorieren die „Machtelite“ in erster Linie an Verfügung und Kontrolle zu binden.

Zum anderen führte eine undialektische mechanistische Auffassung der Beziehungen zwischen den Gruppen der „alten“ Finanzoligarchie und der „politischen Elite“ zu gravierenden Fehleinschätzungen in dieser oder jener Richtung, zu einer Reduzierung auf das Verhältnis Herr–Diener oder zu einer Überschätzung der relativen Selbständigkeit der „politischen Elite“ und der Möglichkeiten des Staates.

Was den Ausgangspunkt für die Analyse dieser Beziehungen betrifft, so scheint uns, wie schon in anderen Zusammenhängen betont, die Stellung im heutigen Aneignungsprozeß maßgebend: „Ausschlaggebend ist ... der sozialökonomische Status der einzelnen Schichten und Gruppen, das heißt wesentlich sind solche Faktoren wie die Möglichkeit, große Kapitale mit Hilfe des genannten Kontrollsystems zu beherrschen, der Platz in der Organisation des kapitalistischen Produktions- und Verwertungsprozesses, ihre Funktion bei der Realisierung des Monopols unter staatsmonopolistischen Bedingungen, kurz gesagt, ausschlaggebend ist ihre Teilnahme am und ihre Kommandogewalt über den heutigen monopolkapitalistischen Aneignungsprozeß ...“ „Aber nicht nur in diesen objektiven sozialökonomischen Kriterien, auch in der subjektiven Interessenlage gibt es Übereinstimmung zwischen diesen Gruppen.[30]

Hiermit zeigt sich der Kern monopolistischer Verwertungsinteressen und der soziologische Zusammenhang aller aggregierten Gruppen. Es ist die kommandierende Teilnahme am Aneignungs- und Ausbeutungsprozeß auf der Ebene des Einzelkapitals und der Gesamtgesellschaft – was die Funktion der Sicherung dieses Systems einschließt – und die entsprechende Beteiligung am Profit. Diese Beteiligung und ihre Resultate sind anders unter den Bedingungen des SMK als in schwach entwickelten kapitalistischen Ländern, in denen der Staat und die von ihm mobilisierten Mittel zur Akkumulationsquelle des bürokratischen Kapitals und Staatstätigkeit für Schichten der Intelligenz und der Angestellten zur Aufstiegsmöglichkeit in die Kapitalistenklasse werden.[31]

Was die Beziehung „politische Elite“ und Privatmonopole angeht, so schließt sie den Gegensatz von gesamtmonopolistischen Verwertungs- und Systemsicherungsinteressen einerseits und Einzelinteressen von Monopolen und Finanzgruppen andererseits ein. Aber in der Wirklichkeit realisieren sich die Interessen der einflußreichsten Gruppierungen als Gesamtinteressen – was wechselnde Interessenkoalitionen der Finanzgruppen einschließt – und werden als solche mittels der staatlichen Gewalt und Hoheit dem übrigen Kapital und der Gesamtgesellschaft aufgezwungen. Anders können die Gesamtinteressen unter den Bedingungen monopolistischer Konkurrenz nicht definiert werden. Aber in diesem Prozeß ist die „politische Elite“ oder die entsprechende Gruppe an den Kommandohebeln des Staates nicht einfach ein passiver Faktor. Vielmehr muß sie in ihrer Funktion dem gesamtgesellschaftlichen und internationalen Kräfteverhältnis der Klassen und Konkurrenten Rechnung tragen, was wiederum einzelne Konflikte mit den dominierenden monopolistischen Gruppen nicht ausschließt.

Das Monopolkapital ist das herrschende Produktionsverhältnis und die herrschende Macht in der heutigen kapitalistischen Gesellschaft. Es ist eine parasitäre Macht, die den Interessen aller anderen Klassen, Schichten und Gruppen der Gesellschaft entgegensteht. Es ist die Ursache und Wurzel aller antidemokratischen, reaktionären und militaristischen Tendenzen. Seine Macht ist mit dem Staat zu einem auf der heutigen Stufe dieser Ordnung unauflöslichen Mechanismus verschmolzen. Es ist die Hauptstütze, der Hauptnutznießer, der Hauptinteressent, der Kern der heutigen Ausbeuterordnung

Seine Personifikation ist die Monopolbourgeoisie und ihre Spitze, die staatsmonopolistische Oligarchie, das Amalgamat der obersten Spitzen von Staatsapparat, Monopolverbänden und Finanzoligarchie. Um diesen Kern – besser unter dieser Spitze – gruppieren sich die großkapitalistischen Eigentümer und Spitzenmanager der privaten und staatlichen großen Kapitalgesellschaften und Konzerne, die Spitzenfunktionäre und Repräsentanten der Entscheidungsgremien der staatsmonopolistischen Regulierung und der politischen Macht – einschließlich der Führungen der staatstragenden Parteien und wesentlichen Institutionen und Verbände.

Von besonderer Bedeutung sind in diesem Rahmen die Gruppen des ausländischen Monopolkapitals, in der BRD vor allem des US-Kapitals. In der internationalen personellen Verflechtung realisiert sich auf der soziologischen Ebene die Internationalisierung des Kapitalverhältnisses und des SMK. Eine Gruppierung, der infolge ihres reaktionären und parasitären Einflusses besondere Bedeutung zukommt, sind die Repräsentanten und Spitzenfunktionäre des Militär-Industrie-Komplexes.

Die Monopolbourgeoisie ist heute keine sozial völlig homogene Schicht. Die Stabilität ihrer einzelnen Gruppen ist unterschiedlich. Einige Gruppen – vor allem die „politische Elite" und die Spitzenmanager der Wirtschaft – sind vorwiegend funktionell aggregiert – es sei denn, ihre Aneignungsfunktion realisiert sich in entsprechenden Privatvermögen, was eine mehr oder weniger lange Dauer ihrer Funktionsausübung und Einkommen monopolistischen Umfangs voraussetzt. Das ist allerdings in der Tat bei vielen Managern und Spitzenfunktionären der Fall. Ihre Haupteinkünfte sind nicht in erster Linie die Gehälter als Angestellte und Beamte, sondern Tantiemen, Beraterhonorare u. dgl.

Die Übergänge zwischen den einzelnen Gruppen sind fließend, die Personen in den einzelnen Funktionen austauschbar. Ihre soziale Rekrutierungsbasis liegt in der Bourgeoisie, den Mittelschichten und bei einigen Personen auch in der Arbeiterklasse. Ihre Kerngruppe, die Finanzoligarchie und die großkapitalistischen Eigentümer, weist jedoch personell bzw. familiär in ihrer Mehrheit eine Kontinuität auf, die bis in das letzte Jahrhundert reicht. Im Verlauf der Entwicklung des Imperialismus haben die Spitzenmanager und die „politische Elite" im Rahmen der Monopolbourgeoisie an Bedeutung gewonnen.

Gegenüber den grundlegenden gemeinsamen Interessen, sind Interessengegensätze, die aus unterschiedlichen Verwertungsbedingungen und unterschiedlichen strategischen Einschätzungen resultieren, von untergeordneter Bedeutung, wenngleich sie für konkret historische Analysen auch von Wichtigkeit sein können. So ist die Rivalität zwischen Montankonzernen und Elektro- und Chemiekonzernen ein ebenso wichtiger Schlüssel zum Verständnis der Geschichte der Republik von Weimar[32] wie die Beziehungen von Schwerindustrie und Junkertum für das wilhelminische Deutschland.

5.1.1.2 *Die nichtmonopolistische Bourgeoisie*

Als nichtmonopolisierte Kapitale – und entsprechend nichtmonopolistische Bourgeoisie – sind jene Kapitale anzusehen, die infolge ihres zu geringen Umfangs und ihrer Stellung im Reproduktionsprozeß des SMK nicht in die Lage kommen oder kommen können, Monopolprofite zu realisieren. Ihr Rang ist durch die Monopolbourgeoisie bestimmt und zugeordnet. Sie sind die unteren und breiten Schichten des Kapitals.

Diese Schichten der kleinen, mittleren und z. T. großen Kapitalisten und Unternehmer stellen die Hauptmasse der Bourgeoisie, wobei auch hier der Zusammenhang weiter ist als die Eigentumstitel. Auf ihrer Ebene hat die Trennung von Kapitaleigentum und Kapitalanwendung in der Regel noch nicht das Ausmaß des großen Gesellschaftskapitals erreicht. Vor allem auf der mittleren und unteren Ebene, den sogenannten Familienunternehmen, handelt es sich um fungierende Kapitalisten, die noch produktive Funktionen ausüben. Aber gleichwohl ist dieses „freie Unternehmertum" nur noch ein Zerrbild seiner früheren Stellung. Die Anpassung an die untergeordnete Rolle im staatsmonopolistischen Reproduktionssystem hat das „Heulen mit den großen Hunden" zur vorherrschenden Verhaltensnorm gemacht. Es rekrutieren sich aus ihren Reihen aber auch noch immer die „dynamischen" Unternehmer, die mitunter als Außenseiter auch in die Reihen der Monopolbourgeoisie aufsteigen (z. B. Grundig). Ihre Abgrenzung nach unten, zu den Mittelschichten, ist durch die in Abschnitt 5.1.1.1 angeführten Momente und Kriterien gegeben.

Diese Bourgeoisie ist in der BRD nicht mehr mit der entscheidenden modernen Großproduktion und Wirtschaftstätigkeit im großen Stil verbunden. Wenngleich sie in der Wirtschaft wichtige Bereiche besetzt hält, ist sie nicht mehr in der Lage, gegenüber dem Monopolkapital ökonomisch eine selbständige Rolle zu spielen. Nichtsdestoweniger besitzt sie beträchtliches soziales und politisches Gewicht.

Unter den Bedingungen des SMK ist ihre innere Gliederung auf einer unteren Ebene ähnlich der der Monopolbourgeoisie. Neben den Kapitaleigentümern – Geldkapitalisten, Rentnern und fungierende Kapitalisten – müssen die Manager, Geschäftsführer usw. dieser Ebenen als ihnen aggregierte Gruppen angesehen werden. Es ist jedoch zu berücksichtigen, daß Geschäftsführer kleiner oder mittlerer Unternehmen ihren Einkünften, also ihrer Beteiligung am Profit nach, aus dem Zusammenhang der nichtmonopolistischen Bourgeoisie herausfallen und sich dann tatsächlich in der Lage lohnabhängiger Mittelschichten befinden können. Umgekehrt steht die Gruppe der oberen Manager in Konzernen und Monopolverbänden – infolge gegenüber dem Spitzenmanagement eingeschränkten Befugnissen – im Zusammenhang der Bourgeoisie.

In der Analyse der nichtmonopolistischen Bourgeoisie muß sowohl dem Anlagegebiet des Kapitals wie der Schichtung nach Kapitalgröße und Profitumfang Rechnung getragen werden. Die horizontale Gliederung spielt hier zweifellos eine wesentliche Rolle (Industrie, Landwirtschaft, Handel, Dienstleistungen usw.). Hieraus ergibt sich auch der jeweilige Nachbar in den Mittelschichten. Die vertikale Schichtung macht die unmittelbaren Übergangsgruppen vor allem nach unten deutlich.

Darüber hinaus sind die oberen, effektiv leitenden Gruppen der Angestellten im staatlichen und öffentlich-rechtlichen Bereich heute eine wichtige der Bourgeoisie aggregierte Gruppe. Das sind jene Gruppen, die die Verfügung über entsprechende Lohnarbeit, Produktionsmittel und Finanzmassen besitzen und die in leitender, kommandierender Funktion die staatliche Macht repräsentieren.

Dazu zählen die Vorstände und Direktoren staatlicher, kommunaler, gemeinwirtschaftlicher, öffentlich-rechtlicher Unternehmen und Institutionen (Sparkassendirektoren, Rundfunk- und Fernsehdirektoren, Versicherungspräsidenten usw.), die Oberschicht der Verwaltungsbürokratie (Landräte, Stadtdirektoren, Oberbürgermeister) und des Repressionsapparates (Oberschicht der Richter und Staatsanwälte, Generale, Polizeipräsidenten usw.). Ferner muß die Spitzengruppe (nach Einkommen, Befugnis, Einfluß) der Professoren, Schriftsteller usw., die im Interesse des Systems wirkt, also die eigentliche Ideologenfraktion, als der Bourgeoisie aggregiert angesehen werden. Diese Gruppe kann nicht mit dem alten „Bildungsbürgertum" oder der sozialen Schicht der modernen Intelligenz verwechselt werden, obwohl sie sich vorwiegend aus ihren geisteswissenschaftlichen Gruppen rekrutiert.

Die innere Struktur der nichtmonopolistischen Bourgeoisie wird auch in ihrer z. T. unterschiedlichen Rekrutierungsbasis und Mobilität sichtbar sowie an den jeweiligen angrenzenden Mittelschichten. Unter den Bedingungen des SMK sind vor allem die Obergruppen im Staatsapparat schnell wachsende Gruppen der Bourgeoisie mit zunehmendem Einfluß auf die Klassenbeziehungen. Sie rekrutieren sich zum Teil auch aus Obergruppen der Arbeiterklasse, der Arbeiterbürokratie und den Mittelschichten und das ermöglicht ihnen gerade einen beträchtlichen Einfluß auf diese Schichten und ihre Organisationen.

Schließlich schlägt sich die Stellung dieser Gruppen der Bourgeoisie auf der Ebene der Einzelkapitale und des SMK in Einkommen nieder, deren Quelle die Beteiligung am Profit und deren Umfang dem Niveau der kapitalistischen Unternehmer dieser Ebenen vergleichbar ist und ihnen einen entsprechenden Lebensstil erlaubt.

Mit der Eingliederung aller Gruppen der nichtmonopolistischen Bourgeoisie in das staatsmonopolistische System werden ihre Reproduktionsbedingungen dem Diktat der Monopolbourgeoisie unterworfen. Darauf beruhen gegen das Monopolkapital gerichtete Interessen, Bewegungen und Konflikte. Aber wesentliche und grundlegende Interessen – so an der Erhaltung des Systems der Lohnarbeit und der Ausbeutung – fallen mit den Interessen des Monopolkapitals zusammen, in dem diese Gruppen die Stütze des Systems suchen müssen.[33]

Auf der Ebene der unmittelbaren Interessen ist die Verstärkung der Ausbeutung und die Erhöhung der Mehrwertsrate, vor allem durch die „Ökonomie" des variablen Kapitals, eine unmittelbare Quelle zur Erhöhung der Profite, was den Kampf gegen die Lohnforderungen der Arbeiterklasse einschließt. Aber dies ist angesichts der staatsmonopolistischen Regulierung und des Monopolprofits vielfach in erster Linie nur eine Schützengrabenfunktion für die Konzerne. Für die Reproduktion ihres Kapitals erlangen die Rahmenbedingungen und Eingriffe der staatsmonopolistischen Regulierung unter bestimmten Bedingungen weit größeres Gewicht.

Diese Situation ist die Grundlage zur Einbeziehung wesentlicher Schichten der Bourgeoisie in antimonopolistische Koalitionen. Das trifft auch – bei modifizierten Bedingungen – für die Gruppen der Bourgeoisie außerhalb der Sphären der unmittelbaren Kapitalverwertung zu.

5.1.2 *Das Proletariat – die Arbeiterklasse*

5.1.2.0 *Arbeitende und ausgebeutete Klasse*

„In demselben Maße, worin sich die Bourgeoisie, d. h. das Kapital entwickelt, in demselben Maße entwickelt sich das Proletariat, die Klasse der modernen Arbeiter, die nur so lange leben, als sie Arbeit finden, und die nur so lange Arbeit finden, als ihre Arbeit das Kapital vermehrt.“[34] Die Arbeiterklasse im Kapitalismus ist der wichtigste Träger der modernen Produktivkräfte, der vergesellschafteten Produktions- und Reproduktionsprozesse. Sie ist *arbeitende, hervorbringende, produktive* Klasse, der wichtigste Schöpfer des materiellen Reichtums der Gesellschaft. Auf ihrer Arbeit beruht die Existenz aller anderen nichtproduzierenden Schichten und Klassen, die ganze Gesellschaft. Das von ihr geschaffene und realisierte Mehrprodukt ist die Grundlage der Weiterentwicklung der Produktivkräfte und der Gesellschaft. Sie ist die produktivste Klasse und Kraft der bisherigen Geschichte.

Die Arbeiterklasse besitzt im Kapitalismus keine Produktionsmittel. Sie ist eine *eigentumslose* Klasse, das moderne Proletariat. Sie ist als arbeitende Klasse in dieser Funktion im Kapitalismus Verwertungsmaterial des Kapitals, die *ausgebeutete* Klasse, deren Mehrarbeit in der Produktion und in anderen Bereichen die Quelle des Profits der Kapitalisten und aller davon abgeleiteten Einkommen für die Kapitalisten und den kapitalistischen Staat ist.

Als eigentumslose Klasse sind ihre Angehörigen gezwungen, ihre Arbeitskraft gegen Lohn an die Besitzer der Produktionsmittel zu verkaufen. Ihre Arbeitskraft wird zu einer Ware, die den Gesetzen der kapitalistischen Produktion und des kapitalistischen Marktes unterworfen ist. Die Unsicherheit ihrer Existenz – ob der Lohn hoch oder niedrig – bestimmt im Kapitalismus ihr Leben.

Deshalb ist die Arbeiterklasse im Kapitalismus eine *unterdrückte, beherrschte und regierte* Klasse. Sie ist den Verwertungszwecken und Bedürfnissen des Kapitals und dem politisch-gesellschaftlichen System zur Sicherung dieser Ordnung unterworfen. Den Gesetzen und Zwängen des kapitalistischen Systems kann sie nur in dem Maße entgegenwirken, wie sie sich als Klasse formiert und den Kampf gegen das Kapital und sein System aufnimmt.

Als Verwertungsmaterial der kapitalistischen Arbeitsteilung und Arbeitsorganisation unterworfen, ist die Arbeiterklasse eine *kommandierte* Klasse. Sie verfügt weder über die gegenständlichen Bedingungen ihrer Arbeit, noch bestimmt sie über den Ablauf ihrer Arbeit und deren Ergebnisse. Ihre Angehörigen werden zu austauschbaren, der Ausbeutung unterworfenen „Nummern“, die diese, ihre gesellschaftliche Existenz und Lage nur mit der Überwindung der kapitalistischen Ordnung selbst überwinden und aufheben können.

Als Trägerin der modernen Produktivkräfte, des Fortschritts und der Zukunft der Gesellschaft ist sie historisch dazu berufen, die Fesseln ihrer

Ausbeutung, und damit ihrer Existenz als Verwertungsmaterial des Kapitals, abzuschütteln, die Herrschaft des Kapitals zu stürzen, eine neue Gesellschaft zu errichten und alle soziale Ungleichheit von ihren Wurzeln her zu beseitigen. Das ist ihre historische Mission als Klasse, als Subjekt der Geschichte. Deshalb ist sie die revolutionärste Klasse der Geschichte und als revolutionäre Klasse die wichtigste gesellschaftliche Produktivkraft.

Vom Standpunkt der welthistorischen Entwicklung stehen die Arbeiterklassen[35] der einzelnen Länder und Nationen heute auf verschiedenen Entwicklungsstufen:

in den sozialistischen Ländern sind sie die herrschenden und regierenden Klassen, die den Charakter und die Entwicklung der Gesellschaft bestimmen;

in den Ländern des entwickelten Kapitalismus stellen sie die Mehrheit der Bevölkerung (60 bis 90 Prozent) und sind die aktivste Kraft im antimonopolistischen Kampf;

in den ehemals kolonialen und halbkolonialen Entwicklungsländern sind sie ein sozialökonomisch wachsender und mehr und mehr in die Kämpfe eingreifender Faktor, um den sich die werktätigen Klassen und Schichten im antiimperialistischen Kampf gruppieren.

5.1.2.1 *Träger der modernen Produktivkräfte*

Die Entwicklung der Arbeiterklasse und ihrer Struktur ist im Kapitalismus an die Akkumulation des Kapitals und dessen Entwicklungsgesetze gebunden. Nur in diesem Rahmen können sich die Produktivkräfte und die Arbeiterklasse als ihr wesentlichstes Element entwickeln.

Die Fragestellung nach und der Verweis auf die Produktivkräfte ergibt sich für den historischen Materialismus bei der Forschung nach den aktiven und revolutionären Kräften im Produktionsprozeß des materiellen Lebens. Diese Fragestellung kann sich nicht mit dem Hinweis auf die Technologien und Arbeitsinstrumente beschränken, sondern muß in erster Linie die Arbeitskraft als lebendigen Träger der Arbeit einschließen. Erst Arbeitskräfte wenden Produktions- und Arbeitsmittel an und schaffen so den Aneignungsprozeß der Natur, die Produktion des materiellen Lebens. Ihre Fähigkeiten und Fertigkeiten, die sich in diesem Prozeß entwickeln und zur Entfaltung kommen, sind der wichtigste Faktor der materiellen Produktion. Sie selbst sind jeweils das Ergebnis einer geschichtlichen Entwicklung.

Wenn von dem Widerspruch des Kapitalismus als von dem Widerspruch zwischen gesellschaftlichem Charakter der Produktivkräfte und der Produktion und der privaten, kapitalistischen Aneignungsweise gesprochen wird, so schließt das immer den Gegensatz zwischen den Bedürfnissen, Interessen und Potenzen der Arbeiter, als Träger der Arbeitskraft, und den gesellschaftlichen Formen ihrer Verwertung, Anwendung, Entfaltung ein. Der Widerspruch kann also nicht auf den Gegensatz zwischen einem hohen Stand der Produktionstechnologien und ihren kapitalistischen Anwendungsmöglichkeiten reduziert werden.

Diesen Zusammenhang illustriert die westdeutsche Nachkriegsentwicklung besonders deutlich. Der wichtigste Faktor des schnellen wirtschaftlichen Aufbaus war – bei zerstörten Produktionsanlagen, Fabriken usw. – die hochqualifizierte Arbeitskraft der westdeutschen Arbeiterklasse. Ebenso zeigt die Entwicklung industriell schwach entwickelter Länder, daß vor allem ein allgemein niedriger Entwicklungsstand der Arbeiterklasse – ein Erbe des Kolonialismus – dieser Entwicklung selbst Schranken setzt.[36]

Wie an anderen Stellen erläutert, war in Westeuropa die Herausbildung der modernen Arbeiterklasse das Ergebnis eines vielhundertjährigen Prozesses der ursprünglichen Akkumulation. Die Schaffung des modernen Lohnarbeiters ist das Ergebnis; umspannt und charakterisiert eine geschichtliche Epoche. Die Entstehung des modernen Proletariats ist jedoch nicht einfach identisch mit dem Prozeß der Trennung unmittelbarer Produzenten von Eigentum und Besitz. Arme und Eigentumslose – Plebejer, wenn sie juristisch frei sind – hat es schon in früheren Gesellschaften gegeben und gibt es heute noch im großen Umfang in den Entwicklungsländern. An der Schwelle des modernen Kapitalismus sind sie ein Rekrutierungsreservoir des Proletariats. Zur Arbeiterklasse werden sie jedoch erst in Verbindung mit der modernen Industrie.

Wie andere arbeitende, hervorbringende und ausgebeutete Klassen vor ihr – und neben ihr – ist die Arbeiterklasse der Schöpfer des materiellen Reichtums und damit der Grundlage der Existenz und Weiterentwicklung der Gesellschaft. Aber gegenüber anderen und früheren Klassen sind die Umstände und Verhältnisse neu, in denen sie produziert: in vergesellschafteter Arbeit, mit nur im großen Maßstab anwendbaren Technologien und Produktionsmitteln.

Erst der Kapitalismus hat die vergesellschaftete Produktion geschaffen – in den wichtigsten Sphären der materiellen Produktion – und damit die unmittelbare Verbindung und den Zusammenhang der Arbeiterklasse in der Arbeit und Produktion, die Grundlage der Organisiertheit in den Klassenkämpfen. Der Zusammenhang produzierender Klassen wie der Bauern entstand und entsteht außerhalb der Produktion, auf dem Markt und über den Markt.

Im Verlauf der Entwicklung des Kapitalismus ist der Anteil des durch die Arbeiterklasse geschaffenen Gesamtprodukts ständig gestiegen, und damit ihr relativer und absoluter Umfang und ihr sozialökonomisches Gewicht. Insbesondere ist der Anteil der Großproduktion gewachsen. Die führende Rolle der Arbeiterklasse kann jedoch nicht aus ihrer großen Zahl abgeleitet werden. Sie ist nicht einfach der „starke Arm“, ohne den gesellschaftliche Veränderungen nicht durchgeführt werden können und der seine Zielrichtung erst durch andere Schichten, z. B. die Intelligenz erhalten könnte. Sondern der Anspruch der Arbeiterklasse und ihrer Bewegung auf die führende Rolle in den Klassenkämpfen resultiert aus ihrer objektiven Stellung in den Produktionsverhältnissen und aus ihrer geschichtlichen Bewegung.

Schon vom Standpunkt der Entwicklung der Produktivkräfte zeigt sich ein enger Zusammenhang von Produktionsinstrumenten und Arbeitskräften. Die einzelnen Elemente stehen in unmittelbarer Wechselbeziehung. Neue Produktionsinstrumente und Technologien führen zur veränderten Arbeitsteilung und Arbeitsorganisation. Sie beeinflussen die berufliche und Qualifikationsgliederung der Arbeiterklasse, den vorherrschenden Arbeitstyp usw. unmittelbar. Andererseits ist die Entwicklung neuer Berufsfertigkeiten eine Grundlage zur Anwendung neuer Technologien. In die Entwicklung der gesellschaftlichen Produktivkräfte sind deshalb Veränderungen der inneren Gliederung und der inneren Struktur der Arbeiterklasse eingeschlossen, die das jeweilige Gesicht der Arbeiterklasse bestimmen. Unter den gegenwärtigen Bedingungen der wissenschaftlich-technischen Revolution vollziehen sich gerade diese Entwicklungen mit zunehmender Beschleunigung.

Ihr Resultat sind Verschiebungen in der Verteilung der Arbeiterklasse auf die verschiedenen Bereiche, Zweige und Branchen und Veränderungen in den einzelnen Branchen und Betrieben selbst.

5.1.2.2 *Verwertungsmaterial des Kapitals*

Als Klasse von Lohnarbeitern ist die Arbeiterklasse den Verwertungsbedingungen des Kapitals unterworfen. Das Lohnverhältnis ist das für ihre Existenz entscheidende Verhältnis, weil es ihre Stellung in den kapitalistischen Produktionsverhältnissen ökonomisch ausdrückt und weil daraus ihre gesellschaftliche Stellung erwächst. Weil ihre Arbeitskraft, ihre Existenzgrundlage, Ware ist, sind ihre Existenzbedingungen den Gesetzen der kapitalistischen Warenproduktion auf der jeweiligen Entwicklungsstufe unterworfen. Sie steht dem Kapital als einer sie beherrschenden und ihr feindlichen Macht und der Kapitalistenklasse, der Bourgeoisie, als ihrem gesellschaftlichen Antipoden gegenüber. Sie kann nur in dem Maße gesellschaftlichen Einfluß erlangen, wie sie sich im Kampf gegen das Kapital und sein System als Klasse formiert und organisiert.

Als Gegenpol des Kapitals ist sie an dessen historische Entwicklung und Entfaltung geschmiedet. Diese Entwicklungsstufen sind unauflöslich an bestimmte Entwicklungsstufen der Produktivkräfte gebunden, deren Wechselwirkung sich in konkreten Formen der Produktionsverhältnisse niederschlägt.

So folgt den Vorproletariern des kapitalistischen Verlagssystems die Arbeiterschaft der Manufaktur und dieser die moderne Arbeiterklasse der kapitalistischen Fabrik. Der Arbeiterschaft der Textilindustrie folgt die der Metallverarbeitung und der Montanindustrie, und dieser diejenige der mechanisierten Großproduktion und heute der automatisierten Produktion und der Wachstumsindustrien. Aber in den späteren Entwicklungsstadien bestehen immer die vorhergehenden Formen neben den neuen fort. So existieren auch in der BRD verschiedene Industrialisierungsstufen nebeneinander. Diesen Entwicklungsstufen entsprechen spezifische Formen der kapitalistischen Eigentums- und Produktionsverhältnisse, der Konzentration des Kapitals, der Kapitalverhältnisse usw.

Neben nichtkapitalistischen Kleinproduzenten und den fungierenden und kleinen Eigentümerkapitalisten, die in früheren Dimensionen Großkapitalisten waren,[37] besteht die kapitalistische Großproduktion in monopolistischen Konzernbetrieben und staatskapitalistischen Großunternehmen. Die damit verbundenen verschiedenen Typen kapitalistischer Produktion und Wirtschaftstätigkeit prägen die Struktur der jeweiligen Teile der Arbeiterklasse und ihre Kampfbedingungen entscheidend.[38]

So stehen heute neben den in den monopolistischen Konzern- und Großbetrieben ausgebeuteten Gruppen der Arbeiterklasse, die Gruppen der Arbeiterklasse in Staatsbetrieben, in den Betrieben der nichtmonopolistischen Bourgeoisie und den Kleinbetrieben der nichtkapitalistischen Mittelschichten.

Den sozialökonomischen Kern der Arbeiterklasse stellte in der Geschichte jeweils der Teil unter den entwickeltsten Kapitalverhältnissen dar. Diese Beziehung kann aber nicht einfach von der fortgeschrittensten Technologie abgeleitet werden, oder davon, ob es sich um stagnierende oder Wachstumsindustrien, alte oder neue Industrien handelt. Die Beschäftigungskonzentration ist ein — wenn auch nicht linearer — Ausdruck der Konzentration der Produktion und des Kapitals und dieser Zusammenhang manifestiert sich in den Großbetrieben. Die Tatsache aber, welche Belegschaften der Großbetriebe eine Avantgardefunktion für die Gesamtklasse ausüben, hängt von vielen *historischen* Faktoren ab, die in der Organisiertheit und Kampfbereitschaft — wesentlich Ergebnisse des Kampfes und der Kampferfahrung selbst — zusammenfließen.[39] Die Ermittlung des sozialökonomischen Kerns ist deshalb immer nur die Ermittlung einer *objektiven* Grundlage und Voraussetzung.

Wir hatten in Abschnitt 4.2 dargelegt, weshalb nach unserer Ansicht die Bestimmung der Arbeiterklasse und ihres Umfangs nicht auf der Grundlage der produktiven Arbeit — in welcher spezifischen Definition auch immer — erfolgen kann. Das schließt jedoch nicht aus, daß die in diesen Charakterisierungen der Arbeit einzelner Lohnarbeitergruppen zum Ausdruck kommende Stellung für die innere Gliederung der Arbeiterklasse und die Kampfbedingungen ihrer einzelnen Teile nicht bedeutsam ist.

Besteht die allgemeine Charakterisierung der Ausbeutung in der Aneignung und im Abpressen unbezahlter Mehrarbeit der Arbeiterklasse durch die Einzelkapitale und/oder den kapitalistischen Staat, so verweist die Bestimmung der produktiven Arbeit als Austausch von Kapital und Arbeit in der materiellen Produktion auf den Kern des kapitalistischen Ausbeutungsverhältnisses, weil nur hier Wert und Mehrwert geschaffen wird, hier Arbeits-, Wertbildungs- und Verwertungsprozeß zusammenfallen und damit auch alle Bestimmungen der produktiven Arbeit. In dieser Bestimmung reicht die Produktion in die Zirkulation, das Transport-, Verkehrs-, Vorrats- und Kommunikationswesen hinein.[40]

Die kapitalistische Verwertung von Lohnarbeit hat in der Produktion ihren Kern und ihren historischen Ausgangspunkt. Jedoch macht die Kapitalverwertung und damit auch die Ausbeutung von Lohnarbeit nicht an den Grenzen der Produktion Halt, sondern erfaßt mit der Entwicklung der kapitalistischen Gesellschaft zunehmend auch die anderen Reproduktionsbereiche und macht die dort ausgebeutete Lohnarbeit zu einer Quelle der Profite.

Mit der Entfaltung des Kapitalverhältnisses in diesen Bereichen werden die Arbeitsbereiche dieser Lohnarbeiter durch das Kapital unterjocht. Ein großer Teil der dortigen Arbeiter bzw. Angestellten oder Beamten wird in ausführende Arbeit – ohne Kommando und Befugnisse – gedrängt. Die Reproduktionsbedingungen ihrer Arbeitskraft nähert sich derjenigen der Arbeiter in der materiellen Produktion an. Damit entwickeln sie sich – selbst wenn spezifische Unterschiede im Arbeitstyp usw. fortbestehen – zu Gruppen der Arbeiterklasse.

In ihrem allgemeinsten Ausdruck für alle Teile und Gruppen der Arbeiterklasse wird diese wesentlich gleiche objektive Lage im entwickelten Warencharakter ihrer Arbeitskraft faßbar. Ihre Arbeitskraft wird für den Preisausdruck ihres Wertes, den Lohn, gekauft und als Lieferant von Mehrarbeit durch das Kapital angewendet und konsumiert. Zu einem der Kapitalverwertung adäquaten Verwertungsmaterial wird die Arbeitskraft – und damit der Lohnarbeiter – erst mit der Beseitigung aller ihrer Produktion – bzw. Reproduktion – als Ware im Wege stehenden Schranken. Diese Schranken bestehen, historisch, in der juristischen Bindung an den Grund und Boden des feudalen Grundbesitzers, im eigenen Besitz von Arbeitsmitteln oder in besonderen Qualifikationen der Arbeitskraft selbst, die unter konkret historischen Bedingungen nicht beliebig reproduzierbar sind. Diese Schranken verhindern oder engen die Entfaltung des Warencharakters der Arbeitskraft ein. Sie verhindern die volle Unterwerfung entsprechender Lohnarbeiterkategorien unter die Verwertungsbedingungen des Kapitals und damit auch unter das kapitalistische Verteilungsgesetz, das Lohngesetz. Sie verhindern, daß sie dem vollen Druck der relativen Überbevölkerung und der kapitalistischen Reservearmee unterworfen sind. Von diesem Ansatz erfolgt nicht nur die allgemeine Bestimmung der Arbeiterklasse – als Klasse, die keine Produktionsmittel besitzt und voll der kapitalistischen Ausbeutung unterworfen ist –, sondern auch die nähere Charakterisierung der Proletarisierungsprozesse und der entsprechenden Übergangsgruppen in die Arbeiterklasse.

Hieraus ergibt sich auch, daß der Zusammenhang der Arbeiterklasse – wie bei der Bourgeoisie – breiter ist, als ihre Teile in der materiellen Produktion. Für den SMK in der BRD unter den Bedingungen der wissenschaftlich-technischen Revolution ist vor allem die schnelle Ausdehnung der nichtproduzierenden und vermittelnden Bereiche und ein relativer Rückgang des Bereichs der unmittelbaren materiellen Produktion charakteristisch. Bei den Lohnarbeitergruppen in den ersten Bereichen handelt es sich um Arbeitskräfte mit einem vorwiegend nichtmanuellen Arbeitstyp. Das bedeutet, daß die heutige Arbeiterklasse durch eine größere *Viel-*

falt und eine stärkere innere *Differenzierung* als früher charakterisiert ist. In erster Linie muß jedoch ein schnelles Anwachsen der Arbeiterklasse der BRD in der vergangenen Periode festgestellt werden.

Zum anderen erfaßt aber der Zusammenhang der Arbeiterklasse nicht nur die aktiven Arbeiter- und Angestelltenschichten, sondern auch die arbeitslosen, nichtbeschäftigten Arbeiter und Angestellten, die aus dem aktiven Arbeitsprozeß ausgeschiedenen Gruppen der Arbeiterklasse (Pensionäre und Rentner), die noch nicht voll in den Arbeitsprozeß eingegliederten Arbeitskräfte (Auszubildende).

Die Arbeiterklasse umfaßt aber nicht jegliche und alle Gruppen von Beschäftigten, die gegen Lohn arbeiten. Der Begriff „Werktätige" drückt den Zusammenhang aller arbeitenden Klassen und Schichten, aller lebendigen und arbeitenden Kräfte der Nation aus, deren Interessen in dieser oder jener Form gegen das Monopolkapital und das staatsmonopolistische System gerichtet sind.

Die für den Klassenkampf unter konkreten historischen Bedingungen wesentliche Gliederung der Arbeiterklasse kann nicht ausschließlich durch objektive sozialökonomische Kriterien bestimmt werden. Sie ergibt sich aus der Rolle, die die einzelnen Gruppen und Schichten im Klassenkampf selbst spielen. Die sozialökonomische und soziologische Struktur erhellt immer nur die objektiven Grundlagen, auf denen sich die Aktivität der einzelnen Gruppen entfaltet.

5.1.2.3 *Gliederung der Arbeiterklasse*

Die sozialistische Analyse findet in der offiziellen Statistik der BRD Gruppen und Kategorien von Lohnabhängigen vor, wie „Arbeiter", „Angestellte", „Beamte", die nicht mit der Arbeiterklasse und ihrer Gliederung identifiziert werden können. Zweifellos deckt sich jedoch die Kategorie „Arbeiter" mit Gruppen der Arbeiterklasse. Das ist bei „Angestellten" und „Beamten" nicht der Fall.

Wenn wir die innere Gliederung der Arbeiterklasse erkennen wollen, können wir deshalb nicht von den Kategorien der amtlichen westdeutschen Statistik ausgehen. Die Untersuchung der Struktur der Arbeiterklasse hat vor allem folgenden Gesichtspunkten Rechnung zu tragen:

1. Stellung im Reproduktionsprozeß;
2. Stellung in den jeweils konkreten Formen oder Entwicklungsstufen des Kapitalverhältnisses;
3. Stellung in der kapitalistischen Arbeitsorganisation;
4. Schichtung nach Lebenslagen.

Zu 1: Hieraus ergibt sich eine Gliederung der Arbeiterklasse nach ihrer *Verteilung auf Wirtschaftsbereiche,* -zweige und -branchen. Von der inneren ökonomischen Gliederung handelt es sich um die

– Gruppen und Schichten in der materiellen Produktion (Landwirtschaft,

Bergbau, produzierendes Gewerbe – Handwerk und Industrie –, Bauwirtschaft, Transport, Kommunikation, gewisse Bereiche des Handels);
- Gruppen und Schichten im Handel und anderen Zirkulationsbereichen;
- Gruppen und Schichten im Sektor der öffentlichen und privaten Dienste.

Geht man von der inneren Struktur der einzelnen Branchen und Betriebe aus, ergibt sich nach einem groben Raster die Gliederung nach Werkstatt bzw. Produktionslinie, Büro- bzw. Verwaltung, Handel und Dienstleistung.[41]

Diese Gliederung drückt einen auch heute noch in der Breite unterschiedlichen Arbeitstyp aus, der die Grundlage jeweils spezifischer Ausbeutungsformen ist.

Aus dem jeweiligen Vergesellschaftungsgrad und den spezifischen Produktions- und Arbeitsbedingungen erwachsen verschiedene Kooperationsformen, die die Kommunikation und Organisiertheit der Arbeiter in den Arbeits- und Produktionsprozessen unmittelbar beeinflussen.

Zu 2: Hieraus ergibt sich eine Gliederung der Arbeiterklasse nach den verschiedenen *sozialökonomischen Beschäftigungssektoren:*
- private Dienste (Hausdiener, Chauffeure, Reinigungsfrauen usw.);
- nichtkapitalistische Kleinproduktion und -wirtschaft;
- nichtmonopolistische kapitalistische Wirtschaft;
- monopolkapitalistische Betriebe;
- Staatsbetriebe und Staatssektor.

Unter den Bedingungen des SMK muß der Ausweitung des Kapitalverhältnisses zu einem gesamtgesellschaftlichen Ausbeutungs- und Herrschaftssystem Rechnung getragen werden. Die Ausdehnung der unmittelbaren Herrschafts- und Repressionsfunktionen des Systems führt gleichzeitig zu einem Anwachsen entsprechender Kategorien von Lohnabhängigen, die wie andere Lohnarbeiter auch nur nach dem Wert ihrer Arbeitskraft bezahlt werden, im Rahmen des Gesamtsystems jedoch Aufsichts- und Unterdrückungsfunktionen ausüben, die sie gegen die Arbeiterklasse stellen und die deshalb aus der Arbeiterklasse herausfallen.

Zu 3: Es handelt sich hier um die *Stellung in der Hierarchie der jeweiligen Arbeitsbereiche,* die durch funktionelle Kriterien wie Aufsicht, Leitung, Befugnisse empirisch bestimmt werden kann, jedoch auch in der jeweiligen Hierarchie der Löhne bzw. Gehälter zum Ausdruck kommt. Dabei geht es um für die Klassenanalyse wesentlichen Unterschiede, die in den kapitalistischen Produktionsverhältnissen verwurzelt sind. Hieraus ergibt sich die Abgrenzung der Gruppen der Arbeiterklasse von anderen Lohnabhängigengruppen, ferner spezifische Besonderheiten der objektiven Lage unterer und mittlerer Arbeiterklassengruppen im Angestellten- und Beamtenverhältnis. Was diese Gruppen mit den Arbeitern der Produktionslinie vergleichbar macht, sind ihre hauptsächlich ausführenden Tätigkeiten unter dem Kommando der entsprechenden Obergruppen.[42]

Auch aus der Arbeiterschaft wachsen Obergruppen mit – wenn auch eingeschränkter – Aufsichts- und Leitungsbefugnis hervor, z. B. die Meister. Sie werden teilweise zu Randgruppen der Arbeiterklasse, bleiben jedoch im Milieu der Arbeiterschaft.

Zu 4: Die *Schichtung* der Arbeiterklasse nach *Lebenslagen* steht im engen Zusammenhang mit ihrer Stellung im Reproduktionsprozeß und Kapitalverhältnis.[43/44]

Der Zusammenhang mit beruflicher Qualifikation, Einkommenshöhe usw. ist hier unmittelbar evident. So ist die erbliche Arbeiterschaft, also die alten Gruppen der Arbeiterklasse, der Rekrutierungsboden der gelernten und hochqualifizierten Industriearbeiter und – im überdurchschnittlichen Verhältnis gegenüber anderen Gruppen – bestimmter Kategorien technischer Angestellter, Meister, Techniker usw. Dem entspricht ein höheres Einkommensniveau.

Die Arbeiter der ersten Generation, die vom Lande und aus der Landwirtschaft kommen und durch vielfältige Fäden mit dem Lande verbunden bleiben, füllen in weitem Maße vor allem die Gruppen der angelernten und ungelernten Arbeiter auf, besonders in den Zweigen, deren Arbeitsbedingungen denen in der Landwirtschaft ähnlich sind (Bauwirtschaft usw.). Ihre Lebenslage ist aber infolge niedrigerer Lebenshaltungskosten (Hausbesitz) und Nebeneinkünfte (kleine Parzelle) häufig besser als die der städtischen Arbeiter. Das kulturelle, politische und gewerkschaftliche Niveau ist jedoch meist niedriger.

Die breite Masse des Personals im Handel und in bestimmten Dienstleistungsbereichen sind Frauen und Töchter aus Arbeiterfamilien. Das trifft heute auch auf einen großen Teil des unteren Büropersonals zu. Ihre Einkommen liegen infolge besonderer Diskriminierungen in der Regel unter denen männlicher Arbeiter und Angestellten.

Auf die Lebenslage der einzelnen Arbeiterfamilien wirken darüber hinaus vielfältige Faktoren ein wie das Verhältnis von Beschäftigung und Arbeitslosigkeit, die Anzahl der Familienmitglieder und mitverdienender Familienangehöriger, nationale Herkunft (besonders bei den Wohnverhältnissen) usw. Diese Elemente bewirken innerhalb der Arbeiterklasse eine Schichtung nach mehr oder weniger günstigen Lebenslagen.

Diese einzelnen empirischen und analytischen Gesichtspunkte können nicht verabsolutiert oder aus dem historischen Zusammenhang gerissen werden. Sie bilden für sich immer nur einzelne Seiten der inneren Gliederung der Arbeiterklasse.

In diesem Zusammenhang gewinnen weitere Gliederungsgesichtspunkte, die auch in der amtlichen Statistik vorliegen, Bedeutung:

– Die *Alters- oder Generationsgliederung.* So ist die Arbeiterschaft in den neuen Industrien und Betrieben im Durchschnitt jünger. Die verschiedenen Altersgruppen sind durch unterschiedliche Erfahrungen und Erlebnisse geprägt, die jeweils verschiedene historische Entwicklungsstufen des Klassenkampfes reflektieren. Die heutigen Arbeiter unter 35 Jahren sind in der Nachkriegsperiode geboren oder aufgewachsen und nicht mehr durch Faschismus und Krieg unmittelbar geprägt. Die westdeutsche Arbeitergeneration unter 25 bis 30 Jahren ist schon unter den Bedingungen des SMK, der wissenschaftlich-technischen Revolution und der Existenz des Sozialismus in einem Teil Deutschlands aufgewachsen. Die unter diesen Bedingungen entstandenen und entstehenden Bedürfnisse und Interessen machen gerade diese Gruppen zu einem zunehmend aktiven Faktor in den Klassenkämpfen.

– Die *Geschlechtergliederung.* In der Industrie ist der Anteil der Frauen besonders hoch in bestimmten Branchen der mechanisierten Massenproduktion, z. B. der Elektroindustrie, aber auch im Handel, den Dienstleistungen und bestimmten Bürobereichen. Bedingt durch die spezifische Situation der Frau herrscht in den entsprechenden Betrieben eine hohe Fluktuation. Für viele Frauen ist ihre Arbeitstätigkeit immer noch nur ein zeitweiliges Stadium. Die Orientierung auf die Lebensbereiche außerhalb der Arbeitstätigkeit ist deshalb in der Regel stärker als bei Männern. Sozialökonomisch gehören sie in der Großindustrie zweifellos zum Kern der Arbeiterklasse, aber ihre Aktivierung für die Interessen der Arbeiterklasse findet zusätzliche spezifische Schranken. (Vgl. auch Abschnitt 5.3)

– *Territoriale und nationale Herkunft.* Unter diesen Gesichtspunkten haben in der Nachkriegsperiode gerade jene Gruppen, die aus den ehemaligen Ostgebieten des Deutschen Reiches und aus der DDR kamen, eine für die Entwicklung des Klassenkampfes auf der politischen Ebene und die Formierung der Arbeiterklasse hemmende Rolle gespielt. Sie waren vor allem in den 40er und 50er Jahren Träger antisozialistischer und antikommunistischer Vorurteile unmittelbar in der Arbeiterklasse. Diese Gruppierungen haben sich jedoch im Laufe der Jahre weitgehend verwischt und aufgelöst.

Seit Beginn der 60er Jahre spielen die ausländischen Arbeiter in der westdeutschen Arbeiterklasse eine zunehmende Rolle. (Vgl. Abschnitt 5.3)

– *Wohnort.* Im Unterschied zwischen städtischer und ländlicher Arbeiterklasse kommen wichtige Unterschiede der sozialen Bedingungen und des sozialen Milieus zum Ausdruck. Es ist dabei jedoch zu berücksichtigen, daß sich gerade in Arbeitergemeinden – die statistisch als Dörfer, Kleinstädte usw. erfaßt sind – in oder im Umkreis der Ballungszentren das geschlossenste Milieu der Arbeiterschaft vorfindet. Das kommt nicht zuletzt in der politischen Struktur dieser Gebiete zum Ausdruck. Weite Streuung der Herkunfts- und Wohnorte, lange Anfahrtswege usw. – was in den Pendlerzahlen erfaßt wird – wirken der politischen Organisierung auf Betriebsebene entgegen. Das spielt vor allem in den Mammutbetrieben (BASF, Opel usw.) eine Rolle. Gleichzeitig strahlt aber der Zusammenhang und der Klassenkampf auf betrieblicher und gewerkschaftlicher Ebene auf weite Gebiete zurück und überwindet schneller die lokale Begrenzung.

Darüber hinaus muß die Untersuchung der inneren Gliederung der Arbeiterklasse weitere Faktoren wie Dauer der Betriebszugehörigkeit usw. berücksichtigen.

5.1.2.4 *Die Arbeiterschaft der Großindustrie – der Kern der Arbeiterklasse*

Die Bestimmung des Kerns der Arbeiterklasse ist heute deshalb von besonderer Bedeutung, weil damit der Antipode des Monopolkapitals sichtbar wird, der die Interessen der gesamten Arbeiterklasse am deutlichsten zum Ausdruck bringen kann, auf Grund seiner objektiven Lage am kompromißlosesten zu kämpfen gezwungen ist und somit in den Klassenkämpfen die aktivste Kraft der Arbeiterklasse darstellt. Die Bestimmung von der objektiven sozialökonomischen Grundlage her vermag aber immer nur die objektive Basis zu umreißen.[45/46]

Den Kern der Arbeiterklasse in der BRD stellt im weiteren Sinne die *Arbeiterschaft in der materiellen Produktion* und im engeren Sinne in der *industriellen Großproduktion* dar.

Entscheidend ist: sie ist in der Produktion von der Gegenklasse völlig differenziert, ihre Stellung in der Produktion ist die Grundlage ihrer hohen Organisiertheit, sie ist der Ausbeutung in der materiellen Produktion unterworfen und steht dem Monopolkapital bzw. dem kapitalistischen Staat unmittelbar gegenüber. In diesen Betrieben stellt die Arbeiterschaft in der Regel die Mehrzahl der Beschäftigten. In Zweigen und Betrieben mit hohem technologischen Niveau und hoher organischer Zusammensetzung des Kapitals sind die eigentlichen Arbeiter jedoch heute schon eine Minderheit der Beschäftigten, z. B. in der Mineralölverarbeitung. In diesen Betrieben hat eine Verschmelzung der Untergruppen der technischen Angestellten, deren arbeitsrechtlicher Status vielfach nur einen realen Arbeiterstatus verdeckt, mit den unmittelbaren Produktionsarbeitern eingesetzt. In vielen Konzernbetrieben, z. B. der chemischen Industrie, ist es die Regel, daß ein Teil der Stammarbeiter nach entsprechender Betriebszugehörigkeit in den Angestelltenstatus „erhoben" wird. Die „neuen Angestellten" bleiben jedoch in ihren alten Arbeiterfunktionen.

Die Arbeiterschaft der Großindustrie ist auch in der BRD zahlenmäßig eine Minderheit der Arbeiterschaft und der Arbeiterklasse. Aber diese Minderheit besitzt in den Klassenkämpfen eine Avantgardefunktion. Sie existiert nicht isoliert in der Arbeiterklasse und in der werktätigen Bevölkerung, sondern ist durch vielfältige soziale Beziehungen und Übergänge mit ihr verbunden.[47]

Dieser Kern ist ebensowenig wie andere Gruppen starr fixiert, sondern unterliegt nahezu allen Veränderungen – unter den angeführten Kriterien – wie andere Gruppen der Arbeiterklasse auch. Von Bedeutung für die innere Gliederung des Kerns sind vor allem die verschiedenen Qualifikationsstufen, die Gliederung nach der unmittelbaren Arbeitsfunktion (Produktionslinie, Reparatur, Lager usw.), nach den Entlohnungsformen (Zeitlohn, Prämienlohn, Stücklohn – in den verschiedensten Varianten der heute angewandten sogenannten Leistungsbemessungs- und Lohnfindungssystemen), nach der Lohnhöhe.

5.1.2.5 *Kern und Gesamtklasse. Übergangsgruppen*

Mit welchen Gruppen tritt der Kern der Arbeiterklasse im Produktionsbereich und in der Produktionssphäre selbst in Beziehung?

Aus ihren Obergruppen rekrutieren sich Vorarbeiter, Meister, Techniker, bestimmte Kategorien technischer Angestellter (vor allem in der Arbeitsvorbereitung und Arbeitsorganisation). Diese Gruppen bleiben unter den heutigen Bedingungen zum großen Teil Gruppen der Arbeiterklasse.

Der unmittelbare Übergang aus der Arbeiterschaft in das kapitalistische Management ist jedoch nahezu ausgeschlossen, was auf die völlige Differenzierung zur Gegenklasse verweist. Im Arbeitsprozeß tritt die Arbeiterschaft in unmittelbare Beziehung zu Gruppen der betrieblichen wissenschaftlich-technischen Intelligenz, insbesondere zu dem ingenieurtechnischen Personal. Sie steht unter dem unmittelbaren Kommando lohnabhängiger Mittelschichten, die sich teilweise aus ihren Reihen rekrutieren.

Im Unternehmens- und Betriebszusammenhang, was sich auch in der Organisierung aller Gruppen in Industriegewerkschaften niederschlägt, bestehen Beziehungen zu den Beschäftigten in den Büros, Labors usw., die in der Regel technische und kaufmännische Angestellte sind. Diese Beziehungen beruhen in erster Linie auf den gemeinsamen Lohnarbeiterinteressen gegenüber „ihrem“ Kapital und „ihren“ Kapitalisten. Diese Verbindungen sind aber infolge der verschiedenen Arbeitsfunktionen und der räumlichen Trennung von Produktions-, Forschungs- und Verwaltungskomplexen locker.

Je weiter die Vergesellschaftung dieser Bereiche fortschreitet, desto mehr nähert sich auch die Arbeitssituation der unteren und eines Teils der mittleren Angestellten dieser Bereiche derjenigen der Produktionsarbeiter an. Sie müssen deshalb unter dem Hauptdifferenzierungskriterium, dem Warencharakter ihrer Arbeitskraft, als Gruppen der Arbeiterklasse angesehen werden. Die Differenzierungsprozesse sind gerade heute im vollen Gange. Die Abgrenzung dieser Gruppen zu den lohnabhängigen Mittelschichten, zur Intelligenz und zu den bourgeoisen Gruppen des kapitalistischen Management ist durch die hierarchische Gliederung verdeckt. Die Mobilität nach „oben“ – obwohl zunehmend eingeengt und als Massenideologie illusionär – ist noch nicht völlig abgeschnitten. Vielfach erfolgt im Verlauf ihres Berufslebens zwar kein realer Aufstieg – geht man von den Leitungs- und Befugniskriterien aus –, jedoch im Unterschied zu den Arbeitern, deren Löhne im Alter zwischen 25 und 40 Jahren ihre Spitze erreichen, mit zunehmendem Alter eine einkommensmäßige Höhergruppierung. Diese und andere Faktoren erschweren die Formierung dieser Gruppen auf der Grundlage ihrer Klasseninteressen.

Für die Arbeiterschaft in der nichtmonopolistischen kapitalistischen Produktion sind die gleichen objektiven Faktoren wirksam. Jedoch ist das Kapitalverhältnis meist noch personalisiert. Paternalistische Bindungen machen die Ausbeutung vielfach niederdrückender; die Konzentration der Arbeiterschaft ist geringer.

Das trifft in gesteigertem Maße für die Arbeiter unter dem kapitalistischen Verlagssystem (Heimarbeiter) und in der nichtkapitalistischen Kleinproduktion zu. Je niedriger das Kapitalminimum, desto häufiger ist eine Mobilität in den Selbständigenstatus. Für die Nachkriegsperiode waren diese Prozesse in der BRD im Transport- und Bauwesen von Bedeutung. Jedoch engen sich diese Möglichkeiten mit der Einschnürung dieser Sektoren durch das Monopolkapital ein.

Eine Verschränkung mit Mittelschichteninteressen tritt auch bei jenen Gruppen der Arbeiterklasse auf, die Nebenerwerbsquellen in der Verwertung ihres Kleinbesitzes haben (Zimmer- und Wohnungsvermietung, Bodennutzung usw.). Diese Prozesse verdienen vor allem deshalb Beachtung, weil sie der Ansatzpunkt der „Bündnispolitik" des staatsmonopolistischen Systems sind.

Andererseits vollzieht sich ein Übergang von Gruppen der Mittelschichten in die Arbeiterklasse (Vgl. Abschnitt 5.2). Der wesentliche Inhalt dieser Proletarisierungsprozesse ist bei den selbständigen Mittelschichten ihre Trennung von eigenen Arbeitsmitteln und bei lohnabhängigen Mittelschichten und der Intelligenz der Verlust ihrer privilegierten Arbeitskraft.

Von zunehmender Bedeutung sind die Gruppen der Arbeiterklasse in Kaufhäusern und Handelszentralen, in staatlichen Institutionen, Konzernverwaltungen, Versicherungen, Großbanken usw. Auch hier erreicht die Beschäftigungskonzentration ein der Industrie vergleichbares Ausmaß. Ihre Gliederung und Differenzierung entspricht im wesentlichen der bei der Darstellung der Büros geschilderten. Jedoch ist ihre Entfernung von der Arbeiterklasse in der Produktion größer als dort. Die Mittelschichtengruppen haben außerdem in diesen Sektoren ein größeres Gewicht.

Im Staatsbereich haben viele Beschäftigte den Status von Beamten. Trotz generell eingeschränkter Existenzunsicherheit, bestimmten materiellen Privilegien und zusätzlichen juristisch fixierten Loyalitätsbindungen an den kapitalistischen Staat, bleibt bei den Untergruppen sowohl die Reproduktion und Bezahlung der Arbeitskraft wie die Arbeitsfunktion im Umkreis der Arbeiterklasse. Hier ist jedoch die hierarchische Gliederung besonders ausgeprägt und die Abgrenzung von den Mittelschicht- und bourgeoisen Gruppen deshalb verwischt. Die Gruppen im Repressionsapparat des Staates (und des Monopolkapitals) fallen, wegen der schon erläuterten Gründe, aus der Arbeiterklasse heraus.

Obwohl in der vergangenen Periode weniger stark ausgeprägt, gewinnen Deklassierungsprozesse wieder verstärkte Bedeutung. Die entsprechenden Gruppen fallen unter bestimmten Bedingungen aus der Arbeiterklasse heraus. Charakteristische Übergangsgruppen zu einem Status der Deklassierung stellen Gelegenheitsarbeiter dar.

Zusammenfassend kann für die BRD festgestellt werden, daß die städtische Arbeiterschaft in der Großproduktion – Bergbau, Industrie, Bau, Transport, Kommunikationswesen – den Kern der westdeutschen Arbeiterklasse darstellt. Um diesen Kern gruppieren sich in der Sphäre der Großproduktion die unteren und ein Teil der mittleren technischen und kaufmännischen Angestellten.

Wichtige Gruppen der Arbeiterklasse sind die Arbeiter der kleinen und mittleren kapitalistischen Produktion, die Landarbeiter, die Arbeiter in nichtkapitalistischen Kleinbetrieben und die unteren und mittleren Angestellten dieser Bereiche, ferner das untere und ein Teil des mittleren Personals im Handel und den Dienstleistungen, die Untergruppen der Beschäftigten in Verwaltungen, Versicherungen, Banken sowie die Arbeiter, unteren und ein Teil der mittleren Angestellten und Beamten im Staatssektor (soweit sie in den anderen Bereichen noch nicht mit aufgeführt sind). Im Zusammenhang der Arbeiterklasse stehen ferner die unteren Gruppen in den privaten Diensten der Bourgeoisie und der Mittelschichten.

Von Bedeutung für die Formierung der Arbeiterklasse zur Klasse für sich ist die Intensität der Proletarisierungsprozesse, der damit einhergehende Übergang der entsprechenden Gruppen in die Arbeiterklasse und die Mobilität aus der Arbeiterklasse in andere Schichten.

Wesentlich ist heute vor allem die Proletarisierung der unteren und mittleren Bereiche der geistigen Arbeit und der Übergang entsprechender Angestellten, Beamten und Intelligenzgruppen in die Arbeiterklasse. Die „Nachbarn von rechts" sind unter den heutigen Bedingungen nicht mehr nur die alten (selbständigen) Schichten des Kleinbürgertums, sondern vor allem die Intelligenz und die lohnabhängigen Mittelschichten. Die Übergangs- und Randgruppen sind auch unter den heutigen Bedingungen wesentliche Träger kleinbürgerlicher Ideologie und Verhaltensweisen in der Arbeiterklasse. Über sie erfolgt eine gewisse Überlappung der materiellen Interessen von Arbeiterklassengruppen mit den materiellen und sozialen Interessen der Mittelschichten und der unteren Bourgeoisie.

Unter dem SMK verlaufen diese Prozesse nicht mehr spontan, sondern sie werden unter den Gesichtspunkten der Systemsicherung und -stabilisierung gesteuert und manipuliert.

5.1.2.6 *Arbeiteraristokratie und Arbeiterbürokratie heute*

In vorhergehenden Abschnitten wurde ausgeführt, daß die Analyse der Arbeiteraristokratie im Zusammenhang mit dem Monopolkapitalismus eine wichtige Grundlage zur Einschätzung der politischen und ideologischen Strömungen in der Arbeiterklasse und der Arbeiterbewegung ist. Im Übergang zum Imperialismus wurde die Arbeiteraristokratie, die Obergruppe der Arbeiterschaft, eine wichtige soziale Basis kleinbürgerlicher Ideologie in der Arbeiterklasse, des Opportunismus und Revisionismus in der Arbeiterbewegung und die wichtigste Rekrutierungsbasis der Arbeiterbürokratie. Sie bildete sich aus den am meisten qualifizierten und bestbezahlten Gruppen der Arbeiterschaft, aus denen Vorarbeiter, Meister usw. hervorgingen. Sie stellte eine im Verhältnis zur Gesamtklasse zwar kleine aber für die politischen und ideologischen Prozesse äußerst wichtige Gruppe dar, die trotz kleinbürgerlichen Lebensniveaus im sozialen Rahmen der Arbeiterschaft blieb.

Sie war deshalb auch den Verwertungsbedingungen des Kapitals, wenn auch in abgeschwächten Formen, und den kapitalistischen Marktgesetzen ausgeliefert. Historisch beruhten ihre Privilegien gegenüber den Arbeitermassen auf ihrer höheren gewerkschaftlichen und politischen Organisiertheit, ihrer besonders aktiven Rolle in den Klassenauseinandersetzungen, vor allem auf der ökonomischen Ebene. Erst hieraus resultierte für die Monopolbourgeoisie die Notwendigkeit der Privilegierung, deren objektive Voraussetzung der Monopolprofit war. Mit fortschreitender Mechanisierung und Automatisierung waren und sind aber vor allem die Berufsfertigkeiten dieser Kategorien einer Entwertung ausgesetzt. Hinzu kommt, daß mit der Ausdehnung der Angestelltengruppen in der Sphäre der Produktion diese die Pufferfunktion gegenüber der Arbeiterschaft übernehmen.

Unter den heutigen Bedingungen des SMK muß die Untersuchung der Arbeiteraristokratie vor allem folgendes in Rechnung stellen:[48]

1. Die zunehmende Ausweitung und Differenzierung der Arbeiterklasse.
2. Die Rolle der neuen Mobilitätsprozesse und der neuen Übergangsgruppen in die Arbeiterklasse.
3. Die umfassende Herausbildung des SMK und seine Auswirkungen auf Rolle und Haltung der Arbeiterbürokratie.

Zu 1: Die Arbeiterklasse beschränkt sich nicht mehr nur auf die materielle Produktion und die Arbeiterschaft. Man kann deshalb auch nicht mehr nur die Obergruppen der Arbeiterschaft als Aristokratie der Arbeiterklasse ansehen. Nach wir vor spielen aber die Differenzierungsversuche der Unternehmer eine wichtige Rolle. Ihre Bemühungen richten sich vor allem auf die qualifizierten Gruppen der Stammbelegschaften in den Konzernbetrieben. Je stabiler die monopolistische Stellung dieser Konzerne, desto größer ist der Manövrierraum der entsprechenden Konzernleitungen gegenüber der Arbeiterschaft.

Zu 2: Will man die Gruppen erkennen, die heute die früheren Funktionen der Arbeiteraristokratie übernommen haben, muß man sich vor allem den Angestellten- und Beamtengruppen einschließlich den Untergruppen der Intelligenz zuwenden. Zum einen bringen sie in die Arbeiterklasse ihre Vergangenheit und sind damit Träger kleinbürgerlicher Ideologien und Verhaltungsweisen. Zum anderen sind sie aber auch ein „Scharnier" der Lohnarbeiterinteressen zu den lohnabhängigen Mittelschichten und der Intelligenz. Im Prozeß der sozialen Verschmelzung mit der Arbeiterschaft (durch Herkunft, Heirat usw.) nehmen sie gleichzeitig Elemente der Tradition und Sozialpsychologie der Arbeiterschaft an. Von besonderer Bedeutung sind die entsprechenden Gruppen im Staatsbereich.

Zu 3: Die wachsende potentielle Macht der Arbeiterklasse in der BRD, die weitere Vergesellschaftung von Leitungsfunktionen, die Ausdehnung der Staatstätigkeit u. a., haben nicht nur zu einer Ausdehnung der Organisationen (und ihrer Verwaltungen) der Arbeiterklasse und der einstmals aus der Arbeiterbewegung hervorgegangenen Organisationen und Institutionen geführt, sondern auch eine Vielzahl von Organen, Institutionen,

Gremien usw. auf den verschiedensten Ebenen geschaffen, die von Vertretern der Arbeiterklasse mit besetzt sind. Der Umfang dieses Personenkreises zählt in der BRD nach Hunderttausenden.

Gerade derartige Gruppen haben heute in der Arbeiterklasse die Funktionen der alten Arbeiteraristokratie und Arbeiterbürokratie übernommen. Sie sind zum wesentlichen sozialen Träger der Ideologie der Klassenzusammenarbeit in der Arbeiterklasse geworden. Aber wie bei der Analyse der „alten“ Arbeiteraristokratie, ist auch bei der Untersuchung der Rolle dieser Gruppen jeder mechanische Determinismus fehl am Platze.

5.1.2.7 *Zusammenfassung*

Die Arbeiterklasse ist die stärkste und größte Klasse der westdeutschen Gesellschaft. Sie ist in der Nachkriegsperiode schnell gewachsen.

Unter den Bedingungen des staatsmonopolistischen Kapitalismus und der wissenschaftlich-technischen Revolution wird ihre innere Struktur durch eine zunehmende Differenzierung gekennzeichnet.[49] Neben die alten Schichten und Gruppen der Arbeiterklasse sind neue getreten, neben „alten“ Proletarisierungsprozessen sind neue wirksam geworden. Schichten- und gruppenspezifische Interessen, die aus den jeweils besonderen Ausbeutungsverhältnissen und Reproduktionsbedingungen der Arbeitskraft hervorwachsen, sind bedeutsamer als früher. Zunehmende Vielfalt prägen die heutige Struktur und das heutige Antlitz der westdeutschen Arbeiterklasse. In mancher Hinsicht wirken diese Prozesse einer umfassenden Formierung zur „Klasse für sich“ entgegen.

Neben und in den Differenzierungstendenzen wirkt jedoch gleichzeitig die Tendenz der Vereinheitlichung der verschiedenen Teile der Arbeiterklasse, ihrer Gruppen und Schichten auf der Basis ihrer gegen das Kapital und das staatsmonopolistische System gerichteten Lohnarbeiterinteressen. Das ist die bestimmende und wesentliche geschichtliche Tendenz und die Grundlage einer Politik der Aktions- und Klasseneinheit.

Antimonopolistische Bündnispolitik und Politik der Aktions- und Klasseneinheit schließen sich im SMK nicht aus, sondern bedingen sich gegenseitig. Dabei kommt dem Kern der westdeutschen Arbeiterklasse, der Arbeiterschaft in der Großproduktion, als Konzentrationspunkt und Pol der Klasseninteressen aller Lohnarbeiter und als unmittelbarem Antipoden des Monopolkapitals eine zentrale Rolle zu, die Rolle der Avantgarde.

Die Arbeiterklasse umfaßt in der BRD nicht nur ihre aktiven „Erwerbspersonen“. Vielmehr stehen auch ihre (nichtarbeitenden) Familienangehörigen, die arbeitslosen, die aus dem Erwerbsleben ausgeschiedenen und die noch in Ausbildung befindlichen Personen im sozialen Zusammenhang der Arbeiterklasse.

Eine knappe Definition[50] der westdeutschen Arbeiterklasse kann lauten: „Die Arbeiterklasse in der BRD umfaßt jene Erwerbstätigen und ihre Angehörigen, die keine Produktionsmittel besitzen und deren ausschließliche oder vorwiegende Einkommensquelle der Verkauf ihrer Arbeitskraft gegen Lohn oder Gehalt ist, deren Mehrarbeit durch individuelle oder kollektive Kapitalisten oder den kapitalistischen Staat angeeignet wird und direkt oder indirekt die Quelle des Profits der Kapitalisten ist, deren soziale Existenz durch Unsicherheit gekennzeichnet ist und die hinsichtlich der Funktions- und Qualifikationsgliederung der Arbeit (im jeweiligen Bereich) untere und mittlere Funktionen, also vorwiegend ausführende Funktionen ausüben und deren sozialer Übergang in die Gegenklasse, die Bourgeoisie (als relevanter Prozeß) nicht stattfindet und nicht möglich ist."[51]

5.2 *Mittelschichten im staatsmonopolistischen Kapitalismus*

5.2.0 *Theoretische Abgrenzung*

Mittelschichten[52] sind vorwiegend werktätige soziale Schichten, deren wesentliche Existenzbasis in verschiedenen Abstufungen die eigene Arbeit ist. Aus ihrer Stellung im Gesamtsystem der kapitalistischen Produktionsverhältnisse ergibt sich unter den Bedingungen des SMK keine einheitliche Klassensituation und demzufolge auch kein gemeinsames Klasseninteresse. Ihre einzelnen Gruppen üben im Reproduktionsprozeß unterschiedliche Funktionen aus.

Die Mittelschichten stellen im staatsmonopolistischen Kapitalismus eine Sammlung gegeneinander abgegrenzter und in sich wiederum differenzierter Gruppen dar. Ihrer gesellschaftlichen Lage nach stehen sie zwischen Proletariat und Bourgeoisie. Ihrer historischen Tendenz nach sind sie Zwischenschichten, die unter dem Druck der monopolkapitalistischen und heute der staatsmonopolistischen Akkumulation der sozialen Differenzierung und Polarisierung unterworfen sind.

Ihre historischen Ausgangspunkte sind die kleinen Mittelstände und die Bauernschaft. In den frühen Entwicklungsphasen des Kapitalismus und in Phasen industriell schwacher Entfaltung formieren sie sich als Klasse des Kleinbürgertums, deren Kern die Kleinproduktion und der Kleinbesitz darstellt. Die Kleinbourgeoisie ist in jenen Phasen eine vorwiegend produzierende und hervorbringende Klasse. Diese Klasse ist eine Nebenklasse der kapitalistischen Gesellschaft, weil sie nicht unmittelbar dem kapitalistischen Produktionsverhältnis entspringt.

Aus dem feudalen Ständesystem hervorgegangen, lebt die Bezeichnung „Mittelstände" gerade in Deutschland bis in den staatsmonopolistischen Kapitalismus fort. Jedoch rechtfertigen weder noch vorhandene, am Ständesystem orientierte Ideologen, noch aus der Zunftorganisation hervorgegangene Gliederungen und Reglementierungen die Verwendung des Ständebegriffs im wissenschaftlichen Sinne. Der Begriff „Mittelstand" ist deshalb nicht tragbar, weil der Kapitalismus keine Ständegesellschaft ist. Darüber hinaus muß in Rechnung gestellt werden, daß die Kleinproduktion nicht einfach ein Relikt der Vergangenheit bleibt, sondern im Gesamtsystem der kapitalistischen Warenproduktion eine Reproduktionsbasis findet.

Gerade dann, wenn man die Stellung zu den Produktionsmitteln und demzufolge im gesellschaftlichen Reproduktionssystem nicht auf Eigentumstitel verkürzt, sondern sie als eine Stellung in einem gesellschaftlichen Aneignungsprozeß auffaßt, kann bei der Bestimmung der Mittelschichten nicht mehr nur von Besitz- und Eigentumstiteln ausgegangen werden. Darüber hinaus muß die Stellung in der gesellschaftlichen Organisation der Arbeit einbezogen werden.

Für alle Mittelschichten ist ihre objektive Stellung die Grundlage zwiespältiger Interessen. Der Arbeiterklasse sind sie als werktätige, arbeitende Schichten verbunden; der Bourgeoisie als besitzende, leitende, spezifische Funktionen wahrnehmende Schichten. Stellen die Grundklassen die Pole der Klassenbeziehungen im Kapitalismus dar, so stehen die Mittelschichten im Kraftfeld dieser Pole.

Mit der Entwicklung des Kapitalismus, insbesondere mit dem Übergang zum Imperialismus und der Herausbildung des staatsmonopolistischen Kapitalismus verändert sich das ökonomische Gewicht der Mittelschichten und ihre soziale Zusammensetzung. Das Kleinbürgertum verliert an sozialer Homogenität. Seine Möglichkeiten zur historischen Initiative und als selbständiger sozialer Faktor werden weiter eingeschränkt. Wenn diesen historischen Veränderungen Rechnung getragen werden soll, ist es nicht mehr möglich, vom Kleinbürgertum als Klasse zu sprechen. Die Gruppen des Kleinbürgertums müssen deshalb als soziale Mittelschichten bezeichnet werden.

Entsprechend der Spezifik ihrer Stellung und Funktion im Gesamtsystem der Produktionsverhältnisse bzw. im Reproduktionsprozeß und ihren Interessen heben sich folgende Schichten voneinander ab: die Intelligenz; lohnabhängige Mittelschichten; nichtagrarische selbständige Mittelschichten; agrarische Mittelschichten (Bauern).

5.2.1 *Die Intelligenz als soziale Schicht*

Die Entwicklung der Intelligenz[53] ist direkt und indirekt an die Entwicklung der modernen Produktivkräfte gebunden. Ihre Gruppen treten schon in früheren Phasen des Kapitalismus auf, als soziale Schicht formiert sie sich mit dem Übergang zum Imperialismus. Ihr Umfang und ihre Bedeutung wächst insbesondere mit der wissenschaftlich-technischen Revolution in der zweiten Hälfte unseres Jahrhunderts. Im Verlauf dieser Entwicklungen verändert sich der soziale Charakter der Intelligenz.

Bei allen konkret (beruflich und sozial) unterschiedlichen Funktionen der einzelnen Intelligenzgruppen, ergibt sich als gemeinsame Charakteristik, daß die Ausübung dieser Funktionen an eine über dem Niveau der Arbeiterklasse liegende Bildung gebunden ist. Dieser Umstand weist darauf hin, daß

1. der methodische Ausgangspunkt der Intelligenzanalyse – wie für andere Klassen und Schichten auch – in der *Stellung im System der Produktionsverhältnisse* zu suchen ist.

2. ihre konkret-historischen Grenzen durch den Umfang und die Grenzen der Arbeiterklasse und der Bourgeoisie bestimmt sind.

Wird diesem Ansatz gefolgt, dann kann *Bildung* nicht schlechthin als kultursoziologisches Phänomen betrachtet werden, sie ist vielmehr *in ihrer ökonomischen Substanz* zu analysieren. Höhere Bildung der Arbeitskraft erfordert höhere Reproduktionskosten. Diese sind unter den Bedingungen spezifisch gesellschaftlicher Reproduktionsschranken die materielle Grundlage eines höheren Preises der Arbeitskraft. Das ist der ökonomische „Kern" der Charakteristik der modernen Intelligenz als sozialer Schicht.

Darüber hinaus sind die Funktionen qualifizierter geistiger Arbeit vom Standpunkt ihrer Beziehung zum Gesellschaftssystem und zu den Grundklassen zu betrachten. Unter den Bedingungen antagonistischer Klassengesellschaften werden Funktionen geistiger Arbeit Ausbeutungs- und Herrschaftsmittel der Ausbeuterklassen. Geistige Arbeit und körperliche Arbeit (Funktionen der produzierenden und unterdrückten Klassen) werden zum Gegensatz, zu einer Bewegungsform der Klassengegensätze. Unter diesen Bedingungen ist die Entwicklung von Wissenschaft und Bildung die Entwicklung von Mitteln der herrschenden Klassen. Nur in dieser Fessel können sich diese gesellschaftlichen Potenzen entfalten. Hieraus resultiert die, für die einzelnen Gruppen modifizierte, *zwiespältige* Stellung der Intelligenz zur Arbeiterklasse und zur Bourgeoisie.

Ohne eine derartige Bestimmung muß das empirische Kriterium der Hoch- und Fachschulausbildung – für die Verhältnisse des entwickelten Kapitalismus – äußerlich bleiben und letztlich auf eine kultursoziologische Kategorisierung hinauslaufen (Geistesarbeiter; Kulturschöpfer und -vermittler; Gebildete, Akademiker usw.). In der Konsequenz verteilen sich dann die Angehörigen der Intelligenz auf alle Schichten und Klassen der kapitalistischen Gesellschaft; eine sozialökonomische Abgrenzung kann nicht mehr vorgenommen werden und der Begriff der Intelligenz als einer sozialen Schicht muß aufgegeben werden.

Stattdessen ist für die Intelligenz im Kapitalismus ihre objektive Stellung als Mittelschicht charakteristisch. Die Veränderung ihres sozialen Charakters zeigt sich in der Zunahme des relativen und absoluten Anteils der Lohnabhängigengruppen. Die Angehörigen der Intelligenz sind beschäftigt als Angestellte und Beamte des Staates, als Angestellte kapitalistischer Unternehmen und als Selbständige (freie Berufe). Eine – wenn auch erst sehr kleine – Gruppe ist in die materielle Produktion integriert; die überwiegende Mehrheit übt Funktionen im sogenannten Dienstleistungsbereich, im Ausbildungs-, Verwaltungs-, Wissenschafts-, Sozialapparat usw. aus. Diese Gesichtspunkte sind für die innere Gliederung der Intelligenz bedeutsam; sie rechtfertigen jedoch nicht die Aufgabe des spezifischen Schichtbegriffs für die Intelligenz.

Gegen eine Aufgabe des einheitlichen Begriffs der Intelligenz als sozialer Schicht zugunsten der Aufgliederung in lohnabhängige und selbständige Mittelschichten spricht außerdem das Osmose-Verhältnis zwischen beiden Sektoren, soweit sie noch als relevante Sektoren existieren, z. B. bei Ärzten. Häufig ist der eine Sektor nur ein Durchgangsstadium zum anderen. Für die meisten Berufsgruppen (Lehrer, Naturwissenschaftler usw.) ist der Sektor der freien Berufe unbedeutend. Freie Berufe besitzen nur dort (noch) eine Existenzbasis, wo der Wert der Arbeitsmittel im Verhältnis zur Arbeitskraft unbedeutend ist. Mit der Unterwerfung dieser Bereiche unter das Kapital engt sich der Sektor der selbständigen Existenz ein. Darüber hinaus besteht infolge der gemeinsamen Ausbildung — als sozialem Durchgangs- und Selektionsstadium — eine starke soziale Kohärenz beider Sektoren.

Jedoch charakterisieren in vieler Hinsicht die Besonderheiten der selbständigen nichtagrarischen Mittelschichten auch die selbständige Intelligenz. Im Unterschied zu ihnen ist jedoch für die selbständige Intelligenz nicht in erster Linie das Eigentum an Arbeitsmitteln ihre Existenzgrundlage, sondern die besondere Qualifikationen ihrer Arbeitskraft. Eine Abgrenzung zu den „reinen" lohnabhängigen Mittelschichten ist deshalb schwieriger, da Leitungsfunktionen und spezifische Funktionen der Systemerhaltung auch von Hoch- und Fachschulabsolventen ausgeübt werden.

Es wurde schon darauf verwiesen, daß der Unterschied der Intelligenz zu anderen Klassen und Schichten nicht schlechthin an die Scheidelinie zwischen manueller und geistiger Arbeit gebunden werden kann. Wenn überhaupt, dann ist diese Unterscheidung bestenfalls in schwach entwickelten Ländern[54] als empirisches Kriterium verwendbar. Nur hier wird z. B. auch die ganze Gruppe der Angestellten — als Lese- und Schreibkundige und geistige Arbeiter — in die Intelligenz einbezogen.

Mit der Entwicklung der Produktivkräfte, insbesondere der Qualifikation der Arbeiterklasse, verschiebt sich die konkrete Grenze nach „oben", d. h. zu geistiger Arbeit höheren Qualifikationstyps, die die Spezialität bestimmter Beschäftigtenkategorien, eben der Intelligenz sind. Einfache geistige Arbeit wird deshalb „proletarisiert", weil sich ihre Reproduktionsbasis in die Arbeiterklasse verlagert. Mit der Verwandlung komplizierter geistiger Arbeit in Lohnarbeit werden auch diese Beschäftigtenkategorien den Gesetzen des kapitalistischen Reproduktionsprozesses unterworfen. Das spiegelt sich im Schwanken der Nachfrage nach diesen Arbeitskräften und im Druck auf ihre Löhne wider. Nicht zuletzt ergibt sich hieraus die Ausprägung der Lohnabhängigeninteressen des Hauptteils der Intelligenz und damit eine Annäherung an die Interessen (und gewerkschaftlichen Organisationsformen) der Arbeiterklasse und eine Zuspitzung ihrer Haltung gegenüber den Monopolen und ihrem Staat.

Diese Gegensätze verschärfen sich

1. mit dem Anwachsen der *Anwendungsbereiche* geistiger Arbeit im *kapitalistischen* Sektor. Ausdehnung und Vergesellschaftung dieser Funktionen erhöhen auf der einen Seite die Nachfrage, führen auf der anderen

aber zur Entwertung bestimmter Qualifikationen und zur sozialen Differenzierung dieser Bereiche,

2. mit dem Wachsen der Anwendungsbereiche geistiger Arbeit unter *staatlicher Regie.* Die Existenzbasis dieser Arbeitskräfte wird den Widersprüchen der staatsmonopolistischen Regulierung unterworfen.

3. mit der *Eingliederung* der freien Berufe in das *staatsmonopolistische Verwertungssystem.* Dieser Prozeß vollzieht sich analog der Eingliederung der selbständigen Mittelschichten.

Eingeordnet in die kapitalistische Akkumulation und das staatsmonopolistische Reproduktionssystem ist die Intelligenz als soziale Schicht der sozialen Differenzierung und Polarisierung ebenso unterworfen wie die anderen Mittelschichten. Dieser Prozeß wird jedoch dadurch charakterisiert, daß die Proletarisierung nicht in erster Linie an die Trennung von den Produktionsmitteln gebunden ist. Die Kernfrage besteht vielmehr in der relativen oder absoluten Entwertung der Intelligenzqualifikationen.

Arbeitslosigkeit und sinkende Lohntendenz sind Ausdrucksformen dieser Prozesse, jedoch keine exakten Gradmesser. Wichtig ist dabei der Umstand, ob sie eine Entwertung der Arbeitsqualifikation ausdrücken oder ob sie durch zeitweilige Faktoren (z. B. Strukturkrisen, Ausgabensenkungen des Staates) hervorgerufen sind.

Eine *relative* oder *absolute Entwertung* der Arbeitskraft findet dann statt,

1. wenn für bestimmte Berufsgruppen der Intelligenz die Nachfrage dauerhaft zurückgeht und eine Beschäftigung im gleichen (oder ähnlichen) Intelligenzberuf nicht mehr möglich ist. Damit ist die Realisierung der Berufsqualifikation blockiert. Dieser Prozeß wird begleitet von einer Verschärfung der Angebotskonkurrenz und durch Druck auf die Löhne und führt schließlich zur Deklassierung der „überzähligen" Gruppen. Das ist der Prozeß der Entstehung des „akademischen Proletariats".

2. wenn sich das allgemeine Volksbildungsniveau hebt, die Pflichtschuljahre steigen und eine Verwohlfeilerung der Bildung eintritt. Damit erweitert sich die soziale Rekrutierungsbasis der Untergruppen der Intelligenz. Sie verschiebt sich in die Arbeiterklasse. Das ist gegenwärtig für Gruppen der Fall, deren Qualifikationen an Mittelschulbildung und eine entsprechende Anschlußausbildung gebunden war, z. B. Absolventen von Technikerschulen. Historisch trat dies ein bei Intellektuellenberufen, deren Qualifikationen nur an Schreiben und Lesen gebunden waren. Mit der Erhöhung des Niveaus der Arbeiterklasse vollzieht sich eine relative Entwertung der Qualifikation der unteren Intelligenzgruppen und damit ihr Übergang in die Arbeiterklasse. Gerade für diese Gruppen ist das „Zurückbleiben des Bewußtseins" typisch.

3. wenn die kapitalistische Vergesellschaftung der Bereiche geistiger Arbeit — innerhalb und außerhalb der materiellen Produktion — Detailarbeit und Detailarbeiter produziert, was tendenziell zu verstärkter Austauschbarkeit und Entwertung führt — allerdings auf einer unterschiedlichen Qualifikationsebene. Dies schließt den Verlust der schöpferischen

Arbeitselemente, der Initiative in der Arbeit, kurz nicht mehr nur die ökonomische Unterordnung unter das Monopolkapital, sondern auch die Unterordnung im kapitalistisch organisierten Arbeitsprozeß ein.[55] Hinzu kommt die örtliche und räumliche Konzentration (im Konzern, in Schulen, Behörden usw.). Es handelt sich hier um den Prozeß der Entfaltung des Warencharakters der Arbeitskraft der Intelligenz im Zuge der Unterjochung der geistigen Arbeit unter das Kapital. Diese Prozesse sind eng mit den unter 1. und 2. genannten verbunden.

In diesem Prozeß der Entwertung der Qualifikation vollzieht sich der Übergang der entsprechenden Intelligenzgruppen in die Arbeiterklasse. Diese Prozesse verlaufen gerade unter den Bedingungen der wissenschaftlich-technischen Revolution besonders stürmisch. Mit der staatsmonopolistischen Reform des Bildungswesens werden die Reproduktionsbedingungen der einzelnen Intelligenzgruppen einschneidend beeinflußt und neue Reproduktionsdaten gesetzt.

Nicht übersehen werden kann vor allem in der BRD – trotz einer insgesamt steigenden Nachfrage – eine zunehmende Tendenz der „Produktion" eines „akademischen Proletariats", vor allem in geisteswissenschaftlichen Berufsgruppen, womit einzelne Schichten der Deklassierung ausgeliefert werden.

Auf der anderen Seite stellt die Intelligenz ein *Rekrutierungsreservoir der Bourgeoisie* dar. Der „Aufstieg" in die Bourgeoisie erfolgt

– mit dem Übergang in das kapitalistische Management;
– mit dem Übergang in staatliche Leitungsfunktionen und damit in die Teilhabe am staatsmonopolistischen Aneignungs- und Ausbeutungsprozeß;
– mit dem Übergang in die Spitzenfunktionen der „ideologischen Fraktion" der Bourgeoisie;
– mit dem Übergang zu kapitalistischen Unternehmerfunktionen im Zuge der Differenzierung der Bereiche der freien Berufe.

Mit dem Übergang in die Bourgeoisie fallen diese Gruppen aus der Intelligenz als sozialer Schicht heraus. Das ist selbst dann der Fall, wenn sich ihre Ausbeutungs- und Herrschaftsfunktionen mit Spezialistenfunktionen verquicken, so z. B. bei Chefärzten, Staranwälten. Denn ihre wesentliche Tätigkeit wird nun die Organisierung und Sicherung der Kapitalverwertung und Ausbeutung auf der Ebene der Einzelkapitale oder des staatsmonopolistischen Systems (staatsmonopolistische Verbände, Institutionen, Staatsapparat).

Unterschiedliche soziale Herkunft, soziale Bindung und Perspektive schlagen sich heute im Charakter und in der Bewegung der *Studentenschaft* als sozialer Gruppe nieder. Nicht zuletzt ist die Veränderung objektiver Faktoren die materielle Grundlage einer verschärften Frontstellung gegen das staatsmonopolistische System. Die widersprüchlichen ideologischen und politischen Strömungen in der Studentenschaft sind Ausdruck ihres heterogenen sozialen Charakters. In der Konfrontation ihrer gruppenspezifischen Interessen an der Qualifikation ihrer Arbeitskraft und an deren Realisierung im Interesse des Volkes, mit der Verschlechterung der Studienbedingungen, der materiellen Lebenslage und der Perspektive für breite Studentengruppen offenbart sich der Konflikt mit dem staatsmonopolistischen System. Die Konzentration an Massenhochschulen ist eine weitere Grundlage der Formierung der Studentenschaft zu einer der aktivsten antimonopolistischen Kräfte in der BRD. Diese Veränderungen hatten zur Folge, daß das Studium keinen „Urlaub vom Klassenkampf" darstellt, sondern Schulen und Hochschulen selbst wichtige Felder des antimonopolistischen Kampfes wurden.

Die *innere Gliederung* der Intelligenz ist vielschichtig und kompliziert. Neben berufs- und funktionsspezifischen Gliederungen (pädagogische, medizinische, technische, ökonomische usw. Intelligenz) muß die Bindung an die einzelnen Beschäftigungssektoren in Betracht gezogen werden.

Die innere „vertikale" Gliederung und damit die Markierung der Übergangs- und Randgruppen ergibt sich jedoch in erster Linie unter dem Gesichtspunkt der Qualifikation der Arbeitskraft. So müssen gegenwärtig Hochschulabsolventen als die Kerngruppen der Intelligenz angesehen werden. Verschiedene Fachschulkategorien befinden sich im Übergangsprozeß zur Arbeiterklasse.

Von besonderer Bedeutung sind zweifellos auch jene Gruppen, die in der Sphäre der materiellen Produktion mit den Kerngruppen der Arbeiterklasse, der Industriearbeiterschaft in Beziehung treten, das ingenieurtechnische Personal und die wissenschaftlich-technische Intelligenz. Darüber hinaus ist der Grad der Beschäftigungskonzentration eine objektive Grundlage der Formierung ihrer sozialen Interessen.

5.2.2 *Lohnabhängige Mittelschichten*

Die Herausbildung und Entwicklung lohnabhängiger Mittelschichten ist mit der Entwicklung der kapitalistischen Gesellschaftsformation verbunden. Es handelt sich um Gruppen, deren Existenzgrundlage die Lohnarbeit ist, deren Stellung in der gesellschaftlichen Organisation der Arbeit und im Gesamtsystem der Wirtschaft und Gesellschaft ihnen jedoch gegenüber der Arbeiterklasse eine Sonderrolle zuweist. Hieraus resultiert eine dem „alten" Kleinbürgertum vergleichbare objektive Stellung und eine darauf beruhende zwiespältige Interessenlage gegenüber den Grundklassen.

Ihre historische Rekrutierungsbasis liegt am Ausgangspunkt vorwiegend in den alten kleinbürgerlichen Schichten. Auf der Ebene der Einzelkapitale sind es Gruppen, die Tätigkeiten ausüben, die aus Funktionen der kapitalistischen Unternehmer hervorgehen: Organisierung und Leitung der kapitalistischen Produktions- und Verwertungsprozesse, Bewerkstelligung des Formwandels des Kapitals, der Mehrwertrealisierung. Das sind die Ober- und Unteroffiziere des Kapitals, die Aufsichts- und Leitungsfunktionen ausüben; die kommerziellen Lohnarbeiter, die Einkauf, Absatz, Buchführung usw. durchführen und Gruppen, die Funktionen des Staates ausüben.

In vorhergehenden Abschnitten (4.3; 4.4) wurde dargelegt, wie sich die Ausübung dieser Funktionen in der Bewegung des Wertes und Preises ihrer Arbeitskraft niederschlägt. Es muß außerdem darauf aufmerksam gemacht werden, daß die Analyse des unteren Aufsichtspersonals und verschiedener Kategorien von Staatsbeschäftigten den spezifischen Charakter ihrer Arbeitsfunktionen vom Standpunkt des Gesamtsystems berücksichtigen muß und die besonderen Bindungen, die sich daraus für die entsprechenden Gruppen ergeben. Das gilt vor allem für Gruppen, die Repressionsfunktionen des Staates ausüben (Polizei, Armee, Justiz). Die soziale Differenzierung dieser Bereiche wird unter einer bürokratischen Hierarchie verdeckt, die durch ihre abgestuften und streng reglementierten Ränge quasiständischen Charakter besitzen.

Die Vergesellschaftung der Produktion, die Ausdehnung der nichtproduzierenden Reproduktionsbereiche und die Aufblähung des Staatsapparates führt zu einem schnellen Wachstum dieser Gruppen, das sich mit dem Übergang zum Imperialismus und später mit der Entfaltung des staatsmonopolistischen Kapitalismus noch beschleunigt. An der Oberfläche kommt dies in wachsenden Angestellten- und Beamtenzahlen zum Ausdruck. Mit dieser Entwicklung findet jedoch eine soziale Differenzierung dieser Mittelschicht-Gruppen statt. Sie werden zwar zersetzt, aber auf anderer Ebene neu geschaffen. Auf den unteren Rängen den jeweiligen Sektoren und Gebieten entstehen „Detailarbeiter", deren objektive Stellung und Lage sie zuerst der Arbeiterklasse annähert und im weiteren Verlauf in sie eingliedert. Das ist der Fall bei den unteren Angestellten- und Beamtengruppen — mit den genannten Einschränkungen.

Ihre eigentümliche Lage wird jedoch dadurch bestimmt, daß sich die Übergänge nach „oben" im Rahmen *einer* Hierarchie vollziehen. Diese Situation ist sowohl für die proletarisierten Angestellten- und Beamtengruppen gegenüber den Mittelschichten charakteristisch, wie auch für die Mittelschichten-Angestellten und -Beamten gegenüber den herrschenden bourgeoisen Gruppen der jeweiligen Hierarchien.

Die veränderte Situation der Untergruppen drückt sich in der Annäherung ihrer Arbeitssituation, ihrer Qualifikation, der Angleichung ihrer Einkommen an diejenigen der Arbeiterschaft aus. Ferner verschiebt sich die Rekrutierungsbasis stärker in Arbeiterschichten. Die soziologische Verschmelzung wird außerdem im zunehmenden Konnubium zwischen Angehörigen von Arbeiter- und Angestelltenfamilien relevant.

Obwohl die Differenzierungsprozesse schon zu Beginn des Imperialismus verstärkt einsetzen, kann noch in den ersten Jahrzehnten des Jahrhunderts von den Angestellten und Beamten ‚en bloc' als kleinbürgerlichen Schichten — mit bürgerlichen Obergruppen — gesprochen werden. Mit der weiteren Entwicklung wird die Berücksichtigung der Differenzierung unabdingbar. Bei den Untergruppen setzt sich gegenüber der Zwiespältigkeit ihrer Funktionen und Bindungen an das System der voll entfaltete Warencharakter ihrer Arbeitskraft durch. Diese Zwiespältigkeit ist jedoch nach wie vor für die lohnabhängigen Mittelschichten charakteristisch.

Die analytische Abgrenzung dieser Gruppen gegenüber den Lohnabhängigengruppen der Intelligenz – als einer Schicht, die sich auf der Basis des entwickelten Kapitalismus formiert und deren Angehörige ebenfalls als Angestellte und Beamte beschäftigt sind –, ist deshalb schwierig, weil von vornherein Überlagerungen und Verflechtungen auftreten. Intelligenzfunktionen sind empirisch nicht in allen Bereichen von Aufsichts- und Leitungsfunktionen bzw. Repressionsfunktionen des Staates zu trennen. Dennoch muß die Abgrenzung aufrecht erhalten werden.

Die Funktion dieser Gruppen ist weniger als bei der Intelligenz an durch fachlich-theoretische Ausbildung zu erwerbende Qualifikation gebunden als an „Loyalität" gegenüber der „Firma" bzw. dem Staat, also die von Kapital und Staat geforderten „Führungsqualitäten". Diese „Qualifikation" ist charakteristisch für das „middle management" der Konzerne, für Polizisten, Detektive, Berufssoldaten, Beschäftigte in Unternehmerorganisationen usw. Die Rekrutierungsbasis dieser Gruppen liegt stärker in der Arbeiterklasse, als das bei der Intelligenz der Fall ist.

Das Anwachsen dieser Gruppen sowohl auf der Ebene der Einzelkapitale wie des Staates ist in erster Linie Ausdruck (und Eingeständnis) der sich verschärfenden inneren und äußeren Existenzbedingungen des Systems und Reaktion auf die sozialen Gegensätze.

Das staatsmonopolistische System ist bemüht, den Sonderstatus dieser Gruppen juristisch zu zementieren, andererseits jedoch infolge ihres Massencharakters gezwungen, ihre materiellen Privilegien nicht nur in Grenzen zu halten, sondern sogar abzubauen. So sind diese Gruppen zum einen unverzichtbare soziale Stützen des SMK, unterliegen jedoch zum anderen dem verschärften Ausbeutungsdruck von Monopolen und staatsmonopolistischem System. Die Widersprüche der staatsmonopolistischen Regulierung schlagen sich insbesondere in ihrer zunehmenden Existenzunsicherheit nieder. Das führt bei beträchtlichen Gruppen zu einer, wenn auch widersprüchlichen und schwankenden Annäherung ihrer Interessen an die der Arbeiterklasse. Ihre gewerkschaftliche Organisierung erlangt zunehmende Bedeutung. Gleichzeitig kann jedoch nicht übersehen werden, daß sie Träger der bürgerlichen Ideologie sind, was besondere Bedeutung dann erlangt, wenn sie Einfluß in Organisationen der Arbeiterklasse erlangen. Zweifellos sind sie sowohl in den Gewerkschaften wie in der Sozialdemokratie eine soziale Plattform kleinbürgerlicher und bürgerlicher Einflüsse und haben in gewisser Hinsicht Funktionen der alten Arbeiteraristokratie übernommen.

Es ergibt sich folgende *Gliederung* der lohnabhängigen Mittelschichten, der in der sozialstatistischen Analyse Rechnung zu tragen ist:

- Leitungs- und Aufsichtspersonal auf der Ebene der Einzelkapitale;
- Leitungs- und Aufsichtspersonal im Staatsapparat, in staatlichen und privaten Institutionen und Organisationen, in staatsmonopolistischen Gremien auf nationaler und internationaler Ebene;

– Beschäftigte im staatlichen Repressionsapparat (Militär-Berufssoldaten, Polizei, Justiz usw.) und ähnlichen Organisationen und Organen (Spitzelorganisationen, Unternehmerverbände usw.).[56]

Es zeigt sich vor allem an der letzten Gruppe, daß nicht allein von der Stellung im Arbeitsprozeß ausgegangen werden kann, daß vielmehr der spezifischen Funktion im Rahmen des Gesamtsystems auf der jeweils konkret-historischen Stufe der Klassenbeziehungen und des Klassenkampfes Rechnung zu tragen ist.

5.2.3 *Nichtagrarische selbständige Mittelschichten*

Neben der eigenen Arbeit ist die Existenzgrundlage der selbständigen Mittelschichten der Besitz eigener Arbeitsmittel oder allgemein der Kleinbesitz.[57] Diese Schichten sind an Kleinproduktion und Wirtschaftstätigkeit auf kleiner Stufenleiter gebunden.[58] Der Fortschritt der Produktivkräfte führt zur tendenziellen Einschränkung ihrer Existenzmöglichkeiten. Das trifft auch auf die bäuerliche Agrarproduktion zu. Die ökonomische Besonderheit der bäuerlichen Gruppen besteht jedoch darin, daß Grund und Boden wesentliche Produktionsmittel darstellen. Das bäuerliche Grundeigentum setzt dem Eindringen des Kapitals in die Agrarproduktion historische Schranken und bedingt spezifische Formen der Einbeziehung der bäuerlichen Produzenten in das kapitalistische Reproduktionssystem. Es muß allerdings schon hier angemerkt werden, daß mit fortschreitender Mechanisierung der Landwirtschaft der wertmäßige Anteil des Produktionsmittels Grund und Boden – trotz steigender Bodenpreise – an den bäuerlichen Gesamtproduktionsmitteln zurückgeht. Das stellt eine materielle Grundlage der stärkeren Einbeziehung der bäuerlichen Produzenten in den kapitalistischen Reproduktionsprozeß und der Zunahme ihrer Abhängigkeit vom Industrie-, Bank- und Handelskapital dar.

Die Unterscheidung von agrarischen und nichtagrarischen Schichten ist nicht identisch mit der Unterscheidung von städtischen und ländlich-dörflichen Mittelschichten. Als ländliche Mittelschichten sind nicht nur die Agrarproduzenten anzusehen, sondern ebenso die auf der Basis der Agrarproduktion entstandenen, aus ihr ausgeschiedenen Gruppen des produzierenden und reparierenden Handwerks, ländliche Haus- und Kleinindustrie, Gruppen des Handels und der Dienstleistungen, die im Dorf ihre Existenzbasis haben (freie Berufe wie Ärzte, Apotheker, Tierärzte, Gastwirte, Hotel- und Pensionsbesitzer u. ä.). Diese Gruppen entwickeln gegenüber den städtischen Mittelschichten infolge der engeren Bindung an Grund und Boden und an die Agrarproduzenten spezifische Interessenlagen, auch wenn sie sich von der Agrarproduktion gelöst haben.

Es muß betont werden, daß unter den Bedingungen des staatsmonopolistischen Kapitalismus mit der Ausdehnung des sogenannten Dienstleistungssektors gerade diese Gruppen eine Tendenz zum zahlenmäßigen Wachstum aufweisen, daß sie freigesetzte Agrarproduzenten absorbieren oder unmittelbar aus dieser Schicht hervorwachsen, z. B. im Zusammenhang mit dem Massentourismus. Deshalb ist der starke Rückgang der bäuerlichen Agrarproduzenten nicht identisch mit dem Rückgang ländlicher Mittelschichten schlechthin.

Neben dem Anwachsen der Lohnarbeit auf dem Lande drückt sich auch in diesen Prozessen des Wachsens nichtagrarischer ländlicher Mittelschichten die Tendenz der Abschwächung der Unterschiede zwischen Stadt und Land in entwickelten kapitalistischen Ländern aus.

Wir betrachten diese Gruppen gemeinsam mit den städtischen selbständigen Mittelschichten.

Ihre wesentliche historische Ausgangsbasis sind die Kleinbürger der Städte, die kleinen Mittelstände. Bis heute existieren die Reste ständischer Organisationsformen, weshalb sich in Deutschland nach wie vor der Begriff „Mittelstände" gehalten hat. Es muß nochmals darauf verwiesen werden, daß die kleinen Mittelstände breiter sind als die kleine gewerbliche Warenproduktion und der Kleinhandel. Sie umfassen von vornherein aus ihrer sozialen Basis hervorgewachsene Gruppen, deren Existenzbasis besondere Dienstverhältnisse bzw. Funktionen geistiger Arbeit sind – die Vorläufer der modernen Intelligenz und der lohnabhängigen Mittelschichten. Ökonomisch als Schichten der kleinen Warenproduktion und der mit ihnen verflochtenen, verbundenen und ihnen aggregierten Schichten des Kleinbesitzes charakterisiert, stellen sie in ihrer historischen Entwicklung eine Nebenklasse der kapitalistischen Gesellschaft dar. In den Perioden noch schwacher Entwicklung der kapitalistischen Produktionsverhältnisse machen sie die Mehrheit der städtischen Bevölkerung aus und schaffen einen Großteil der gewerblichen Produktion und der Dienstleistungen.

Es wäre jedoch unzutreffend, die Produktionsverhältnisse der kleinen Warenproduktion im Rahmen des Kapitalismus als autonome Verhältnisse anzusehen. Vielmehr werden sie zunehmend in das Reproduktionssystem des Kapitals eingegliedert und mit dem Fortschritt der Akkumulation der sozialen Differenzierung und Polarisierung unterworfen. Mit dem Übergang zum Imperialismus wird dieses Netz dichter. Diese Prozesse sind jedoch nicht mit einer linearen Dezimierung dieser Schichten verbunden. Charakteristisch ist vielmehr die faktische Eingliederung in den ökonomischen Herrschaftsbereich des Großkapitals, der stufenweise Verlust ihrer Selbständigkeit, der Rückgang ihres ökonomischen Gewichts insgesamt und die Umgruppierung ihrer einzelnen Schichten.

Auf einige im staatsmonopolistischen Kapitalismus wichtige Umgruppierungsprozesse sei verwiesen:

– Eingliederung der kleinbürgerlichen Betriebe des produzierenden, reparierenden und dienstleistenden Handwerks, des Handels, der Kleinindustrie, der Dienstleistungen usw. über Zulieferer-, Einkaufs-, Absatz-, „Kooperations"-verhältnisse und -verträge in den kapitalistischen und monopolistischen Einflußbereich.

– Umsetzung in den Dienstleistungssektor; Neuentstehen kleinbürgerlicher Existenzen in neuen Wirtschaftsbereichen mit niedrigem Kapitalminimum.
– Umsetzung in lohnabhängige Mittelschichten (Filialleiter usw.).

Eingegliedert in den kapitalistischen Reproduktionsprozeß ist die Verwertung des kleinbürgerlichen Eigentums in die Kapitalbewegung eingeschlossen. Kleinbürgerliche Produktionsmittel und kleinbürgerliche Vermögen nehmen Kapitalform an. Diese Einbeziehung in das System der Kapitalverwertung erfolgt mit dem staatsmonopolistischen Kapitalismus nicht länger nur einfach über den Preis-Markt-Mechanismus, sondern über die staatsmonopolistische Regulierung. Weil in diesem System die Ausbeutung auf eine gesamtgesellschaftliche Ebene gehoben wird, ist das Ausmaß der Beteiligung am gesellschaftlichen Mehrprodukt bzw. am Gesamtprodukt nicht mehr nur durch die Größe des Besitzes oder die Anzahl der ausgebeuteten Lohnarbeiter, d. h. den Umfang der unmittelbar abgepreßten Mehrarbeit, bestimmt, sondern durch die spezifische Funktion, die die jeweiligen Gruppen für die Akkumulation des Monopolkapitals und für das staatsmonopolistische System ausüben.

Geht man vom klassischen Typ des kleinen Warenproduzenten aus, so ist der Produzent Eigentümer seiner Produktionsmittel, bestimmt und kommandiert seinen Arbeitsprozeß und verfügt über seine Arbeitsergebnisse. Er stellt seine Produkte als Waren her, zunächst für einen lokalen, festen Markt, später für einen „freien Markt“[59]. Schon damit wird seine Selbständigkeit häufig eingeschränkt und er gerät in den Einflußbereich des Handelskapitals.

Geht man von diesen Kriterien aus – Eigentum der Produktionsmittel, Selbständigkeit, Verfügung über die Arbeitsergebnisse –, so treffen sie heute nur noch eingeschränkt für die einzelnen Gruppen der Selbständigen zu. Wenn auch vielfach jegliche Voraussetzungen und Attribute ökonomischer Selbständigkeit verschwinden, wie z. B. bei Vertragswerkstätten, so bleibt jedoch in den allgemeinen Rahmenbedingungen die „Freiheit“ im Arbeitsprozeß, also weder der Stechuhr noch einem Aufseher unterworfen zu sein.

Die Existenz der heutigen Hauptgruppen der selbständigen Mittelschichten beruht nicht nur auf eigener Arbeit, sondern auch auf der Ausbeutung von Lohnarbeit. Hierin besteht die wichtigste Gemeinsamkeit mit der Bourgeoisie, mit den eigentlichen Kapitalisten. Die innere „vertikale“ Schichtung erschließt sich jedoch nicht ausschließlich von dem Ausmaß der unmittelbar ausgebeuteten Lohnarbeit. Die Ausübung spezifischer Tätigkeiten macht unterschiedliche „Kapital“größen erforderlich. Darüber hinaus ist die gerade für diese Schichten charakteristische Beschäftigung von Familienangehörigen, die Ausbeutung von Lehrlingen u. a. zu berücksichtigen. Gruppen wie vermietende Hausbesitzer, Rentiers mit kleinen Vermögen usw. beziehen arbeitslose Einkommen; sie sind über die Verwertung ihrer Vermögen bzw. kleinen Kapitale an der Ausbeutung beteiligt. Infolge des kleinbürgerlichen Umfangs ihrer Einkommen sind auch sie als kleinbürgerliche Schichten anzusehen.

Die allgemeine Charakterisierung der selbständigen Mittelschichten besteht aber darin, daß ihre Teilnahme am Arbeitsprozeß zur Reproduktion ihrer Existenz bei mehr oder weniger großer Beteiligung am Mehrwert bzw. Gesamtprofit erforderlich ist.

Eine Proletarisierung findet statt, wenn die einfache Reproduktion nicht mehr möglich ist. In Perioden wirtschaftlicher Expansion vollzieht sich der Übergang in die Arbeiterklasse oder in lohnabhängige Zwischengruppen relativ reibungslos, da ihre Einkommen über denen der absteigenden Zwischengruppen liegen. Gerade deshalb ist der Umfang dieser Schichten in entwickelten kapitalistischen Ländern nicht sehr groß. Anders in Ländern mit schwacher Expansion und wenig ausgeprägten Kapitalverhältnissen, wie in der Mehrzahl der Entwicklungsländer. Hier machen diese Zwischengruppen einen beträchtlichen Teil der städtischen Bevölkerung aus.[60] Diese Schichten sind unter derartigen Umständen zählebig, da sie ihren Existenzkampf mit der extensiven Anwendung ihrer Arbeitskraft und derjenigen ihrer Familienangehörigen führen.

Andererseits sind diese Wege keine Einbahnstraßen. Die Mittelschichten sind historisch nicht nur eine Rekrutierungsbasis der modernen industriellen Arbeiterklasse. In bestimmten Situationen vollzieht sich auch ein Übergang von kleineren Gruppen der Arbeiterschaft in die Kleinbourgeoisie. So ist für die Nachkriegsperiode in Italien die Entwicklung produktiver Mittelschichten (Kleinindustrie) aus Facharbeitergruppen charakteristisch.[61] In der BRD liefen derartige Bewegungen in der Bauwirtschaft, im Transportwesen und anderswo ab. Aus der Geschichte der deutschen Arbeiterbewegung ist das Entstehen einer Gruppe von Gastwirten (Parteibuddiker) bekannt.

Es kann nochmals unterstrichen werden, daß es zwischen der Arbeiterklasse und diesen Schichten des Kleinbürgertums, den rechten Nachbarn der Arbeiterklasse, keine starren Grenzen gibt, wie auch keine Mauern zwischen Kleinbürgertum und Bourgeoisie existieren. Übergänge von „unten" finden bei zunehmender Nachfrage nach den Produkten und Diensten der entsprechenden Bereiche dann und dort statt, wann und wo Kapitalausstattung und organische Zusammensetzung niedrig sind. Sie schwinden als reale Möglichkeiten, wo diese Bereiche unmittelbares Exploitationsfeld des Kapitals werden.

Nach wie vor bleibt – wie die Warenproduktion das Milieu des Kapitals – das Kleinbürgertum oder exakter die Mittelschichten das Rekrutierungsfeld der Bourgeoisie. Der Übergang vollzieht sich dann, wenn die Ausbeutung direkt oder indirekt die ausschließliche Quelle der Einkommen wird. Das zeigt sich daran, daß eine Teilnahme am Arbeitsprozeß, an der Produktion nicht mehr erforderlich und – von der Repräsentanz des Kapitals her – nicht mehr möglich ist. Die kapitalistischen Kapitalverwertungsfunktionen werden zur ausschließlichen Tätigkeit des Kleinunternehmers. Das schließt natürlich in konkreten Fällen nicht aus, daß der Unternehmer noch mitarbeitet. Gegebenenfalls überträgt er die Leitungs- und Verwertungsfunktionen anderen Personen. Doch wird damit eine sozialökonomische Scheidelinie sichtbar. Der realisierte Profit wird zur Quelle der Akkumulation und der Revenue. Mit diesem Übergang wird der für die Mittelschichten charakteristische Zwiespalt – Eigentümer auf der einen, Arbeiter auf der anderen Seite – aufgehoben, und zwar nach der entgegengesetzten Seite als beim Übergang in die Arbeiterklasse. Diese, wenn auch unterschiedlich gewichtete, Mobilität nach „oben" und „unten", die auf der sozialen Polarisierung der kleinen Warenproduktion beruht, ist eine der Warenproduktion in der kapitalistischen Gesellschaft eigentümliche Tendenz, deren Umfang und Intensität allerdings von ökonomischen und historischen Faktoren bestimmt wird.

Für den staatsmonopolistischen Kapitalismus ist nicht nur diese Polarisierung wirksam, sondern ebenso der Übergang in lohnabhängige Mittelschichten. Für die einzelnen Personen ist das unter wesentlichen sozialen Gesichtspunkten (Einkommen, Leitungsbefugnisse) nur ein horizontaler sozialer Wechsel. Nicht zuletzt sind auch diese Prozesse ein Indiz für die Einbeziehung der Mittelschichten in das System der staatsmonopolistischen Ausbeutung.

Die innere Gliederung der selbständigen nichtagrarischen Mittelschichten ergibt sich

1. aus den spezifischen Funktionen ihrer Gruppen im gesamtgesellschaftlichen Reproduktionsprozeß;

2. aus der Stellung der einzelnen Schichten zu den Grundklassen der kapitalistischen Gesellschaft, was sich an Quelle und Höhe der Einkommen anzeigt.

Unter dem ersten Gesichtspunkt sind für die westdeutsche Gesellschaft folgende wesentliche Gruppen bedeutsam:

- Gruppen der materiellen Produktion (produzierendes Handwerk, Bauwesen, Kleinindustrie, Teile des Transportwesens, z. T. reparierendes Handwerk);
- Gruppen im Handel, Geld- und Versicherungswesen;
- kleine Dienstleistungsbetriebe (einschließlich Hotels, Gaststätten, Vermietung);
- freie Berufe ohne Intelligenzqualifikation;
- Rentierschichten.

Unter dem zweiten Gesichtspunkt sind empirische Kriterien zu berücksichtigen wie: Ausmaß der Mitarbeit; Anzahl der Beschäftigten; Einkommenshöhe; Wertumfang der Produktionsmittel bzw. Vermögen. Um die Kerngruppen der selbständigen Mittelschichten lagern sich plebejische Randgruppen (in der Regel Ein-Mann-Betriebe mit geringer Vermögensausstattung), Übergangsgruppen in die Arbeiterklasse; Übergangsgruppen in lohnabhängige Mittelschichten; Übergangsgruppen in die Bourgeoisie.

5.2.4 *Agrarische Mittelschichten (Bauern)*[62]

Trotz schnellen Rückgangs der Agrarproduktion am gesellschaftlichen Gesamtprodukt und der Anzahl landwirtschaftlicher Betriebe sind die selbständigen Agrarproduzenten (Bauern) nach wie vor die stärkste Gruppe der selbständigen Mittelschichten in der BRD. Im Rahmen der historischen Entwicklung des Imperialismus handelt es sich um absteigende Schichten. Diese Schichten sind arbeitende und produktive Schichten, unmittelbare Schöpfer gesellschaftlichen Reichtums, Produzenten von Lebensmitteln und Rohstoffen. Historisch ist die Bauernschaft die wichtigste Rekrutierungsbasis der Arbeiterklasse und durch vielfältige Beziehungen mit ihr verbunden. Die für die frühen Perioden charakteristische ökonomische, soziale, kulturelle und territoriale Isolierung der Bauernwirtschaft und Bauernfamilien wie generell des Dorfes ist im Verlaufe der Entwicklung immer mehr geschwunden.

Infolge des historischen Ausgangspunktes, einer relativen Abgeschlossenheit des Agrarsektors und infolge der aus den Besonderheiten des Grundeigentums resultierenden spezifischen Züge der sozialen Differenzierung wird in diesem Abschnitt auch auf die proletarischen und die kapitalistischen Elemente der Landwirtschaft Bezug genommen.

Nur in der Feudalgesellschaft stellt die Bauernschaft eine Grundklasse der Gesellschaft dar, die im Gegensatz zum feudalen Grundbesitz steht. Ihre Zersetzung als geschlossene Klasse beginnt mit dem Eindringen der Warenbeziehungen in die Landwirtschaft. Sie setzt sich mit dem mittelbaren und unmittelbaren Eindringen des Kapitals in die Landwirtschaft fort. Das Resultat dieser Entwicklung ist die Unterordnung der Landwirtschaft unter das Kapital und die Reproduktion der Klassenstruktur des Kapitalismus auf Agrarbasis. Damit verschiebt sich die Hauptfrontstellung der Massen der Agrarproduzenten, der Parzellenbauern, vom Gegensatz gegenüber dem feudalen Großgrundbesitz und seinen Restaurationsversuchen, was sie einst zu den zahlenmäßig stärksten Verbündeten der Bourgeoisie gemacht hatte, zu einem Gegensatz zum Kapital als der herrschenden Macht der kapitalistischen Gesellschaft, was nicht einfach nur als Gegensatz zum Agrarkapital aufzufassen ist.

Für die Entwicklung in Deutschland war dabei eine Richtung vorherrschend, vor allem in den Gebieten des ehemaligen Ostdeutschlands, die W. I. Lenin als „preußischen Weg“ bezeichnete und als das langsame Hinüberwachsen der fronherrlichen Gutswirtschaft in „eine bürgerliche, in eine Junkerwirtschaft“ charakterisierte, „wobei die Bauern unter Herausbildung einer kleinen Minderheit von Großbauern zu Jahrzehnten qualvollster Expropriation und Knechtschaft verurteilt werden“. Hauptinhalt ist „... das Hinüberwachsen der Fronherrschaft in Schuldknechtschaft und kapitalistische Ausbeutung auf dem Grund und Boden der Feudalherren, der Gutsherren und Junker“.[63]

Die aus dieser Entwicklung hervorgegangene Junkerschicht, eine der wesentlichen sozialen Stützen und Nutznießer des preußisch-deutschen Militarismus und Imperialismus, hat mit dem Verlust Ostdeutschlands für den deutschen Imperialismus auch ihre frühere ökonomische Basis und damit ihren früheren Einfluß im Rahmen der herrschenden Schichten des Imperialismus verloren. Der *Großgrundbesitzer* auf der gegenwärtigen territorialen Basis der BRD war, mit Ausnahme von bayerischen und norddeutschen Gebieten, nicht von gleichem Einfluß wie im früheren Ostdeutschland. Diese Gruppen konnten in der BRD im Zuge der monopolistischen Restauration ihren regionalen Einfluß als spezifische, hauptsächlich auf kapitalistischem Grundeigentum beruhende Gruppen der Groß- und Monopolbourgeoisie in Verbindung mit dem allgemeinen Vormarsch des Monopolkapitals in der Landwirtschaft ausbauen.

Von entscheidender Bedeutung vom Standpunkt der Politik der Arbeiterklasse, sowohl im letzten Jahrhundert wie in der Epoche des Imperialismus, sind die werktätigen Schichten der Bauernschaft, vor allem die Parzellenbauern, die *Kleinbauern*. Ihre Existenzbasis ist die eigene Arbeit auf – wenn auch vielfach nur formalem – „eigenem" oder auf gepachtetem Grund und Boden. Sie stellen die zahlenmäßigen Hauptmassen der bäuerlichen Agrarproduzenten dar. Ihr sozialer Übergang zu halbproletarischen bäuerlichen Schichten, die die Hauptmassen der traditionellen „Dorfarmut" stellten, war auch in der Vergangenheit fließend. Diese sind das unmittelbare Rekrutierungsfeld der Lohnarbeit auf dem Lande und des Übergangs zu den „reinen" Landarbeitern, einem Teil der Arbeiterklasse.

In ihrer sozialökonomischen Stellung sind die Kleinbauern sowie die Mittelbauern als ihre Oberschicht den städtischen kleinbürgerlichen Schichten vergleichbar. Häufig sind diese Schichten jedoch einer drückenderen Ausbeutung unterworfen als das Proletariat. Ihre Ausbeutung unterschied und unterscheidet sich jedoch der Form nach von derjenigen der Arbeiterklasse. Sie vollzog sich unter Formen der Pacht, des Wuchers, der Hypothek, der Ausbeutung durch das Handels- und Geldkapital und durch den kapitalistischen Staat. Diese Methoden waren und sind Hebel zur Aneignung des Mehrprodukts und vielfach auch des notwendigen Produkts der bäuerlichen Produzenten. Ihre soziale Lage war schon früher unter wesentlichen Gesichtspunkten (Einkommenshöhe, Arbeitszeit, Bildungsmöglichkeiten usw.) drückender als die der städtischen Arbeiterklasse. Dennoch bleibt die Bindung an Boden und Kleinbesitz die Grundlage eines konservativen Zugs dieser Schichten, der es erforderlich macht, die Zwiespältigkeit ihrer Interessen in Rechnung zu stellen.

Die Analyse der agrarischen Sozialstruktur orientiert sich – wie in anderen Sektoren auch – an objektiven Kriterien des Eigentums, in erster Linie am Bodeneigentum als dem wichtigsten Produktionsmittel. Eine eingehende Analyse kann sich allerdings nicht nur an der verfügbaren Bodenfläche und auch nicht ausschließlich an der landwirtschaftlichen Nutzfläche (LN) orientieren. Bekanntlich sind außerdem Bodenfruchtbarkeit und Marktentfernung in Rechnung zu stellen. Darüber hinaus gewinnt mit der Entwicklung der Produktivkräfte der Umfang der übrigen Produktionsmittel (Maschinen, Mechanisierungsmittel, Motoren usw.) zunehmende Bedeutung. Als wesentliche Klassendifferenzierungslinie ergibt sich auch hier die Anwendung von Lohnarbeit. So ergeben sich als empirische Kriterien einer eingehenderen Analyse: Umfang der landwirtschaftlichen Nutzfläche, Anwendung von Lohnarbeit, Maschinenausrüstung, Viehbesatz, Einkommensverhältnisse u. a.

Als grober Anhaltspunkt, in dem unter gegebenen Verhältnissen die übrigen Kriterien mehr oder weniger zum Ausdruck kommen, kann jedoch der Umfang der LN benutzt werden.

Bis vor dem zweiten Weltkrieg konnte die Klassenstruktur des Agrarsektors an folgenden Bodengrößen gemessen werden:[64]

- 0,5 – 2 ha LN: Halbproletarier;[65]
- 2 – 5 ha LN: Kleinbauern, werktätige Bauernschichten;
- 5 – 20 ha LN: Mittelbauern, werktätige Bauernschichten;
- 20 – 100 ha LN: Großbauern, kapitalistische Schicht der Bauernschaft;
- über 100 ha LN: Agrarkapitalisten, kapitalistische Großgrundbesitzer.

In diesem Schema nicht aufgeführt sind die Landarbeiter, die ein Teil der Arbeiterklasse sind und deren ausschließliche oder hauptsächliche Existenzbasis die Lohnarbeit ist.

Die genannte Größenklasseneinteilung ist für die gegenwärtigen Verhältnisse in der BRD nicht mehr zutreffend. Die durch die Kriegs- und Nachkriegsverhältnisse hervorgerufene zeitweilige Stabilisierung auch der Klein- und Mittelbetriebe (großer Nahrungsmittel- und Rohstoffbedarf, gewisse Entschuldung)[66] ist unter den Bedingungen des staatsmonopolistischen Kapitalismus zunehmend hinfällig geworden. Es hat sich eine Verschiebung der Sozialstruktur nach „links" und eine gewisse Überlagerung der sozialen Gegensätze innerhalb der Bauernschaft durch die Dominanz der Interessengegensätze aller mit der bäuerlichen Produktion verbundenen Schichten gegenüber den Monopolen ergeben.[67]

Welche Prozesse liegen diesen Veränderungen zugrunde und wie drücken sich diese Veränderungen konkret aus?

Die modernen Produktivkräfte der wissenschaftlich-technischen Revolution machen auch im Agrarsektor die Überlegenheit der Großproduktion über die Kleinproduktion, des Großbetriebes über den Kleinbetrieb noch evidenter als früher. Steigende Produktivität und Importkonkurrenz wird für den bäuerlichen Betrieb zum Rationalisierungsdruck. Die Notwendigkeit zur Motorisierung, Mechanisierung, Chemisierung usw. führt zu steigendem Kapitalbedarf, zum relativen Rückgang der Bedeutung der Nutzfläche im Verhältnis zu anderen Produktionsmitteln. Die inneren bäuerlichen Akkumulationsquellen sind unzureichend, um den Mittelbedarf zu decken, was eine steigende Verschuldung, wachsende Fremdkapitalanteile nach sich zieht. Der Agrarsektor bleibt nicht mehr nur Ausbeutungsfeld des Wucher-, Geld- und Handelskapitals, sondern wird zunehmend direktes Anlagefeld des Kapitals. Der Agrarsektor wurde in den vergangenen Jahren nahezu lückenlos in das Reproduktionssystem des Monopolkapitals eingegliedert. Das war mit einer verstärkten Unterwerfung der Agrarproduktion unter die kapitalistischen Verwertungsinteressen verbunden und führte dazu, daß ein wachsender Teil des bäuerlichen Reproduktionsprozesses unmittelbarer Bestandteil des Verwertungsprozesses des Kapitals wurde. In der BRD wurde der Agrarsektor der am stärksten der staatsmonopolistischen Regulierung unterworfene Wirtschaftssektor. Diese Prozesse wurden wesentlich durch die EWG-Integration beschleunigt, wobei die Dezimierung der Bauernschaft im Zuge der Öffnung und Reglementierung des Agrarmarktes das Tauschobjekt für die außenwirtschaftliche Expansion der Industriekonzerne darstellt. Im Resultat haben relatives Sinken der staatsmonopolistisch regulierten Erzeugerpreise und Steigen der Preise für landwirtschaftliche Produktionsmittel (Preisschere) zur Auszehrung der bäuerlichen Substanz, zur Beschleunigung der Differenzierung und Dezimierung der werktätigen Bauernschaft geführt.

Im Unterschied zum Eindringen des Kapitals in die Sphären der nichtagrarischen selbständigen Mittelschichten setzt das bäuerliche Grundeigentum jedoch Verwertungsschranken, die spezifische Unterwerfungsmethoden erforderlich machen. Der unmittelbare Ruin werktätiger Bauern hat sich als unzureichend zur massenhaften Schaffung jener Größeneinheiten für das Kapital erwiesen, die für die Anwendung der modernen Produktivkräfte eine adäquate Basis darstellen würden. Zwar hat die Ausgliederung von Bearbeitungs- und Vermarktungsstufen aus dem bäuerlichen Produktionsprozeß in der BRD schon ein beträchtliches Ausmaß erreicht und mit der Errichtung gewerblicher Großbetriebe den kapitalistischen Sektor vergrößert. Das wirkte sich zunächst als verstärkter Konkurrenzdruck auf die bäuerlichen Produzenten dieser Bereiche aus und führte fortschreitend zur endgültigen Ausgliederung dieser Bereiche aus der bäuerlichen Produktionssphäre (siehe Hähnchenproduktion).

Die Formen *horizontaler* (Zusammenlegung bäuerlicher Betriebe zu Erzeugergemeinschaften unter Druck und Kommando des Kapitals) und *vertikaler* (unmittelbare Erfassung und Zusammenfassung bäuerlicher Betriebe von verschiedenen Ansatzpunkten her durch Lebensmittelkonzerne) Konzentration spielen im Konzentrationsprozeß gegenwärtig jedoch die Hauptrolle.[68] Über diese Prozesse, spezifische Methoden der reellen Subsumtion unter das Kapital, werden die Bauern zu de-facto-Lohnarbeitern der Konzerne.[69] Deshalb ist der Grad der Konzentration der Produktion heute schon wesentlich höher als der formale Konzentrationsgrad von Grund und Boden. Unter diesen Bedingungen bietet sich für die Bauern als einzige Alternative der Zusammenschluß zu demokratischen Genossenschaften an.

Wesentlich für den bäuerlichen Existenzkampf ist, daß bis tief in die Mittelgruppen hinein im „Zuerwerb“ Einkommensquellen zur Erhaltung der bäuerlichen Reproduktionsbasis erschlossen werden müssen. Darin drücken sich sowohl Verflechtungen mit anderen ländlichen Mittelschichten aus wie auch, soweit der Zuerwerb als Lohnarbeit betrieben wird, Übergänge in die Arbeiterklasse. Mit der Ausweitung des „Zuerwerbs“ wird schließlich die eigentliche bäuerliche Arbeit zum „Nebenerwerb“ und der bäuerliche Betrieb zum Nebenerwerbsbetrieb, der tendenziell aus der Marktproduktion herausfällt. „Die Nebenerwerbslandwirte sind in der Regel ihrem sozialökonomischen Wesen nach Halbproletarier“,[70] soweit ihre sonstige Existenzbasis – was hinzugefügt werden muß – die Lohnarbeit ist.

Diese Entwicklungen haben dazu geführt, daß die Differenzierungslinien, die an den Nutzflächen bestimmt werden können, sich nach oben verschoben haben und damit die Sozialstruktur der Landwirtschaft nach „links". Denn steigendes „Kapital"minimum je eingesetzter Arbeitskraft drückt sich – abgesehen von Intensivierungsprozessen – in der Abnahme der Arbeitskräfte je Flächeneinheit aus. Deshalb war die Verwandlung der werktätigen Bauern[71] und ihrer im Betrieb verbleibenden Familienangehörigen in de-facto-Lohnarbeiter von der Abnahme der Anwendung der „reinen" Lohnarbeiter in der Landwirtschaft, also einem starken Rückgang der *Landarbeiter*zahlen begleitet.

Die Masse der früheren *Kleinbauern* (bis 5 ha LN) wurde zu Halbproletariern und Lohnarbeitern. Ob ein Übergang vom Zuerwerbs- zum Nebenerwerbsbetrieb erfolgt, hängt von einer Vielzahl von Faktoren ab, nicht zuletzt von industriellen Beschäftigungsmöglichkeiten. So ist der Anteil von Nebenerwerbsbetrieben in Industriegebieten in der Regel weit höher als in ausgesprochen ländlichen Regionen. In Industriezonen und Erholungsgebieten kann das verbleibende Vermögen auch leichter zur Grundlage einer neuen Existenz im Dienstleistungsbereich o. dgl. werden. Aus diesen Gründen spielen bei der Analyse dieser Gruppen regionale Momente eine beträchtliche Rolle.

Die früheren *Mittelbauern* (5–20 ha LN) sind unter diesen Bedingungen voll von der sozialen Differenzierung erfaßt und in der Regel in die Position von Kleinbauern gedrängt worden.

Ein Teil der *Großbauern,* die Gruppe von 20–50 ha LN, befindet sich in der früheren Position der Mittelbauern. Ihre Betriebsgröße ist zur ständigen Beschäftigung von Lohnarbeitern nicht mehr ausreichend, obwohl ihre Vermögenswerte einen größeren Umfang als die der früheren Mittelbauern erreicht haben. Sie werden zu einer Schicht der werktätigen Bauernschaft.

Auch die Reproduktionsbedingungen der früheren Obergruppe der Großbauern (50–100 ha LN) werden unter den Bedingungen der staatsmonopolistischen Regulierung und EWG-Marktordnung durch zunehmende Unsicherheit gekennzeichnet. Es muß aber gerade bei der Analyse dieser Gruppen den Übergangsmöglichkeiten in andere Gruppen ländlicher Mittelschichten und in neue Gruppen der ländlichen Bourgeoisie Aufmerksamkeit gewidmet werden, wenn die Differenzierungsprozesse nicht einseitig erfaßt werden sollen. Trotz der, wenn auch unterschiedlich intensiven, Dominanz antimonopolistischer Interessen bei allen bäuerlichen Schichten muß die Analyse ihrer ökonomischen und sozialen Bewegung auch jene gegenläufigen Tendenzen berücksichtigen, wie z. B. die Beteiligung an steigenden Bodenpreisen u. a., die Interessenverbindungen zum staatsmonopolistischen System schaffen. Damit wird die Widersprüchlichkeit sichtbar, die in der praktischen Einbeziehung der Bauernschaft in antimonopolistische Bündnisse wirksam ist.

5.3 *Deklassierte Schichten und Randgruppen*[72]

Auch für die Bedingungen der BRD ergibt sich der wesentliche Begründungszusammenhang für Existenz, Umfang und Funktion von deklassierten Schichten und Randgruppen aus der Akkumulation des Kapitals, eine Bewegung, die heute allerdings nur noch im Gesamtzusammenhang des SMK begriffen werden kann. Insbesondere muß heute die sogenannte Sozialpolitik des Staates in die Betrachtung einbezogen werden, über dessen Umverteilungsmechanismus diese „faux frais" der kapitalistischen Reproduktion vor allem der Arbeiterklasse aufgebürdet werden, die die Existenzbasis dieser Schichten im großen Umfang darstellen.

Der Mechanismus von kapitalistischer Akkumulation – relativer Überbevölkerung/Reservearmee – Pauperismus kann heute weniger als je zuvor nur im nationalen Rahmen analysiert werden. Wenn – wie auch schon in anderen Zusammenhängen betont – die Analyse der Sozialstruktur die Internationalisierung des Kapitalverhältnisses zu berücksichtigen hat, so zeigt sich damit auch die Begrenztheit der Aussagekraft des nur auf die BRD bezogenen Materials.

Sind auch die Formen des Pauperismus und der Reservearmee andere als früher – wie ja überhaupt immer die Realisierung der Akkumulationsgesetze in einem konkret historischen Milieu erfolgte –, so ist ihre soziale Grundfunktion als soziales und ökonomisches Disziplinierungsinstrument zur Unterwerfung der Arbeiterklasse unter das Lohngesetz des Kapitalismus, unter die Verwertungsbedingungen des Kapitals unverändert geblieben.

Deshalb liegt der Kampf gegen Arbeitslosigkeit und Pauperismus immer auch im unmittelbaren Interesse des arbeitenden Teils des Proletariats. Pauperismus im hier verwendeten engeren Sinne ist nicht identisch mit der Armut schlechthin, die – orientiert man sich am offiziellen Existenzminimum der Statistik – nach wie vor auch beträchtliche Teile der arbeitenden Bevölkerung betrifft.[73]

Unter den Bedingungen der schnellen Wirtschaftsexpansion in der Nachkriegszeit und den internationalen Bedingungen des Klassenkampfes war die Arbeiterklasse der BRD wie auch anderer entwickelter Länder in der Lage, den Umfang und die krassesten Formen des Pauperismus und der Arbeitslosigkeit einzugrenzen, zurückzudrängen und den davon ausgehenden Druck abzuschwächen. Nicht zuletzt kommt jedoch im Anwachsen bestimmter Deklassierungsprozesse der vergangenen Jahre, von der bürgerlichen Soziologie vielfach als Sozialisationsdefekte und -konflikte beschrieben, die Zuspitzung der gesellschaftlichen Widersprüche des SMK unter den Bedingungen der wissenschaftlich-technischen Revolution und des Wirksamwerdens des alten Mechanismus auf einer höheren Ebene zum Ausdruck.

Deklassierungsprozesse finden nicht nur in den Unterschichten der Arbeiterklasse statt, sondern zunehmend auch bei Gruppen der Intelligenz und anderen Mittelschichten, besonders bei der Jugend, dem Nachwuchs dieser Gruppen. Entsprechende Übergangsgruppen sind Gelegenheitsarbeiter der verschiedensten Kategorien, Hausierer, „Drücker" usw. Im Vergleich zu kapitalistischen Entwicklungsländern, in denen diese Schichten beträchtliche Teile der städtischen Bevölkerung umfassen, sind sie in der BRD verhältnismäßig klein.

Die *deklassierten* Schichten sind ein Konglomerat von Gruppen und Individuen der verschiedensten Herkunft. Es sind Individuen und Gruppen, die nicht mehr in der Lage oder nicht mehr gewillt sind, in ihrem ursprünglichen Klassenzusammenhang oder auf einer neuen „unteren" Klassenlage eine materielle und soziale Existenzbasis zu finden. Sie sind letzten Endes die Opfer der sozialen Verhältnisse und der Widersprüche der kapitalistischen Gesellschaft, der Sumpf auf der unteren Skala der Sozialstruktur, parasitäre Schichten – wie die Bourgeoisie auf der oberen Skala. Da die offiziellen Angaben über diese Schichten nur sehr lückenhaft sind, ist ihr Umfang nur schwierig zu bestimmen.

Hinsichtlich der sozialen Rolle muß zwischen diesen Schichten und jenen im staatsmonopolistischen Kapitalismus umfangreichen Gruppen ein scharfer Trennungsstrich gezogen werden, die das eigentliche *Waisen-, Witwen- und „Invalidenhaus"* des arbeitenden Volkes darstellen. Der soziale Bereich dieser Gruppen ist überwiegend die Arbeiterklasse.

Auch bei ihnen handelt es sich um nichtarbeitende, nur im geringen Umfang zur Arbeit reaktivierbare Schichten, deren Ausscheiden aus dem „Erwerbsleben" oder das ihrer „Ernährer" jedoch durch solche Ursachen und Einwirkungen wie Krieg, Unfall, Krankheit usw. hervorgerufen ist. Zu ihnen gehören außerdem verschiedene Kategorien von Anstaltsinsassen. Nicht zuletzt ist es der Kampf der Arbeiterklasse, der heute eine Existenzbasis dieser Gruppen auf der unteren Ebene der Arbeiterklasse sichergestellt hat. Der soziale Zusammenhang dieser Schichten mit ihrer Herkunftsbasis besteht in der Regel weiter.

Diese Gruppen sind unmittelbar von der staatlichen Sozialpolitik abhängig und in besonderem Maße der Bürokratie ausgeliefert. Sie stellen den Hauptteil der Sozialhilfe- und Sozialunterstützungsempfänger.

In einem anderen sozialen Zusammenhang, wenn auch häufig in einer vergleichbaren sozialen Lage, stehen die Rentner (siehe weiter unten). Was die Arbeitslosigkeit und die verschiedenen Arbeitslosengruppen betrifft, so sind sie im Zusammenhang mit dem arbeitenden Teil der Arbeiterklasse zu betrachten.

5.4 *Wichtige Beschäftigtengruppen, soziale Gruppen, Bevölkerungsgruppen*[74]

Wenn auch mit der Skizzierung der Grundklassen, Mittelschichten, deklassierten Schichten und Randgruppen die grundlegenden Elemente der Klassen- und Schichtstruktur der kapitalistischen Gesellschaft der BRD erfaßt sind, die die bestimmenden Momente der objektiven sozialökonomischen und sozialen Stellung und Lage der Bewohner der BRD darstellen,[75] so ist darüber hinaus die Berücksichtigung wichtiger Beschäftigtengruppen, sozialer Gruppen, Bevölkerungsgruppen und bestimmter sozialstatistischer Gruppen, in denen Elemente verschiedener Klassen und Schichten vereinigt sind und die die Klassenstruktur gewissermaßen überlappen, sowohl zum Verständnis der Struktur des staatsmonopolistischen Kapitalismus als auch der Klassenbeziehungen im wirklichen Leben und des konkreten Verlaufs der Klassenkämpfe in der BRD notwendig. Das ist nicht zuletzt auch deshalb erforderlich, weil diese Gruppierungen, deren Relevanz in den verschiedenen Situationen und Perioden unterschiedlich ist und wesentlich durch die konkret-historischen Faktoren beeinflußt wird, spezifische Interessen herausbilden, die in den Auseinandersetzungen wirksam werden.

Staatsbeschäftigte

Entwicklung, Umfang und Struktur der Staatsbeschäftigten[76] sind wichtige Anhaltspunkte zur Analyse der Rolle und Funktion des Staates im SMK. Mit der Entwicklung des Imperialismus ist der Umfang der Staatsbeschäftigung in Deutschland stetig gewachsen, wobei eine besondere Aufblähung in Kriegsvorbereitungs- und Kriegsperioden hervortritt. Damit hat auch die durch den Staat unmittelbar ausgebeutete Lohnarbeit und die durch den Staat angeeignete Mehrarbeit zugenommen. Der Staat ist für eine große Gruppe der Arbeiterklasse, der lohnabhängigen Mittelschichten und der Intelligenz der unmittelbare Ausbeuter geworden. Ihre Forderungen sind deshalb unmittelbar an die politische Macht der kapitalistischen Gesellschaft gerichtet und haben damit politischen Charakter.

Die Staatsbeschäftigten haben einen arbeitsrechtlich unterschiedlichen Beschäftigungsstatus (Dienstverhältnis – Arbeiter, Angestellte, Beamte), sie üben qualitativ verschiedene Funktionen aus (Wirtschaftstätigkeit, Verwaltung, Repressionen usw.) und befinden sich schließlich in einer unterschiedlichen und gegensätzlichen Klassenlage (Arbeiterklasse, Mittelschichten, Intelligenz, Bourgeoisie, staatsmonopolistische Oligarchie).

Charakteristisch ist jedoch, daß die hierarchische Struktur des Staatsapparates die soziale Gegensätzlichkeit der Staatsbeschäftigten nur als graduelle Abstufung (Laufbahngruppen, Besoldungsgruppen u. dgl.) zum Ausdruck bringt und sie damit verdeckt. Das trifft besonders für die Beamten zu, die in einem speziellen arbeitsrechtlichen Verhältnis stehen. Es ist unseres Erachtens jedoch unzutreffend, aus den für alle Beamten gültigen Loyalitätsbindungen generell einen bourgeoisen oder Mittelschichtenstatus abzuleiten. Jedoch schaffen diese Bindungen und selbstverständlich ihre materiellen Äquivalente für die Beamtenschaft als Ganzes Interessengemeinsamkeiten. Wie bei den Angestellten hat auch bei den Beamten die Ausdehnung und Vergesellschaftung dieser Sektoren zur Auflösung der Beamtenschaft als einer sozial homogenen Einheit geführt. Allerdings sind hier nach wie vor die inneren Differenzierungen stärker überlagert als in anderen Bereichen.

Schließlich zeigt sich an der Beschäftigtenstruktur des Staates die Bedeutung, der Umfang sowie die Entwicklungstendenz der von ihm ausgeübten Funktionen. Außer den Gebietskörperschaften müssen der sogenannte öffentlich-rechtliche Sektor, die Wirtschaftsunternehmen – Post, Bahn, einschließlich der in privatrechtlicher Form betriebenen – u. a. in die Betrachtung einbezogen werden.

Schüler/Studenten

Unter den Bevölkerungsgruppen, die außerhalb des sogenannten Erwerbslebens stehen, die im System der Produktionsverhältnisse nicht mehr oder noch nicht eine aktive Rolle ausüben, kommt den Schüler/Studenten und den Rentnern eine wichtige Rolle zu. Beide Gruppen sind im heutigen Kapitalismus wachsende Gruppen, die jeweils Millionen von Menschen umfassen.

Befinden sich Schüler und Studenten im Stadium der Ausbildung ihrer Arbeitskraft, so sind Rentner aus dem Arbeitsleben ausgeschiedene Personen. Diese Gruppen sind jedoch nicht durch rein demographische Merkmale definiert, sondern durch Merkmale, die in Beziehung zum Reproduktionsprozeß stehen und spezifische soziale Situationen bedingen. Es handelt sich deshalb bei ihnen um soziale Gruppen.

Der absolute und relative Umfang der Schüler- und Studentenschaft nimmt mit der Erhöhung der Ausbildungszeit und Pflichtschuljahre, mit dem Prozeß der Verallgemeinerung und Erhöhung der Volksbildung zu. Darüber hinaus spielt unter den heutigen Bedingungen die wachsende Nachfrage nach Arbeitskräften mittlerer und höherer Qualifikation bzw. durch entsprechende Ausbildung vermittelte Qualifikation eine wachsende Rolle, was auch wachsende Schüler- und Studentenzahlen der entsprechenden Kategorien nach sich zieht. Letzten Endes ist dieses Wachstum ein Ausdruck der Entwicklung der Produktivkräfte.

Diese Entwicklung bestimmt auch die Proportionen zwischen lernender und arbeitender Jugend. Mit wachsendem Altersjahrgang nimmt der Anteil der arbeitenden Jugend zu, wobei historisch eine zunehmende Verlagerung in obere Jahrgänge erfolgt.

Der soziale Klassenzusammenhang von Schülern und Studenten ergibt sich in erster Linie aus ihrer Herkunft und ihren familiären Bindungen. Die hier wirksam werdenden sozialen Unterschiede bewirken für den einzelnen Jugendlichen unterschiedliche Perspektiven und Lebenschancen. Auf den unteren Jahrgangs- und Ausbildungsstufen (Unterstufe) entspricht die Herkunftsstruktur auch in ihren quantitativen Proportionen weitgehend der Klassenstruktur der Gesellschaft. Mit der Verengung in den oberen Jahrgängen und Ausbildungsstufen zugunsten der Bourgeoisie und der Mittelschichten, insbesondere zugunsten des Nachwuchses der sozialen Schicht der Intelligenz, bei krasser Benachteiligung der in der unmittelbaren materiellen Produktion stehenden Klassen – deren Kinder also im Durchschnitt früher in den Arbeitsprozeß eingegliedert werden –, wird das Fortbestehen bisher nahezu ungebrochener Bildungsprivilegien sichtbar. Jedoch deuten sich mit einer zunehmenden Durchlässigkeit der Bildungsschranken für Kinder der Arbeiter- und Bauernschaft Veränderungen an. Diese Unterschiede werden aus der Gliederung des Bildungswesens faßbar.

Schüler und Studenten stehen im sozialökonomischen Sinne nicht in einem Arbeitsprozeß, sondern in einem durch den kapitalistischen Staat, entsprechend den kapitalistischen Verwertungsbedingungen, angeordneten und institutionalisierten Ausbildungs- und Sozialisationsprozeß. Das ist unter den heutigen Bedingungen die materielle Grundlage spezifischer Interessen antimonopolistischen Charakters. Diese Interessen artikulierten sich besonders in der jüngsten Phase des SMK in vielen entwickelten kapitalistischen Ländern, wo sich die Widersprüche der kapitalistischen Ökonomie und Gesellschaft im Ausbildungssektor zuspitzten und die „Strukturkrise" dieses gesellschaftlichen Bereichs bewirkten.

Zu betonen ist, daß die Sozialstruktur in der Schüler- und Studentenschaft nach Herkunft und familiärer Bindung durch gemeinsame Interessen überlagert wird, daß das Ausbildungsstadium in vieler Hinsicht ein gemeinsames Durchgangs- und Selektionsstadium ist. Im Unterschied dazu steht der schon arbeitende Teil der Altersgenossen fest in den Klassenbeziehungen der Gesellschaft. Dies ist der Grund, weshalb der arbeitende Teil der Jugend (Lehrlinge, Jungarbeiter, Jungangestellte) im Zusammenhang mit den Klassen und sozialen Schichten behandelt wird.

Jedoch gibt es zwischen beiden Teilen der Jugend eine Vielzahl von Bindungen, die sich mit der Veränderung der Ausbildungsstruktur verstärkt haben (durch zweite Bildungswege u. dgl.). Generationsspezifische Gemeinsamkeiten der Anschauungen, Mentalität, Perspektive usw. müssen ebenfalls in Rechnung gestellt werden.

Rentner

Mit sinkendem Rentenalter und steigender Lebenserwartung wächst die soziale Gruppe der Rentner. Das sinkende Rentenalter ist zum einen mit dem wachsenden „Verschleiß" im Arbeitsleben verbunden, zum anderen das Ergebnis des sozialen Drucks der Arbeiterklasse.

Mit ihren Familienangehörigen machen die Rentner einen beträchtlichen Teil der Bevölkerung aus. Sie sind aus dem Arbeitsleben ausgeschiedene Personen, deren Existenzbasis Rentenansprüche auf Grund von Einzahlungen während des aktiven Arbeitslebens sind. Es handelt sich faktisch um akkumulierte Bestandteile des Arbeitslohnes und sonstiger Einkommen, die in den Verfügungsbereich des Staates und des Bank- und Versicherungskapitals gelangt sind.

Infolge dieses ökonomischen Zusammenhangs stehen Rentner in der Klassenbindung ihres früheren Arbeitslebens, was durch die familiären und sozialen Beziehungen unterstrichen wird. Die unterschiedliche Quelle der Renten ist die empirische Grundlage der Bestimmung des Klassenzusammenhangs der einzelnen Rentnergruppen. Die Hauptmasse der Rentner sind frühere aktive Angehörige der Arbeiterklasse und anderer werktätiger Schichten. Weil die soziale Existenz der Rentner durch ihre Einkommensquelle bestimmt ist, wäre es unzutreffend, sie unter demographischen Gesichtspunkten (alte Leute) zu betrachten.

Obwohl, in erster Linie unter dem sozialen Druck der Arbeiterklasse, in der Nachkriegsperiode beträchtliche Anhebungen des Rentenniveaus stattfanden, liegt das Einkommen generell unter dem des Arbeitslebens und bei großen Gruppen unter dem Existenzminimum, was Zusatzbeschäftigungen und -einkommen für noch Arbeitsfähige unabdingbar macht.

Die Existenzbedingungen der Rentner sind nicht nur in besonders hohem Maße staatsmonopolistischer Regulierung unterworfen, sondern die Rentner sind auch die Opfer der Inflationsprozesse im SMK, die sowohl ihre Renten wie auch ihre Ersparnisse auszehren. Das gilt insbesondere für Gruppen aus dem Kleinbürgertum, die aus der Verzinsung von Geldvermögen ihre Renten beziehen.

Wie in anderen kapitalistischen Staaten auch, waren in der Vergangenheit in der BRD die Rentner das bevorzugte Objekt der Demagogie der herrschenden Klasse und ihrer Propagandaapparate, die an den spezifischen, vor allem ökonomisch motivierten Stabilitäts- und Sicherheitsinteressen und den nicht zuletzt daraus resultierenden konservativen Haltungen ansetzten.

War früher für die Angehörigen der Arbeiterklasse mit dem Ausscheiden aus dem Arbeitsleben auch das weitgehende Ausscheiden aus dem gesellschaftlichen Leben verbunden, abgesehen von familiären Bindungen, so ergeben sich mit der absoluten und relativen Verjüngung der Rentner andere Lebensperspektiven und andere Bedürfnisse, was sie zu einem zunehmend aktiven Faktor in den sozialen und politischen Auseinandersetzungen werden lassen wird. Die Zeiten, in denen die Rentnermassen das passive Opfer der Demagogie der bürgerlichen Regierungen und Propagandamaschinen waren, gehen damit zu Ende.

Deshalb ist es erforderlich, die soziale Gruppe der Rentner in die sozialstatistische Analyse einzubeziehen.

Ausländische Beschäftigte

Besonders im An- und Abschwellen der Ausländerbeschäftigung und der Frauenbeschäftigung zeigt sich heute in der BRD der Zusammenhang von relativer Überbevölkerung und Reservearmee. Gleichzeitig sind beide Gruppen besonderen Diskriminierungen unterworfen.

Abgesehen von den kleinen Gruppen der Repräsentanten des ausländischen Kapitals, den ausländischen Spezialisten und kleinen Selbständigen, vor allem im Dienstleistungsbereich, sowie jenen Geschäftsleuten und Parasiten, die meist auf dem Rücken ihrer Landsleute ihre Existenz begründen, steht die überwiegende Mehrzahl der in der BRD beschäftigten Ausländer im Produktionsverhältnis der Arbeiterklasse: als Arbeiter, Verkaufs- und Dienstleistungspersonal, kleine Angestellte. Aus unserer Betrachtung bleiben die ausländischen Truppen auf dem Boden der BRD, die außerhalb des eigentlichen sozialen Lebens bleiben, wiewohl sie über beträchtliche Einwirkungs- und Einflußmöglichkeiten sowie ein großes Wirtschaftspotential verfügen.

Die Betrachtung der Ausländerbeschäftigung reduziert sich deshalb auf die Untersuchung einer Gruppe der Arbeiterklasse. Sie ist ein besonderer Ausdruck des internationalen Charakters der Arbeiterklasse und ihrer Interessen. Sie ist eine zweiseitig gebundene Arbeiterklasse, die mit ihren Herkunftsländern durch die Familie, die Tradition, das kulturelle Milieu usw. verbunden ist, und mit der westdeutschen Arbeiterklasse durch die gemeinsame Arbeit und den gemeinsamen Kampf gegen ihre unmittelbaren Ausbeuter.

Die Untersuchung der ausländischen Beschäftigten muß deshalb folgenden Momenten Rechnung tragen:

- der Stellung im Produktions- und Arbeitsprozeß. Charakteristisch ist, daß sie überproportional in jenen Bereichen und Sektoren beschäftigt sind, die ein unterdurchschnittliches Qualifikations- und Einkommensniveau aufweisen.
- den sozialen Lebensbedingungen. Hier tritt insbesondere die Diskriminierung in den schlechteren Wohnverhältnissen hervor.
- ihrem rechtlichen Status. Dieser ist für einzelne Gruppen unterschiedlich und eine Quelle der Unsicherheit ihrer Lebensverhältnisse sowie besonders skrupelloser Ausbeutungspraktiken.
- ihrer nationalen Herkunft und der regionalen Konzentration.

Die ausländischen Arbeiter und Angestellten sind heute eine nach Millionen zählende Gruppe in nahezu allen westeuropäischen Ländern. Ihr Anwachsen hat jedoch auch Umschichtungen innerhalb der einheimischen Arbeiterklasse zur Folge, die den zeitweiligen sozialpolitischen Manövrierraum der Bourgeoisie erhöhen.

Weibliche Beschäftigte

Frauen machen heute in vielen Industriezweigen und Wirtschaftsbereichen der BRD die Hauptmasse der aktiven Arbeiterklasse aus. Sie sind besonders dort konzentriert, wo ein niedriges Qualifikations- und Einkommensniveau vorherrscht. Sie sind deshalb, wie die ausländischen Arbeiter und Angestellten, ein besonders ausgebeuteter und diskriminierter Teil der Arbeiterklasse.

Die Frauenbeschäftigung kann nicht außerhalb der Klassenzusammenhänge untersucht werden. Die allgemeine faktische Benachteiligung der Frauen im gesellschaftlichen Leben gegenüber den Männern ihrer Klassen und Schichten verweist darauf, daß die Unterschiede zwischen den Geschlechtern unter den Bedingungen der Ausbeutergesellschaften zur Bewegungsform sozialer Gegensätze und Widersprüche geworden sind.

Nicht zuletzt beruht die Erhöhung der Realeinkommen der Arbeiterklasse und des Lebensniveaus von Arbeiter- und Angestelltenfamilien auf Doppelverdiensten, also der Frauenbeschäftigung.

Aus diesen Gründen vermittelt die Untersuchung der Frauenbeschäftigung wichtige zusätzliche Einsichten in die Klassenstruktur des SMK.

Schließlich kann die Untersuchung der Klassenstruktur des SMK auch solche Gruppierungen nicht übergehen, die im eigentlichen Sinne *sozialstatistische Gruppen* darstellen. Wir meinen damit solche Kategorien wie Angestellte, Beamte, Selbständige, Erwerbstätige usw. Es handelt sich dabei um Erscheinungen an der Oberfläche der Sozialstruktur, die sich unmittelbar in der bürgerlichen Statistik niederschlagen. Deshalb sind sie auch der empirische Ausgangspunkt der sozialstatistischen Analyse. Als derartige Oberflächenerscheinungen unterliegen sie jedoch gleichzeitig der Kodifizierung der bürgerlichen Gesetzgebung, vor allem im Arbeits- und Tarifrecht, in der Sozialgesetzgebung usw. Nicht zuletzt sind damit entstehende Interessen Ansatzpunkte von Organisationsformen.

Wenn dieser Sachlage in der Analyse der Klassenstruktur des SMK Rechnung getragen werden muß, so besteht die Hauptaufgabe allerdings darin, mit der Zurückführung dieser einzelnen Elemente und Gruppen auf ihre Stellung im Gesamtsystem der Produktionsverhältnisse die innere Klassendifferenzierung aufzudecken.

6. Zur Methode der sozialstatistischen Analyse

Empirischer Ansatz- und Ausgangspunkt einer sozialstatistischen Analyse der Klassen- und Sozialstruktur der BRD sind die Angaben der amtlichen westdeutschen Statistik und Daten soziologischer Erhebungen und anderer Untersuchungen der verschiedensten Institutionen.[1]

Die sozialstatistische Analyse (sstA) ist für uns eine Methode der Aufschlüsselung statistischer Angaben unter klassenanalytischen Gesichtspunkten. Angaben über quantitative Merkmale sozialer Gruppen werden analysiert und umgruppiert, um Einblicke in die quantitativen Proportionen der Klassen- und Sozialstruktur und ihre Veränderungen zu erlangen. Inhaltlich bedeutet das, Erscheinungen, die die Statistik quantitativ erfaßt, auf die Stellung der sozialen Gruppen im System der Produktionsverhältnisse und im Reproduktionsprozeß zurückzuführen.

Dieser Methode muß deshalb immer die Theorie der Klassen und der Klassenstruktur selbst zugrunde liegen, die durch sie gewonnenen Kriterien und das durch sie entwickelte „Klassenmodell", als begriffliches Abbild der wesentlichen sozialen Zusammenhänge. Die einzelnen Kriterien und Elemente werden jedoch in der sstA hinsichtlich ihrer Bedeutung verifiziert und hinsichtlich ihres Umfangs, ihrer inneren Struktur und ihrer Entwicklungstendenz erfaßt. Die sstA ist deshalb mehr als die statistische Illustration sozialer Verhältnisse und Beziehungen.

Dieses Vorgehen ist in der marxistischen Tradition weder neu noch originell. Es findet die wesentlichen Anhaltspunkte und Hinweise in den Schriften und Werken von Marx, Engels und Lenin.

Schon in vorhergehenden Abschnitten wurde darauf verwiesen, in welchen Zusammenhängen der Analyse der Struktur und Bewegung der kapitalistischen Gesellschaft Marx, Engels und Lenin Angaben der bürgerlichen Statistik heranzogen. Entscheidend ist hier die Um- und Neugruppierung der Angaben, wodurch erst der innere Zusammenhang sichtbar gemacht werden kann. Dabei müssen zweifellos bestimmte Fehlerquellen in Kauf genommen werden. Sie sind um so größer, je größer die entsprechenden statistischen Gruppen und Kategorien sind. Diese Fehlerquellen resultieren aus den Definitionskriterien und Erfassungsmethoden der bürgerlichen Statistik.

Erinnert sei z. B. daran, daß Friedrich Engels seinerzeit die Fabrikarbeiter empirisch nicht anders fassen konnte als in der Definition: diejenigen, „die unter dem Fabrikakt stehen“,[2] also nach einer durch die bürgerliche Gesetzgebung geschaffenen Kategorie.

Bei Marx spielte vor allem im „Kapital“ die Analyse des „Bergs von Tatsachen“, den auch die damalige Bevölkerungs- und Wirtschaftsstatistik, insbesondere die Ergebnisse der Volkszählungen lieferten, eine Rolle.[3] Bei Lenin sei schließlich auf die schon mehrfach angeführten Arbeiten wie „Die Entwicklung des Kapitalismus in Rußland“ verwiesen, in denen der Aufschlüsselung der Ergebnisse der bürgerlichen bzw. amtlichen Statistik eine zentrale Rolle zukommt.[4]

In Deutschland spielte bis in die ersten Jahrzehnte unseres Jahrhunderts in der Tradition der historischen Schule und des Kathedersozialismus die Soziographie auf der Grundlage von Enqueten und amtlichen statistischen Erhebungen eine beachtliche Rolle. Wenn überhaupt, dann liegt die Bedeutung dieser in der Hauptsache gegen den Marxismus und die Arbeiterbewegung gerichteten Strömung auf diesem Gebiet. Ein beachtliches Beispiel einer umfassenden sstA liefert zu Beginn der 30er Jahre einer der Nachfahren des Kathedersozialismus, Theodor Geiger.[5] Auf diese Untersuchung soll auch deshalb hier kurz eingegangen werden, weil die bürgerliche Soziologie Westdeutschlands dieses Niveau in keinem einzigen Fall wieder erreicht hat; nicht zuletzt deshalb, weil sie auf die Position der Leugnung des Klassencharakters und der Klassenstruktur der bürgerlichen Gesellschaft übergegangen war. Diese Position hat auch Geiger in seinen späteren Arbeiten eingenommen[6]; er hat damit nur die schon früher vorhandenen Ansätze bis zu Ende verfolgt, die auf eine Ignorierung der Rolle der Eigentums- und Produktionsverhältnisse für die Sozialstruktur der Gesellschaft hinausliefen.

In Geigers sstA kommt ein methodischer Dualismus zur Geltung, in dem letzten Endes schon der Zusammenhang von Produktionsverhältnissen und Sozialstruktur theoretisch auseinandergerissen ist, obwohl in seinen früheren Arbeiten in der Interpretation der Fakten dieser Widerspruch damals noch nicht deutlich zum Vorschein kam.

Geiger geht von der Fragestellung nach der Relevanz bestimmter, durch die Soziologie ermittelter (Sozial)Typen aus, eine Fragestellung, die seit Max Weber die Szene der bürgerlichen Soziologie beherrschte. Die Statistik bzw. die sstA hat dabei die Funktion, das „Mengengewicht" und damit die gesellschaftliche Relevanz dieser Typen zu bestimmen. Klassen sind für ihn bestimmte Typen, deren Grundlagen auf zwei Wegen bei ihm ermittelt werden: nach der objektiven Lage und ökonomischen Funktion von Bevölkerungsteilen; und nach ihrer Existenz als Kollektive des sozialen Lebens. Letztere sind bei ihm „ökonomisch-soziale Schichten", die durch einen bestimmten „Mentalitätstypus" repräsentiert sind und sich auf oder aus einem „Bevölkerungsanteil von bestimmter ökonomisch-sozialer Lage" rekrutieren.

Klassen sind für ihn nur ein Sonderfall ökonomisch-sozialer Schichten, „wenn das kennzeichnende Merkmal des Bevölkerungsteils, der ihr als Rekrutierungsfeld entspricht, das spezifische Verhältnis der Menschen zu den Produktionsmitteln ist (Produktionsverhältnis)".[7] Außerdem vertritt er die Meinung: „Als Großkollektive mit bestimmter Intention sind sie ganzheitliche Gebilde, gleich allen Sozialgebilden abstrakte Größen, und demnach dem Mengenmaß und der Zahl entrückt."[8]

Dementsprechend ist er der Auffassung, daß die sstA nicht die Klassen selbst, sondern nur die „soziale Lagerung", also das Rekrutierungsfeld der Klassen und Schichten bestimmen könne. Er leugnet damit die reale Existenz der Klassen als große Menschengruppen und verlegt sie in das Reich der Abstraktion und der Begriffe. Dabei übersieht er, daß Abstraktionen, wenn sie die Realität widerspiegeln, immer eine wesentliche Seite des Konkreten darstellen, die auch quantitative Dimensionen enthält und deshalb „dem Mengenmaß und der Zahl" sehr wohl zugänglich ist.

Geiger geht in seiner sstA auf die kleinsten in der Berufszählung 1925 erfaßten statistischen Gruppen zurück mit der richtigen Feststellung, daß die soziale Homogenität um so größer, je kleiner die Gruppe. Er erfaßt nicht nur die „Erwerbstätigen", sondern schließt unter „Berufszugehörige" nach bestimmten Schlüsseln auch die nichtarbeitende Bevölkerung ein.

Die Zuordnung der kleinen Gruppen erfolgt auf zwei Ebenen:

- einer Rohgliederung (bei der er von objektiven Kriterien ausgeht) auf die Kategorien „kapitalistische Lage", „mittlere Lage", „proletarische Lage";
- einer Tiefengliederung (bei der er von „typischen Arten von Lebensstilen und von sozialen und politischen Mentalitäten"[9] ausgeht) auf die Kategorien „Kapitalisten", „mittlere und kleine Unternehmer", „Tagewerker für eigene Rechnung", „Lohn- und Gehaltsbezieher höherer Qualifikation", „Lohn- und Gehaltsbezieher niederer Qualifikation".[10]

Im Gang der sstA gliedert er nach der Verteilung auf die Wirtschaftsbereiche entsprechend der Stellung im Beruf auf (Selbständige, mithelfende Familienangehörige, Arbeiter, Angestellte, Beamte) und entwickelt jeweils spezifische Differenzierungskriterien, die die Klassenlage der statistischen Gruppen aufschlüsseln und ermitteln. Er gewinnt damit auf den Grundlagen der bürgerlichen Soziologie mit der Methode der sstA eine soziale Gliederung, die in etwa die Klassenstruktur des Jahres 1925 in Deutschland wiedergibt.[11] Welcher Abstand zwischen der bürgerlichen Soziologie von 1932 und 1972!

Eine umfassende Analyse der Klassen- und Sozialstruktur der westdeutschen Gesellschaft, die auf einer sstA der Zensusergebnisse von 1950 fußt und die Fortschreibungen und zusätzlichen Angaben aus den 50er Jahren einschließt, wurde 1961 von einem sowjetischen Autoren veröffentlicht.[12]

Auch A. B. Weber geht von den bevölkerungsstatistischen bzw. sozialstatistischen Kategorien der westdeutschen amtlichen Statistik in seiner Analyse aus (Wohnbevölkerung, Erwerbsbevölkerung, nichtbeschäftigte Erwerbstätige, nichtarbeitende Bevölkerung, Selbständige, mithelfende Familienangehörige, Abhängige, Arbeiter, Angestellte, Beamte). Er verfolgt die Bewegung dieser Kategorien seit den ersten Gesamterhebungen 1882 in ihrem Umfang und ihrer Verteilung auf die Wirtschaftsbereiche. In diesem Prozeß erfolgt die Aufschlüsselung entsprechend den Kategorien der marxistischen Klassentheorie.[13]

Nach dieser Herausarbeitung der Klassen- und Schichtstruktur der westdeutschen Gesellschaft untersucht er die Entwicklung und Struktur der einzelnen Klassen, ihre Lebenslage, Organisationen und Anteile am Nationaleinkommen.

Diese Beispiele wurden deshalb angeführt, um den wissenschaftlichen Stellenwert der von uns vorgenommenen sozialstatistischen Analyse richtig zu bestimmen.

Erinnert sei in diesem Zusammenhang auch an die Darstellung der Methode der Sozialwissenschaften durch Karl Marx,[14] der die Klärung der Beziehungen zwischen Konkretem und Allgemeinem zugrunde liegt. Marx stellt hier das Konkrete als die „Einheit des Mannigfaltigen“, die Zusammenfassung vieler historischer Bestimmungen dar. Historisch ist der Ausgangspunkt, der Beginn der Wissenschaft, das Ganze, das durch Anschauung und Vorstellung erfaßt wird, und weil das noch nicht die begriffliche Erfassung ist, auf dieser Stufe im Kopf immer nur erst als „chaotische Vorstellung“ vorhanden sein kann. Der historische Gang, die Entwicklung der Wissenschaft besteht dagegen in der Ableitung des Allgemeinen, in der Gewinnung entsprechender Kategorien, der Herausarbeitung von Begriffen aus der Anschauung und Vorstellung. Sind die Begriffe gewonnen, so erfolgt mit ihrer systematisch logischen Zusammenfassung die wissenschaftliche Produktion des Ganzen, die Reproduktion des Ganzen im Denken. Das Ganze erscheint jetzt nicht mehr als „chaotische Vorstellung“, sondern als reiche Totalität vieler Bestimmungen und Beziehungen.

Wenden wir diesen Gedanken auf unseren Gegenstand, die soziale Struktur der Bevölkerung an, so ist die Bevölkerung nicht mehr ein unter all den verschiedenartigsten empirischen Merkmalen gegliedertes Ganzes, dessen Entwicklung und innere Zusammenhänge im Verborgenen bleiben, sondern mit der Sozial- und Klassenstruktur haben sich die für die Entwicklung wesentlichen Seiten erschlossen und mit dem Antagonismus der Grundklassen die Triebfeder dieser Entwicklung.

Die aufgezeigten zwei Etappen sind die notwendigen Etappen jeglicher wissenschaftlichen Theoriebildung. In der konkreten wissenschaftlichen Forschung bilden sie jedoch eine sich gegenseitig bedingende dialektische Einheit, die in jeder Entwicklungsetappe erneut herzustellen ist. Dieser Intention folgt auch unsere Studie. Ihre Besonderheit besteht darin, daß in diesem Prozeß die Inadäquanz der sozialstatistischen Kategorien der bürgerlichen Statistik offenkundig und damit diese „Ordnung" des Ganzen der Bevölkerung hinfällig wird und deshalb neu zu reproduzieren ist.

Die scheinbar größere Klarheit und Übersichtlichkeit, die der Aufbau besäße, würde man mit den Kategorien der marxistischen Klassentheorie beginnen und sie im Verlaufe der Analyse empirisch „anreichern", muß in der Praxis deshalb verlorengehen, da die Erfassung der Empirie in den Kategorien der offiziellen Statistik und durch die staatlichen statistischen Behörden durchgeführt ist. Die Kritik der Kategorien und die Neugruppierung der Fakten müßte also auch hier erfolgen.

Die von uns gewählte Darstellungsmethode geht dagegen von der Gesamtbevölkerung und der ihr von der bürgerlichen Statistik verliehenen Ordnung aus, um aus dem Prozeß der kritischen Auflösung dieser Kategorien zu dem durch die Klassenstruktur bestimmten Ganzen der Bevölkerung zurückzukehren. Erfassen die Kategorien der Statistik also die verschiedensten Seiten dieses Ganzen — häufig als illusionäre, ideologisch verzerrte Widerspiegelung —, so im Gegensatz dazu die Kategorien der marxistischen Klassentheorie die wesentlichen Seiten.

Unsere sstA erfaßt sowohl die Strukturen als auch — im Zeitvergleich — die Veränderung der Struktur. Das Grundgerippe der Angaben liefert die Erwerbstätigenstatistik. Darüber hinaus werden Angaben der Hausthaltsstatistik, der Unternehmerstatistik, der Lohnstatistik usw. verwendet.

Wir gehen in der sstA von Haupt- und Nebengruppen aus. Als Hauptgruppen betrachten wir jene Kategorien, die nach ihrer Stellung im Wirtschaftsleben — hier in der Erwerbstätigkeit — definiert sind.

Es handelt sich um die *Hauptgruppen:* Arbeiter, Angestellte, Beamte, mithelfende Familienangehörige, Selbständige. Außerdem erfassen wir als eine Hauptgruppe die Hoch- und Fachschulabsolventen, aus denen sich im wesentlichen die Intelligenz — als soziale Schicht — rekrutiert. Hierbei ist das statistische Definitionsmerkmal nicht eine bestimmte Stellung im Erwerbsleben, sondern eine bestimmte Ausbildung, aus der eine spezifische Qualifikation der Arbeitskraft hervorgeht.

Der Gang und der Aufbau der Darstellung der sstA der Hauptgruppen folgt und orientiert sich im wesentlichen an den in der Klassendefinition von W. I. Lenin dargelegten Kriterien (Vgl. Abschnitt 2.3).

Die Gruppen werden zuerst hinsichtlich ihres Umfangs und ihrer bevölkerungsstatistischen Struktur sowie ihrer Verteilung auf Wirtschaftsbereiche, -zweige, -branchen, -sektoren, Betriebe bzw. Unternehmen untersucht.

Dabei wird ihre Stellung zum Eigentum bzw. Besitz an Produktionsmitteln sowie im Gesamtsystem der Produktionsverhältnisse erörtert, woraus sich bei einzelnen Gruppen (Selbständige) schon eine wesentliche Differenzierung ergibt.

Es folgt die Untersuchung der Stellung in der kapitalistischen Arbeitsorganisation auf der Ebene der Einzelkapitale und des kapitalistischen Gesamtsystems. Aufschlüsse dazu liefern die Angaben über Funktions-, Leistungs-, Qualifikationsgruppen u. a.

Es wird dann die Quelle der Einkommen und die Höhe der Einkommen bzw. des Besitzes und Vermögens beschrieben und analysiert. Auf der Grundlage und im Zusammenhang mit den schon ermittelten Differenzierungslinien und im Vergleich mit den anderen Gruppen ergeben sich aus diesen Angaben wichtige Anhaltspunkte für die Struktur der Hauptgruppen.

Schließlich wird — soweit Angaben vorhanden sind — die soziale Herkunft und Mobilität der Gruppen berücksichtigt. Hieraus ergeben sich Anhaltspunkte zur sozialen Homogenität bzw. Heterogenität der einzelnen Gruppen.

Auf der Grundlage der unter den jeweiligen Gesichtspunkten ermittelten Differenzierungslinien kann die Rekonstruktion der sozialstatistischen Hauptgruppen nach ihrer Klassen- bzw. Schichtstruktur erfolgen und ein Tableau der Klassenstruktur der erwerbstätigen Bevölkerung und bei Berücksichtigung der Familienangehörigen u. a. der Gesamtbevölkerung entwickelt werden.

Die Untersuchung der *Nebengruppen* stellt sich die Erlangung zusätzlicher und vertiefender Einblicke in die Klassen- und Sozialstruktur zum Ziel. Wir betrachten zum einen nichterwerbstätige Gruppen: Hausfrauen, Rentner/Sozialhilfeempfänger, Schüler/Studenten. Zum anderen werden bestimmte Beschäftigtenkategorien betrachtet, die für die Analyse der Klassenstruktur des staatsmonopolistischen Kapitalismus Bedeutung besitzen: weibliche Beschäftigte, Beschäftigte des Staates, ausländische Beschäftigte. Ihre Untersuchung folgt im wesentlichen, allerdings dem besonderen Charakter der einzelnen Gruppen entsprechend in modifizierter Form, den Untersuchungsgesichtspunkten und Differenzierungskriterien der Hauptgruppen.

Eine marxistische Analyse der Klassen- und Sozialstruktur ist keine demographische Beschreibung unter Berücksichtigung der wirtschaftlichen Verhältnisse. Es kommt ihr letzten Endes darauf an, die reale Klassenstruktur der Gesellschaft und als das Wesentliche dieser Verhältnisse den Klassenantagonismus aufzudecken und eine notwendige wissenschaftliche Grundlage zum Verständnis seiner Bewegung, also des Klassenkampfes unter den Bedingungen des staatsmonopolistischen Kapitalismus zu erarbeiten.

Das ist auch das Ziel und die Funktion einer sstA der westdeutschen Gesellschaft.

Anmerkungen

Die Fußnoten sind für die einzelnen Abschnitte fortlaufend numeriert. Bei Rückverweisen wird die Abschnittsziffer vorangestellt.

Abschnitt 1: Einige ideologische und politische Aspekte der Klassendiskussion

1 So hat W. I. Lenin schon in einer seiner ersten theoretischen Arbeiten unmißverständlich erklärt:
„Kann denn irgend jemand, der Marx auch nur im mindesten kennt, in Abrede stellen, daß die Lehre vom Klassenkampf der Schwerpunkt des gesamten Systems seiner Anschauungen ist?" „Der Marxismus sieht sein Kriterium in der *Formulierung* und in der theoretischen Erklärung des sich vor unseren Augen abspielenden Kampfes der gesellschaftlichen Klassen und der ökonomischen Interessen."
(W. I. Lenin: Der ökonomische Inhalt der Volkstümlerrichtung und die Kritik an ihr in dem Buch des Herrn Struve (1894/95); in: W. I. Lenin, Werke, (deutsche Ausgabe) Dietz Verlag Berlin 1965 (ff.), Bd. 1, ebenda S. 312, 407 – nachfolgend zitiert als „Werke".

2 Dabei war eine vorwiegende Orientierung an der positivistischen angelsächsischen Soziologie charakteristisch, was der Unterordnung der westdeutschen Bourgeoisie unter die ökonomisch-politische Vorherrschaft des US-Imperialismus entsprach. Im Zusammenhang damit spielte auch das – häufig über die angelsächsische Soziologie vermittelte – Anknüpfen an die älteren bürgerlichen deutschen Soziologen Max Weber und Theodor Geiger in der Theorie der Sozialstruktur eine zentrale Rolle.
Zur marxistischen Kritik vergleiche vor allem die in der DDR erschienenen Arbeiten, u. a.: Kurt Braunreuther (Hrsg.): Zur Kritik der bürgerlichen Soziologie Westdeutschlands, Berlin 1962; derselbe: Fragen der marxistischen Soziologie, Teil II, Berlin 1964; Herbert Meißner (Hrsg.): Bürgerliche Ökonomie im modernen Kapitalismus, Berlin 1967 (hier insbesondere Kapitel 7: Grundzüge und Entwicklungstendenzen der westdeutschen Soziologie).
Ferner: Wolfgang Abendroth: Antagonistische Gesellschaft und politische Demokratie, Neuwied 1967; M. Tjaden-Steinhauer, K. H. Tjaden: Zur Analyse der Sozialstruktur des deutschen Kapitalismus; in: Das Argument, Nr. 61 (Dez. 1970), Berlin (West) 1970, S. 645 ff.
Heinz Jung; die Marxsche Klassentheorie und ihre Kritiker, in: Marxismus in unserer Zeit; Marxistische Blätter, S. 1–1968, S. 50 ff. Die bürgerliche Soziologie schlägt sich auch in den reformistischen und revisionistischen Konzeptionen nieder, mitunter jedoch modifiziert durch die spezifische Funktion und den anderen Adressatenkreis. Vgl. dazu: Ideologie des Sozialdemokratismus in der Gegenwart (Autorenkollektiv), Berlin/Frankfurt a. M. 1972 (Moskau 1970), Kapitel 5: Der Reformismus über Klassen und Klassenkampf (S. 146 ff). Hier wird die reformistische Klassenkonzeption als „spezifische, unter der Flagge des ‚demokratischen Sozialismus' auftretende Spielart der bürgerlichen Ideologie" (ebenda S. 146) bezeichnet. Nach Ansicht der Autoren knüpft die reformistische „Klassenkonzeption" an den verschiedensten Seiten bürgerlicher Theorien der „Entproletarisierung des Proletariats" und der „Entkapitalisierung der Bourgeoisie" – besonders die sogenannten Managertheorien – an. Das schließt ein: „Gerade auf die Mittelschichten im allgemeinen und die Angestellten im besonderen konzentrieren sich die Hauptanstrengungen der reformistischen Theoretiker in der Politik gegen die marxistische Klassentheorie. Die Betonung des Problems der ‚Mittelklassen' ist keineswegs zufällig: Die Mittelschichten, besonders die ‚neuen Mittelschichten' (wissenschaftlich-technische Intelligenz), rücken im praktischen Klassenkampf ins Blickfeld der Strategie und Taktik." (ebenda S. 166).

3 Vgl. etwa: Rudolf Heberle: Hauptprobleme der politischen Soziologie, Stuttgart 1967 (bes. S. 102 ff.).
Übersichten über die gegenwärtigen Forschungsprojekte sozialwissenschaftlicher Institute der BRD zeigen ebenfalls die verstärkten Interessen an umfassenden Sozialstrukturuntersuchungen im genannten Sinne (Vgl. die Angaben in: Bundesministerium für Arbeit, Institut für Arbeitsmarkt- und Berufsforschung der BfA [Hrsg.]: Forschungsdokumentation zur Arbeitsmarkt- und Berufsforschung; Erlangen, Nr. 3/1971; hier wird neben vielen anderen ähnlichen Projekten verwiesen auf das Projekt des Zentralarchivs für empirische Sozialforschung, Köln, Leitung Prof. E. K. Scheuch: Demokratisierung und sozialer Wandel in der BRD. Untersuchungen von soziostrukturellen und Einkommensveränderungen im Zeitraum 1950–70).
Natürlich hat es schon in den vergangenen Jahren derartige Untersuchungen oder Ansätze dazu gegeben. Vgl. etwa: D. Claessens, A. Kloenne u. a.: Sozialkunde der Bundesrepublik Deutschland, Düsseldorf 1965; Friedrich Fürstenberg: die Sozialstruktur der Bundesrepublik Deutschland, Köln/Opladen 1967; Karl Martin Bolte u. a.: Soziale Schichtung in der BRD, in: K. M. Bolte (Hrsg.): Deutsche Gesellschaft im Wandel, Bd. 2, Köln/Opladen 1966; Urs Jaeggi: Macht und Herrschaft in der Bundesrepublik, Frankfurt a. M. 1969.
Nicht übersehen werden kann auch, daß sich die Re-Orientierung der bürgerlichen Soziologie an der sozialökonomisch bedingten Klassenstruktur des heutigen Kapitalismus nicht zuletzt im Zusammenhang mit der politischen Radikalisierung von Teilen der Intelligenz und unter dem ideologischen Druck des Marxismus vollzogen hat und vollzieht. Das zeigte sich besonders deutlich auf dem 16. Deutschen Soziologentag (April 1968); Vgl. Verhandlungen des 16. Deutschen Soziologentages: Spätkapitalismus oder Industriegesellschaft, Stuttgart 1969.
Von den neueren Veröffentlichungen sei erwähnt die neue „Zeitschrift für Soziologie“, Stuttgart, Jg. 1, Nr. 1/1972, die von maßgebenden jüngeren, an den Hochschulen etablierten Soziologen herausgegeben wird. In dieser Ausgabe etwa die Aufsätze: G. Brandt, Industrialisierung, Modernisierung, gesellschaftliche Entwicklung (S. 5 ff.): L. Hack, W. Krause, U. Schmidt, W. Wachutka: Klassenlage und Interessenorientierung (S. 15 ff.).
Für die bürgerliche Soziologie ist unter den Klassenkampfbedingungen in Deutschland die Auseinandersetzung – was Aufarbeitung voraussetzt – mit der marxistischen Soziologie in sozialistischen Ländern, besonders der DDR, unter verschiedenen Gesichtspunkten von Interesse. Das erfolgt heute vielfach unter der Flagge der Richtigstellung vom Standpunkt der Marxschen Theorie (Vgl. etwa: Horst Röder, Abschied vom Klassenbegriff? Ein Beitrag zur Analyse der marxistischen Soziologie in der DDR; Köln/Opladen 1972).

4 Einen Überblick über die verschiedenen Ansätze und Konzeptionen der bürgerlichen Soziologie der 40er und 50er Jahre gewinnt man aus dem Sonderheft Nr. 5 (Hrsg. D. V. Glass, Rene König: Soziale Schichtung und soziale Mobilität) der „Kölner Zeitschrift für Soziologie und Sozialpsychologie“, Köln/Opladen 1961, sowie den Diskussionen in den laufenden Ausgaben dieser Zeitschrift.
Hervorzuheben ist in diesem Zusammenhang ferner die bürgerliche Konzeption der Rolle und der Rollendifferenzierung, in der die verschiedenen Lebensbereiche der Individuen und Gruppen (Beruf, Verbrauch, Politik, Familie usw.) voneinander abgelöst und dann die verschiedenen Überlappungen der Verhaltensweisen und Interessen der einzelnen Gruppen als Ausgangspunkt der Konzeption von der pluralistischen Gesellschaft genommen werden.

5 Eine besondere Variante stellten für die Ideologie der pluralistischen Gesellschaft die Ansichten von R. Dahrendorf dar. Formal anerkennt er Antagonismen im Produktionsbereich und entwickelt daraus eine Konflikttheorie, die jedoch mit der Theorie des Klassenkampfes nichts gemein hat. Soziale Gegensätze in der Wirtschaft faßt er – an Max Weber und Theodor Geiger anknüpfend – völlig ahistorisch als aus der Natur der Organisationen selbst hervorgehend, die dann wiederum auf gesamtgesellschaftlicher Ebene durch Rollen- und Statusüberlagerungen und -differenzierungen verwischt werden. Was Dahrendorf allerdings zu seinem Ruhm als Wunderknaben der westdeutschen Soziologie verholfen hatte,

waren in erster Linie seine hemmungslosen Anwürfe gegen den Marxismus im allgemeinen und die marxistische Klassentheorie im besonderen (Vgl. R. Dahrendorf: Soziale Klassen und Klassenkonflikte in der industriellen Gesellschaft, Stuttgart 1957; die hier formulierten Grundpositionen vertritt er auch in seinen späteren Veröffentlichungen).

6 Diese Schwächen und Fehler kennzeichnen auch frühere Aufsätze des Verfassers (Vgl. etwa: Heinz Jung, Neuer Mittelstand oder neue Arbeiterklasse. Die Angestellten und Beamten; in: F. Hitzer, R. Opitz (Hrsg.): Alternativen der Opposition, Köln 1969; derselbe: Der Marxsche Klassenbegriff – Instrument zur Analyse der kapitalistischen Gesellschaft von heute; in: Klassen und Klassenkampf heute, Sonderheft S. 2/1968, Marxistische Blätter, Frankfurt a. M. 1968).

7 Die genannten Mängel treten etwa in den Veröffentlichungen sowjetischer und französischer Marxisten nicht auf. Hier hat sich die Weiterentwicklung der Ansätze aus den 20er und 30er Jahren als fruchtbar erwiesen.
Aufmerksam gemacht sei hier auf einige Veröffentlichungen, die in der BRD weitgehend unbeachtet geblieben waren:
A. B. Weber: Klassenstruktur der Gesellschaft Westdeutschlands (russ.), Moskau 1961
Autorenkollektiv: Städtische Mittelschichten der modernen kapitalistischen Gesellschaft (russ.), Moskau 1963
Autorenkollektiv: Sozialpolitische Verschiebungen in den Ländern des entwickelten Kapitalismus (russ.), Moskau 1971
Autorenkollektiv: Die moderne Arbeiterklasse der kapitalistischen Länder (russ.), Moskau 1965
S. N. Nadel: Wissenschaftlich-technische Intelligenz in der modernen bürgerlichen Gesellschaft (russ.), Moskau 1971
G. G. Diligenski: Arbeiter im kapitalistischen Betrieb. Untersuchung der Sozialpsychologie der französischen Arbeiterklasse (russ.), Moskau 1969
W. I. Schumilin: Die Arbeiterklasse der BRD (russ.), Moskau 1963
Autorenkollektiv: Klassen und Klassenkampf in den Entwicklungsländern, 2 Bde., Berlin 1969 (Moskau 1967)
M. Menschikow: Millionäre und Manager (russ.), Moskau 1965
S. N. Nadel: Sozialstruktur des modernen kapitalistischen Dorfes (russ.), Moskau 1970
V. Ljubimova, N. Gausner: Verschwindet die Arbeiterklasse? (russ.), Moskau 1968
N. Gausner: Der wissenschaftlich-technische Fortschritt und die Arbeiterklasse der USA (russ.), Moskau 1968
W. S. Semjonow: Kapitalismus und Klassen. Eine Untersuchung zur Sozialstruktur der heutigen kapitalistischen Gesellschaft (russ.), Moskau 1969
Autorenkollektiv: Die Arbeiterklasse der kapitalistischen Länder und die wissenschaftlich-technische Revolution (russ.), Prag 1969
Von den französischen Veröffentlichungen sei vor allem auf die Aufsätze in der Zeitschrift „economie et politique", Paris, aufmerksam gemacht:
Nr. 149/150 (dec. 1966 bis janv. 1967): Donnees sur les classes sociales en France a l'epoque du capitalisme monopoliste d'Etat (Serge Laurent).
Nr. 170 (sept. 1968): Les rapports actuels de classes dans l'agriculture comme fondements objectifs de l'alliance avec la classe ouvriere (Louis Perceval).
Nr. 172/173 (nov./dec. 1968): Essai sur la situation de classe des intellectuels (Serge Laurent).
Nr. 175 (fev. 1969): Les travaux des journees nationales d'etude sur les ingenieurs, cadres et techniciens, organisees par le Parti Communiste Francais, a Pantin, les 18 et 19 janvier 1969.
Nr. 186/187 (janv. bis fev. 1970): A propos des classes sociales (Serge Laurent)
Sonderdruck – Avril 1970: Serge Laurent: Les transformations dans les classes et couches sociales en France.

8 Vgl. dazu die laufenden Veröffentlichungen zu dieser Thematik in der Zeitschrift: Probleme des Friedens und des Sozialismus, Prag (deutsche Ausgabe, Berlin).
Autorenkollektiv: Die Struktur der Arbeiterklasse der kapitalistischen Länder (russ.), Prag 1962.

Eine knappe Übersicht über die Diskussion Ende der 50er Anfang der 60er Jahre bei: Helmut Steiner: Soziale Strukturveränderungen im modernen Kapitalismus, Berlin 1967, S. 98 ff.

9 Eine unter diesem Gesichtspunkt interessante Arbeit eines ungarischen Marxisten ist: Tamas Kolosi: A tarsadalmi struktura marxista elmeletehes (Zur marxistischen Theorie der Sozialstruktur), Budapest 1971.
Vgl. auch den allerdings etwas lückenhaften Überblick zur internationalen marxistischen Diskussion bei: Heinz Jung: Zur Diskussion um den Inhalt des Begriffs „Arbeiterklasse" und zu Strukturveränderungen in der westdeutschen Arbeiterklasse, in: Das Argument, Nr. 61 (Dez. 1970), Berlin (West), S. 667 ff.

10 Unter neueren westdeutschen bzw. Westberliner Veröffentlichungen, die sich um die Darlegung der Auffassungen von Marx und Engels zur Klassentheorie bemühen, sind vor allem zu nennen:
Michael Mauke: Die Klassentheorie von Marx und Engels, Frankfurt a. M. 1970. Der Autor versucht eine systematische Zusammenstellung der Äußerungen von Marx und Engels, interpretiert sie jedoch einseitig, worauf noch einzugehen sein wird.
Projekt Klassenanalyse: Zur Taktik der proletarischen Partei. Marxsche Klassenanalyse Frankreichs von 1848 bis 1871; Berlin (West) 1972. Die Autoren nehmen u. a. ebenfalls eine systematische Zusammenstellung der Äußerungen von Marx und Engels zur genannten Thematik vor.

11 Dieser Fehler tritt in einigen Passagen von: Projekt Klassenanalyse, Zur Taktik ... a. a. O., zum Vorschein. Obwohl die Autoren gerade anhand der Marx- und Engels-Texte veranlaßt sind, immer wieder auf die Rolle konkret-historischer politischer, ideologischer usw. Momente bei der Herausbildung des Klassenbewußtseins zurückzukommen, also auf die Rolle des Kampfes, der Klassenpraxis als Grundlage und Vermittlungsglied zwischen objektiver Klassenstruktur und Klassenbewußtsein, glauben sie doch häufig, daß man von der „Stellung der verschiedenen Teile des gesellschaftlichen Gesamtarbeiters im Reproduktionsprozeß" (S. 8) ausgehen müsse. Sie verwischen bei diesem für Strukturuntersuchungen zweifellos zutreffenden Ausgangspunkt nur zu schnell den Unterschied zwischen objektiver sozialökonomischer Basis (Klassenabteilungen) und den Gruppierungen der Arbeiterklasse unter politischen Gesichtspunkten und fallen dabei teilweise in eine mechanische Position zurück.

12 Diese mechanistische Ableitung kommt u. a. bei einem der Theoretiker der III. Internationale der frühen 20er Jahre zum Ausdruck, bei N. Bucharin (Vgl. N. Bucharin: Theorie des historischen Materialismus, Hamburg 1922 (Reprint-Erlangen 1971), ebenda S. 152 ff., S. 323 ff.).

13 W. I. Lenin, Werke, Bd. 29, S. 409 ff.

14 Vgl. G. Lukacz: Geschichte und Klassenbewußtsein, Neuwied 1970 (1922); bes. S. 267 ff. Bei Lukacz entsteht diese Konzeption wesentlich aus einer verzerrten Subjekt-Objekt-Problematik, die er im Zusammenhang mit der aus dem Charakter der kapitalistischen Warenproduktion hervorgehenden Verdinglichung, Mystifizierung, Entfremdung der sozialen und Klassenbeziehungen im Kapitalismus entwickelt.
Vgl. Oskar Negt: Soziologische Phantasie und exemplarisches Lernen; Frankfurt a. M. 1969. Klassenbewußtsein wird auf „Bestandteile einer Theorie, deren Inhalt die praktische Emanzipation der Menschen ist" (ebenda S. 70) reduziert. Er kommt zu dem Schluß: „Ein volles Bewußtsein der Klassenlage ist im strengen Sinne nur in dem Augenblick zu erreichen, in dem sich die Klassengesellschaft auflöst." (ebenda, S. 72)

15 Das zeigt sich insbesondere z. B. in den Arbeiten des älteren K. Kautzky.

16 Vgl. zu diesem gesamten Komplex der Entwicklungsbedingungen der sozialistischen und kommunistischen Gesellschaft: Karl Marx: Kritik des Gothaer Programms (1875); Karl Marx/Friedrich Engels: Werke, Dietz Verlag, Berlin – nachfolgend zitiert als MEW –, Bd. 19, S. 20 ff.

Abschnitt 2: Klassentheorie und materialistische Geschichtsauffassung

1 Diese Werke wurden geschrieben: 1845/46 (Karl Marx/Friedrich Engels: Deutsche Ideologie, Herausgeber: Institut für Marxismus-Leninismus beim ZK der SED, Berlin; in: Karl Marx/Friedrich Engels: Werke, Dietz Verlag, Berlin; im folgenden zitiert als MEW; Bd. 3), 1846/47 (Karl Marx: Das Elend der Philosophie, MEW, Bd. 4) und 1847/48 (Karl Marx/Friedrich Engels: Manifest der kommunistischen Partei, MEW, Bd. 4).

2 Dieses Werk veröffentlichte Friedrich Engels 1845 (Die Lage der arbeitenden Klasse in England, MEW, Bd. 2).

3 Karl Marx, Der achtzehnte Brumaire des Louis Bonaparte, geschrieben vom Dezember 1851 bis März 1852, MEW, Bd. 8.

4 Friedrich Engels, Der Status quo in Deutschland, geschrieben 1847, MEW, Bd. 4, S. 40 ff.

5 Karl Marx, Vorwort „Zur Kritik der politischen Ökonomie", geschrieben Januar 1859, MEW, Bd. 13, S. 7 ff.

6 ebenda, S. 8/9.

7 G. W. Plechanow lebte von 1856 bis 1918.

8 G. W. Plechanow: Zur Frage der Entwicklung der monistischen Geschichtsauffassung (1894), Berlin 1956, S. 23/24.

9 ebenda, S. 32.

10 ebenda, S. 33.

11 G. W. Plechanow: Beiträge zur Geschichte des Materialismus (1896), Berlin 1957, S. 159.

12 G. W. Plechanow: Grundprobleme des Marxismus (1908), Berlin 1958, S. 70/71.

13 Lucien Séve: Über den Strukturalismus, in: Probleme des Friedens und des Sozialismus, Berlin/Prag Nr. 5 und 6/1971; abgedruckt in: Marxismus-Digest, Frankfurt a. M., Nr. 1/1972, S. 131 bis 150.
Séve schreibt: „Im weiten Sinne des Wortes bedeutet der Begriff „Struktur" ein System stabiler, innerer Beziehungen, die wesentliche Merkmale des Gegenstandes bestimmen und ein einheitliches Ganzes bilden, das sich nicht auf die bloße Summe seiner Elemente zurückführen läßt, ein System, das diese Elemente lenkt, ob es sich nun um ihre Existenzweise oder ihre Entwicklungsgesetze handelt. Dieser Begriff der Struktur ist für den Marxismus nicht neu." (ebenda, S. 134/135.) „Als Einheit von Gegensätzen schließt er (der Marxismus, der Verfasser) sowohl die relative Unveränderlichkeit der Struktur als auch die Gesetzmäßigkeit aufeinanderfolgender Etappen der historischen Entwicklung ein; aber gleichzeitig deckt er in Form des Kampfes der Gegensätze die innere Dynamik der Struktur und die qualitativen Veränderungen auf, die deren reale Geschichte bestimmen." (ebenda, S. 138).

14 Vgl. W. I. Lenin: Was sind die „Volksfreunde" und wie kämpfen sie gegen die Sozialdemokraten? (1894), Werke, Bd. 1, Berlin.

15 G. W. Plechanow, Zur Frage der Entwicklung ... a. a. O., S. 190.

16 G. W. Plechanow, ebenda, S. 197.

17 Karl Marx, Das Kapital, 3. Band, MEW, Bd. 25, S. 799/800.

18 Karl Marx, Vorwort von „Zur Kritik der politischen Ökonomie", MEW, Bd. 13, S. 9.

19 Karl Marx, der achtzehnte Brumaire ..., MEW, Bd. 8, S. 139.

20 MEW, Bd. 28, S. 503 ff.

21 ebenda, S. 507/508.

22 Friedrich Engels, Anti-Dühring (1876–78), MEW, Bd. 20, S. 253.

23 Karl Marx, Das Kapital, 3. Band, MEW, Bd. 25, S. 257 f.

24 Michael Mauke, Die Klassentheorie von Marx und Engels, Frankfurt a. M. 1970. Sein Herausgeber K. Meschkat schreibt dort zutreffend: „Mauke wollte die dialektische Aufhebung des Klassenbegriffs als Tendenz aufzeigen ...", ebenda, S. 174.

25 So schreibt Mauke ebenfalls an anderer Stelle: „Die Klassenstruktur ist identisch mit dem System der gesellschaftlichen Teilung der Arbeit." (S. 9.)

26 Karl Marx/Friedrich Engels: Manifest der kommunistischen Partei, MEW, Bd. 4, S. 472.

27 ebenda, S. 462.

28 Stanislaus Ossowski, Die Klassenstruktur im sozialen Bewußtsein, Neuwied 1962 (Lodz 1957).

29 ebenda, S. 223. Im Wohlfahrtsstaat lege politische Macht den sozialen Status fest und schaffe entsprechende Stratifikationen, „dort wird der aus dem 19. Jahrhundert stammende Begriff der Klasse mehr oder weniger zu einem Anachronismus und die Klassengegensätze können hinter anderen Formen der sozialen Antagonismen zurücktreten." (ebenda, S. 225/226).

30 Erich Hahn in: Ökonomische Theorie, politische Strategie und Gewerkschaften, Herausgeber IMSF, Frankfurt a. M. 1971, S. 168.

31 Karl Marx, Das Elend der Philosophie (1846/47), MEW, Bd. 4, S. 181.

32 W. I. Lenin, Die historischen Schicksale der Lehre von Karl Marx (Artikel in der „Prawda" vom 1. März 1913), Werke, Bd. 18, S. 576–579. „Das Wichtigste in der Marxschen Lehre ist die Klarstellung der weltgeschichtlichen Rolle des Proletariats als des Schöpfers der sozialistischen Gesellschaft." (ebenda, S. 176).

33 W. I. Lenin, Werke, Bd. 29, S. 409.

34 W. Eichhorn II verwies in der Untersuchung der führenden Rolle der Arbeiterklasse im Sozialismus darauf: „Ohne Berücksichtigung ihrer Geschichte, ihrer historischen Erfahrungen, ihres theoretischen und weltanschaulichen Habitus, ihrer Mentalität, ihres Willens, ihrer Energie und ihrer politischen Organisiertheit kann die führende Rolle der Arbeiterklasse nicht begründet werden." (Philosophische Probleme der Klassenentwicklung und der Klassenstruktur in der sozialistischen Gesellschaft, in: Deutsche Zeitschrift für Philosophie, Sonderheft 1969, Berlin [DDR] 1969, S. 93.)

35 Vgl. W. I. Lenin, Werke, Bd. 1, S. 186.

36 W. I. Lenin, Karl Marx (1818 bis 1913), in: Werke, Bd. 21, S. 47/48.

37 W. I. Lenin, Was sind die Volksfreunde ..., a. a. O., Werke, Bd. 1, S. 130.

38 ebenda, S. 131.

39 Karl Marx, Das Kapital, 3. Band, Werke, Bd. 25, S. 885.

40 Karl Marx, Das Elend der Philosophie, Werke, Bd. 4, S. 130.

41 Karl Marx, Grundrisse der Kritik der politischen Ökonomie (1857/58), Berlin 1953, S. 9.

42 ebenda, S. 391.

43 ebenda, S. 380.

44 Karl Marx, Das Kapital, 3. Band, MEW, Band 25, S. 799.

45 Karl Marx, Grundrisse ..., a. a. O., S. 373.

46 W. I. Lenin, Was sind die Volksfreunde ..., a. a. O., S. 145.

47 Karl Marx/Friedrich Engels, Deutsche Ideologie, MEW, Bd. 3, S. 46.

48 Vgl. unter anderen dazu: Karl Marx, Das Kapital, 1. Band, MEW, Bd. 23, Kapitel 12, Abschnitt 4, S. 371 ff.

49 Vgl. Brief an C. Schmidt vom 27. Oktober 1890, MEW, Bd. 37, S. 488 ff.

50 Der Ursprung der Familie, des Privateigentums und des Staates (1884), MEW, Bd. 21, S. 155 ff.

51 ebenda, S. 157.

52 ebenda, S. 161.

53 ebenda, S. 161.

54 F. Engels, Anti-Dühring, MEW, Bd. 20, S. 262.
Aus dieser Sicht hat bei F. Engels die Abschaffung und Aufhebung der Klassen

einen Entwicklungsgrad der Produktivkräfte zur Voraussetzung, der diese Arbeitsteilungen vom Standpunkt der ökonomischen Entwicklung nicht nur überflüssig, sondern zum Hindernis macht.

55 „Die Grundlage aller entwickelten und durch Warenaustausch vermittelten Teilung der Arbeit ist die Scheidung von Stadt und Land. Man kann sagen, daß die ganze ökonomische Geschichte der Gesellschaft sich in der Bewegung dieses Gegensatzes resümiert ..." (Karl Marx, Das Kapital, 1. Band, MEW, Bd. 23, S. 373).

56 W. I. Lenin, Was sind die Volksfreunde ..., a. a. O., S. 169.

57 ebenda, S. 321.

58 Karl Marx, Das Kapital, 1. Band, MEW, Bd. 23, S. 376.

59 Karl Marx, Grundrisse ..., a. a. O., S. 27.

60 Schon auf dieser Stufe unserer Darlegungen sei auf zwei Probleme verwiesen, deren Erörterung ein Vorgriff auf spätere Ausführungen darstellt, die jedoch deutlich machen, welche aktuellen Aspekte die Problematik der Arbeitsteilung einschließt. Es handelt sich um die Unterschiede bzw. Gegensätze zwischen Stadt und Land und zwischen manueller (oder richtiger unmittelbarer Produktions-) Arbeit und geistiger Arbeit.

Beide Unterschiede sind nicht schlechthin physiologischer, geographischer oder technischer Natur – obwohl sie das auch sind –, sondern unter bestimmten Bedingungen Bewegungsformen sozialer Gegensätze, also sozialen Charakters. Weiter vorn wurde auf die Engelssche Herleitung des Gegensatzes zwischen Stadt und Land im Zusammenhang der großen gesellschaftlichen Arbeitsteilungen verwiesen. Mit der Entwicklung der Warenproduktion und des Kapitals werden die Landwirtschaft und die Agrarproduzenten Ausbeutungsobjekte des Handels- und Wucherkapitals. Mit dem Fortschritt der kapitalistischen Produktionsweise wird die Landwirtschaft unmittelbare Anlagesphäre des Kapitals. Aber bis heute sind dem Eindringen des Kapitals in die Landwirtschaft durch das parzellierte, das bäuerliche Eigentum an Grund und Boden Schranken gesetzt, was spezifische Unterwerfungsmethoden erforderlich macht.

Mit der Entwicklung des modernen Kapitalismus und der modernen Produktivkräfte verändert sich jedoch das Niveau der Unterschiede zwischen Stadt und Land. Mit der – wenn auch spezifischen Konzentration von Grundeigentum und Agrarproduktion und der Industrialisierung der Agrarproduktion wächst auch der gesellschaftliche Charakter der Agrarproduktion. Die sozialen Besonderheiten der Agrarproduktion gegenüber anderen Wirtschaftsbereichen verlieren an Gewicht. Die Ausdehnung der städtischen Agglomerationszentren und die Verstädterung des Landes ebnen die zivilisatorischen Unterschiede in Lebensweise und Lebensniveau der städtischen und ländlichen Bevölkerung ein. Nach wie vor bleiben jedoch Unterschiede bestehen, die vor allem aus der Bindung an Grund und Boden herrühren. Jedoch steht der Großteil der ländlichen Bevölkerung in Ländern wie der BRD nicht mehr, was die Hauptbasis der Existenz betrifft, im direkten Zusammenhang der Agrarproduktion.

Infolge des geringen Vergesellschaftungsgrades der Agrarproduktion, des parasitären Charakters und gewaltigen Umfangs des Großgrundbesitzes und der beträchtlichen Anzahl und des sozialen Gewichts der unmittelbaren bäuerlichen Produzenten ist in Ländern schwacher durchgängiger kapitalistischer Industrialisierung die Reparzellisierung des Grundeigentums eine Grundfrage der proletarischen Revolution. Aus den werktätigen Schichten der bäuerlichen Bevölkerung entwickelt sich im Verlauf des Aufbaus des Sozialismus und der Kollektivierung der Landwirtschaft eine auf Kollektiveigentum fußende Klasse der sozialistischen Gesellschaft, die Klasse der Genossenschaftsbauern.

Es ist offensichtlich, daß mit der Veränderung der objektiven Grundlagen auch die Fragestellungen grundlegender gesellschaftlicher Veränderungen andere Lösungen erfordern. Die Herausbildung faktischer Gesamtarbeiter der Agrarproduktion (sei es in der Form kapitalistischer Großbetriebe oder kapitalistisch gesteuerter Erzeuger – u. a. – Gemeinschaften) macht die Reparzellisierung hinfällig. Die Voraussetzungen einer sozialistischen Agrarproduktion sind demnach – wie in der Industrie auch – in der Landwirtschaft herangereift.

Unter entwickelten kapitalistischen Verhältnissen wird die Tendenz wirksam, daß sich die unmittelbaren Agrarproduzenten in wirkliche und „de-facto"-Lohnarbeiter des Kapitals verwandeln. Der alte Gegensatz zwischen Stadt und Land wird damit tendenziell zum Unterschied zwischen Abteilungen der jeweiligen Grundklassen.

61 Was den Unterschied zwischen geistiger und körperlicher Arbeit betrifft, so muß vorab bemerkt werden, daß die Scheidelinie nicht physiologischer Natur ist, sondern durch den Arbeitstyp der unmittelbaren Produzenten bestimmt ist. Im Maße der Eingliederung eines vorwiegend geistigen Arbeitstyps in die materielle Produktion verschieben sich also die Scheidelinien.

Die geistige Arbeit wird mit ihrer ursprünglichen Herauslösung aus der Produktion Bestandteil der Muße der herrschenden Klasse, später Tätigkeit der ideologischen Stände und die spezialisierte Tätigkeit der ideologischen Fraktion der Bourgeoisie (in gewissem Sinne in Gestalt des Klerus auch schon der Feudalherren), und im entwickelten Kapitalismus in der Hauptsache die Spezialistenarbeit der Intelligenz.

Geistige Arbeit wird Mittel der Beherrschung der unmittelbaren Produzenten, je mehr sich die geistigen Potenzen aus dem Produktionsprozeß herausgliedern und ihre Ausführung Spezialität der Intelligenz oder anderer Gruppen wird. Diese Spezialität schließt deshalb soziale Privilegierung ein, weil die kapitalistische Produktionsweise der Reproduktion der Träger geistiger Arbeit Schranken setzt. So wird auch der arbeitsteilige Unterschied von geistiger und manueller Arbeit ein Gegensatz, in dem sich bis zum gewissen Grade die Klassengegensätze bewegen. Wohl verschieben sich mit der Entwicklung der gesellschaftlichen Arbeit selbst die konkreten Scheidelinien; der Gegensatz wird damit aber nicht aus der Welt geschafft.

Betrachten wir die Grundlagen und Entwicklungstendenzen der Intelligenz, als sozialer Schicht, im Zusammenhang mit der Arbeitsteilung und ihrer Überwindung im Verlauf der Entwicklung des Kommunismus:

Die Untersuchung der Intelligenz und ihrer Stellung im staatsmonopolistischen Kapitalismus kann nicht nur von ihrer Vergangenheit und Gegenwart her erfolgen, sondern muß ihre Zukunft als Intelligenz der sozialistischen Gesellschaft einschließen. Das ist zwar auf keinen Fall die gegenwärtige Intelligenz, weder in ihrer Physiognomie noch in ihrer gesellschaftlichen Rolle und Stellung. Aber es ist eine im Reproduktionssystem der sozialistischen Gesellschaft wurzelnde soziale Schicht, die weder mit der Arbeiterklasse noch anderen Klassen oder Schichten der sozialistischen Gesellschaft identifiziert werden kann. Ihre objektive soziale Grundlage sind in der sozialistischen Gesellschaft Funktionen im Reproduktionsprozeß der Gesellschaft, deren Ausübung an besondere Qualifikationen gebunden ist, in der Regel – was die empirische Erfassung betrifft – an Hochschul- oder Universitätsabschluß (und – je nach historischem Entwicklungstadium auch Fachschulabschluß einschließen kann). Die Intelligenz ist also eine besondere soziale Schicht der sozialistischen Gesellschaft.

Ihre objektiven Wurzeln sind älter als Kapitalismus und Sozialismus: die Teilung der gesellschaftlichen Arbeit in geistige und körperliche Arbeit, die früher mit der Teilung von Nichtproduktionsarbeit und Produktionsarbeit identisch war. Mit dem Sturz der Kapitalistenklasse verschwindet der Gegensatz, aber der Unterschied bleibt.

Natürlich verändert sich die soziale Herkunft der Intelligenz, ihre Rekrutierungsbasis verlagert sich in die Arbeiterklasse. Aber mit der Entfaltung und Festigung des Sozialismus wächst auch die Tendenz zur Selbstrekrutierung der Intelligenz.

Das Verteilungsprinzip des Sozialismus: Jedem nach seiner Leistung! ist ein Stimulus der Entwicklung der Produktivkräfte der Gesellschaft, deren Entfaltung die notwendigste Bedingung der Aufhebung dieses Verteilungsprinzips selbst ist. Dieses Verteilungsprinzip kommt aus sozialer Ungleichheit und schließt sie notwendig ein. Der Egalitarismus des Sozialismus kann nicht in der Verneinung dieser Unterschiede bestehen, sondern in der Durchsetzung *des* Grundprinzips:

Jeder nach seinen Fähigkeiten! Aber gerade das ist das Prinzip nicht nur der gleichen Chance, sondern des Abbaus jeglicher sozialen Barrieren.
Der Abbau sozialer Barrieren ist die Garantie der „freien Zirkulation" aller schöpferischen Kräfte und Talente. Aber er kann immer nur ein Moment der Beseitigung der sozialen Ungleichheit sein – ein unabdingbares Moment zwar, aber nicht die Aufhebung selbst. Unterschiedliche Leistungen für die Gesellschaft, die eine unterschiedliche Vergütung durch die Gesellschaft erfahren oder einen Anspruch auf einen unterschiedlichen Teil des Nationalprodukts begründen, erwachsen auf einer unterschiedlichen Leistungskraft und Qualifikation der Arbeitskraft, und damit auf dem verschieden komplizierten Charakter der geleisteten Arbeit. Je geringer das Entwicklungsniveau der Produktivkräfte, desto schärfer ist der Unterschied zwischen unqualifizierter und hochqualifizierter Arbeitskraft. Entfaltung der Produktivkräfte macht die absolute Hebung des Niveaus der Durchschnittsarbeiter zur Bedingung und zum Stimulus in einem. Erst in diesem, sich über eine längere Periode hinziehenden Prozeß verschwindet die Fähigkeit zur komplizierten Arbeit als Spezialität der Intelligenz und wird eine individuelle, der Persönlichkeit innewohnende Eigenschaft. Damit verschwindet die Intelligenz als soziale Kategorie und als soziale Schicht.
Das ist also ein Prozeß der Hebung des allgemeinen Niveaus der Volksbildung – das Gegenteil eines Verzichts auf die Entfaltung besonderer „Begabungen", Fähigkeiten, Fertigkeiten usw. Diesen Prozeß, „den Wechsel der Arbeiten und daher möglichste Vielseitigkeit der Arbeiter", bezeichnet *Marx* als „allgemeines gesellschaftliches Produktionsgesetz" einer von den Fesseln des Kapitals befreiten großen Industrie. Es erfordert „die absolute Disponibilität des Menschen für wechselnde Arbeitserfordernisse", den Ersatz des Teilindividuums, den „bloßen Träger einer gesellschaftlichen Detailfunktion, durch das total entwickelte Individuum, für welches verschiedne gesellschaftliche Funktionen einander ablösende Betätigungsweisen sind." (Karl Marx: Das Kapital, Bd. 1, MEW, Bd. 23, S. 512.)
Die Entwicklung der menschlichen Persönlichkeit wird zur Voraussetzung der Entwicklung der Produktivkräfte, was Verlängerung der produktionsfreien Zeit, Verlängerung der Ausbildungszeit usw. einschließt. Erst damit werden die Entwicklungsbedingungen des Menschen und seine Bedürfnisse zum Maßstab der gesellschaftlichen Entwicklung.
Das alles umschreibt nichts anderes als den Übergang zu einer kommunistischen Produktionsweise. Es ist aber ein Mißverständnis zu glauben, damit seien spezialisierte Arbeit und Ausbildung ebenso wie Leitungsfunktionen aufgehoben. Vielmehr wird die Funktionsteilung einen weit höheren Grad erreichen. Aber die Unterwerfung des Individuums und von sozialen Gruppen unter diese Funktionsteilung als Arbeitsteilung wird notwendig verschwinden müssen. Die „knechtende Unterordnung" unter die Arbeitsteilung wird auf dieser Entwicklungsstufe zum Hemmnis der Entfaltung der menschlichen Persönlichkeit und damit der wichtigsten Produktivkraft der kommunistischen Gesellschaft. Die Notwendigkeit des Austauschs und der Austauscharbeit der Arbeitskräfte wird die Arbeitsteilung niederreißen.
Erst in diesem Prozeß kann der soziale Unterschied zwischen körperlicher und geistiger Arbeit, zwischen anordnender und ausführender Arbeit aufgehoben werden und damit erst verschwindet die soziale Basis der Intelligenz als sozialer Schicht.
Dieser „Vorgriff" auf die Auflösung der Intelligenz ist deshalb sinnvoll, weil er die gegenwärtige Existenzbasis deutlicher macht. Zum anderen wird die führende Rolle der Arbeiterklasse auf dem Wege zum Kommunismus unterstrichen. Dieses Postulat erscheint auf den ersten Blick für eine sozialistische Gesellschaft, die ihre eigene Intelligenz aus dem Volk und vor allem aus der Arbeiterklasse geschaffen hat, völlig irreal und überflüssig, weil es ja Angehörige der Intelligenz sind, die Schlüsselstellungen besetzen, die „Produktion" von Bildung, Wissenschaft, Kultur maßgeblich bewerkstelligen, die berechtigte Nutznießer des sozialistischen Verteilungsprinzips sind und ihren Aufstieg als Individuen dem sozialistischen Egalitarismus verdanken.

Nicht zuletzt rekrutieren sich aus ihren Reihen oder mit ihrer Schicht als Durchgangsstadium – die Leiter der Partei, des sozialistischen Staates, der sozialistischen Wirtschaft usw. Diese Personen als Funktionäre der Arbeiterklasse, als Verwalter und Vollstrecker der Macht der Arbeiterklasse sind jedoch Teil dieser Klasse selbst und nicht der Intelligenz (wobei hierin auch Kräfte anderer sozialer Herkunft eingeschlossen sind, aber das ist nicht das Wesentliche).
Solange diese Unterschiede zwischen Intelligenz und anderen Klassen und Schichten bestehen, kann sich die Arbeiterklasse nicht im Volk der sozialistischen Gesellschaft auflösen und auf ihre führende, durch ihre Partei realisierte Rolle verzichten. Solange bleibt ihr historischer Auftrag, als Klasse auf Grund ihrer gesellschaftlichen Lage zum Bruch und zur Beseitigung jeglicher sozialer Provilegien (die bis zum gewissen Grad natürlich immer schon und noch in sozialen Unterschieden eingeschlossen sind) berufen zu sein, bestehen und unerfüllt.
Eine Verwässerung dieser Problematik führt nicht nur zu einer Idyllisierung des Sozialismus, was immer die Verniedlichung der tatsächlichen Probleme ist, sondern auch zu einer ideologischen Retuschierung der notwendig noch bestehenden sozialen Unterschiede und damit der Entwicklungsbedingungen sozialistischer Gesellschaften.
In diesem Sinne wurde z. B. in der DDR das Konzept der „sozialistischen Menschengemeinschaft“ kritisiert und festgestellt: „Die schablonenhafte Gleichsetzung der Arbeiterklasse in der Hauptsache mit manuell tätigen Arbeitern im engeren Sinne verneint den Strukturwandel, der sich innerhalb der Arbeiterklasse auf Grund der Zunahme der geistigen Arbeit vollzog und weiter vollzieht.
Andererseits ignoriert die Meinung, die gesamte im Bereich des gesellschaftlichen Eigentums tätige Intelligenz sei Teil der Arbeiterklasse, die noch vorhandenen wesentlichen Unterschiede zwischen Arbeiterklasse und Intelligenz, vor allem hinsichtlich der Verbindung mit der materiellen Produktion.“
„In der DDR gibt es noch Klassen, es bestehen noch Unterschiede und bestimmte differenzierte Interessen zwischen den Klassen und Schichten.“ (Kurt Hager: Referat auf der Tagung der Gesellschaftswissenschaftler am 14. Oktober 1971 in Berlin, Berlin 1971, S. 19, S. 22.) Die Intelligenz der sozialistischen Gesellschaft, soweit sie sozialistische Intelligenz ist, d. h. auf den Positionen der Entwicklung des Kommunismus steht, kann diesem ideologischen Auftrag nur gerecht werden, indem sie sich vorbehaltlos auf den Standpunkt der Klasse stellt, aus der sie mehrheitlich hervorgegangen ist, der Klasse, die alle Privilegien, jegliche soziale Ungleichheit überwinden muß.
Die Grenzen zwischen Intelligenz und Arbeiterklasse sind auch in sozialistischen Gesellschaften historisch definiert. Der Spezialist der 30er Jahre – für westeuropäische Verhältnisse damals ein qualifizierter Industriefacharbeiter – ist heute in der UdSSR nur noch schwerlich als Angehöriger der sozialistischen Intelligenz auszuweisen. In einer Gesellschaft mit einer Norm der 10-Klassen-Schule sind die Grenzen notwendig anders als mit 4-Klassen-Landschulen. Aber das schließt keineswegs die Reduzierung der Intelligenz ein. Gerade wachsende Produktivkräfte machen schnelles Wachstum der Spezialisten aller Art erforderlich, also ein Wachstum der Intelligenz. Aber natürlich sind die Übergänge bei Allgemeinniveau der 10-Klassen-Schulen mannigfaltiger, die Unterschiede schwächer usw. Beides sind letztlich Wege zur Aufhebung der Intelligenz als sozialer Schicht.
Es kann nicht übersehen werden, daß sich auch in Ländern des staatsmonopolistischen Kapitalismus mit hochentwickelten Produktivkräften, mit sich erhöhendem Bildungs- bzw. Schulbildungsniveau die Berührungs- (und historischen Übergangs-)Punkte zwischen Arbeiterklasse und Intelligenz vergrößert haben und weiter vergrößern werden.

62 Karl Marx, Das Kapital, 1. Band, MEW, Bd. 23, S. 443.

63 ebenda, S. 351.

64 ebenda, S. 351.

65 ebenda, S. 446.

66 Vgl. dazu die in deutscher Sprache für die sechziger Jahre bahnbrechende Arbeit von Helmut Steiner, Soziale Strukturveränderungen im modernen Kapitalismus, Berlin 1967.

67 Vgl. dazu die Kapitel 11–13 in: Das Kapital, 1. Band, MEW, Bd. 23, S. 341 ff.

68 So bei Jürgen Habermas und seinem Schüler Klaus Offe und anderen. (Vgl. Fußnote 4 im Abschnitt 4.)

69 Karl Marx, Das Kapital, 3. Band, MEW, Bd. 25, S. 893.

70 Karl Marx, Grundrisse ..., a. a. O., S. 17.

71 ebenda, S. 17.

72 „... die Verteilungsverhältnisse wesentlich identisch mit diesen Produktionsverhältnissen, eine Kehrseite derselben." (Karl Marx, Das Kapital, 3. Band, MEW, Bd. 25, S. 885.)
„Das bestimmte Verteilungsverhältnis ist also nur Ausdruck des geschichtlich bestimmten Produktionsverhältnisses." (ebenda, S. 889.)

73 F. Engels, Anti-Dühring, MEW, Bd. 20, S. 137.

74 ebenda, S. 138.
Vgl. dazu auch die informativen Darlegungen bei: N. Ossowski, Die Klassenstruktur im sozialen Bewußtsein, a. a. O.; R. Herrnstadt, Die Entdeckung der Klassen, Berlin (DDR), 1965.

75 F. Engels, ebenda, S. 142.

76 Das ist etwa in der Patenschaft der preußischen Militärhierarchie für die sogenannte Betriebsverfassung im wilhelminischen Deutschland sichtbar gewesen. Die Hierarchie der kapitalistischen Fabrik wird damit aber nicht erst geschaffen, sondern nur in ihrer Form beeinflußt. Vielmehr setzen sich umgekehrt die den Veränderungen der Produktivkräfte entsprechenden und folgenden Formen der Arbeitsteilung und Kooperation – wenn auch oft mit Verzögerungen – in den Armeeverfassungen, in der Militärhierarchie durch. Das Nachhinken der Militärhierarchie ist der Hintergrund der gegenwärtigen Krise der Armeeverfassung in vielen kapitalistischen Staaten. Die moderne Militärtechnologie verlangt die Aufnahme der Kooperationsformen des industriellen Management in die Militärhierarchie.

77 W. I. Lenin, Die große Initiative. Über das Heldentum der Arbeiter im Hinterland. Aus Anlaß der „kommunistischen Subbotniks", (Juli 1919), Werke, Bd. 29, S. 409 ff.

78 Werke, Bd. 1.

79 ebenda, S. 425/26.

80 W. I. Lenin, Die große Initiative ..., a. a. O., S. 410.

81 ebenda, S. 410/11.

82 An diesem Punkt zeigt sich die Einseitigkeit und ein gewisser Schematismus in einer Definition, die in den 20er Jahren in der kommunistischen Bewegung eine Rolle spielte und von einem Theoretiker der Bolschewiki, von *N. Bucharin* entwickelt worden war. *Bucharin* schrieb, daß als Klassen die „... Gesamtheit der Personen zu verstehen ist, die in der Produktion die gleiche Rolle spielen, die im Produktionsprozeß im gleichen Verhältnis zu den andern stehen, wobei dieses Verhältnis auch in den Dingen (Arbeitsmitteln) ihren Ausdruck findet. Daraus ergibt sich der Umstand, daß im Distributionsprozeß jede Klasse durch die einheitliche Einkommensquelle verbunden ist, denn die Verhältnisse der Distribution der Produkte werden durch die Verhältnisse der Produktion bestimmt." „Der Klassengliederung der Gesellschaft liegen also die Produktionsverhältnisse zugrunde." (N. Bucharin: Hamburg 1922, Erlangen 1971 [Politladen-Reprint], S. 323/24.) Bei aller richtigen und deutlichen Hervorhebung der Einzelelemente wird hier die zu enge Auffassung der Produktion – im unmittelbaren Sinne – und ihrer Rolle für die Klassengliederung sichtbar.

83 Karl Marx, Das Kapital, 3. Band, Werke, Bd. 25, S. 800.

1 Karl Marx, Thesen über Feuerbach (1845), MEW, Bd. 3, S. 5 ff.

2 ebenda, S. 6.

3 W. I. Lenin, Der ökonomische Inhalt der Volkstümlerrichtung und die Kritik an ihr in dem Buch des Herrn Struve (1894/95), Werke, Bd. 1, S. 419.

4 Institut für Weltwirtschaft und internationale Beziehungen der ADW der UdSSR (Herausgeber), Politische Ökonomie des modernen Monopolkapitalismus (russ.), 2 Bde., Moskau 1970, Verlag Mysl, Bd. 2, Kapitel XXXI: Klassen- und Sozialstruktur der entwickelten kapitalistischen Gesellschaft (Verfasser: S. N. Nadel), S. 204 (Zitat nach der IMSF-Rohübersetzung der russ. Ausgabe).

5 Vgl. dazu die „Klassendiskussion" der durch den angelsächsischen Pisitivismus beeinflußten westeuropäischen Nachkriegssoziologie. Kölner Zeitschrift für Soziologie und Sozialpsychologie, Sonderheft 5 (1961), Soziale Schichtung und soziale Mobilität (Herausgeber): David V. Glass, Rene König. Vgl. auch Abschnitt 1,1 in der vorliegenden Arbeit.

6 So hat Theodor Geiger die Klassengliederung als Sonderfall der sozialen Schichtung bezeichnet: „Klasse heißt eine Schicht dann, wenn das kennzeichnende Merkmal des Bevölkerungsteils, der ihr als Rekrutierungsfeld entspricht, das spezifische Verhältnis der Menschen zu den Produktionsmitteln ist (Produktionsverhältnis)" (Die soziale Schichtung des deutschen Volkes, Stuttgart 1967 [1932], S. 5). Schichtung ist für ihn das Primäre, Dominierende, „eine Gliederung der Gesellschaft nach dem typischen Status". (Vgl. Arbeiten zur Soziologie, Neuwied 1962, S. 55, S. 186.)

7 W. Eichhorn II (Philosophische Probleme der Klassenentwicklung und der Klassenstruktur in der sozialistischen Gesellschaft, in: Deutsche Zeitschrift für Philosophie, Berlin, Sonderheft 1969, S. 73–96) entwickelt einen Begriff der Sozialstruktur im engeren und im weiteren Sinn. Bezieht er ihn im weiteren Sinn allgemein auf Gesellschaftsstruktur so: „im engeren Sinne sind allgemein-soziologisch (d. h. vom Standpunkt des historischen Materialismus aus) unter Sozialstruktur der Gesellschaft die Differenzierung der Gesellschaftsmitglieder in soziale Gruppen nach bestimmten sozial-relevanten Kriterien sowie die funktionalen Wechselbeziehungen zwischen diesen Gruppen in einem bestimmten sozialen System zu verstehen. Die soziale Struktur der Gesellschaft oder eines ihrer Teilsysteme im engeren Sinne umfaßt daher die jeweils spezifische Gesamtheit von gesellschaftlichen Gruppen (Klassen, Nationen, Familien, Alters-, Geschlechts-, Berufs-, Territorial-, Prestigegruppen usw.) und ihre Wechselwirkung im gegebenen System." (ebenda, S. 74.)
Im Unterschied zur „mehrdimensional gegliederten Struktur" der Gesellschaft, die die Sozialstruktur erschließen (ebenda, S. 78) schreibt er über das Marxsche Klassenmodell: „Es ignoriert einerseits die vieldimensionale Strukturiertheit der kapitalistischen Gesellschaft außerhalb ihrer ökonomisch-politischen Grundstruktur. Zum anderen sieht es zugleich vom konkret-historischen Detail ab, von der historischen Zeit und dem historischen Raum, in dem sich stets konkrethistorische kapitalistische Gesellschaften entwickeln." (ebenda, S. 80.)
Diese Darstellung kann allerdings leicht zur einseitigen Interpretation führen, wenn nicht berücksichtigt wird, daß natürlich auch der Klassenantagonismus die wesentliche Seite des konkreten Ganzen der Gesellschaft, also immer einer konkreten Gesellschaft darstellt und sich eben in historischen Formen realisiert.

8 In einem Beitrag „W. I. Lenin über Klassen, Stände und Klassenkampf in der Feudalgesellschaft" von E. S. Kompan (in: Autorenkollektiv, W. I. Lenin und die Geschichtswissenschaft, Berlin 1970 [Moskau 1968]) werden Stände als „Bevölkerungsgruppen ... die ihren eigenen juristischen Status haben" bezeichnet. Über die Leninsche Analyse heißt es dort: „Neben den Klassen und Ständen gab es in der Feudalgesellschaft noch verschiedene Zwischenschichten, ‚besondere Gruppen' wie beispielsweise die Intelligenz, die Geistlichkeit und Elemente von sich neu formierenden Klassen." (ebenda, S. 174.)

9 Die andere Seite bedeutet jedoch, daß die Erfassung der Klasse die historische Komponente, ihre eigene Geschichte einschließen muß. So W. Eichhorn II: „Man kann das Wesen sozialer Klassen und Schichten in einer Gesellschaft nur in der Einheit historischer und logischer Bestimmungen erfassen, zugleich nur in der Einheit von sozialökonomischen, politischen, ideologischen und psychologischen Eigenschaften und Beziehungen." (Deutsche Zeitschrift für Philosophie, Berlin, Sonderheft 1969, Philosophische Probleme der Klassenentwicklung und der Klassenstruktur in der sozialistischen Gesellschaft, S. 96.)

10 Karl Marx, Grundrisse der Kritik der politischen Ökonomie (Rohentwurf), Berlin 1953, S. 27.

11 Politische Ökonomie des modernen Monopolkapitalismus, a. a. O., S. 207.

12 ebenda, S. 214.

13 ebenda, S. 215.

14 ebenda, S. 204.

15 Autorenkollektiv, Traite marxiste d'economie politique. Le capitalisme monopoliste d'etat, 2 Bde, Paris 1971 (edition sociales) hier Bd. 1, aus dem Kapitel: Les classes sociales, S. 204—206 (Zitiert nach einer IMSF-Rohübersetzung).

16 Die unterschiedliche Ansicht des Verfassers zu der hier definierten Konzeption der Arbeiterklasse und solcher Schichten wie der Intelligenz wird an verschiedenen Stellen dieses Beitrags dargelegt.

17 Politische Ökonomie des modernen Monopolkapitalismus, a. a. O., S. 212.

18 Die Konzeption der „neuen Arbeiterklasse" in diesem Sinne ist vor allem von A Touraine und S. Mallet entwickelt worden (La nouvelle classe ouvrier, Paris 1963, dtsch: Die neue Arbeiterklasse, Neuwied 1972). J. K. Galbraith vertritt diese Ansicht in der Konzeption der „Technostruktur". (J. K. Galbraith, Die moderne Industriegesellschaft, München 1970, New York 1971.)
Zur Kritik dieser Ansichten vgl.: F. Deppe, H. Lange, L. Peter (Herausgeber), Die neue Arbeiterklasse, Frankfurt a. M. 1970; F. Deppe, H. Lange: Zur Soziologie des Arbeiter- und Klassenbewußtseins, in: Das Argument, Westberlin Nr. 61 und 62 (1970); H. Jung, Marxistische Klassentheorie und die Ideologie der „Neuen Arbeiterklasse", in: Ökonomische Theorie, politische Strategie und Gewerkschaften, Frankfurt a. M. 1971, S. 32 ff.

19 Letzteren Gesichtspunkt heben vor allen die Autoren von „Le capitalisme monopoliste d'etat" (a. a. O.) als neues Moment der Klassenbeziehungen im staatsmonopolistischen Kapitalismus hervor (ebenda, S. 247 f.).

20 Vgl. dazu Jürgen Kuczynski: Zur Soziologie des imperialistischen Deutschland, in: Jahrbuch für Wirtschaftsgeschichte II, Berlin 1962, S. 49 ff. (Dieser Beitrag ist auch veröffentlicht in: Geschichte der Lage der Arbeiter unter dem Kapitalismus, Bd. 5, Berlin 1966, S. 68 ff.). Kuczynski betont, die Herausbildung der Monopolbourgeoisie „macht es notwendig, heute nicht mehr von einer herrschenden Klasse, sondern von einer herrschenden Gruppe, eben von der Herrschaft des Monopolkapitals, das keine Klasse darstellt, zu sprechen." (ebenda, S. 53.)

21 Marx nennt „den bestbezahlten Teil der Arbeiterklasse" „ihre Aristokratie" (Das Kapital, 1. Band, MEW, Bd. 23, S. 697).

22 In diesem Sinne verwendet auch Karl Marx den Begriff „Schicht" zur Kennzeichnung abgestufter Einkommens- und Lebenslagen in der Arbeiterklasse (Vgl. Das Kapital, 1. Band, MEW, Bd. 23, S. 684) oder Friedrich Engels (Vgl. MEW, Bd. 2, Die Lage der arbeitenden Klasse . . ., S. 304).

23 W. I. Lenin, Der ökonomische Inhalt der Volkstümlerrichtung . . . a. a. O., S. 409.

24 Vgl. Klassen und Klassenkampf in den Entwicklungsländern, a. a. O., Die plebejischen Elemente werden hier als Vorproletariat, als Zwischenschichten zum Proletariat angesehen (ebenda, S. 213). Diese Gruppen der Stadtarmut machen nach den Berechnungen der Autoren in den Entwicklungsländern etwa 39 Prozent der Stadtbevölkerung aus (ebenda, S. 215), während die Dorfarmut die überwiegende Mehrheit der Dorfbevölkerung stellt (ebenda, S. 280).

25 Helmut Steiner: Soziale Strukturveränderungen ... a. a. O., S. 125.

26 Den Zusammenhang zwischen kapitalistischer Akkumulation, Reservearmee, relativer Überbevölkerung und pauperisierten Schichten schildert Marx wie folgt: Die Quelle dieser Erscheinungen ist die kapitalistische Akkumulation, die Überbevölkerung in folgenden Formen produziert:
Als „flüssige" Überbevölkerung (Arbeitslose in den Zentren der großen Industrie), „latente" Überbevölkerung (Landbevölkerung im Übergang zur Industrie), „stockende" Überbevölkerung (Hausindustrie — „Ihre Lebenslage sinkt unter das durchschnittliche Normalniveau der arbeitenden Klasse und grade dies macht sie zur breiten Grundlage eigner Exploitationszweige des Kapitals"), (Das Kapital, 1. Band, MEW, Bd. 23, S. 672).
Schließlich produziert die kapitalistische Akkumulation eine vierte Form der Überbevölkerung: „Der tiefste Niederschlag der relativen Überbevölkerung endlich behaust die Sphäre des Pauperismus. Abgesehen von Vagabunden, Verbrechern, Prostituierten, kurz dem eigentlichen Lumpenproletariat, besteht diese Gesellschaftsschicht aus drei Kategorien." Marx führt hier folgende drei Kategorien an: 1. Arbeitsfähige und 2. Waisen- und Pauperkinder — diese Gruppen sind eine aktivierbare Arbeitsreserve — und „Drittens: Verkommene, Verlumpte, Arbeitsunfähige." (ebenda, S. 673.)
„Der Pauperismus bildet das Invalidenhaus der aktiven Arbeiterarmee und das tote Gewicht der industriellen Reservearmee ... Er gehört zu den faux frais der kapitalistischen Produktion, die das Kapital jedoch größtenteils von sich selbst ab auf die Schultern der Arbeiterklasse und der kleinen Mittelklasse zu wälzen weiß." (ebenda, S. 673.)
Diese Gruppen üben einen ständigen Druck auf die Lebenslage des arbeitenden Teils der Arbeiterklasse aus: „Je größer endlich die Lazarusschicht der Arbeiterklasse und die industrielle Reservearmee, desto größer der offizielle Pauperismus. Dies ist das absolute, allgemeine Gesetz der kapitalistischen Akkumulation." (ebenda, S. 673/674.)

27 Das Lumpenproletariat ist nach Karl Marx eine „unbestimmte, aufgelöste, hin- und hergeworfene Masse, die die Franzosen la boheme nennen ..."; der „Auswurf, Abfall, Abhub aller Klassen" (Der achtzehnte Brumaire ..., MEW, Bd. 8, S. 161). (Vgl. auch ebenda, S. 194.)

Abschnitt 4: Die Anatomie der Klassen und Schichten des Kapitalismus. Ökonomische Aspekte

1 Vgl. bei Karl Kautsky etwa „Die soziale Revolution, I. Sozialreform und Revolution" von 1902 (zitiert nach der 3. Auflage, Berlin 1906): „Und die revolutionären Schichten repräsentieren nicht mehr wie in früheren Revolutionen die ungeheure Mehrheit des Volkes gegenüber einer Handvoll Ausbeuter. Sie repräsentieren heute im wesentlichen nur *eine Klasse,* das Proletariat, dem nicht nur die Gesamtheit der ausbeutenden Klassen, sondern auch die Mehrheit der Kleinbürger und Bauern und ein großer Teil der Intelligenz gegenübersteht. Nur ein Bruchteil ... vereinigen sich mit dem Proletariat." (ebenda, S. 53.)
Kautskys theoretischer Fehler besteht darin, daß er in der Klassenbestimmung *unmittelbar* von den Interessen sozialer Gruppen ausgeht, diese aber nicht mehr auf die Stellung im System der Produktionsverhältnisse zurückführt und so letztlich zu Fehleinschätzungen gelangt.
Vgl. auch Rudolf Hilferding: „Das Finanzkapital. Eine Studie über die jüngste Entwicklung des Imperialismus." 1909 (zitiert nach der Ausgabe: Berlin 1947). Auch Hilferding meint, daß sich mit der Herrschaft des Finanzkapitals die Interessen des Kapitals und seiner einzelnen Gruppen mehr und enger als früher vereinigen und gegenüber dem Staat geschlossener auftreten (ebenda, S. 468). „Zugleich führte die Entwicklung dahin, daß die Besitzinteressen immer mehr vereinheitlicht werden, weil die Einkommensquellen immer mannigfaltiger werden." (ebenda, S. 472.)

2 Diesen Ausdruck, Cafe-Society, die die Erbschaft der Hofgesellschaft feudaler Fürsten übernommen habe, verwendete der progressive nordamerikanische Soziologe C. W. Mills. Vgl. „Die amerikanische Elite“, Hamburg 1962, S. 89 ff.

3 Vgl. zu diesen Fragen die Materialien in: IMSF Arbeitsmaterialien 2, Arbeiterklasse und internationale Konzerne, Materialien, Dokumente, Statistiken, Frankfurt a. M. 1972.

4 Es war eines der ideologischen Hauptanliegen von Vertretern der sogenannten kritischen Theorie (Frankfurter Schule) wie Jürgen Habermas, die Relevanz der Marxschen politischen Ökonomie insbesondere und des Marxismus im allgemeinen für die Analyse des heutigen Kapitalismus zu bestreiten und diese Zusammenhänge in Abrede zu stellen. Zwar registrierte Habermas mit zum Teil bemerkenswerter Schärfe das Erscheinungsbild des staatsmonopolistischen Kapitalismus — von ihm „staatlich geregelter Kapitalismus“ genannt —: Der Zusammenhang von Wissenschaft, Technik, Information und Kapitalverwertung, die enge Verflechtung von Wirtschaft und Staat, Ökonomie und Politik usw.
Er ist jedoch nicht bereit, dieses Erscheinungsbild in einen wesentlichen Zusammenhang mit seiner Herkunft und seiner ökonomischen Grundstruktur zu stellen. Vielmehr ist bei ihm die Demontage der Produktionsverhältnisse mit der „Neukonstituierung“ des historischen Materialismus verbunden. Den zentralen Begriff gesellschaftlicher Praxis, die gesellschaftliche Arbeit, reduziert er auf konkrete, gebrauchswertschaffende Arbeit, also die Beziehung Mensch-Natur. Er ignoriert, daß gesellschaftliche Arbeit bei Marx immer gleichzeitig als Beziehung der Menschen untereinander verstanden wird. Statt dessen konstruiert er einen Begriffsdualismus von Arbeit und Interaktion, den er seiner Geschichtstheorie zugrunde legt. Damit geht die Dialektik von Produktivkräften und Produktionsverhältnissen verloren: Klassen und Klassenkampf werden zu Nebenschauplätzen, das System ist in der Lage, den Klassenkampf stillzulegen und in den Vordergrund schieben sich wie bei Herbert Marcuse Randgruppen der Gesellschaft (Vgl. Jürgen Habermas, Technik und Wissenschaft als Ideologie, Frankfurt a. M. 1968, besonders die Seiten 73 ff., 84 ff.; Jürgen Habermas, Erkenntnis und Interesse, Frankfurt a. M. 1968, besonders S. 44, 58, 77; zur marxistischen Kritik an Habermas vgl. insbesondere Erich Hahn, Die theoretischen Grundlagen der Soziologie von Jürgen Habermas, in: Die Frankfurter Schule im Lichte des Marxismus, Materialien einer IMSF-Konferenz, Frankfurt a. M. 1970, S. 70 ff.).
In der Periode 1967/68 waren die Gedanken von Habermas in der westdeutschen Intelligenz stark verbreitet. Sie wurden unter anderem vertreten von Klaus Offe in einem Referat auf dem westdeutschen Soziologentag, der unter dem Thema „Spätkapitalismus oder pluralistische Gesellschaft?“ stand. K. Offes zentrale These war, „daß im staatlich regulierten Kapitalismus nicht mehr der globale Konflikt zwischen Klassen das dynamische Zentrum sozialen Wandels darstellt; es wird zunehmend überlagert von einem horizontalen Schema der Ungleichheit, der Disparität von Lebensbereichen.“
„Solche Widersprüche lassen sich nicht mehr triftig als Antagonismus zwischen den Klassen, wohl aber als Resultate des nach wie vor dominanten Prozesses privater Kapitalverwertung und eines spezifisch kapitalistischen Herrschaftsverhältnisses interpretieren.“ (Nach dem Redemanuskript.) Die kurz danach aufbrechenden offenen Klassenkämpfe der Arbeiterklasse gegen das staatsmonopolistische System in Frankreich und Italien drängten diese Ansichten in den Hintergrund.

5 Friedrich Engels, Anti-Dühring (1876—1878), MEW, Bd. 20, S. 139.

6 ebenda, S. 136.

7 Karl Marx, Lohnarbeit und Kapital (Artikelserie in der „Neuen Rheinischen Zeitung“, [1849], MEW, Bd. 6, S. 409). Und noch deutlicher: „Aber das Kapital ist kein Ding, sondern ein bestimmtes, gesellschaftliches, einer bestimmten Gesellschaftsformation angehöriges Produktionsverhältnis, das sich an einem Ding darstellt und diesem Ding einen spezifischen gesellschaftlichen Charakter gibt.“ (Das Kapital, 3. Band, MEW, Bd. 25, S. 822.)

8 So schreibt Karl Marx im „Vorwort“ zur ersten Auflage des 1. Bandes von Das Kapital (MEW, Bd. 23, S. 12): „Was ich in diesem Werk zu erforschen habe, ist die *kapitalistische Produktionsweise* und die ihr entsprechenden *Produktions- und Verkehrsverhältnisse*.“ Gegenstand ist nicht dieser oder jener höhere oder niedere Entwicklungsgrad der „gesellschaftlichen Antagonismen, welche aus den Naturgesetzen der kapitalistischen Produktion entspringen. Es handelt sich um *diese Gesetze selbst*, um diese mit eherner Notwendigkeit wirkenden und sich durchsetzenden *Tendenzen*“. „... es ist der letzte Endzweck dieses Werkes, das ökonomische Bewegungsgesetz der modernen Gesellschaft zu enthüllen ...“ (ebenda, S. 15 ff.).

9 W. I. Lenin, Was sind die Volksfreunde ..., a. a. O., S. 128 f.; Zitat S. 132.

10 Karl Marx, Das Kapital, 1. Bd., MEW, Bd. 23, S. 647.

11 Vgl. Karl Marx, Das Kapital, 3. Band, MEW, Bd. 25, S. 800.

12 Karl Marx, Das Elend der Philosophie (1847), MEW, Bd. 4, S. 130.

13 „Die Unterschiede in der Bevölkerungsstruktur zwischen den kapitalistischen Industrieländern und den ökonomisch rückständigen Ländern bestehen also nicht darin, daß in den zuerst genannten das Proletariat die Mehrheit der Bevölkerung ausmacht und in den zweiten das Kleinbürgertum, sondern darin, daß in den Ländern des entwickelten Kapitalismus die Mehrheit der Bevölkerung das Proletariat, die gegen Lohn arbeitenden Arbeiter und Angestellten, darstellt, während in der anderen Ländergruppe nichtproletarische und halbproletarische Schichten der Werktätigen die Mehrheit ausmachen.“ (Autorenkollektiv, Klassen und Klassenkampf in den Entwicklungsländern, Bd. 1: Die Klassenstruktur, Berlin 1969 [Moskau 1967], S. 51/52.) Charakteristisch für jene Länder ist: „Unter den Lohnarbeitern der Entwicklungsländer nimmt das eigentliche Proletariat einen verhältnismäßig kleinen Raum ein. Erstens stellt ein bedeutender Teil der Lohnarbeiter halbproletarische Zwischenschichten dar ..., die nur teilweise mit der modernen Produktion, aber noch eng mit traditionellen Verhältnissen und vorkapitalistischen Ausbeutungsformen verbunden sind. Zweitens zählt die Mehrzahl der Angestellten infolge der großen Unterschiede zwischen diesen beiden werktätigen Gruppen nicht zum Proletariat.“ (ebenda, S. 55/56.)
Das Nebeneinander dieser verschiedenen Produktionstypen, das Vorherrschen der Übergangs- und Zwischengruppen, der voll im Gang befindliche Prozeß der ursprünglichen Akkumulation bei gleichzeitiger Herrschaft des Auslandskapitals und der Heraufkunft einheimischer Monopolgruppen, macht zwar die Analyse der Klassenstruktur dieser Länder zu einer äußerst komplizierten Angelegenheit, sie erlaubt jedoch in weiten Sektoren den unmittelbaren Rückgriff auf die von Marx in der Darstellung der ursprünglichen Akkumulation entwickelten Kategorien.

14 W. I. Lenin, Die Entwicklung des Kapitalismus in Rußland 1896—1899, Werke, Bd. 3. *Lenin* weist für die Jahrhundertwende unter Heranziehung und Analyse aller verfügbaren statistischen und anderen empirischen Tatsachen nach, daß sich der Kapitalismus in Rußland schon in breitem Maße durchgesetzt hat, daß der weiteste Sektor sowohl der landwirtschaftlichen wie der gewerblichen Produktion als Lohnarbeit durchgeführt wird, daß deshalb die Masse, die Mehrheit der Bevölkerung Rußlands durch das Kapital – in den verschiedensten Formen – ausgebeutete Werktätige darstellt, aber der Repräsentant und Führer aller dieser werktätigen Schichten nur die Arbeiterklasse, das moderne städtische und Industrieproletariat sein kann, das selbst nur einen schmalen Sektor, aber eben den entscheidenden, zukunftsträchtigen und im höchsten Grade vergesellschafteten und damit disziplinierenden Sektor repräsentiert.

15 So schreibt Friedrich Engels 1876—1878 in Anti-Dühring (MEW, Bd. 20, S. 138), also vor etwa 100 Jahren, daß die kapitalistische Produktionsweise etwa 300 Jahre und ihre Herrschaft seit der großen Industrie vor 100 Jahren datiert. Marx hebt in Das Kapital, 1. Band (MEW, Bd. 23, S. 742 ff.) das 14. und 15. Jahrhundert als Anfang der kapitalistischen Produktionsweise in einigen Mittelmeerstädten hervor; als den eigentlichen Beginn ihrer Ära für Westeuropa bezeichnet er, wie Engels,

das 16. Jahrhundert. Zu diesem Zeitpunkt sind die Massen des englischen Volkes noch „freie selbstwirtschaftende Bauern".

16 Karl Marx, Lohnarbeit und Kapital, MEW, Bd. 6, S. 401.

17 Karl Marx, Das Kapital, 1. Band, MEW, Bd. 28, S. 742.

18 W. I. Lenin, Die Entwicklung des Kapitalismus in Rußland, Werke, Bd. 3, S. 600; und Karl Marx notiert: Kapital „entsteht nur, wo der Besitzer von Produktions- und Lebensmitteln den *freien Arbeiter* als Verkäufer seiner Arbeitskraft auf dem Markt vorfindet und *diese eine historische Bedingung* umschließt eine Weltgeschichte." (Das Kapital, MEW, Bd. 23, S. 178.)

19 Vgl. insbesondere die Kapitel 23 (Das allgemeine Gesetz der kapitalistischen Akkumulation) und 24 (Die sogenannte ursprüngliche Akkumulation) in: „Das Kapital", 1. Band, MEW, Bd. 23. Und hier: „Mit der Akkumulation des Kapitals entwickelt sich daher die spezifisch kapitalistische Produktionsweise und mit der spezifisch kapitalistischen Produktionsweise die Akkumulation des Kapitals." (ebenda, S. 653) oder „Akkumulation des Kapitals ist also Vermehrung des Proletariats" (ebenda, S. 642).

20 ebenda, S. 641.

21 Friedrich Engels, Anti-Dühring, a. a. O., S. 17.

22 „Zur vollen Beleuchtung der Gesetze der Akkumulation ist auch seine Lage außerhalb der Werkstatt ins Auge zu fassen, sein Nahrungs- und Wohnungszustand." (Karl Marx, Das Kapital, 1. Band, MEW, Bd. 23, S. 683.)

23 Vgl. dazu z. B. die Unterüberschriften von Kapitel 23 in Das Kapital, 1. Band, wo von den „schlechtbezahlten Schichten der britischen industriellen Arbeiterklasse" die Rede ist.

24 Friedrich Engels, Anti-Dühring, a. a. O., S. 252 (Fußnote).

25 ebenda, S. 252.

26 Im Schnitt der Entwicklungsländer betrugen anfangs der 60er Jahre diese vorproletarischen Zwischenschichten in der Stadt etwa 40 Prozent der Bevölkerung und auf dem Lande etwa 90 Prozent. (Klassen und Klassenkampf, a. a. O., S. 215, 280.)

27 Karl Marx, Das Kapital, 1. Band, MEW, Bd. 23, S. 766.

28 Wer erinnert sich angesichts dieser Schilderung nicht der Lage jener heutigen Lohnarbeitergruppen, die vorwiegend geistige Arbeit in Bereichen neben oder außerhalb der unmittelbaren Produktion verrichten! In ihrem Entstehungsstadium sind sie in vieler Hinsicht in der Lage dieser von Marx geschilderten frühen Lohnarbeitergruppen und fallen deshalb noch aus dem eigentlichen Proletariat heraus. Auch sie waren zuerst zahlenmäßig kleine Schichten, standen den Unternehmern sozial nahe, ihre Arbeit war noch nicht durch Maschinerie und Detailarbeit — Ausdrücke einer kapitalistischen Arbeitsorganisation — bestimmt; der Wert ihrer Arbeitsmittel war noch geringfügig und die Zufuhr von diesen Spezialisten stieß — infolge ihrer spezifischen Reproduktionsbedingungen — auf die gesellschaftlichen Schranken der Feudalgesellschaften bzw. des Kapitalismus. Man wird sich dieser Charakterisierung zu erinnern haben, wenn von den Angestellten und der Intelligenz im heutigen Kapitalismus die Rede ist. Aber auch schon die einfache Anschauung zeigt, daß heute — legt man derartige Kriterien an — die Angestellten (hier als Träger nichtmanueller Funktionen und Arbeit) keinesfalls mehr über einen Leisten geschlagen werden können.

29 Karl Marx, Das Kapital, 1. Band, MEW, Bd. 23, S. 765.

30 Friedrich Engels, Die Lage der arbeitenden Klasse in England, MEW, Bd. 2, S. 225 ff. In kurzer und knapper Form wird die Entwicklung des Proletariats und seiner Struktur von Friedrich Engels in einer Vorarbeit zum „Manifest der kommunistischen Partei", in: „Grundsätze des Kommunismus" (1847) dargestellt (MEW, Bd. 4, S. 363–380).

31 Friedrich Engels, Lage der arbeitenden Klasse ..., a. a. O., S. 234.

32 ebenda, S. 237.

33 ebenda, S. 251.

34 ebenda, S. 253/254.

35 ebenda, S. 240.

36 ebenda, S. 250.

37 ebenda, S. 455.

38 ebenda, S. 304.

39 ebenda, S. 344.

40 ebenda, S. 350.

41 ebenda, S. 360.

42 ebenda, S. 455.

43 ebenda, S. 418.

44 ebenda, S. 393.

45 ebenda, S. 352.

46 Jürgen Kuczynski, Die Theorie der Lage der Arbeiter, Bd. 36 von: Die Geschichte der Lage der Arbeiter unter dem Kapitalismus, Berlin 1968, S. 131 ff.
Zur Darstellung der Geschichte der Lohnarbeiter und ihrer Gliederung in den Werken von Marx und Engels vgl. auch: Michael Mauke, Die Klassentheorie von Marx und Engels, Frankfurt a. M. 1970, S. 106 f.

47 J. Kuczynski, Die Theorie ... a. a. O., S. 133.

48 J. Kuczynski verweist darauf, daß die Proletarierfamilien der 1. Phase die Sphäre Bauern, Handwerker, Landarbeiter, häusliche Dienste u. ä. umfassen; erst im zweiten Stadium ist das Industrieproletariat erbliches Proletariat; im Stadium des Imperialismus: „Das Proletariat ist nicht mehr in gleichem Maße erblich – viele Kinder von Arbeitern werden Angestellte, Arbeiter heiraten, insbesondere auch mit dem Eindringen von Angestellten in die Großbetriebe, Angestellte usw.“ (ebenda, S. 134).
Zu den Angestellten lautet seine Meinung: „Wenn wir aber bedenken, daß die Angestellten eine typische, ganz ausgesprochen kleinbürgerliche Schicht sind, und das im allgemeinen geblieben sind bis heute, wird die politische Gefährlichkeit der Entwicklung der Struktur der Werktätigen deutlich und damit die wachsende Bedeutung von kommunistischen und Arbeiterparteien für die politische Entwicklung.“ (ebenda, S. 134).
Die theoretische Grundlage dieser Ansicht *Kuczynskis*, die in einer voluntaristischen Konzeption mündet, ist die Bindung des Begriffs der Arbeiterklasse an einen engen Begriff der produktiven Arbeit, ein Moment, das in Abschnitt 4.2 untersucht werden soll. Hier sei nur schon betont, daß es nicht von der produktiven Arbeit abhängt, ob die Arbeitskraft eines Lohnarbeiters zur Ware im umfassenden Sinne geworden ist oder nicht.

49 Zur Entwicklung und Gliederung der Bourgeoisie nach der Darstellung im Werk von Marx und Engels vgl. Michael Mauke, Die Klassentheorie ... a. a. O., S. 75 ff.

50 Klassen und Klassenkampf ... a. a. O., S. 45, S. 157.

51 Vgl. Karl Marx, Das Kapital, 1. Band, MEW, Bd. 23, S. 251 ff.

52 Vgl. zur gesetzlichen Regelung der Bilanzierung und der Gewinn- und Verlustrechnung: Dieter Schmidt u. a.: Entschleierte Profite, Frankfurt a. M. 1971.

53 Karl Marx, Das Kapital, 1. Band, MEW, Bd. 23, S. 642, Fußnote 70.

54 Im Zusammenhang mit der Klassenanalyse der BRD-Gesellschaft, insbesondere der Rolle der Studenten und der Intelligenz, war diese Fragestellung Anfang der siebziger Jahre aufgegriffen und in verschiedenen Zeitschriften, besonders der Westberliner Zeitschrift „Sozialistische Politik“ diskutiert worden. Aus einer Vielzahl von Beiträgen ragte heraus: Joachim Bischoff u. a., Produktive und unproduktive Arbeit als Kategorie der Klassenanalyse, Sozialistische Politik, Nr. 6/7, 1970, S. 69 f. Die Autoren arbeiten die verschiedenen Bestimmungen der produktiven Arbeit heraus und versuchen, daraus die Direktheit bzw. Vermitteltheit der

Ausbeutung der einzelnen Lohnarbeitergruppen abzuleiten und so eine innere Gliederung der Arbeiterklasse und anderer Schichten zu entwickeln. Dieser Versuch ist jedoch notwendigerweise einseitig, da die mit der Akkumulation verbundene Entfaltung des Verhältnisses von Lohnarbeit und Kapital als geschichtlicher Prozeß verlorengeht.

55 Diesen Fragen sind insbesondere die ideologiekritischen Untersuchungen von Karl Marx in „Theorien über den Mehrwert" (MEW, Bd. 26, Teil 1) gewidmet. Vgl. unter anderem S. 146, S. 274.

56 Karl Marx, Das Kapital, 1. Band, MEW, Bd. 23, S. 198. Auch: „Die Arbeit ist zunächst ein Prozeß zwischen Mensch und Natur, ein Prozeß, worin der Mensch seinen Stoffwechsel mit der Natur durch seine eigne Tat vermittelt, regelt und kontrolliert." (ebenda, S. 192).

57 ebenda, S. 196.

58 Die Arbeit, die „Tat" kann jedoch nicht mit den ihr dienstbaren und damit ihren Wirkungsgrad bestimmenden Kräften, Methoden, Mitteln identifiziert werden, also mit den Produktivkräften der Gesellschaft. Gleichwohl bestimmt gerade ihr Entwicklungsniveau die spezifische gesellschaftliche Form der Arbeit.
An diesem Punkt wird etwa die Kritik von Jürgen Habermas an der Marxschen Arbeitswerttheorie besonders deutlich. Er meint, im Spätkapitalismus „werden Technik und Wissenschaft zur ersten Produktivkraft, womit die Anwendungsbedingungen für Marxens Arbeitswerttheorie entfallen", was für ihn einschließt, daß „der wissenschaftlich-technische Fortschritt zu einer unabhängigen Mehrwertquelle geworden ist, gegenüber der die von Marx allein in Betracht gezogene Quelle des Mehrwerts: die Arbeitskraft der unmittelbaren Produzenten, immer weniger ins Gewicht fällt." (Jürgen Habermas, Technik und Wissenschaft als „Ideologie", Frankfurt a. M. 1968, S. 79/80.) Nicht nur, daß hier Produktivkraft und produktive Arbeit verwechselt werden, sondern ebenso Mehrwert und Profit. Eine ganz andere Sache ist es, daß Produktivkräfte, z. B. die Produktionsinstrumente, Ergebnis konkreter Produktionsarbeit sind. In ihrer Gesamtheit sind sie jedoch jeweils das Ergebnis der natürlichen und gesellschaftlichen Bedingungen und Entwicklungen, der Akkumulation der Kenntnisse, Erfahrungen usw. Im Kapitalismus werden diese Kräfte durch das Kapital okkupiert und erscheinen als seine Früchte.
Vgl. dazu die Ausführungen von Karl Marx im Zusammenhang mit der kapitalistischen Kooperation (Das Kapital, 1. Band, Kapitel 11, MEW, Bd. 23, S. 348) oder der Herauslösung der Wissenschaft aus der unmittelbaren Produktion (ebenda, S. 344, S. 379).
Ihre Entwicklung selbst kann sich mit dem Fortschritt des Kapitalismus immer weniger unter den Bedingungen der Kapitalverwertung und kapitalistischen Reproduktion vollziehen. Dies war allerdings in keiner Entwicklungsphase des Kapitalismus völlig der Fall. Die sogenannte Infrastruktur war auch früher nur in geringem Maße Anlagefeld des Kapitals.

59 ebenda, S. 531/532.
Vgl. die detaillierte Darstellung und Analyse des Übergangs von der individuellen zur Gesamtarbeit in: „Das Kapital", 1. Band, MEW, Bd. 23, Kapitel 12 und 13 (Teilung der Arbeit und Manufaktur, Maschinerie und große Industrie), wo eben das Resultat der Herausbildung des Gesamtarbeiters der individuelle Teilarbeiter ist, dessen konkretes Arbeitsgeschick verkümmert, in dem die Entäußerung des Arbeitsvermögens auch im Arbeitsprozeß nivelliert, vergleichbar, auswechselbar geworden ist und sich stark auf seinen abstrakten Gehalt reduziert hat.

60 Um diese Funktionsverschiedenheit der produktiven Arbeit auszudrücken, nämlich mehr oder weniger an der Gebrauchswerterzeugung und in der kapitalistischen Produktion an der Mehrwerterzeugung teilzunehmen, haben verschiedene Autoren zur Kennzeichnung des „direkt" und „indirekt" die deskriptiven Begriffe Primär- und Sekundärproduzenten des Mehrwerts verwendet, wobei die Funktionen geistiger Arbeit, also die Tätigkeit der Produktionsintelligenz bzw. sie selbst als „Sekundärproduzenten des Mehrwerts" angesehen werden. Vgl. Margit Gronau: Intelligenz unter Monopolherrschaft, DWI-Forschungshefte, Berlin, Nr. 3/1969,

S. 48; schon vorher wurde diese Formulierung gebraucht in: Autorenkollektiv, Imperialismus heute, Berlin 1967, 4. Auflage, ebendort, S. 605, 613.

61 Karl Marx, Resultate des unmittelbaren Produktionsprozesses, Frankfurt a. M. 1969, S. 74. Bei dieser Publikation handelt es sich um den Nachdruck eines im Moskauer Marx-Engels-Archiv 1933 veröffentlichten Marx-Manuskriptes. Die Moskauer Herausgeber datieren seine Entstehungsperiode auf die Jahre 1863 bis 1864, also zeitlich nach „Theorien über den Mehrwert" (1861–1863). Es handelt sich nach diesen Angaben um das erhalten gebliebene 6. Kapitel der vorletzten Variante für den ersten Band von „Das Kapital", der 1867 erschien.

62 Die Autoren von „Der Imperialismus der BRD" (Berlin/Frankfurt a. M. 1971) stellen fest: „Der Gesamtarbeiter, der das gesellschaftlich erzeugte Produkt hervorbringt, setzt sich aus ‚Teilarbeitern' verschiedener gesellschaftlicher Klassen und Schichten zusammen. Seine Hauptglieder sind Arbeiter und verschiedene Gruppen der Intelligenz." (ebenda, S. 362). Sie vertreten ferner die Meinung: „Alle seine Funktionen werden immer mehr ausschließlich von Lohnarbeitern erfüllt. Daraus ergibt sich die Tendenz zur Identität des Begriffs Gesamtarbeiter mit dem Begriff Arbeiterklasse." (ebenda, S. 362.)

63 Wird vom Standpunkt der gesellschaftlichen Arbeit das Produkt als Resultat der Tätigkeit des Gesamtarbeiters angesehen, so schließt dies unter den Bedingungen der Warenproduktion ein, daß die in den Waren vergegenständlichte abstrakte Arbeit, der Wert, Ergebnis des Gesamtarbeiters ist. Ist unter diesen Bedingungen also – um die Extremgruppe einzubeziehen – der Kapitalist als Leiter des Produktionsprozesses an der Wertbildung beteiligt? Ist er damit auch an der Mehrwertproduktion beteiligt? Wird seine Arbeitskraft etwa Bestandteil seines variablen Kapitals? In der Realität wird dieses Problem für Gruppen wie angestellte Manager bedeutsam, die im weiteren Sinne am kapitalistischen Aneignungsprozeß beteiligt sind. Sie verrichten (wie auch fungierende Kapitalisten) analog kleinen Warenproduzenten – die Eigentümer ihrer Produktionsmittel sind – Arbeit für sich.
Was ihre produktiven Funktionen und Tätigkeiten betrifft, die ja nur ein Teil ihrer Tätigkeiten ausmachen und von der kapitalistischen Kommandogewalt, von Unterdrückungs- und Ausbeutungsfunktionen in der Wirklichkeit nicht zu trennen sind, stellt sich ihre Arbeit in Wert, nicht in Mehrwert dar. Das wird auch zusätzlich erhellt, wenn man sich der Grundlagen des Kapitalverhältnisses erinnert, das eben die Scheidung von gegenständlichen und lebendigen Momenten der Produktion voraussetzt und einschließt. Diese produktiven Funktionen entspringen nicht aus dem Kapitalverhältnis, sondern aus dem Arbeitsprozeß.
„Die Produktivität des Kapitals besteht darin, die Arbeit als Lohnarbeit, und die Produktivität der Arbeit, die Arbeitsmittel als Kapital sich gegenüberzusetzen." (Karl Marx, Theorien . . ., MEW, Bd. 26, Teil 1, S. 370.) Sie werden aber mit dem Kommando über die Arbeit okkupiert und erscheinen so als Bestandteil des Kapitals und als seine eigentliche Funktion.

64 Dieser Begriff des Gesamtarbeiters im Zusammenhang mit der wissenschaftlich-technischen Revolution und dem Anwachsen der produktiven Gruppen geistiger Arbeiter (sogenannter wissenschaftlich-technischer Intelligenz) war die Grundlage, den Übergang dieser Gruppen in die Arbeiterklasse zu behaupten. Die Konfusion vergrößert sich noch, wenn dieser Begriff auf die ganze Gesellschaft übertragen wird. Völlig zu Recht heben die Autoren von „Capitalisme monopoliste d'etat" hervor, daß man den Begriff des Gesamtarbeiters nicht in zu ausgedehntem Sinne verstehen darf, sondern ihn auf die Produktionseinheiten beziehen müsse. Die Produktionseinheit ginge jedoch tatsächlich, wie z. B. im Falle der Produktion des Flugzeuges Concorde, selbst über einzelne Unternehmenseinheiten hinaus (ebenda, S. 211/212).

65 Karl Marx, Theorien . . ., MEW, Bd. 26, Teil 1, S. 385.

66 Vgl. die Untersuchungen von: Rudi Gündel, Katja Nehls: Zur Wirkungsweise des Gesetzes der ungleichmäßigen, sprunghaften ökonomischen Entwicklung der kapitalistischen Länder, in: DWI-Forschungshefte, Berlin, Nr. 1/1970, S. 46 ff.

67 Vgl. Karl Marx, Theorien . . ., MEW, Bd. 26, Teil 1, S. 386.

68 „Ein Dienst ist nichts als die nützliche Wirkung eines Gebrauchswerts, sei es der Ware, sei es der Arbeit.“ (Karl Marx, Das Kapital, 1. Band, MEW, Bd. 23, S. 207).

69 W. I. Lenin hatte die Kautskysche Intelligenzanalyse weitgehend akzeptiert. (Vgl. Lenins Rezension einer Arbeit Kautskys n. a. über die Intelligenz vom Jahre 1899, in: Werke, Bd. 4, S. 196.)

70 Karl Kautsky, Die Soziale Revolution. II. Am Tage nach der Revolution, Berlin (1. Auflage 1902) 1906, S. 38.
In der ersten Form entwickeln sich Forschung, Wissenschaft, Unterrichtswesen; sie sind über den Staat der herrschenden Klasse unterworfen; die zweite Form ist kleine, „immaterielle (geistige) Warenproduktion“ und Entwicklungsform von Kunst, Literatur; die letzte schließlich kapitalistisches Ausbeutungsverhältnis. Es ist in „alle Gebiete geistiger Tätigkeit“ eingedrungen. Die „Helden der Feder und der Bühne“ stehen „kapitalistischen Unternehmen, Verlegern, Zeitungsbesitzern und Theaterdirektoren“ gegenüber.

71 Unter diesen Gesichtspunkten der kapitalistischen Produktionsweise gehören Bauern oder Handwerker selbst als Produzenten von Waren „weder in die Kategorie der produktiven noch der unproduktiven Arbeiter“. (Karl Marx, Theorien . . ., a. a. O., S. 382.)

72 Karl Marx, Das Kapital, 1. Band, MEW, Band 23, S. 532.

73 ebenda, S. 532.

74 Karl Marx, Theorien . . ., a. a. O., S. 122.

75 ebenda, S. 126/127.

76 Vgl. dazu die marxistische Monopoltheorie, die in den Ansätzen von Marx und Engels angedeutet, von Lenin herausgearbeitet und von den zeitgenössischen Marxisten weiterentwickelt wird. Siehe neben anderen: Autorenkollektiv, Der Imperialismus der BRD, Berlin/Frankfurt a. M. 1971, S. 172 ff.; Fred Oelßner: Zur geschichtlichen Rolle und zum Begriff des Monopols (1960), abgedruckt in: Marxismus-Digest, 3/1971, Frankfurt a. M. 1971, „Neue Aspekte der Monopoltheorie“, S. 17 ff.

77 Karl Marx, Grundrisse der Kritik der politischen Ökonomie (Rohentwurf), Berlin 1953, S. 322.

78 Karl Marx, Das Kapital, 2. Band, MEW, Bd. 24, S. 150.

79 Karl Marx, Das Kapital, 3. Band, MEW, Bd. 25, S. 303/304.

80 ebenda, S. 305.

81 ebenda, S. 313.

82 Deshalb wird von Marx in den gegebenen Zusammenhängen der Begriff der produktiven Arbeit als Verwertungs- und Ausbeutungsverhältnis im Zusammenhang mit dem Begriff der produktiven Arbeit als Arbeitsverhältnis gebraucht.

83 Karl Marx, Theorien . . ., a. a. O., S. 377.

84 Vgl. zu den Bestimmungen der produktiven Arbeit bei Marx auch J. Nagels: Zum Begriff der wissenschaftlich-technischen Revolution, in: Ökonomische Theorie, politische Strategie und Gewerkschaften, a. a. O., S. 191; ders.: Genes, contenue et prolongements de la notion de reproduction du Capital selon Karl Marx, Boisguillebert, Quesnay, Leontiev, Brüssel 1970.

85 Karl Marx, Das Kapital, 1. Band., MEW, Bd. 23, S. 469.

86 Zuerst zieht er von der Gesamtbevölkerung Englands nach dem 1861er Zensus (20 Millionen Personen) ab:
- „was zu alt oder zu jung zur Arbeit“;
- „alle ‚unproduktiven‘ Weiber, jungen Personen und Kinder“;
- „die ideologischen ‚Stände‘, wie Regierung, Pfaffen, Juristen, Militär usw.“;
- ferner alle, die *ausschließlich* vom Verzehr fremder Arbeit *„in Form von Grundrente, Zins usw.“* leben;
- „Paupers, Vagabunden, Verbrecher usw.“ (ebenda, S. 469/470).

In die Termini der heutigen Sozialstatistik übertragen: von der Gesamtbevölkerung wird zur arbeitsfähigen Bevölkerung übergegangen. Von ihr werden nichtarbeitende Hausfrauen, Kinder und Jugendliche abgesetzt (Kinderarbeit war zu Marx' Zeiten noch verbreitet). Man hat dann in etwa den Block der erwerbstätigen Bevölkerung. Dann werden alle Beschäftigten des Staatsapparates, die freien Berufe und Beschäftigten bestimmter gesellschaftlicher Institutionen (Pfarrer) abgezogen; schließlich Grundbesitzer, Rentiers u. dgl.

Was bleibt, ist die im Reproduktionsprozeß und in den privaten Diensten für Kapitalisten tätige Bevölkerung – hier etwa 8 Millionen Personen. Zu dieser tätigen Bevölkerung werden auch die Manager und „funktionierenden Kapitalisten“ gezählt.

Marx hebt hiervon die Gruppen der Ackerbauarbeiter und jene Gruppen der Großindustrie ab, die die Produktionsmittel und die die Existenzmittel für die arbeitenden Massen herstellen. Produktionsmittel – Kohlen- und Metallbergwerke, Metallerzeugung und -verarbeitung; wichtige Konsumtionsmittel neben dem Ackerbau – Textilindustrie.

Die Ackerbauarbeiter machen 1,098 Millionen Personen aus, die Industriebeschäftigten der genannten Branchen insgesamt 1,605 Millionen – davon in der Textilindustrie 0,643 Millionen.

Demgegenüber macht die dienende Klasse in „Privathäusern“ 1,209 Millionen Personen aus.

Marx stellt diese einzelnen Gruppen gegenüber und schließt mit der Feststellung: „Welch erhebendes Resultat der kapitalistisch exploitierten Maschinerie.“ (ebenda, S. 470).

87 In diesem Zusammenhang führt Marx auch an, daß mit der Luxusproduktion ebenfalls eine ausschließlich für die Kapitalisten bestimmte Produktion wächst. Neu entstehende Industrien wie der Transport, die Kommunikation u. ä., umfassen erst einen schmalen Sektor und absorbieren nur eine unbeträchtliche Beschäftigtenzahl (ebenda, S. 469).

M. Maukes Urteil über den Begriff der produktiven Arbeit war gerade wegen dieser hier erörterten Zusammenhänge völlig unzutreffend. Er schrieb: „So sehr dieser Produktivitätsbegriff (der Mehrwertschaffung – der Verfasser) die industrielle Lohnarbeit abhebt von vorkapitalistischen Produktionsweisen einerseits, von administrativen, repressiven und parasitären Funktionen anderseits – so beschränkt und irrational erweist er sich angesichts von gesellschaftlichen Dienstleistungen durch Schulen, Gesundheitswesen oder Massenkommunikationsmittel, die dem Anspruch der Kapitalökonomie, alle Produkte stückweis über den Markt zu verteilen, bereits im Kapitalismus entwachsen sind.“ (Die Klassentheorie von Marx und Engels, Frankfurt a. M. 1970, S. 152.)

Im Gegenteil, es muß gerade die Bedeutung der materiellen Produktion, die unverminderte Geltung ihres strukturbestimmenden Charakters hervorgehoben werden. Aber selbst hinsichtlich der Entwicklungsproportionen der Wirtschaft besteht dieser Zusammenhang unvermindert. Was die Produzenten des Mehrwerts in der Industrie betrifft, so stellen sie nicht zuletzt deshalb – nicht nur von der theoretischen Bestimmung, sondern auch von den praktischen Kämpfen her, den Kern der Arbeiterklasse dar, weil die Entfaltung des Kapitalverhältnisses, die Steigerung der Mehrwertproduktion sich auf der Grundlage der industriellen Produktivkräfte vollzogen hat und vollzieht und die Anstöße auf andere Bereiche von hier ausgehen.

88 Vgl. zu diesem Funktionswandel des Staates schon Friedrich Engels (1876–1878) in: „Anti-Dühring“ (MEW, Bd. 20): „Auf einer gewissen Entwicklungsstufe genügt auch diese Form (des kapitalistischen Gesellschaftskapitals – H. Ju.) nicht mehr: der offizielle Repräsentant der kapitalistischen Gesellschaft, der Staat, muß ihre Leitung übernehmen.“ (ebenda, S. 259.) Der Staat ist „wesentlich“ kapitalistische Maschine, Staat der Kapitalisten, der „ideelle Gesamtkapitalist“. „Je mehr Produktivkräfte er in sein Eigentum übernimmt, desto mehr wird er wirklicher Gesamtkapitalist, desto mehr Staatsbürger beutet er aus.“ (ebenda, S. 260.)

89 Für die französischen Marxisten (vgl. Le capitalisme ...; S. 216 ff.) konzentriert sich die Bestimmung der Arbeiterklasse auf diesen Aspekt, nämlich die Mehrwertschaffung im Bereich der materiellen Produktion, also auf die für den Kapi-

talismus spezifischste Variante der produktiven Arbeit (eine produktive, lohnabhängige, mehrwertschaffende Arbeit). Die theoretische Schwierigkeit ergibt sich jedoch unmittelbar dann, wenn die Stellung von – wenn auch in der Praxis kleinen – Gruppen der technischen Intelligenz, von Kadern und anderen in Betracht gezogen werden muß. Es wird deren zwiespältige ökonomische Funktion betont, da sie in gewisser Weise auch unproduktive Aneignungsfunktion ausübten, somit auch im Rahmen des Gesamtarbeiters ein anderes soziales Element verkörperten und deshalb aus der Arbeiterklasse herausfielen. Gleichzeitig werden jedoch auch die anderen Bestimmungen der produktiven Arbeit angewandt: neben Lohnabhängigen sind auch Bauern und Handwerker produktive Arbeiter.

Auch für J. Kuczynski ist die Arbeiterklasse im wesentlichen auf die Produzenten des Mehrwerts reduziert. (Vgl. etwa, Jürgen Kuczynski, Die Geschichte der Lage der Arbeiter unter dem Kapitalismus, Bd. 5, Darstellung der Lage der Arbeiter in Deutschland von 1917/18 bis 1923–1933, Berlin 1966, dort S. 39 ff.) Er grenzt generell von den Angestellten mit folgender Begründung ab: Die „übergroße Mehrheit von Arbeitern" arbeitet „manuell mit Produktionsmittel, mit Arbeitsinstrumenten, mit denen sie materielle Werte erzeugen." Damit nehmen sie eine andere Stellung zu den Produktionsmitteln wie Angestellte ein. Die Mehrzahl der Arbeiter arbeitet produktiv, die Mehrzahl der Angestellten nicht.

Es gelten hier die gleichen Einwände wie gegenüber der französischen Definition, nur schließt Kuczynski ja ausdrücklich auch unproduktive Arbeiter ein, so daß zweifellos andere Bestimmungskriterien zu entwickeln sind und natürlich dadurch die Abgrenzung von den Angestellten nicht mehr mit produktiver bzw. unproduktiver Arbeit in dieser Version begründet werden kann. Demgegenüber wird in neueren sowjetischen und anderen Arbeiten der Ansatzpunkt in der kapitalistischen Ausbeutung, der kapitalistischen Lohnarbeit gesucht (vgl. etwa: A. Melnikow und S. Sonow: Die Arbeiterklasse und ihre Verbündeten (russ.), Teil 1, in Mirovaja ekonomika i meshdunarodnije otnoshenija, Moskau, Nr. 1/1971, S. 22).

90 Karl Marx, Theorien ..., a. a. O., S. 385; daneben steht in den herausgearbeiteten anderen Bestimmungen die produktive Arbeit generell vom Standpunkt des Resultats-Arbeitsprozesses (vgl. nochmals: Das Kapital, 1. Band, MEW, Bd. 23, S. 196) und die produktive Arbeit vom Standpunkt der Verwertung aller fungierenden Kapitale (vgl. die Ausführungen über den kommerziellen Lohnarbeiter).

91 Karl Marx, Das Kapital, 3. Band (Herausgegeben 1894 von Friedrich Engels), MEW, Bd. 25, S. 486. Man sollte sich bei der Frage nach der eigentlichen Kapitalfunktion vor Augen halten, daß Verwertung des Wertes das Zusetzen eines Mehrwertes ist und daß sich mit dieser Bewegung Geld in Kapital verwandelt. „Als bewußter Träger dieser Bewegung wird der Geldbesitzer Kapitalist." (Das Kapital, 1. Band, MEW, Bd. 23, S. 167.) „... nur soweit wachsende Aneignung des abstrakten Reichtums das allein treibende Motiv seine Operationen, funktioniert er als Kapitalist oder personifiziertes, mit Willen und Bewußtsein begabtes Kapital." (ebenda, S. 167/168.)

Die nachfolgende Darstellung stützt sich vor allem auf das 23. Kapitel „Zins und Unternehmergewinn" (MEW, Bd. 25, S. 383 ff.) sowie das 27. Kapitel (Die Rolle des Kredits in der kapitalistischen Produktion), ebenda, S. 451 ff.

92 So bezeichnet Marx Kapitalisten und Lohnarbeiter; sie „sind als solche nur Verkörperungen, Personifizierungen von Kapital und Lohnarbeit; bestimmte gesellschaftliche Charaktere, die der gesellschaftliche Produktionsprozeß den Individuen aufprägt; Produkte dieser bestimmten gesellschaftlichen Produktionsverhältnisse". (ebenda, S. 887.)

93 Der Villicus erhält nicht selten weniger Unterhaltsmittel als der Sklave in der Produktionsarbeit, weil seine Arbeit körperlich nicht so anstrengend ist (vgl. ebenda, S, 398/399).

94 ebenda, S. 385.

95 ebenda, S. 386.

96 ebenda, S. 393.

97 ebenda, S. 393.

98 ebenda, S. 396.

99 ebenda, S. 395.

100 ebenda, S. 396.

101 ebenda, S. 400.

102 Er ist insbesondere mit der Bildung des fiktiven Kapitals in Form von Aktien und anderen Effekten verbunden. Das ist in der Tat kein wirkliches Kapital mehr, aber es vollzieht Bewegungen wie richtiges, wirkliches Kapital; mehr noch, die Bewegung des Schattens macht sich selbständig und legt sich über die Bewegung des wirklichen Kapitals.
Aktien sind deshalb nichts anderes als „Eigentumstitel, pro rata" auf den in einem Unternehmen erzeugten Mehrwert (ebenda, S. 485).
„Die selbständige Bewegung des Werts dieser Eigentumstitel ... bestätigt den Schein, als bildeten sie wirkliches Kapital neben dem Kapital ... Sie werden nämlich zu Waren, deren Preis eine eigentümliche Bewegung und Festsetzung hat." (ebenda, S. 485.)
Es gibt (schon damals) in allen Ländern eine Masse dieses fiktiven, zinstragenden Kapitals. Es ist Einnahmequelle einer Masse von kleinen und kapitalistischen Rentierexistenzen, die aber meist nur vermeintliche Eigentümer sind. Ihre Mittel sind im Verfügungsbereich des Monopolkapitals Mittel der monopolistischen Akkumulation. Und die Zusammenfassung dieser Mittel und ihre Anlage wird mit zunehmendem Alter des Kapitalismus ein sich ausdehnendes Geschäft – von Banken und allen Arten von Glücksrittern – bis zu Berni Cornfelds IOS (gerade letzterer hatte aber nicht zum geringsten die Eintreiberfunktion für die etablierten großkapitalistischen Banken).

103 Karl Marx, Das Kapital, 3. Band, MEW, Bd. 25, S. 401.

104 ebenda, S. 401. So schrieb Friedrich Engels von den Aktiengesellschaften, „deren Betrieb von bezahlten Angestellten geleitet wird, von Dienern, die in jeder Hinsicht die Position höher gestellter, besser bezahlter Arbeiter einnehmen". „Die gesellschaftliche Funktion des Kapitalisten ist hier auf besoldete Diener übergegangen; aber der Kapitalist streicht nach wie vor in Gestalt seiner Dividende die Bezahlung für jene Funktion ein, obwohl er sie nicht mehr ausübt" (Friedrich Engels, Notwendige und überflüssige Gesellschaftsklassen, Zeitungsartikel vom 6. August 1881, MEW, Bd. 19, S. 288/289).

105 Wie in anderen Punkten auch, entspricht auch hier M. Maukes Ableitung aus den Marx-Engels-Texten nicht dem Sinn des Marxismus. Richtig geht er von der Zwieschlächtigkeit des Dirigenten aus. Er interpretiert jedoch diese ökonomische, strukturelle Durchgangserscheinung als Abtreten der Kapitalistenklasse: „Zwar kann man noch von einer Kapitalistenklasse sprechen, aber das kapitalistische Produktionssystem hat sich in seiner Gesamtheit auch ihnen gegenüber derart verselbständigt, daß es der Gesellschaft als eine ungeheure und unheimliche Maschine entgegentritt, der die Menschen unterworfen sind, anstatt sie zu kontrollieren. Es ist dies der direkte, zugespitzte Gegensatz zwischen der toten (aufgehäuften, vergegenständlichten) und der lebendigen Arbeit als letzte Stufe des gesellschaftlichen Antagonismus." „Mit dieser totalen Verdinglichung der Klassenkategorie wird sie jedoch als spezifisch-soziologische Kategorie hinfällig." (M. Mauke, Die Klassentheorie von Marx und Engels, Frankfurt a. M. 1970, S. 103.)

106 Heute sind die Dividenden dagegen nur relativ geringe Bestandteile der Profite der kapitalistischen Gesellschaften und Konzerne. Für die 100 größten Aktiengesellschaften der BRD hat Hans Tammer für 1970 ermittelt, daß der Bilanzgewinn, aus dem die Dividende ausgeschüttet wird, nur 10,9 Prozent des Nettoprofits und 8,4 Prozent des Gesamtprofits ausmacht. (Hans Tammer, Die Profite der 100 größten Industrieaktiengesellschaften der BRD im Jahre 1970, in: DWI-Berichte, Berlin, Nr. 1/1972, S. 25 ff.)

107 Karl Marx, Das Kapital, 3. Band, MEW, Bd. 25, S. 454.

108 ebenda, S. 403.

109 Autorenkollektiv, Der Imperialismus der BRD, Berlin/Frankfurt a. M. 1971, S. 177. Die Autoren betonen, daß man heute nicht nur von Besitzverhältnissen ausgehen könne: „Ausschlaggebend ist vielmehr der sozialökonomische Status der einzelnen Schichten und Gruppen, d. h. wesentlich sind solche Faktoren wie die Möglichkeit, große Kapitale mit Hilfe des genannten Kontrollsystems zu beherrschen, der Platz in der Organisation des kapitalistischen Produktions- und Verwertungsprozesses; ihre Funktion bei der Realisierung des Monopols unter staatsmonopolistischen Bedingungen, kurz gesagt, ausschlaggebend ist ihre Teilnahme am und ihre Kommandogewalt über den heutigen monopolkapitalistischen Aneignungsprozeß ..." (ebenda, S. 176).

110 So nannte Marx die Aktiengesellschaft, in der damals die Trennung von Kapitaleigentum und Kapitalfunktion ihre höchste Stufe erreicht hatte. Marx schrieb: „Es ist die Aufhebung des Kapitals als Privateigentum innerhalb der Grenzen der kapitalistischen Produktionsweise selbst." (Karl Marx, Das Kapital, 3. Band, MEW, Bd. 25, S. 452.) „Es ist Privatproduktion ohne die Kontrolle des Privateigentums." (ebenda, S. 454). Dieser Widerspruch ruft einerseits nach dem Eingriff des Staates, produziert aber andererseits eine neue Finanzaristokratie.

111 Karl Marx, Das Kapital, 3. Band, MEW, Bd. 25, S. 397.

112 ebenda, S. 397.

113 ebenda, S. 397.

114 ebenda, S. 400.

115 Vgl. ebenda, S. 402, Fußnote 78; aus diesem Grunde zitiert Lenin auch mit ausdrücklicher Zustimmung folgende Bemerkung eines „alten" Volkstümlers über die Angestellten in England im letzten Drittel des vorigen Jahrhunderts: „... die Kontoristen, allerlei Aufseher und dergleichen kleines Gewürm, in deren Adern noch Arbeiterblut fließt, von deren Seele jedoch bereits das Kapital vollständig Besitz ergriffen hat (sehr richtig K. T.)." K. T. ist ein Pseudonym für W. I. Lenin. (Werke, Bd. 1, S. 368.)

116 Karl Marx, Das Kapital, 3. Band, MEW, Bd. 25, S. 402.

117 Das trifft auf den Betriebsleiter in der Produktion ebenso zu wie auf die Leiter der Verkaufsabteilung, der Lohnbuchhaltung, des Konstruktionsbüros und der jeweiligen Verlängerung der Linien nach oben und unten.

118 In der Klassenanalyse eines englischen Marxisten ist das funktionale Verhältnis zu den Hauptklassen ein wichtiges Kriterium der sozialen Standortbestimmung. „Das bedeutet, zwischen jenen zu unterscheiden, deren primäre ökonomische Tätigkeit darin besteht, die Funktion der Kapitalisten auszuführen und die völlig mit den Erfolgen und Mißerfolgen des Kapitalismus verbunden sind, und jenen, deren primäre Position im Verkauf ihrer Arbeitskraft besteht." Danach sind „die überwiegende Mehrheit der nichtmanuellen Beschäftigten, die ihre Arbeitskraft verkaufen", „Mitglieder der Arbeiterklasse". „Die Lösung liegt darin, nicht so sehr den Typ der Arbeit zu betonen, sondern vielmehr in der Konzentration auf die Funktion im Reproduktionsprozeß" (Alan Hunt. Class structure in Britain today, in: Marxism today, June 1970, S. 170, 172).

119 Natürlich ist sowohl für den untersten lohnabhängigen Aufseher wie für den Obermanager jener Profit die Quelle seiner Entgelte, der sich als Verwaltungslohn verselbständigt hat. Aber was in einem Fall u. U. Bestandteil des variablen Kapitals, ist im anderen Profit. Was die Resultate der Arbeit als Glieder des produktiven Gesamtarbeiters betrifft, so wurde darauf schon weiter vorn eingegangen. Als Lohnarbeiter sind diese Glieder Wert- und Mehrwertproduzenten; soweit produktive Funktionen von fungierenden Kapitalisten oder ihren Managern wahrgenommen werden, schaffen sie nur Wert. Die Spitzfindigkeit dieser Argumentation ergibt sich aus dem Auslöschen des Ausbeutungsverhältnisses an der Oberfläche mit der Verallgemeinerung der Lohnform. Unter dieser gleichen Lohnform stecken jedoch drei unterschiedliche soziale Kategorien: Arbeiterklasse, Mittelschichten, Kapitalisten.

120 Richard Woldt: Das großindustrielle Beamtentum. Eine gewerkschaftliche Studie (Dietz, Nachf.) Stuttgart 1911, S. 31.

121 ebenda, S. 111. Gerade die Doppelfunktion und die Zwiespältigkeit der Position wird von Woldt für alle wichtigen Angestelltengruppen der verschiedenen, damals wichtigen Industriezweige herausgearbeitet.
So heißt es bei Woldt: „Der Industriebeamte im industriellen Großbetrieb ist Ausbeutungsobjekt und Ausbeutungssubjekt. Als geistiger Lohnarbeiter ist er Ausbeutungsobjekt ... Aber zugleich sind diese Gruppen der Industriebeamten Ausbeutungssubjekte. Seiner ganzen Stellung nach wird der Betriebsangestellte dem Arbeiter gegenüber zum Bevöllmächtigten des Unternehmers. Im Auftrag des Kapitalisten ist er Antreiber und Ausbeuter." (ebenda, S. 24/25.) – Ein Urteil, das in dieser Generalisierung heute allerdings bei weitem nicht mehr zutreffend ist.

122 Helmut Steiner, Soziale Strukturveränderungen im modernen Kapitalismus. Zur Klassenlage der Angestellten in Westdeutschland, Berlin 1967.

123 ebenda, S. 30.

124 ebenda, S. 51.

125 ebenda, S. 58.
Eine der wichtigsten westdeutschen Studien zu dieser Problematik stammte von Siegfried Braun (Zur Soziologie der Angestellten, Frankfurt a. M. 1964). Richtig hatte Braun festgestellt, daß das Angestelltenbewußtsein wesentlich durch Arbeitsfunktion und Arbeitssituation bestimmt werde. Aber ähnlich wie seine Schüler, die Soziologen Kern und Schumann (vgl. Industriearbeit und Arbeiterbewußtsein, 2 Bände, Frankfurt a. M. 1970), war er nicht in der Lage, die gesellschaftliche Formbestimmtheit und damit den Doppelcharakter dieser Prozesse herauszuarbeiten und für die empirische Forschung fruchtbar zu machen. Er faßt Arbeitssituation primär technologisch bzw. arbeitswissenschaftlich. Zwar wird mit dem Wachstum der Angestellten für Braun nicht der Klassenzusammenhang aufgehoben, „sondern eine bürokratische Überstruktur (ist) entstanden, die den Klassengegensatz ‚versachlicht' und ‚vermittelt'. Die soziale Differenz Arbeiter–Angestellte ist daher keine Klassendifferenz, sondern objektiv Folge verschiedener Funktionen im Arbeitsprozeß, die sich in einem öffentlich relevanten Verhaltensunterschied nur deshalb anzeigt, weil beide in verschiedener Weise von der Macht abhängig sind, die ihnen entgegengesetzt ist." (Siegfried Braun, Zur Soziologie der Angestellten, Frankfurt a. M. 1964, S. 120.)

126 Helmut Steiner, Soziale Strukturveränderungen ..., a. a. O., S. 59.

127 Vgl. dazu eine der neuesten marxistischen Untersuchungen von: Justina Marx, Arbeitskraft, neue Technik, Monopolherrschaft; DWI-Forschungshefte, Nr. 4/1971, Berlin, besonders S. 20 ff.

128 Nach Ansicht des Verfassers sind deshalb nahezu alle sogenannten Linienfunktionäre durch die genannte zwiespältige Position bestimmt. Das trifft auch auf die unteren Chargen zu, die gegenüber den Arbeitern keine komplizierte Arbeit leisten und entsprechend ihrer sozialen Lage zur Arbeiterklasse gehören müßten. Jedoch ähnlich wie bei den Beschäftigten des staatlichen Repressionsapparates überwiegt hier die Spezifik der Arbeitsfunktion, die ihnen deshalb eine Stellung außerhalb der Arbeiterklasse bzw. am Rande der Arbeiterklasse zuweist. Jedoch bedarf es hier, anders als im Repressionsapparat, konkreter Untersuchungen und Bestimmungen der Grenzen. Bei Werk- und Industriemeistern ist gerade ihr Funktionsverlust charakteristisch, der die Entgegenstellung zu den Arbeitern eingeebnet hat. Mit dem Eindringen der Mechanisierung ins Büro tritt das gleiche auch für das dortige untere Aufsichtspersonal ein. Sie werden Gruppen der Arbeiterklasse.

129 A. Melnikow und S. Sonow (vgl. Die Arbeiterklasse und ihre Verbündeten [russ.], in: Mirovaja ekonomika i meshdunarodnije otnoshenija, Moskau, Nr. 1/1971) bemerken zwar: „Die Veränderung des Verhältnisses zwischen Lohnabhängigen und Selbständigen ist die wichtigste, die realen Tendenzen der Entwicklung der Klassenstruktur charakterisierende Kennziffer" (ebenda, S. 18), gelangen dann aber zur Feststellung: „Nach Abzug jener Kategorien der Lohnabhängigen, die nicht unmittelbar in das Proletariat eingehen, beträgt es in den verschiedenen

kapitalistischen Ländern zwischen 70 und 90 Prozent der Armee der Lohnabhängigen.“ (S. 24.) Als Ursachen der relativen Unterschiede werden aufgeführt: Struktur der Wirtschaft, Unterschied des Entwicklungsniveaus des Kapitalismus u. a.

130 Karl Marx, Arbeitslohn (Skizze von 1847), MEW, Bd. 6, S. 556.

131 W. I. Lenin, Thesen des 2. Kominternkongresses (1920), Werke Bd. 31, S. 174.

132 Vgl. W. I. Lenin (1918). Werke Bd. 28, S. 219.

133 W. I. Lenin, Was sind die Volksfreunde ..., a. a. O., S. 206.

134 Und hieraus hatte Lenin ihre für die historische und praktisch-politische Entwicklung führende Rolle begründet: „... sie ist durch nichts mehr mit der alten, gänzlich auf Ausbeutung begründeten Gesellschaft verbunden; ihre ganzen Arbeits- und Lebensverhältnisse organisieren diese Klasse, zwingen sie zum Denken, bieten ihr die Möglichkeit, die Arena des politischen Kampfes zu betreten.“ (ebenda, S. 186.)

135 Karl Marx, Das Kapital, 1. Band, MEW, Bd. 23, S. 181. Die Darlegung dieses Abschnitts folgt dem entsprechenden Kapitel in „Das Kapital“. Vgl. auch J. Kuczynski: Die Theorie der Lage der Arbeiter, Bd. 36, von: Die Geschichte der Lage der Arbeiter unter dem Kapitalismus, Berlin 1968, hier besonders das Kapitel II „Die Lohntheorie“, S. 63 f.

136 Karl Marx, Das Kapital, 1. Bd., MEW, Bd. 23, S. 184, Fußnote 41.

137 Vgl. Karl Marx, Der Arbeitslohn, MEW, Bd. 6, S. 542.

138 Karl Marx, Das Kapital, 1. Bd., MEW, Bd. 23, S. 561.

139 ebenda, S. 185.

140 ebenda, S. 185.

141 ebenda, S. 185.

142 ebenda, S. 185.

143 ebenda, S. 186.

144 ebenda, S. 185.

145 Wir verweisen hier insbesondere auf die Arbeiten J. Kuczynkis. Dieses historisch-moralische Element wird auch plastisch beim Vergleich entwickelter und unterentwickelter kapitalistischer Länder (vgl. Klassen und Klassenkampf in den Entwicklungsländern, a. a. O.): Der Wert der Arbeitskraft schließt auf Grund des agrarischen und kleinbürgerlichen Milieus bei starkem Druck der Reservearmee in vielen Ländern nur die physische Existenz des Arbeiters ein (ebenda, S. 58). Nicht zuletzt tragen Frauen- und Kinderarbeit dazu bei.
Die Lohndifferenzen zu entwickelten kapitalistischen Ländern betragen zum Teil das fünfzehnfache. Die Werterhöhung tritt hier erst im Maße der Formierung zur selbständigen Klasse ein (ebenda, S. 92). Im Unterschied zu entwickelten kapitalistischen Ländern, wo die Lohndifferenzen zwischen einfacher und komplizierter Arbeit abnehmen, sind sie hier auch innerhalb der Arbeiterklasse hoch. Insbesondere fällt der Lohn ausländischer Fachkräfte und Facharbeiter stark heraus, infolge des Angebotsmangels für diese Kategorie (ebenda, S. 107 ff.).

146 Karl Marx, Das Kapital, 1. Band, MEW, Bd. 23, S. 185.

147 ebenda, S. 186.

148 Vgl. Karl Marx, Der Arbeitslohn, MEW, Bd. 6, S. 538. Das Ersetzen von Männer- durch Frauenarbeit ist übrigens ein Vorgang, der mit fortschreitender Detailisierung der Arbeit noch überall stattfindet, in der Industrie (Elektroindustrie), wie im Büro- und Verwaltungssektor.

149 Vgl. Karl Marx, Der Arbeitslohn, a. a. O., S. 555 ff.

150 Vgl. Karl Marx, Das Kapital, 1. Band, MEW, Bd. 23, S. 674 ff.

151 Karl Marx, Grundrisse der Kritik der politischen Ökonomie, Berlin 1953, S. 373 ff.

152 ebenda, S. 374.

153 ebenda, S. 374.

154 „Das allgemein charakteristische der *formellen* Subsumtion bleibt, id est die direkte *Unterordnung des Arbeitsprozesses,* in welcher Weise technologisch immer betrieben, *unter das Kapital.* Aber auf dieser Basis erhebt sich eine technologisch und sonstig spezifische, die reale *Natur des Arbeitsprozesses und seine realen Bedingungen umwandelnde* Produktionsweise – kapitalistische Produktionsweise. Erst sobald diese eintritt, findet statt *reale Subsumtion der Arbeit unter das Kapital.*" (Karl Marx, Resultate des unmittelbaren Produktionsprozesses, a. a. O., S. 60.)

155 Vgl. Die Untersuchung von Horst Kern, Michael Schumann (Industriearbeit und Arbeiterbewußtsein, Frankfurt a. M. 1970, 2 Bde.), deren Gegenstand allerdings nur die Arbeiter im Produktionsbereich sind.
„Nach unseren Ergebnissen impliziert die technische Entwicklung demzufolge nicht nur eine Differenzierung der Gesamtgruppe der Industriearbeiter, sie führt gleichzeitig auch zu einer Polarisierung der Belegschaft an den technisch fortgeschrittenen Aggregaten." So an Aggregaten der Mechanisierungsstufe 6 (Teilautomatisierte Aggregatsysteme): 36 Prozent einfache Handarbeit, 47 Prozent qualifizierte Arbeit (ebenda, Bd. 1, S. 139). Gleiches treffe auch mit steigendem Mechanisierungsgrad auf Instandhaltungsarbeit zu (ebenda, S. 178). Nach ihrer Ansicht ist die Humanisierung der Arbeit, die Abschaffung vor allem repetitiver Arbeit, ein politisches Problem. Dem steht das kapitalistische Profitstreben entgegen (ebenda, S. 279).

156 Dazu wiederum aus der Studie von Kern und Schumann, die damit gegen die Thesen von S. Mallet polemisieren: „Insbesondere auch die Vorstellung von Bedeutungszuwachs horizontaler Kooperation im Produktionsprozeß, der dessen weitgehende Selbstorganisation durch die Arbeiter unter Ausschaltung hierarchisch übergeordneter Instanzen erlaube und den Arbeitern deswegen eine zunehmend selbständig betriebliche Position zufallen lasse, erweist sich gerade bei der Arbeit an automatisierten Großapparaturen als kaum haltbar." (ebenda, S. 283/284).

157 So entstehen schon gegenwärtig in den Entwicklungsländern, obwohl die Angestellten infolge der Entwicklungsbedingungen eine Lohnarbeiterschicht außerhalb der Arbeiterklasse sind, im (schmalen) Sektor der Großindustrie mit der Büromechanisierung stärkere Annäherungstendenzen an die Arbeiterklasse. „Das bedeutet jedoch, daß neben dem modernen Industrieproletariat und parallel dazu ein modernes Handels- und Büroproletariat wachsen wird." (Autorenkollektiv, Klassen und Klassenkampf in den Entwicklungsländern, Bd. 1, Berlin 1969, S. 76).

158 Sebastian Herkommer: „Einige Anzeichen sprechen dafür, daß die für den Kapitalismus charakteristische Trennung körperlicher und geistiger Arbeit sich als Polarisierungstendenz innerhalb der technisch-wissenschaftlichen Intelligenz reproduziert: In weitgehend kreativ und selbständig arbeitende, an wesentlichen Entscheidungen beteiligte Naturwissenschaftler und hochqualifizierte Ingenieure auf der einen Seite und überwiegend partialisiert und unselbständig arbeitende bzw. mit Routinetätigkeiten beschäftigte niedriger qualifizierte Ingenieure und Techniker auf der anderen Seite." (Das Gesellschaftsbild des Ingenieurs – Anmerkungen zu Hortleders VDI-Analyse, in: Futurum, München, Nr. 2/1971, S. 183.) Schon in der Studie von D. Claessens, J. Fuhrmann und G. Hartfiel (Angestellte und Arbeiter in der Betriebspyramide, Berlin [West] 1959) ergibt sich bei einer Eingliederung aller Arbeiter und Angestellten in 12 Funktionsgruppen für die oberen Gruppen (5–12) 0,5 Prozent aller Arbeiter, 27,3 Prozent aller Angestellten (ebenda, S. 40 f.); 45,4 Prozent aller Angestellten machen nur „mehr oder weniger ausführend mechanische Arbeit" (ebenda, S. 42). Die Autoren stellen zwar eine Dreigliederung der Angestellten fest, meinen aber: „Trotzdem zeichnen sich hier im Betriebsaufbau Tendenzen zu einer Dichotomie ab ... funktional bedingt", vor allem als Aufspaltung der Mittelgruppe sichtbar (ebenda, S. 156/157).
J. Fuhrmann auf der IG-Metall-Automationskonferenz im März 1968 „Computer und Angestellte" in Oberhausen: Die Einführung von Computern rationalisiert – wie seine Studie von 293 Arbeitsplätzen zeigt – vor allem die Arbeitsplätze der Mittelgruppe weg (Konferenzdokument 2/68).

159 Karl Marx, Das Kapital, 1. Band, MEW, Bd. 23, S. 59.

160 Friedrich Engels, Anti-Dühring, MEW, Bd. 20, S. 187.

161 Vgl. Karl Marx, Das Kapital, 3. Band, MEW, Bd. 25, S. 310 ff.

162 ebenda, S. 311.

163 ebenda, S. 311.

164 ebenda, S. 311.

165 ebenda, S. 311/312.

166 ebenda, S. 312.

167 ebenda, S. 312 (Fußnote).

168 Vgl. die Artikelserie von Karl Kautsky „Die Intelligenz und die Sozialdemokratie" (Die Neue Zeit, Stuttgart, Jahrgang 1894/95, Bd. 2, S. 10–16, 43–49, 74–80). Kautsky sieht die Intelligenz als eine zwischen Proletariat und Bourgeoisie stehende Schicht an. Daß geistige Arbeit höhere, privilegierte Arbeit, ist Produkt der Arbeitsteilung in der Klassengesellschaft. Diese Arbeit wird von der Bourgeoisie auf Lohnarbeiter abgewälzt, die Intelligenz: „Die geistige Arbeit wird die besondere Aufgabe einer eigenen Klasse, die an der kapitalistischen Ausbeutung in der Regel direkt nicht – und ihrer Natur nach auch nicht notwendig – interessiert ist, der sogenannten Intelligenz, die ihren Lebensunterhalt aus der Verwertung ihrer besonderen Kenntnisse und Fähigkeiten zieht." (ebenda, S. 14).

Die Entwicklung des Kapitalismus schafft und erweitert diese Schicht auf den verschiedensten Gebieten. Jedoch wachse auch das Angebot, die Rekrutierungsbasis verlagere sich nach unten, vor allem in das Kleinbürgertum, sei aber in der Arbeiterklasse erst ganz schwach. „Ein neuer, an Zahl sehr starker und ununterbrochen zunehmender Mittelstand bildet sich auf diese Weise, dessen Wachstum im Stande ist, unter Umständen den Rückgang des gesamten Mittelstandes zu verdecken, der durch den Niedergang des Kleinbetriebs verursacht wird." (ebenda, S. 16.) Die Privilegiertheit trennt die Intelligenz vom Proletariat. Die innere Gliederung bzw. Schichtung der Intelligenz leitet Kautsky aus dem Qualifikationsgrad ab. Berührungspunkte zum Proletariat haben vor allem die weniger qualifizierten, die unteren Intelligenzgruppen: „Und der Fortgang der kapitalistischen Produktionsweise führt dahin, daß immer mehr Mitglieder der Intelligenz herabsinken in diese dem Proletariat verwandten Schichten, daß die letzteren immer ausgedehnter, aber auch immer proletarischer in ihren Lebens- und Arbeitsbedingungen werden, aufhören, Privilegierte zu sein und beginnen, jener Klasse anzugehören, die nichts zu verlieren hat als ihre Ketten und eine Welt zu gewinnen." (ebenda, S. 46.)

Kautsky demonstrierte die Eingliederungstendenz in die Arbeiterklasse am Beispiel der Schriftsetzer, einer Gruppe der „Aristokratie im Proletariat" für seine Zeit und nennt als Einzelfaktoren: Ersetzung durch Maschinen und der qualifizierten Arbeitskräfte durch unqualifizierte, vor allem durch Frauen; Verkürzung der Lehrzeit und wachsende Arbeitsteilung; Erhöhung des allgemeinen Bildungsniveaus durch Mittelschulwesen, Konzentration der Produktion und des Kapitals und anderes. Gleiche Prozesse schilderte er für die Intelligenz: „Je mehr die allgemeine Bildung und das Fachschulwesen wächst, desto mehr hören die Kenntnisse, die für diese Berufe erforderlich sind, auf, das Privilegium eines verhältnismäßig kleinen Kreises zu sein ..." (ebenda, S. 47).

Entsprechend der Differenzierung der Intelligenz nach der Qualifikation, dem Grad der höheren Bildung (Untergruppe gleich „Proletariat in der Intelligenz"; Mittelgruppe; Obergruppe gleich „Aristokratie des Geistes") besteht der Abstand zum Proletariat. Hinzu kommt jedoch außerdem, daß bei einem Teil der Intelligenz der Gebrauch ihrer Arbeitskraft mit der Loyalität zur Bourgeoisie verknüpft ist („Lehrer gewisser Fächer, Journalisten, Gerichtsbeamte usw."). Kautsky verweist insbesondere auf die Abstiegs- und Übergangsgruppen (wofür Kautsky mitunter den Begriff „Proletariat der Intelligenz" verwendet) als für die Sache des Proletariats gewinnbar.

Die Diskussion der Probleme der Intelligenz und der Studentenschaft setzte sich in den folgenden Jahrgängen der „Neuen Zeit" fort. Es werden zahlreiche Fakten der „proletarischen“ Lebenslage der Angestellten-, Beamten- und Intelligenzgruppen zur Diskussion gestellt, was einige Autoren veranlaßt, sie zum Proletariat zu zählen – mit der Begründung der Besitzlosigkeit an Produktionsmitteln.

Auch Rudolf Hilferding (Das Finanzkapital, Berlin 1909, Berlin 1947), der allerdings diese sozialen Gruppen nicht unter dem Begriff Intelligenz, sondern unter dem Begriff der gerade aufgekommenen und verbreiteten arbeitsrechtlichen Kategorie Angestellte analysiert, stellt schon wesentliche Differenzierungen in dieser Gruppe fest mit den verringerten Möglichkeiten für ihre Mehrzahl, zur Bourgeoisie überzugehen, dem wachsenden Arbeitskräfteangebot, ihrem Auftreten als Großgruppe, der Entstehung von Detailarbeit mit zunehmender Betriebsgröße usw. (ebenda, S. 482 ff.).

Richard Woldt stellt 1911 fest: „Die qualitativen Ansprüche, die die Großindustrie an ihre Beamten stellt, werden im Durchschnitt immer geringer, denn wirklich hochwertige Arbeitsleistungen werden ja nur von einer Gruppe, einer Oberschicht verlangt.“ (Das großindustrielle Beamtentum, a. a. O., S. 114).

169 Auch in kapitalistisch schwach entwickelten Ländern, in denen die Angestellten als Schicht insgesamt aus dem Proletariat herausfallen, liegen ihre Löhne vielfach unter denen der Industriearbeiterschaft; z. B. liegt in Indien die Hälfte der Angestellteneinkommen im Bereich von Arbeitereinkommen. Mit der Entwicklung des Kapitalismus nimmt dieser Anteil notwendigerweise weiter zu, drückt hier aber den Übergang von Angestelltenmassen in die Arbeiterklasse aus; denn: „Auf das Gehaltsniveau der Angestellten wirkten die gleichen Faktoren wie auch auf das Lohnniveau der Arbeiter: der allgemein niedrigere Lebensstandard der Bevölkerung und das Überangebot an Arbeitskräften gegenüber der Nachfrage.“ (Klassen und Klassenkampf in den Entwicklungsländern, a. a. O., S. 243.)

170 So ist es in schwach entwickelten Ländern gerechtfertigt, den Intelligenzbegriff auf alle Schreib- und Lesekundigen auszudehnen und selbst den einfachen Techniker oder Facharbeiter entwickelter Länder als Spezialisten und Angehörigen der Intelligenz anzusehen, eben weil das eine von der Masse der Produzenten abgehobene und „höhere“ Stellung mit sich bringt, bestimmte Funktionen in der gesellschaftlichen Organisation der Arbeit reserviert und diese Schichten privilegiert. Deshalb deckt in dieser Periode bzw. in diesen Ländern der Intelligenzbegriff – als sozialökonomische, nicht als bildungs- oder kultursoziologische Kategorie – den Bereich der Angestellten und Beamten ab. Jeder Angestellte ist hier auch Angehöriger der Intelligenz, aber nicht jeder Angehörige der Intelligenz Angestellter. Mit der Differenzierung der geistigen Arbeit im Verlauf der kapitalistischen Entwicklung engt sich der Intelligenzbegriff ein; auf höhere qualifizierte geistige Arbeit, in der Regel Hochschulausbildung voraussetzend. Die genannte Beziehung Angestellter – Angehöriger der Intelligenz kehrt sich um. Die Angestellten als soziale Schicht zersetzen sich, ihr qualifiziertester Teil (und auch andere Gruppen) hält aber die gegenüber der Arbeiterklasse privilegierten Stellungen aufrecht, die letzten Endes aus besonderen Funktionen im Reproduktionsprozeß hervorwachsen. Es ist damit aber auch der Weg der Aufhebung dieser sozialen Schicht angedeutet.

171 Karl Marx, Das Kapital, 3. Band, MEW, Bd. 25, S. 402/403.

172 Maurice Dobb, Der Lohn (4. Auflage, Cambridge 1955), Frankfurt a. M. 1970.

173 ebenda, S. 135.

174 ebenda, S. 135.

175 Vgl. die Artikelserie, die Friedrich Engels 1881 für „The Labour Standard“ schrieb (MEW, Bd. 19, S. 247 ff.); vgl. auch J. Kuczynski, Die Theorie der Lage der Arbeiter, Berlin 1968, Kapitel II, „Die Lohntheorie“.

176 Das Minimum ist „im Durchschnitt bestimmt = dem Preis der notwendigen Lebensmittel“, „das Minimum gilt nur für die Klasse der Arbeiter, nicht für den einzelnen.“ (Karl Marx, Der Arbeitslohn, MEW, Bd. 6, S. 535.)

177 Friedrich Engels, Artikelserie für „The Labour Standard“, a. a. O., S. 251.

178 ebenda, S. 256.

179 ebenda, S. 258.

Abschnitt 5: Die Klassenstruktur des staatsmonopolistischen Kapitalismus (SMK) der BRD

1 Wir stützen uns in der Darstellung des staatsmonopolistischen Kapitalismus (SMK) u. a. auf folgende Arbeiten:
Aus der DDR:
R. Gündel, H. Heiniger, P. Heß, K. Zieschang: Zur Theorie des staatsmonopolistischen Kapitalismus, Berlin 1967; Hrsg. DWI: Spätkapitalismus ohne Perspektive, Berlin/Frankfurt a. M. 1970; Hrsg. Institut für Gesellschaftswissenschaften beim ZK der SED: Der Imperialismus der BRD, Berlin/Frankfurt a. M. 1971.
Vgl. auch die Literaturübersicht und die z. T. informative Abhandlung über die Herausarbeitung und Diskussion der Theorie des in der DDR bei: Margaret Wirth, Kapitalismustheorie in der DDR. Entstehung und Entwicklung der Theorie des staatsmonopolistischen Kapitalismus, Frankfurt a. M. 1972.
Aus der UdSSR:
Hrsg. Institut für Weltwirtschaft und internationale Beziehungen der AdW der UdSSR. Die politische Ökonomie des modernen Monopolkapitalismus (russ.), 2 Bde, Moskau 1970.
Aus Frankreich:
Autorenkollektiv: Le capitalisme monopoliste d'Etat, 2 Bde., Paris 1971; Aufsätze von Paul Boccara u. a. französischen Marxisten in Ausgaben der Zeitschriften Marxistische Blätter, Frankfurt a. M., und Sozialistische Politik, Berlin (West).
Ferner:
Hrsg. IMSF: Der staatsmonopolistische Kapitalismus, Frankfurt a. M. 1972 (Einführung in marxistische Analysen aus der DDR, Frankreich und der UdSSR).
Beiträge marxistischer Autoren verschiedener Länder in:
Marxismus-Digest, Frankfurt a. M. Nr. 1/1970 (Staatsmonopolistische Wirtschaftsregulierung – Inhalt, Formen, Methoden), Nr. 3/1971 (Neue Aspekte der Monopoltheorie), Nr. 3/1972 (Inflation und Währungsprobleme im heutigen Kapitalismus); Die Dokumente der Beratungen kommunistischer und Arbeiterparteien in Moskau 1959, 1961, 1969 (verschiedene Ausgaben); Thesen der Deutschen Kommunistischen Partei (DKP) zum Parteitag November 1971, Düsseldorf 1971.

2 Vgl. zu den Problemen der Internationalisierung des Kapitalverhältnisses in ihren monopolistischen und staatsmonopolistischen Formen:
M. M. Maximowa: Grundprobleme der imperialistischen Integration (russ.), Moskau 1971; R. A. Nowikow u. a.: Internationale Kooperation kapitalistischer Firmen (russ.), Moskau 1972; IMSF-Arbeitsmaterialien 2: Arbeiterklasse und internationale Konzerne, Frankfurt a. M. 1972; K. Nehls: Kapitalexport und Kapitalverflechtung, Frankfurt a. M./Berlin 1970; R. Gündel, K. Nehls: Zur Wirkungsweise des Gesetzes der ungleichmäßigen, sprunghaften ökonomischen und politischen Entwicklung der kapitalistischen Länder, in: DWI-Forschungshefte 1/1970, Berlin (DDR).

3 Vgl. J. W. Stalin: Rechenschaftsbericht an den 17. Parteitag der KPdSU(B), 1934; in: Fragen des Leninismus (Ausgabe: Berlin 1955, S. 583). Stalin gibt hier die Auffassung der KPdSU und der Komintern wieder.

4 „Reallohn" ist immer nur der Ausdruck für die Summe von Gebrauchswerten und Diensten, in denen sich der Lohn darstellt. Seine historisch steigende Tendenz beruht auf der wachsenden Kampfkraft der Arbeiterklasse und der steigenden Produktivkraft der gesellschaftlichen Arbeit, die den Arbeitsaufwand auch unter kapitalistischen Bedingungen je Produkteinheit senkt. Es besteht jedoch kein direkter ökonomischer und gesellschaftlicher Zusammenhang von Reallohn und Produktivität der Arbeit. Steigende oder fallende Reallöhne für sich vermitteln deshalb auch noch keine Einsicht in die gesellschaftliche Stellung und soziale Lage der Arbeiterklasse.

5 Vgl. M. Tjaden-Steinhauer, K. H. Tjaden: Die Entwicklung der Sozialstruktur in der BRD und in der DDR; in: Autorengruppe: BRD–DDR, Vergleich der Gesellschaftssysteme, Köln 1971, S. 161 ff.

6 Vgl. für die UdSSR: L. I. Breshnew: Lenins Werk lebt und siegt. Referat auf der Festsitzung zum 100. Geburtstag von W. I. Lenin, Moskau, 21. April 1970; Frankfurt a. M. 1970, S. 33 ff.
Für die DDR: Kurt Hager: Referat auf der Tagung der Gesellschaftswissenschaftler, 13. Oktober 1971 in Berlin; Berlin 1971, S. 19 ff.

7 Vgl. einen knappen Überblick bei: J. Harrer, H. Jung: Das ökonomische System in der BRD und der DDR; in: BRD–DDR . . ., a. a. O., S. 35 ff.

8 W. I. Lenin: Die drohende Katastrophe und wie man sie bekämpfen soll (Sept./Okt. 1917), Werke Bd. 25, S. 331 ff.

9 Man erinnere sich hier der Darstellung von Friedrich Engels, der schon damals mit großer, auch heute zutreffender Prägnanz die Probleme deutlich machte: Schon dem Übergang zur AG, zum Gesellschaftskapital liegt die partielle Anerkennung des gesellschaftlichen Charakters der Produktivkräfte zugrunde. „Auf einer gewissen Entwicklungsstufe genügt auch diese Form nicht mehr, der offizielle Repräsentant der kapitalistischen Gesellschaft, der Staat, muß ihre Leitung übernehmen." (F. Engels, Anti-Dühring [1878], MEW, Bd. 20, S. 259.)
„. . . solange die besitzenden Klassen am Ruder bleiben, (ist) jede Verstaatlichung nicht eine Abschaffung, sondern nur eine Formveränderung der Ausbeutung (—)." (Brief von F. Engels vom 24. März 1891 an M. Oppenheim, MEW, Bd. 38, S. 64). Denn der Staat bleibt die Organisation der bürgerlichen Gesellschaft zu ihrem Schutz nach außen und innen. Er ist „wesentlich" kapitalistische Maschine, Staat der Kapitalisten, „ideeller Gesamtkapitalist". „Je mehr Produktivkräfte er in sein Eigentum übernimmt, desto mehr wird er wirklicher Gesamtkapitalist, desto mehr Staatsbürger beutet er aus." (Anti-Dühring, a. a. O., S. 260.)

10 Wir verweisen auf die Darstellung von F. Engels zur historischen Entwicklung des Wertgesetzes, des Produktionspreises und der allgemeinen Durchschnittsprofitrate in: Nachtrag zu Das Kapital, 3. Bd. von 1895 (MEW, Bd. 25): Nach einer 5–7tausendjährigen „reinen" Wirksamkeit des Wertgesetzes erfogt erst im 15. Jh. die Modifizierung des Wertes zum Produktionspreis. Erst danach werden die relativ fest fixierten Profitraten durch die kapitalistischen Textilverleger durchbrochen, als einer ersten Form der kapitalistischen Mehrwertproduktion. Das setzt sich mit der Manufaktur fort.
Aber erst mit der Entwicklung der Industrie erfolgt die Herausbildung einer im Nationalverband allgemeinen Durchschnittsprofitrate „. . . und sichert endlich der Industrie den ihr gebührenden Machtposten bei dieser Ausgleichung, indem sie den größten Teil der Hindernisse beseitigt, die bisher der Übertragung von Kapital aus einem Zweig in einen anderen im Wege standen. Damit vollzieht sich für den gesamten Austausch im großen die Verwandlung der Werte in Produktionspreise". (ebenda, S. 916.)

11 Vgl. MEW, Bd. 25, bes. S. 221 ff., S. 451 ff., S. 917 ff. Dieser Ansatz wird besonders von P. Boccara und anderen französischen Marxisten herausgearbeitet und weiterentwickelt.

12 ebenda, S. 918.

13 Vgl. Imperialismus der BRD, a. a. O., S. 251 ff., S. 255 ff.

14 ebenda, S. 241 ff.

15 Vgl. C. Quin u. a.: Der staatsmonopolistische Kapitalismus; in: Der staatsmonopolistische Kapitalismus, Frankfurt a. M. 1972, S. 72 ff.

16 Vgl. G. Bessau, E. Dähne, K. H. Heinemann, H. Jung: Inflation heute, Frankfurt a. M. 1972; Marxismus-Digest (a. a. O.) Nr. 3/1972: „Inflation und Währungsprobleme im heutigen Kapitalismus."

17 Vgl. K. Engelhardt u. a.: Der Militär-Industrie-Komplex in der BRD, DWI-Forschungshefte 3/1971, Berlin 1971; Fred Schmid: Der Militär-Industrie-Komplex, Frankfurt a. M. 1972; R. Rilling: Kriegsforschung und Vernichtungswissenschaft in der BRD, Köln 1970.

18 Bekanntlich war die Untersuchung der Arbeiteraristokratie unter den Bedingungen des Imperialismus deshalb für den Leninismus ein wichtiges Element, weil

hier der Monopolkapitalismus für die Arbeiterbewegung relevant wurde und eine materialistische Grundlage für die Analyse der Spaltung der II. Internationale, des Eindringens des Opportunismus in die Arbeiterbewegung und des Revisionismus in die marxistische Ideologie gegeben war.

Vgl. W. I. Lenin: Der Imperialismus als höchstes Stadium des Kapitalismus (1916), Werke, Bd. 22, Abschnitt VIII, S. 280 ff. Lenin betrachtet den Opportunismus und die Arbeiteraristokratie unter dem Gesichtspunkt des Parasitismus des Imperialismus. In diesem Stadium ergibt sich für das Monopolkapital die „ökonomische Möglichkeit zur Bestechung der Oberschichten des Proletariats" (ebenda, S. 286). Aber schon im folgenden Satz hebt Lenin die entgegenwirkenden Tendenzen ausdrücklich hervor.

Die Oberschichten der Arbeiterschaft sind der Träger der Ideologie des *„Nachbarn von rechts"* (Werke Bd. 13, S. 105), des Kleinbürgertums, in der Arbeiterklasse. Sie sind historisch die Kader der Sozialdemokratie. Gerade diese Tatsache wurde zur Grundlage der „Sozialfaschismustheorie" gemacht. Die Arbeiteraristokratie wurde dabei zum imperialistischen Agenten in der Arbeiterbewegung (bei Lenin ist sie allerdings nur die soziale Grundlage [Nährboden] des Sozialpatriotismus und Sozialimperialismus). Bekanntlich steht diese Frage auch im Zusammenhang mit der Arbeiterbürokratie, die sich mit aus der Arbeiteraristokratie rekrutiert. Jedoch der Nährboden, die soziologische Grundlage für bestimmte Anschauungen zu sein, durfte niemals die Identifizierung oder gar automatistische Ableitung dieser Anschauungen aus dem Nährboden bedeuten. Wenn diese Gruppen aus dem Klassenzusammenhang in manchen Fragen herausgetreten sind, so sind sie in anderen und wesentlichen Fragen in diesem objektiven Zusammenhang geblieben. Gerade das muß eine Betrachtung der Arbeiteraristokratie einbeziehen. Charakteristisch für die in den 20er und 30er Jahren verbreitete falsche Konzeption ist eine Arbeit von A. Fogarasi: Lenins Lehre von der Arbeiteraristokratie und ihre Anwendung auf Fragen der Gegenwart, in: Unter dem Banner des Marxismus, Wien–Berlin–Moskau–Leningrad, 9. Jg. 1935 (Politladen-Reprint, Erlangen 1971).

F. kennzeichnet dort – für Deutschland – die Arbeiteraristokratie als „... eine von der Bourgeoisie aus den monopolistischen Extraprofiten bestochene verbürgerlichte Oberschicht, die jedoch im Milieu der Arbeiterschaft bleibt, eine privilegierte kleine Minderheit der Arbeiterklasse, ihre am meisten versorgte Schicht, die Vertreterin des Opportunismus bzw. des Sozialimperialismus und der sozialdemokratischen Wegbereiter des Faschismus, die die Spaltung der Arbeiterbewegung herbeiführt." (ebenda, S. 350.)

Diese sektiererische Position wurde – wie andere auch – auf dem VII. Weltkongreß der Komintern (August 1935) revidiert und überwunden.

Wenn mit Recht die Arbeiterklasse heute nicht nur auf manuelle Arbeiter reduziert wird, dann treten andere Träger kleinbürgerlicher Ideologie in den Vordergrund. Gerade weil bei Angestellten und Beamten die Differenzierung zur Gegenklasse nicht scharf ist und vielfältige Übergänge bestehen, dringt kleinbürgerliche Ideologie massenhaft gerade hier in die Arbeiterklasse. Hinzu kommen relativ breitere Wege nach „oben" über die Gewerkschaften, die sozialdemokratischen Organisationen u. a.

Man muß auf dieser Grundlage das Verhalten einzelner Schichten der Arbeiterklasse aus der Veränderung ihrer materiellen Existenzgrundlagen *und* den Beziehungen zu ihren sozialen Nachbarn erklären, aus den Klassenbeziehungen. Nur damit können die sozialen Beziehungen, politischen und ideologischen Strömungen in der Arbeiterklasse auf der Grundlage der Klassentheorie begriffen werden.

Vgl. zur Beurteilung dieser Frage heute:

Helmut Kolbe: Die Arbeiterklasse und ihre neuen Kampfbedingungen; in: DWI-Forschungshefte 1/1970, (Aktuelle Probleme des Imperialismus), Berlin (DDR) 1970, S. 80 ff.

Frank Deppe: Die aktuelle Bedeutung der Leninschen Theorie der Arbeiteraristokratie, in: Hrsg. IMSF, Ökonomische Theorie, politische Strategie und Gewerkschaften, Frankfurt a. M. 1971, S. 162 ff.

19 Ein großer Teil der heutigen Hauseigentümer und Kleinlandbesitzer leitet sich a) historisch von den ländlichen Unterschichten ab, die sich im Zuge der Expropriation der Klein- und Mittelbauern immer wieder aufgefüllt und erweitert haben; b) mit der Herausbildung des SMK wird das als Herrschaftsinstrument gebrauchte Bestreben, Teile der Arbeiterklasse zu Hauseigentümern zu machen (zuerst im Kohlebergbau und der Eisen- und Stahlindustrie praktiziert, im Faschismus forciert), in der BRD ein wesentliches Element der staatsmonopolistischen Wohnungsbaupolitik.

20 Politische Ökonomie des modernen Monopolkapitalismus, a. a. O., S. 207. Ebenso J. Kuczynski in: Die Geschichte der Lage der Arbeiter unter dem Kapitalismus, Bd. 5: Darstellung der Lage der Arbeiter in Deutschland von 1917/18 bis 1932/33, Berlin 1966: „Die Bourgeoisie umfaßt alle mittleren und Großeigentümer von Produktionsmitteln sowie alle mittleren und Großeigentümer anderen Kapitals, die auf Grund dieses Kapitals Anteil am von der Arbeiterklasse geschaffenen Mehrwert haben, indem sie Profit einstecken." Wir zitieren weiter, wo K. den Gesamtzusammenhang der Bourgeoisie charakterisiert: „Zur Bourgeoisie, jetzt im breitesten Sinne des Wortes, rechnen wir weiter die höheren und höchsten Funktionäre, die die Bourgeoisie in ihrem Herrschaftsapparat beschäftigt, ohne daß sie notwendigerweise Kapitalbesitzer sind – Universitätsprofessoren, hohe Regierungsbeamte, Generale, Chefingenieure, Syndici, Gehalt beziehende Direktoren ohne wirkliches Eigentum an Produktionsmitteln usw. Diese stehen einkommensmäßig und ideologisch, ihren Interessen und ihrem persönlichen Verkehr, ihrer Verwandschaft nach, der Bourgeoisie so nahe, daß sie vielfach nicht von ihr zu trennen sind." (ebenda, S. 68.)

21 W. I. Lenin, Der Imperialismus . . ., a. a. O., Bd. 22, S. 242.

22 „Die neue Spaltung, die Spaltung zwischen Monopolkapital und nichtmonopolisiertem Kapital beruht im Grunde wohl letztlich auch auf der Problematik der erweiterten Reproduktion und dem Verhältnis des Kapitalisten zum Profit." Kuczynski vergleicht diesen Gegensatz mit der Ebene Handwerk–bourgeoises Kapital. (Bd. 5, a. a. O., S. 74.)

23 Insbesondere auf: Imperialismus der BRD, a. a. O., S. 172 ff.

24 Vgl. W. I. Schenajew: Zu Fragen der Monopolisierungsprozesse und der Inflation, in: Der staatsmonopolistische Kapitalismus, Hrsg. IMSF, Frankfurt a. M. 1972, S. 121 ff.
Schenajew stützt sich auf die theoretischen Darlegungen in: Politische Ökonomie des modernen Monopolkapitalismus, a. a. O.

25 Vgl. C. Schirmeister: Zum Monopol als Herrschaftsverhältnis, in: Wirtschaftswissenschaft, Berlin, Nr. 4/1970, abgedruckt in: Marxismus-Digest, Nr. 3/1971, Frankfurt a. M., S. 112 ff.

26 Unter den neueren Veröffentlichungen aus den USA sei vor allem auf das Buch von F. Lundberg, Die Reichen und die Superreichen, Hamburg 1969 (N. Y. 1968) verwiesen, in dem der Autor nachdrücklich die Rolle und die Funktion des großkapitalistischen Eigentums und der großen Eigentümer herausarbeitet und aufdeckt, unter welchen Formen und mit welchen Mechanismen sich dieses Eigentum als Kontrolle über Wirtschaft, Politik und Gesellschaft der USA realisiert.
Lundberg wendet sich insbesondere gegen die Konzeption der „Machtelite" bei C. W. Mills und weist nach, daß es vor allem die Erben der großen Vermögen (der „Geldadel") sind, die über Aktienpakete die Großbanken, Industriekonzerne, Stiftungen, Massenmedien, Wirtschaftsinstitutionen usw. kontrollieren und beherrschen. Ihnen gegenüber sind die Manager der Gesellschaften die „Frontbevollmächtigten der Reichen". Ihre Stellung beruht auf „abgeleiteter Macht". In dieses Konzert sind auch die Berufspolitiker in Washington eingegliedert, die von den Bestechungsgeldern der Reichen – für ihre Wahlkämpfe, eine Grundlage ihrer Existenz – abhängig sind.
Für die BRD vergleiche man die Veröffentlichungen vor allem von K. Pritzkoleit, B. Engelmann und H. Pross.

27 Imperialismus der BRD, a. a. O., S. 172.

28 Politische Ökonomie des modernen Monopolkapitalismus, a. a. O., S. 210.

29 Imperialismus der BRD, a. a. O., S. 239.
„Die Finanzoligarchie ist heute in der BRD eine noch mächtigere, aber zugleich auch weniger als früher homogene monopolbourgeoise Führungsschicht. Sie stellt aus ihren Reihen wichtige Vertreter der Führungsschicht des politischen Herrschaftssystems oder verflicht sich mit ihnen und kontrolliert sie. Im Ergebnis der Verschmelzung der Macht der Monopole mit der Macht des Staates wird die Finanzoligarchie zunehmend zur staatsmonopolistischen Oligarchie." (ebenda, S. 239).

30 Imperialismus der BRD, a. a. O., S. 176.

31 Vgl. Klassen und Klassenkampf in den Entwicklungsländern, a. a. O., Bd. 1, S. 157 ff.

32 Vgl. J. Kuczynski, a. a. O., Bd. 5, S. 74 ff.

33 „... so fallen zum Beispiel in der Sicherung der Ausbeutung gegenüber den Ausgebeuteten die Interessen von Monopolkapital, nichtmonopolisierter Bourgeoisie und einem nicht unbeachtlichen Teil der Kleinbourgeoisie zusammen." (J. Kuczynski, a. a. O., Bd. 30, S. 252.)

34 Karl Marx/Friedrich Engels, Manifest der Kommunistischen Partei, MEW, Bd. 4, S. 468.

35 Nach Angaben des Direktors des Moskauer Instituts für internationale Arbeiterbewegung, T. Timofejew, zählt die internationale Arbeiterklasse heute über eine halbe Milliarde Menschen. Sie verteilt sich wie folgt auf die wichtigsten Regionen der Erde:

Sozialistische Länder	160 Mio	Australien und Neuseeland	5 Mio
Westeuropa	105 Mio	Lateinamerika	etwa 50 Mio
Nordamerika	70 Mio	Asien (nichtsoz. Länder)	über 100 Mio
Japan und Ozeanien	etwa 35 Mio	Afrika	etwa 20 Mio

Erfaßt ist hier die aktive Arbeiterarmee, jedoch nicht die Familienangehörigen. (in: Sowjetunion heute, Nr. 12/13—1972 [1. Juli 1972], Köln, S. 30.)

36 Charakteristisch für die Situation ist „Mangel an Arbeitskräften bei Massenarbeitslosigkeit", (Klassen und Klassenkampf in den Entwicklungsländern, Bd. 1, Berlin 1969, [Moskau 1967], S. 69).
Anfang der 60er Jahre machte das Proletariat im Durchschnitt der Entwicklungsländer — bei einem stark unterschiedlichen Spektrum in den einzelnen Ländern — etwa 22 Prozent der städtischen Bevölkerung aus (ebenda, S. 215). Die städtischen arbeitenden Massen werden von plebejischen Elementen (Stadtarmut) gestellt. Die Angestellten als soziale Schicht stehen noch außerhalb der Arbeiterklasse. Der Übergang von der Stadtarmut, aber auch von anderen Schichten in das Proletariat ist fließend.

37 So sind noch in W. I. Lenins Statistiken für 1907 als Großbetriebe Betriebe mit über 50 Beschäftigten angegeben. (Vgl. Der Imperialismus als höchstes Stadium ... [1916] a. a. O., Werke, Bd. 22, S. 200.)

38 In diesem Zusammenhang ist die Analyse der italienischen Arbeiterklasse durch den italienischen Marxisten, das Direktoriumsmitglied der PCI, G. Amendola, aufschlußreich. (Vgl. G. Amendola, La classe operaia Italiana, Roma 1968, zitiert nach einer IMSF-Rohübersetzung.) Im weiteren Sinne umfaßt bei ihm die Arbeiterklasse alle tatsächlich Lohnabhängigen. Seine engere Definition lautet: „Die Arbeiterklasse im strengen Sinne betrachtet als Arbeiter, die direkt Mehrwert produzieren, wird gebildet von ... direkt in der Industrie beschäftigten Lohnabhängigen sowie von Arbeitern, die direkt in der Landwirtschaft beschäftigt sind." (ebenda, S. 20.)
Für die innere Gliederung geht A. davon aus, daß sich mit der Produktionstechnologie die Arbeitsteilung und Arbeitsorganisation ändert „und folglich die charakteristischen Kennzeichen der Arbeiterklasse, ihr Zusammenhang und ihre innere Struktur." (ebenda, S. 24.)

Für die italienischen Verhältnisse zieht A. vor allem folgende Momente in Betracht:

- die große Zone der Kleinproduktion und den relativ geringen Anteil der Großindustrie (Gliederung nach Betriebsgrößenklassen);
- den konkret historischen Ablauf der Akkumulation und der kapitalistischen Industrialisierung Italiens, das historische Nacheinander und gegenwärtige Nebeneinander verschiedener „Formen und Typen der Industrialisierung";
- die berufliche Qualifikation und ihre Veränderung.

Er stellt fest, daß sich der alte harte Kern der italienischen Arbeiterklasse und Arbeiterbewegung, die hochqualifizierten (handwerklich) Facharbeiter, in der Nachkriegsperiode zerstreut hat und teilweise die Rekrutierungsbasis neuer produktiver selbständiger Mittelschichten geworden war.

Charakteristisch ist die Zunahme des spezialisierten Arbeiters mit und in der mechanisierten Großproduktion. Für die wenig qualifizierten Arbeiter besteht noch eine enge Verbindung zum Land und eine entsprechend große Fluktuation.

A. hebt für die Gegenwart folgende Gliederung der italienischen Arbeiterklasse hervor:

„a) der Kategorie der qualifizierten Arbeiter, die eine Fähigkeit zur selbständigen Berufsausübung besitzen;

b) der Kategorie von neuen Spezialisten, die fähig sind, an einer Kollektivarbeit im Rahmen der neuen Prozesse der Automatisierung teilzunehmen;

c) der Kategorie von spezialisierten Arbeitern, die in weitgehend rationalisierten Betrieben beschäftigt sind und dort vor allem sich wiederholende, mechanische Arbeiten ausführen;

d) der Kategorie von (zeitweise) beschäftigten Arbeitern in zurückgebliebenen Industriebereichen ..." (ebenda, S. 46).

Darüber hinaus widmet A. der Alters- und Geschlechtsstruktur der Arbeiterklasse besondere Aufmerksamkeit.

39 In Frankreich hat z. B. die Arbeiterschaft des staatlichen Renaultkonzerns diese Rolle, also die Arbeiterschaft in einem „alten" Konzern.

In der BRD haben diese Funktionen in den Kämpfen der letzten Jahre die Belegschaften von Großbetrieben so unterschiedlicher technologischer Struktur und unterschiedlichen Alters wie der Klöckner-Hütte, Bremen; Hoesch, Dortmund; Howald-Werke, Kiel; Daimler-Benz, Mannheim u. a. wahrgenommen. Die Belegschaften der Mammutbetriebe der chemischen und der Elektroindustrie spielen dagegen bei weitem nicht diese Rolle.

Darüber hinaus ist die Arbeiterschaft in den metallverarbeitenden Betrieben, vor allem des Maschinenbaus, mit einem hohen traditionellen Qualifikationsniveau, aber weit geringeren Konzentrationsgrad (meist Mittelbetriebe und Familien- und Einzelkapitalisten) in der BRD zweifellos eine der fortgeschrittensten Abteilungen der Arbeiterklasse.

Es werden hier also die Grenzen einer ausschließlich sozial-ökonomischen Bestimmung von Kern und Randschichten sichtbar.

40 Die französischen Marxisten grenzen die Arbeiterklasse von anderen arbeitenden Schichten und Lohnabhängigenschichten vor allem durch die Mehrwertproduktion in der materiellen Produktion ab.

Auf dem 19. Parteitag der PCF (1970) formulierte der stellvertretende Generalsekretär der PCF, Georges Marchais: Die Arbeiterklasse „setzt sich aus den Proletariern der Werke, Gruben, Bauplätze und Felder – die ihren Kern bilden – und auch aus anderen Werktätigen zusammen, deren Arbeit in der Produktion auf ihren verschiedenen Stufen ebenfalls Mehrwert schafft". (Nach: Einheit, Berlin [DDR], Nr. 4/1970, S. 520.)

Dort betonte ebenfalls E. Fajon, „daß die Arbeiterklasse außer dem Industrie- und Landproletariat, das den Hauptkern bildet, auch andere Werktätige umfaßt, deren Tätigkeit Mehrwert schafft, weil sie sich in die Vorbereitung der industriellen Arbeit einschalten (Produktionstechniker) oder zur Realisierung des Produktionsprozesses beitragen (Transport- und Verkehrsarbeiter)". (ebenda, S. 527.)

41 „Die Arbeiterklasse der industriell entwickelten kapitalistischen Länder besteht aus drei Hauptabteilungen, dem Industrieproletariat, dem Handels- und Büroproletariat und dem landwirtschaftlichen Proletariat. Jede dieser Abteilungen hat ihre besonderen Berufs- und Qualifikationsspezifika, die aus der gesellschaftlichen Arbeitsteilung herrühren, und ihre Besonderheiten in der Veränderung und Entwicklung der Anzahl ihrer Gliederungen." Unter den heutigen Bedingungen ist das Handels- und Büroproletariat die am schnellsten wachsende Abteilung. (Politische Ökonomie des modernen Monopolkapitalismus, a. a. O., S. 212). In industriell schwach entwickelten Ländern wächst das Büroproletariat mit der Vergesellschaftung seiner Tätigkeitsbereiche in der modernen Großindustrie parallel zu anderen Abteilungen: „Das bedeutet jedoch, daß neben dem modernen Industrieproletariat und parallel dazu ein modernes Handels- und Büroproletariat wachsen wird." (Klassen und Klassenkampf in den Entwicklungsländern, Bd. 1, a. a. O., S. 76.)

42 Die unteren Gruppen der Angestellten „sind nicht nur formal, sondern wirklich ohne Eigentum an Produktionsmitteln. Die einzige Quelle ihrer Existenz ist der Arbeitslohn, wobei für die Mehrheit der Kategorie der Untergruppe der Angestellten die Höhe des Lohnes bei dem halbqualifizierter Industriearbeiter und noch darunter liegt. Alle Vertreter der Untergruppe der Angestellten erfüllen einfache, hauptsächlich ausführende Funktionen, unabhängig davon, ob sie in der Sphäre der materiellen Produktion oder den Dienstleistungen beschäftigt sind. Sie unterliegen der Ausbeutung. Ihre Arbeit setzt sich, wie die anderer Proletarier, aus notwendiger Arbeit und Mehrarbeit zusammen. Ohne die Aneignung der unbezahlten Mehrarbeit der Büroangestellten wäre die Produktion und Aneignung des Mehrwertes durch die Kapitalisten nicht möglich". (A. Melnikow, S. Sonow: Die Arbeiterklasse und ihre Verbündeten [russ.], Teil 1, in: Mirovaja Ekonomika i meshdunarodnije otnoshenija, Moskau, Nr. 1 [Jan. 1971], S. 22).

43 Man vergleiche hierzu die Gliederung und Schichtung der Arbeiterklasse, wie sie K. Marx unmittelbar im Zusammenhang mit dem Akkumulationsprozeß entwickelte (Das Kapital, Bd. 1, MEW, Bd. 23, S. 640 ff., S. 684 ff.).
Marx deckte hier den Zusammenhang von aktiver, beschäftigter Arbeiterbevölkerung und relativer Überbevölkerung und industrieller Reservearmee auf — also nach dem Gesichtspunkt, inwieweit die Arbeiter als Verwertungsmaterial fungieren oder brachliegen. Er benutzt zur Untersuchung der inneren Schichtung Kriterien wie Lohnhöhe, Wohn- und Nahrungsverhältnisse usw. Er hebt hier die bestbezahlten Schichten der englischen Arbeiter, darunter die Bergarbeiter, heraus, die schlechtbezahlten Schichten der Industriearbeiter, das Wandervolk, die Landarbeiter und die irischen Arbeiter.
Marx untersucht im „Kapital" im Zusammenhang der Bewegung von Kapital und Lohnarbeit die Arbeiterschaft jeweils unter verschiedenen theoretischen und empirischen Gesichtspunkten: nach ihren Vorläufern und historischen Entwicklungsstufen, nach ihrer Aufteilung auf Produktions- und Wirtschaftsbereiche, unter dem Gesichtspunkt des nützlichen und produktiven Charakters der Arbeit, nach den Gesichtspunkten Land—Stadt u. a.

44 Vgl. hier die schon in Abschnitt 4.1 dargelegte Gliederung der arbeitenden Klasse Englands nach Friedrich Engels.

45 In den soziologischen Arbeiten von W. I. Lenin spielt die Herausarbeitung des Kerns der Arbeiterklasse eine zentrale Rolle:
In „Die Entwicklung des Kapitalismus in Rußland" (Werke, Bd. 3, S. 560, S. 600 ff.) arbeitet Lenin das Fabrik- und Werkproletariat als Avantgarde aller Lohnarbeiter und Werktätigen heraus. Um diesen Kern gruppieren sich entsprechend dem damaligen Entwicklungsstand Rußlands die Berg-, Hütten- und Eisenbahnarbeiter; die Bauarbeiter; die Wald-, Erd- und Eisenbahnbauarbeiter; die Transportarbeiter und andere ungelernte Arbeiter; die Hausarbeiter (Kustargewerbe) und die Landarbeiter und schließlich die verschiedensten Übergangsgruppen.
Von den etwa 15,5 Millionen Arbeitern in der materiellen Produktion Rußlands (männliche Arbeiter) und den davon etwa 7,5 Millionen Lohnarbeitern waren 1,5 Millionen in der maschinellen Großindustrie beschäftigt.

Lenin geht bei dieser Untersuchung von der materiellen Produktion, der Bindung an die Großindustrie und der Ausprägung der Lohnarbeit aus. Er verfolgt die Entwicklung der Arbeiterklasse unter Berücksichtigung des Wachstums der Industrie, der Konzentration, der Stabilität der Belegschaften usw., nach ihrer Gliederung in Abteilungen, nach dem Grad der Trennung der einzelnen Gruppen von Grund und Boden und vom ländlichen Milieu, der regionalen Herkunft u. a. Auf dieser Grundlage arbeitet er die „Etappen der Herausbildung und Entwicklung des revolutionären Bewußtseins der Arbeiterklasse“ heraus (F. E. Los, W. I. Lenin als Historiker der Arbeiterklasse; in: W. I. Lenin und die Geschichtswissenschaft, Berlin 1970 [Moskau 1968], S. 152).
Von besonderem Interesse ist in diesem Zusammenhang auch eine Arbeit Lenins aus dem Jahre 1910: „Über die Statistik der Streiks in Rußland“ (Werke, Bd. 16, S. 403 ff.). Hier erfolgt die Herausarbeitung der Vorhut, des Kerns der Arbeiterklasse, unter Gesichtspunkten wie industriellem Entwicklungsgrad, Verteilung nach Produktionszweigen und -gruppen, Betriebsgrößenklassen, Herkunft und Verwurzelung unter dem Gesichtspunkt Stadt–Land u. a.
Lenin bestimmt auf dieser Grundlage insbesondere das Verhältnis der Vorhut – damals die Metallarbeiter – zu den rückständigeren Schichten der Arbeiterklasse.

46 In den meisten Entwicklungsländern hat die Arbeiterklasse ein ähnliches Antlitz wie zu Beginn des Jahrhunderts in Rußland. Die Landarbeiter stellen dort die größte Abteilung der Arbeiterklasse dar. Ihren Kern machen aber auch hier die Arbeiter in der Großproduktion aus: die Fabrikarbeiter, die Bergarbeiter, die Arbeiter im Verkehrs- und Nachrichtenwesen, die Bauarbeiter und die Plantagenarbeiter – eine Gruppe der Landarbeiter.
Um sie gruppieren sich die Arbeiter in der mittleren und in der Kleinproduktion, im Handel, den Dienstleistungssektoren und in der Landwirtschaft. (Vgl. Klassen und Klassenkampf, a. a. O., S. 72–76.)

47 Die Analyse und die Erkenntnis dieser Übergangsprozesse und entsprechenden Übergangsgruppen hält Lenin immer wieder für die Erkenntnis der realen Klassenbewegungen für unabdingbar. „Der Kapitalismus wäre nicht Kapitalismus, wenn das ‚reine‘ Proletariat nicht von einer Masse außerordentlich mannigfaltiger Übergangstypen vom Proletarier zum Halbproletarier ... umgeben wäre; wenn es innerhalb des Proletariats selbst nicht Unterteilungen in mehr oder minder entwickelte Schichten, Gliederungen nach Landsmannschaften, nach Berufen, manchmal nach Konfessionen usw. gäbe.“ (Der „linke Radikalismus“, die Kinderkrankheit im Kommunismus [1920], Werke, Bd. 31, S. 60.)

48 Vgl. Autorenkollektiv: Ideologie des Sozialdemokratismus in der Gegenwart, Berlin/Frankfurt a. M. 1972 (Moskau 1970). Die Autoren konstatieren für die Nachkriegsperiode vor allem unter dem Einfluß der modernen Technik einen Rückgang der Arbeiteraristokratie. Wichtiger werde dagegen die „verstärkte Korruption der ‚Arbeiterbürokratie‘, der gewerkschaftlichen und politischen Oberschicht der Arbeiterbewegung. Gerade diese Schicht wird zum Hauptzentrum der opportunistischen Ideologie und Politik.“ „Die relative Verringerung der Schicht der Arbeiteraristokratie bedeutet keine zahlenmäßige Verringerung des Proletariats, sie bedeutet nur eine bestimmte Umgruppierung innerhalb der Proletarierklasse, ohne daß sich deren ökonomische Lage insgesamt grundlegend ändert.“ (ebenda, S. 161.)

49 „Die sozialökonomischen Prozesse, die derzeit mit der wissenschaftlich-technischen Revolution einhergehen, führten dazu, daß sich die Proletarisierung der Werktätigen nicht nur in der Form der Expropriation der Kleineigentümer vollzieht, sondern auch in der Form, daß ein wachsender Teil des ingenieurtechnischen Personals und der Angestellten in die Stellung der Proletarier hinabsinkt. Im Ergebnis wird die soziale Zusammensetzung des heutigen Proletariats immer komplizierter, immer vielschichtiger. Der Begriff ‚Proletariat‘ selbst wird weiter: Er umfaßt nicht nur die körperlich arbeitenden Werktätigen, sondern z. T. auch die geistig Tätigen, nicht nur die im Bereich der materiellen Produktion Beschäftigten, sondern z. T. auch die Arbeiter des Dienstleistungsbereichs.“ (Autorenkollektiv: Ideologie des Sozialdemokratismus, a. a. O., S. 174.)

50 „Deshalb ist das moderne Proletariat die Klasse der Lohnabhängigen, die keine Produktionsmittel besitzen und deshalb vom Verkauf ihrer Arbeitskraft leben, die der kapitalistischen Ausbeutung unterworfen sind und die einfache ausführende Funktionen in der Sphäre der Produktion, Zirkulation, Büroarbeit und den Dienstleistungen ausüben." (A. Melnikow, S. Sonow, Die Arbeiterklasse, a. a. O., S. 23.)

51 H. Jung, Marxistische Klassentheorie und die Ideologie der „neuen Arbeiterklasse"; in: Hrsg. IMSF, Ökonomische Theorie, politische Strategie und Gewerkschaften, Frankfurt a. M. 1971, S. 50.
Vgl. auch: derselbe: Zur Diskussion um den Inhalt des Begriffs „Arbeiterklasse" ..., in: Das Argument, Berlin (West), Nr. 61 (Dezember 1970), S. 678/679.

52 Erinnert sei hier — was den Begriff „Mittelschichten" unter dem Aspekt der Klassenstruktur und der Klassenkämpfe betrifft — an folgende Bemerkung W. I. Lenins auf dem 1. Kominternkongreß 1919: „... es ist absolut unmöglich, daß es in der kapitalistischen Gesellschaft, wo Proletariat und Bourgeoisie feindliche Lager darstellen, keine Mittelschichten geben sollte." (Werke, Bd. 28, S. 486.)

53 Vergleiche den Beitrag von C. Kievenheim in diesem Band.

54 „Der Begriff ‚Intelligenz' ist in den ökonomisch rückständigen Ländern traditionell umfangreicher als in den hochentwickelten. Er umfaßt nicht nur die Personen, die geistig arbeiten, die Vertreter der freien Berufe und Künstler, sondern auch Menschen, die überhaupt über Bildung verfügen, darunter die Angestellten." In Lateinamerika fallen darunter bis zu 20 Prozent der Lohnempfänger. (Klassen und Klassenkampf in den Entwicklungsländern, a. a. O., S. 229, S. 240.)

55 Vgl. z. B.: Serge Monegar: Bemerkungen zur gesellschaftlichen und technischen Rolle der Ingenieure, in: Marxismus-Digest, Frankfurt a. M., Nr. 1/1971 (Wissenschaftlich-technische Intelligenz und Angestellte im Spätkapitalismus), S. 47 ff. Im gleichen Heft auch die Beiträge von: A. Melnikow, A. Casanova, P. Joye, P. Goodwin, M. Gronau u. a.

56 Vom gleichen Prinzip ausgehend, können auch — in umgekehrter Anwendung — Beschäftigte — mit formalem Mittelschichtenstatus — in kulturellen, gewerkschaftlichen und politischen Organisationen der Arbeiterklasse zur Arbeiterklasse gerechnet werden. Dieser Zusammenhang muß jedoch unbedingt eng gehalten werden und setzt die Analyse der tatsächlichen Funktion dieser Organisationen im Klassenkampf voraus. Dieser Ansatz kann auch keinesfalls in der Richtung erweitert werden, als bestimme die entsprechende politische und ideologische Einstellung entsprechender Personen ihre Klassen- oder Schichtzugehörigkeit. Sondern ausschlaggebend ist die Funktion, in deren Ausübung der Lebensunterhalt erworben wird.

57 „Eigentlich beginnt die kapitalistische Produktion in dem Augenblick, in dem der Lohnarbeitgeber aus dem unmittelbaren Produktionsprozeß herausgelöst wird und eine organisierende und beaufsichtigende Funktion erfüllt." Das ist in Entwicklungsländern bei etwa 20 Beschäftigten der Fall. (Klassen und Klassenkampf in den ..., a. a. O., S. 168.)

58 Zu einer realen Beurteilung des Umfanges des Besitzes, Vermögens kann nicht schlechthin der Verkehrs- oder Marktwert aufgeführt werden. Er müßte zu den jährlichen Aufwendungen für den Lebensunterhalt — auf gleichem Niveau — ins Verhältnis gesetzt werden. Ein derartiger Index könnte ausdrücken, wieviel „Arbeitsjahre" ein derartiger Besitz repräsentiert.

59 „Die Klassenlage des Handwerkers oder Kleinhändlers definiert sich damit, daß er auf dem Markt nicht als Verkäufer seiner Arbeitskraft auftritt, sondern als Verkäufer der Waren und Dienstleistungen seines Betriebes." (Politische Ökonomie des modernen Monopolkapitalismus, a. a. O., S. 215.)

60 Im Durchschnitt der Entwicklungsländer machten die städtischen Mittelschichten einschließlich der halbproletarischen Übergangsgruppen der eigentlichen Stadtarmut 65 Prozent der städtischen Bevölkerung aus. (Vgl. Klassen und Klassenkampf in ..., a. a. O., S. 215.)

61 Vgl. G. Amendola, La classe operaia Italiana, Roma 1968, S. 40.

62 Die Darlegungen dieses Abschnitts stützen sich vor allem auf die marxistischen Analysen der Agrarfrage und der Klassenstruktur der Bauernschaft, die in der Schrift von Richard Scheringer und Wilhelm Sprenger, „Arbeiter und Bauern gegen Bosse und Banken", Frankfurt a. M. 1970, dargelegt sind. In diesen Analysen sind die Hauptprozesse der sozialen Differenzierung überzeugend herausgearbeitet. Weitgehend unbeachtet bleiben jedoch die Umsetzungs- und Übergangsprozesse von Agrarproduzenten in nichtagrarische Mittel- und bourgeoise Schichten.
Von den Schriften von Marx und Engels sind in diesem Zusammenhang besonders wichtig: Karl Marx, Der achtzehnte Brumaire des Louis Bonaparte (1852), MEW, Bd. 8; Friedrich Engels: Einleitung zu Karl Marx „Die Klassenkämpfe in Frankreich 1848–1850 (1895); MEW, Bd. 22.
Schließlich sind für den Imperialismus maßgebend die Arbeiten W. I. Lenins zur Agrarfrage und zur Bauernschaft.
Einen informativen Überblick über die Fragestellung bei Marx, Engels und Lenin enthält: K. Popow, Die Bauernschaft als Klasse und als Verbündeter des Proletariats nach Marx und Engels; in: Unter dem Banner des Marxismus, Wien, Berlin, Moskau, Leningrad, 2. Jg. 1928, S. 234 ff. (Politladen-Reprint, Erlangen 1971.)

63 W. I. Lenin, Werke, Bd. 13, S. 236.

64 R. Scheringer, W. Sprenger, a. a. O., S. 66 ff.

65 „Dabei sind Halbproletarier (die ihre Arbeitskraft an den industriellen oder landwirtschaftlichen Kapitalisten verkaufen) zur Arbeiterklasse zu rechnen, die Klein- und Mittelbauern bilden die werktätige Bauernschaft und die Großbauern und Großgrundbesitzer gehören zur Klasse der Kapitalisten." (ebenda, S. 67).

66 Vgl. dazu: K. Kuczynski, Bd. 5, Lage der . . ., Berlin 1966, Kapitel II.

67 R. Scheringer, W. Sprenger, a. a. O., S. 152.

68 ebenda, S. 83 ff.

69 „Die Tätigkeit der Bauern nimmt unter solchen Bedingungen objektiv den Charakter einer besonderen Form der Lohnarbeit für die Monopole an. Der unter dem Druck der Monopole erfolgende Zusammenschluß zu spezialisierten Erzeugergemeinschaften gestaltet sich zu einer Art kollektivem Lohnverhältnis." (Imperialismus der BRD, a. a. O., S. 355.)

70 Sie „stellen innerhalb der Arbeiterklasse eine Gruppe mit spezifischen ideologischen und politischen Wesenszügen dar . . . Diese Ideologie wird durch den noch vorhandenen kleinen Besitz an Boden, Wohngebäuden sowie durch traditionelle Bedingungen auf dem Dorfe und durch spekulative Bodenpreise genährt." (R. Scheringer, W. Sprenger, a. a. O., S. 68, S. 156.)

71 „Zur werktätigen Bauernschaft zählen die Klein- und Mittelbauern. Zu den Kleinbauern gehören jene Landwirte, die als Eigentümer oder Pächter aus ihrer kleinen Landwirtschaft gerade so viel herauswirtschaften, daß sie davon eine bescheidene Existenz sichern können. Sie beuten keine fremden Arbeitskräfte aus (ebenda, S. 157).

72 Vgl. Abschnitt 3.4.

73 Vgl. zu Fragen der heutigen Erscheinungsformen der Armut und des Pauperismus: Harry Gräser u. a., Armut in der BRD, Arbeitsmaterialien des IMSF 1, Frankfurt a. M. 1970; Jürgen Roth, Armut in der BRD, Darmstadt 1971.

74 Vgl. Abschnitt 3.4.

75 Es wird davon ausgegangen, daß die Klassenlage der Familienangehörigen von der Klassenlage des Hauptverdieners bestimmt wird. Diesem Ansatz liegt die Auffassung zugrunde, daß die Klassenverhältnisse und Beziehungen gesamtgesellschaftlicher Natur sind und nicht nur das Leben in der Wirtschaftssphäre betreffen. Dabei ist es nach unserer Auffassung zunächst relativ unerheblich, daß der Zusammenhang einer Arbeiterfamilie auf einer anderen Basis beruht als derjenige einer Bourgeoisfamilie. Entscheidend ist die daraus resultierende soziale Bindung, die sich über verschiedene Mechanismen herstellt und realisiert.

Das schließt nicht aus, daß auch hier — und vor allem hier — die verschiedensten Misch- und Übergangsformen auftreten. So wenn Mann und Frau im sogenannten Erwerbsleben in verschiedener Klassenlage stehen, oder die Kinder später in eine andere Klasse oder Schicht überwechseln. Bis auf Ausnahmen handelt es sich jedoch um die „Mischung" benachbarter Schichten und Klassen, wofür umgekehrt gerade diese Tatsache spricht. Es ist unbekannt, daß die Frau irgendeines Großkapitalisten als Fabrikarbeiterin tätig ist usw. Was die Differenzen von Herkunfts- und gegenwärtiger Sozialstruktur betrifft, so sind sie Indikatoren von Mobilitätsprozessen zwischen den Generationen, wobei allerdings der Veränderung der sozialen Kategorien Rechnung getragen werden muß.
Diese Prozesse können in der sozialistischen Analyse nur andeutungsweise sichtbar gemacht werden. Was schließlich die aus dem aktiven Erwerbsleben ausgetretenen oder ausgeschiedenen Personen betrifft, so stehen sie im wesentlichen im früheren Klassenzusammenhang.

76 Vgl. Imperialismus der BRD, a. a. O., S. 364 ff.

Abschnitt 6: Zur Methode der sozialstatistischen Analyse

1 Vgl. zur Ausgangslage in der westdeutschen Statistik und zu ihren Methoden und Kategorien: Prof. Dr. Rolf Wagenführ, Wirtschafts- und Sozialstatistik. Gezeigt am Beispiel der BRD. Bd. 1: Produktionsweise und güterwirtschaftliche Reproduktion, Freiburg i. Br. 1970.
W. definiert: „Die Wirtschafts- und Sozialstatistik ist ein Zweig der angewandten Statistik. Sie beschäftigt sich mit ökonomischen und sozialen Kollektivphänomenen. Die Phänomene werden, gebunden an Raum und Zeit, gemessen bzw. gezählt, wobei ihre Struktur, ihre Entwicklung, ihre gegenseitige Abhängigkeit und ihre Rolle im wirtschaftlichen und sozialen Gesamtprozeß besonders zu beachten sind. Der quantitative und der qualitative Aspekt bilden ebenso eine untrennbare Einheit wie die Methode der Erfassung der Kollektivphänomene und das Ergebnis dieser Erfassung." (ebenda, S. 23).
Was die Statistik der gesellschaftlichen Beziehungen der Menschen als Teil der Produktionsverhältnisse betrifft, so meint W. für die BRD: „Diese Art von Statistik ist in der BRD eher unterentwickelt." (ebenda, S. 30.) In der Tat entsprach sie bisher noch nicht einmal dem OECD- und UNO-Standard. Zur Verwendbarkeit der Ergebnisse und Kategorien vgl. die Darlegungen im sozialistischen Teil selbst.

2 MEW, Bd. 2, S. 360.

3 Vgl. in MEW, Bd. 23 z. B.:
S. 212 (FN 18). Marx erläutert und zitiert hier eine Untersuchung, die die englische Bevölkerung unter dem Gesichtspunkt: einfache „skilled labour" gruppiert;
S. 467 ff. Marx untersucht hier an Hand der statistischen Angaben die Veränderung der Bevölkerungsgliederung unter dem Einfluß der modernen Maschinerie und Großindustrie (Vgl. Abschnitt 4.2 der vorliegenden Darstellung);
S. 659 ff. Marx untersucht hier an Hand der statistischen Angaben über die Beschäftigung den Einfluß der Akkumulation und der organischen Zusammensetzung des Kapitals auf diese Beziehung;
S. 726 ff. Marx untersucht an Hand der statistischen Angaben die Bevölkerungsbewegung und -struktur Irlands im Zusammenhang mit der Akkumulation.

4 Vgl. Abschnitt 5, Fußnote 45.

5 Prof. Dr. Theodor Geiger: Die soziale Schichtung des deutschen Volkes, Stuttgart 1932 (Neuauflage 1967).

6 Theodor Geiger, Klassengesellschaft im Schmelztiegel, Köln/Hagen 1949.

7 Theodor Geiger, Die soziale Schichtung ..., a. a. O., S. 5.

8 ebenda, S. 12.

9 ebenda, S. 27.

10 Rekrutierungsbasis der B-Gruppen (Tiefengliederung) sind die A-Gruppen (Rohgliederung), und zwar wie folgt:

I. Kapitalisten (kapitalistische Lage – A I)
II. Mittlere und kleine Unternehmer (mittlere Lage – A II und proletarische Lage – A III)
III. Tagewerker für eigene Rechnung (A III)
IV. Lohn- und Gehaltsbezieher höherer Qualifikation (A II)
V. Lohn- und Gehaltsbezieher niederer Qualifikation (A III)

Die Gruppe B III – bei Geiger „Proletaroide" – ist in der marxistischen Klassentheorie die Zwischen- und Übergangsschicht der Halbproletarier.

11 Für 1925 ergeben sich bei Geiger folgende Proportionen der Sozialstruktur:

Nach Rohgliederung:

	Erwerbstätige	Berufszugehörige
I. Kapitalisten	0,84	0,92
II. Mittelstand	24,39	25,68
III. Proletariat	74,77	73,40

Die Abweichungen zwischen den einzelnen Gruppen beruhen auf den unterschiedlichen Anteilen der nichtarbeitenden Angehörigen. Nach der Tiefengliederung:

	Erwerbstätige	Berufszugehörige
I. Kapitalisten	0,84	0,92
II. Alter Mittelstand	13,33	17,77
III. Proletaroide	13,76	12,65
IV. Neuer Mittelstand	16,04	17,95
V. Proletariat	51,03	50,71

Zum Proletariat rechnet G. auch Untergruppen von Angestellten und Beamten. Meister usw. fallen aber aus dem Proletariat heraus. (ebenda, S. 70 ff.)

12 A. B. Weber: Klassenstruktur der westdeutschen Gesellschaft (russ.), Herausgeber: Institut für Weltwirtschaft und internationale Beziehungen der Akademie der Wissenschaften der UdSSR, Moskau 1961. Vgl. besonders das Kapitel 1.

13 Bei Weber ergibt sich für 1950 folgende Klassenstruktur der westdeutschen Gesellschaft:

		In Prozent der Bevölkerung
Lohnarbeiterklasse (Abteilungen: Industrieproletariat, Landwirtschaftl. Proletariat, Büro- und Handelsproletariat)		61,2
Mittelschichten		34,6
darunter:		
– Halbproletarische Schichten, Zwischenschichten in den Dienstleistungen, in der Staatsverwaltung, Leitungskader in der kapitalistischen Wirtschaft usw.	14,7	
– Kleinbourgeoisie (städtische und ländliche)	19,9	
Kapitalistenklasse		3,3
Sonstige		0,9
		100,0

(ebenda, S. 86/87.)

14 Karl Marx, Grundrisse der Kritik der Politischen Ökonomie (Rohentwurf), Berlin 1953, S. 21 ff.

Christof Kievenheim

Zur Entwicklung der geistigen Arbeit und der Intelligenz

1. Zum Begriff der Intelligenz

Grundlegende Ansätze für die Behandlung der Intelligenz-Frage vom Standpunkt marxistischer Gesellschaftswissenschaft wurden zum ersten Mal in den strategischen, vor allem bündnispolitischen Diskussionen der westeuropäischen und russischen Arbeiterbewegung an der Wende des 19./20. Jahrhunderts in der theoretischen Zeitschrift der deutschen Sozialdemokratie „Die Neue Zeit" und vor allem in verschiedenen politischen Schriften Lenins herausgearbeitet. Ausgehend von der Untersuchung der Erscheinungsformen des politischen Verhaltens von Intellektuellen, versuchen diese Arbeiten die Intelligenz als spezifische soziale Gruppe in der Sozial- und Klassenstruktur der kapitalistischen Gesellschaft in ihren Charakteristika zu bestimmen.[1]

Im Gegensatz zur Beschäftigung der bürgerlichen Sozialwissenschaft mit dem Gegenstand – welche in Deutschland in den dreißiger und vierziger Jahren verstärkt einsetzt[2] – und die bei der Beantwortung vergleichbarer Fragestellungen letztlich einer kultursoziologisch verkürzten Fundierung verhaftet bleibt, konkretisieren die Bemühungen der Intelligenzanalyse durch Lenin das grundlegende Postulat marxistischer Gesellschaftstheorie, das soziale Verhalten von Individuen und Gruppen, ihre Position in der sozialen Bewegung auf ihre Produktionstätigkeit und die darin eingegangenen gesellschaftlichen Verhältnisse als in letzter Instanz bestimmende zurückzuführen, ohne in jene mechanistische Marx-Rezeption zu verfallen, welche die in den Klassenauseinandersetzungen auftretenden verschiedenen politischen Strömungen nurmehr als *Reflex* der Stellung ihrer Träger, „als Teile des gesellschaftlichen Gesamtarbeiters im Reproduktionsprozeß und damit verbunden auch einer Differenzierung in ihrem ökonomischen Dasein",[3] zu begreifen vermag.

Lenin, der noch am Marxismus orientierte Kautsky sowie später der marxistische Theoretiker und Führer der italienischen revolutionären Arbeiterbewegung Antonio Gramsci suchen vielmehr gerade in Vermittlung mit der stofflichen Spezifik intellektueller Produktion und ihrer Bedeutung im gesellschaftlichen Reproduktionsprozeß die Besonderheiten der ideologischen Entwicklung dieser Gruppen und deren relative Selbständigkeit gegenüber den ökonomischen Basisprozessen, nicht als eine „Abweichung von der Regel", einen speziellen Fall neben vielen, sondern als eine Erscheinung zu interpretieren, deren materielle Grundlagen in der

Abgehobenheit ihrer Produktionstätigkeit von der anderer Klassen und Schichten, der in ihr immanenten Abstraktion von den gegenständlichen Bedingungen ihrer Umwelt wurzelt.[4]

Die vor dem Hintergrund des Übergangs der Ökonomie der kapitalistischen Hauptländer in die Phase der intensiven erweiterten Reproduktion und der Entfaltung einer antiimperialistischen Studentenbewegung verstärkt einsetzenden Bemühungen marxistischer Soziologen um eine systematische und historische Bestimmung der Stellung der Intelligenz[5] in der Klassen- und Sozialstruktur des entwickelten Kapitalismus wie auch des Sozialismus/Kommunismus, knüpft insofern an diese Grundlagen an, als sie zumeist von der *„geistigen Arbeit“* als *Kern des Intelligenzbegriffs* ausgeht. Die Ausgangskategorie impliziert das Primat der menschlichen Arbeitstätigkeit für Struktur und Entwicklung der gesellschaftlichen Praxis, in der sich die materiellen Triebkräfte der Entwicklung der Gesellschaft und aller gesellschaftlichen Gruppen entwickeln, und stellt die Betrachtung der Intelligenz in die Untersuchung des Gesamtsystems der gesellschaftlichen Arbeitsteilung, in dem der Teilung von materieller und geistiger Produktion, körperlicher und geistiger Arbeit eine fundamentale Bedeutung zukommt, die bereits Marx und Engels sowohl in ihren ökonomischen, politisch-historischen wie auch besonders ideologiekritischen und philosophischen Schriften nachdrücklich herausgearbeitet haben. In Übereinstimmung mit der Marxschen Feststellung, daß das Bestimmte an der geistigen Produktion jeweils historisch an der Formbestimmtheit der materiellen Produktion geklärt werden muß,[6] pflichten wir jenen marxistischen Gesellschaftswissenschaftlern bei, die unterstreichen, daß die Frage nach dem sozialen Charakter der Intelligenz als Formation der Klassen- und Sozialstruktur und ihrer Stellung im Gesamtsystem der sozialen Klassen und Schichten „... in jedem Fall einer vom konkreten Entwicklungsstand der Produktionsweise abhängigen Antwort (bedarf)“[7], d. h. auch nicht a priori für alle Entwicklungsphasen einer Gesellschaftsformation geklärt werden kann.

Begreifen wir die Intelligenz zunächst als eine Gruppe von Menschen, *die durch die Spezifik ihrer Arbeitstätigkeit und der ihr entsprechenden Qualifikation* unter den Bedingungen der arbeitsteilig organisierten gesellschaftlichen Produktion von anderen Gruppen unterschieden ist, so wird damit noch keineswegs bestimmt, daß sie in der gesellschaftlichen Arbeitsorganisation formationsspezifische Strukturen aufweist. Die Entwicklung der gesellschaftlichen Arbeitsteilung, die Spezialisierung der Produzenten auf bestimmte Zweige und Tätigkeiten, die Differenzierung von Qualifikationen bilden erst die Grundlage sozio-ökonomischer Unterschiede und Gegensätze, der Aneignung der Arbeit eines Teils der Gesellschaft durch einen anderen, der Ausübung bzw. des Ausschlusses von Herrschafts- und Machtpositionen, der gesellschaftlichen Über- und Unterordnung und der damit verbundenen Herausbildung unterschiedlicher und gegensätzlicher Interessen, die sich in den Kämpfen gesellschaftlicher Gruppen aktualisieren. Die Tatsache, daß sich auf einer bestimmten Entwicklungsstufe der Produktivkräfte und der ihnen entsprechenden Produktionsverhältnisse,

Tätigkeiten der geistigen Arbeit herausbilden, bietet in diesem Sinne erst die Voraussetzung dafür, daß ihre Träger bestimmte Funktionen einnehmen, sich in ihrem Anteil – und der Art seiner Erlangung – am gesellschaftlichen Reichtum von anderen Gruppen konstitutiv unterscheiden, spezifischen Mobilitäts- und Rekrutierungsbedingungen unterliegen und gemeinsame Interessen aufweisen.

Die Untersuchung der Entwicklung der Intelligenz hat also zunächst nicht von formationsspezifischen Strukturen, sondern von der geistigen Arbeit als Kern des Intelligenzbegriffs auszugehen.

Zum Begriff der geistigen Arbeit

In seiner Arbeitstätigkeit setzt der Mensch „die seiner Leiblichkeit angehörenden Naturkräfte, Arme und Beine, Kopf und Hand in Bewegung, um sich dem Naturstoff in einer für sein Leben brauchbaren Form anzueignen.“[8] Arbeit, als dialektischer Prozeß von Mensch und Natur, und zunächst unabhängig von jeder gesellschaftlichen Formbestimmtheit gesehen, enthält stets Elemente der intellektuellen Verausgabung und Aneignung; die Anstrengung des Bewußtseins ist gerade ein der menschlichen Tätigkeit eigenes Spezifikum, dessen physiologische Grundlagen sich mit der Absonderung der menschlichen Gattung von geringer organisierten Lebewesen herausbilden[9] und das den menschlichen Arbeitsprozeß über seine naturwüchsigen Bedingungen heraushebt, ihn zur bewußt gestalteten Veränderung der vorgefundenen Naturbedingungen macht. Die Entwicklung des Bewußtseins gestattet dem Menschen, von seiner materiell-vergegenständlichten Tätigkeit zu abstrahieren, indem er die Bewegung seiner Gliedmaßen in der Modifikation des Arbeitsgegenstandes und durch den Einsatz von Hilfsmitteln nicht nur ihrem Ziel nach zu kontrollieren, sondern sie auch ideell vorwegzunehmen,[10] ihren Einsatz zu planen und später zu korrigieren vermag. Diese Vorwegnahme kann auf der Grundlage des arbeitsteilig organisierten Produktionsprozesses als Primat der ideellen gegenüber materiell-vergegenständlichten Prozeß erscheinen.[11] Sie erweist sich real jedoch als Moment einer dialektischen Beziehung, in der das Bewußtsein die vorgefundenen Naturgegenstände und die vorangehende menschliche Praxis reproduziert. Individualgeschichtlich wie gesellschaftlich-historisch entwickeln die Menschen dabei, über die Reflektion des Vorgefundenen hinaus, die Fähigkeit zu dessen erweiterter geistiger Reproduktion, indem sie die Wahrnehmungen und Erfahrungen auswerten, systematisieren und in erweiterter Form erneut vergegenständlichen, von der repetitiven zur schöpferischen Arbeit übergehen können. Auch wenn sich das menschliche Bewußtsein in der Entwicklung der Arbeitstätigkeit von den Gegenständen seiner materiellen Umwelt und seiner vergegenständlichten Praxis entfernen kann, bleiben diese in letzter Instanz doch immer sein bestimmender Gegenstand, sein Ausgangs- und Endpunkt, während sie sich vom Standpunkt des Gesamtprozesses wechselseitig durchdringen, als Elemente ineinander übergehen.

Die Bewußtseinstätigkeit des Menschen entwickelt sich in Form der Sprache, die sich zugleich als das „praktische, auch für andere Menschen existierende Bewußtsein"[12] darstellt. Die Sprache erscheint quasi als Vermittlungsglied zwischen materieller und geistiger Tätigkeit, durch sie formen sich die Abbilder der Umwelt, entwickeln sich die Begriffe, in denen sich die Abstraktion vollzieht. Wie die menschlichen Gliedmaßen zunächst spezifische Arbeitsinstrumente unmittelbarer materieller Vergegenständlichung, die dem Gegenstand seine veränderte Form geben, sind die Sprache und die Sprechorgane das spezifisch formende Mittel geistiger Tätigkeit. Sie finden ihre vergegenständlichten Abbilder in der Schrift, wobei der Mensch besondere Arbeitsgeräte als Hilfsmittel entwickelt, wie wir sie zunächst in den Schreibgeräten usw. vorfinden.

Die Bestimmung jeder individuellen Arbeitstätigkeit als Einheit von Elementen der materiellen und Bewußtseinstätigkeit, Einheit von geistiger und körperlicher Arbeit, behält auch dann ihre allgemeine Gültigkeit, wenn sich auf der Grundlage der allgemeinen Arbeitsteilung Elemente geistiger Tätigkeit zu spezifischen Funktionen und Prozessen verselbständigen, die mit den Begriffen *„geistige Produktion"* bzw. *„geistige Arbeit"* beschrieben sind.[13] Der Begriff der „geistigen Produktion" beschreibt bei Marx Prozesse und Funktionen ausgesonderter Arbeit im Maßstab der gesellschaftlichen Arbeitsteilung, der Begriff „geistige Arbeit" wird meist im Zusammenhang mit der betrieblichen (manufakturellen) Arbeitsteilung gebraucht.[14]

Im Prozeß der historischen Entwicklung von Arbeitsteilung und Kooperation geht die gesellschaftliche der manufakturellen Arbeitsteilung voran:[15] im gesellschaftlichen Maßstab ist sie bereits konstitutiv für die Entstehung der ersten Klassengesellschaften, „manufakturelle" Arbeitsteilung hingegen ist historisch Moment der Entfaltung der spezifisch kapitalistischen Produktionsweise.

Marx hat in den „Theorien über den Mehrwert" wesentliche Aspekte der Methodik ihrer Analyse herausgearbeitet, wenn er schreibt:

„Um den Zusammenhang zwischen der geistigen Produktion und der materiellen zu betrachten, vor allem nötig, die letztere selbst nicht als allgemeine Kategorie, sondern in *bestimmter historischer* Form zu fassen. Also z. B. der kapitalistischen Produktionsweise entspricht eine andre Art der geistigen Produktion als der mittelaltrigen Produktionsweise. Wird die materielle Produktion selbst nicht in ihrer *spezifischen historischen Form* gefaßt, so ist es unmöglich, das Bestimmte an der ihr entsprechenden geistigen Produktion und die Wechselwirkung beider aufzufassen (...) Ferner: Aus der bestimmten Form der materiellen Produktion ergibt sich eine bestimmte Gliederung der Gesellschaft – Nr. 1, zweitens ein bestimmtes Verhältnis der Menschen zur Natur. Ihr Staatswesen und ihre geistige Anschauung ist durch beides bestimmt. Aber auch die Art ihrer geistigen Produktion."[16]

Wie die Bewußtseinstätigkeit auf die materielle Tätigkeit, so sind Inhalt und Form der geistigen Produktion in „letzter Instanz" auf Inhalt und Form der materiellen Produktion zurückzuführen. Bestimmende Faktoren innerhalb dieses Zusammenhangs sind die Gliederung der Gesellschaft und das Verhältnis der Menschen zur Natur, d. h. der Entwicklungsstand der Produktivkräfte in der Aneignung und Modifikation der Natur durch den Menschen. Marx unterscheidet zwischen „geistiger Produktion" und „geistiger Anschauung". Daran kann zunächst deutlich gemacht werden, daß der Begriff der „geistigen Produktion" nicht Reflektion, Bewußtseinstätigkeit schlechthin umfaßt, sondern einen Teilprozeß des gesellschaftlichen Produktionsprozesses kennzeichnet, ein Teilsystem innerhalb des Gesamtsystems der Produktion.

Die Unterscheidung von materieller und geistiger Produktion ist in ihrer allgemeinen Begrifflichkeit nicht identisch mit der Unterscheidung von *Basis und Überbau*[17] in der marxistischen Theorie der Gesellschaftsformation.

Marx bezeichnet die ökonomische Struktur der Gesellschaft als „die reale Basis, worauf sich ein juristischer und politischer Überbau erhebt und welcher bestimmte gesellschaftliche Bewußtseinsformen entsprechen"[18]. An gleicher Stelle spricht er von der materiellen Lebensweise und der Produktionsweise des materiellen Lebens[19] als den für Struktur und Entwicklung der Gesellschaft grundlegenden Prozessen.

Der Begriff der Basis unterstreicht hier zunächst die grundlegende Rolle jener Strukturen und Prozesse, *in denen die Menschen die unmittelbare materielle Produktion und Reproduktion ihres Lebens vollziehen.* Demgegenüber bezeichnet der Begriff des Überbaus ein System von Anschauungen und Institutionen, das sich aus diesen Prozessen und Strukturen ableitet. Die metaphorische Begrifflichkeit kennzeichnet dabei besonders die ökonomische Struktur als die bestimmende und primäre Seite eines dialektischen Verhältnisses.

Prozesse der *geistigen Produktion* gehen in einzelnen historischen Entwicklungsphasen in unterschiedlichem Ausmaß und Vermitteltheit in die Prozesse der unmittelbaren materiellen Reproduktion der Gesellschaft ein. Unter vorkapitalistischen Verhältnissen erscheinen sie durchgängig als von ihr abgehobene Prozesse, zumindest was die materielle Reproduktion der beherrschenden Klasse, d. h. die Produktion ihrer materiellen Substanzmittel betrifft, obwohl sie andererseits mittels der allgemeinen Herrschaftsfunktionen und Funktionen der ideologischen Produktion (Kirche usw.) auf die Reproduktion der Herrschafts- und Aneignungsverhältnisse zurückwirken. Unter diesen Bedingungen sind die Prozesse der geistigen Produktion weitgehend in den gesellschaftlichen Überbau eingeschlossen.

Sie erscheinen zunächst als mit der Entwicklung der allgemeinen gesellschaftlichen Arbeitsteilung notwendige Funktionen der gesellschaftlichen Leitung,[20] die mit der gesellschaftlichen Klassenteilung nicht nur von der herrschenden Klasse in Besitz genommen, sondern von dieser auch aus- und umgestaltet und zur notwendigen Funktion der Klassenherrschaft überhaupt werden, indem sie mittels der geistigen Produktion ihre Ideologie zur gesellschaftlich herrschenden macht,[21] mit der Leitung der gesellschaftlichen Organisation der Arbeit auch die Aneignung des gesellschaftlichen Mehrprodukts organisiert bzw. absichert. Marx betont die aktive und bestimmende Rolle der Klassen bei der Herausbildung des gesellschaftlichen Überbaus, wenn er schreibt: „Die ganze Klasse *schafft und gestaltet* (Hervorhebung C. K.) (ihn) aus ihren materiellen Grundlagen heraus und aus den entsprechenden gesellschaftlichen Verhältnissen."[22] Daß die ökonomisch herrschenden Klassen auch die ideologisch und politisch herrschenden sind, ergibt sich historisch zunächst daraus, daß die Aneignung des Mehrprodukts und die Befreiung von „direkt produktiver Arbeit" sie in die Lage versetzt, sich mit den „gemeinsamen Angelegenheiten der Gesellschaft (...) Arbeitsleitung, Staatsgeschäfte, Justiz, Wissenschaften, Künste usw."[23] zu beschäftigen, ihr Monopol wiederum die Verhältnisse der materiellen Produktion zu befestigen vermag. Zentral innerhalb des Systems des gesellschaftlichen Überbaus erscheint die Einrichtung des Staates, als ein „Produkt der Gesellschaft auf bestimmter Entwicklungsstufe; (...) das Eingeständnis, daß diese Gesellschaft sich in einen unlösbaren Widerspruch mit sich selbst verwickelt, sich in unversöhnliche Gegensätze gespalten hat",[24] wobei in der Regel der Staat Organ der mächtigsten, ökonomisch herrschenden Klasse ist.[25]

In der antagonistischen Klassengesellschaft sind die Organe des Staates, seine Funktionen als historisch und strukturell zweischlächtig zu bezeichnen. Sie sind einerseits auf einer bestimmten Entwicklungsstufe der Produktion und Reproduktion notwendige Organe zur Regelung der gesellschaftlichen Prozesse, werden andererseits Organe der Klassenherrschaft, die sich in Inhalt und Form entsprechend der jeweiligen Bedingungen dieser Herrschaft wandeln. Sie sind hier vergleichbar den Leitungsfunktionen des Kapitals, deren Zweischlächtigkeit Marx im Kapital analysiert. Eine Vernachlässigung dieser Bestimmungen und die undialektische Verabsolutierung ihres Repressionscharakters führt notwendig zu einer *Verabsolutierung* des Parasitismus der Staatsfunktionen im entwickelten Kapitalismus und damit auch zu klassenanalytisch verengten Positionen, sie steht andererseits besonders in der modernen revisionistischen Kritik des realen Sozialismus im Kontext der Polemik gegenüber der sozialistischen Staatsmacht.

Diese Zwieschlächtigkeit des Staates und der Staatsorgane, die sich aus Dienern der Gesellschaft in Herren der Gesellschaft[26] verwandeln, charakterisiert ebenso die anderen Überbauinstitutionen, auch sofern sie außerhalb der eigentlichen Staatsorganisation stehen und sich nicht wie der Staat in Organe der unmittelbaren materiellen Gewaltausübung transformieren.

Kunst, Wissenschaft usw. sind als vom materiellen Produktionsprozeß ausgesonderte Arbeit zugleich Formen des gesellschaftlichen Bewußtseins und reflektieren nicht nur die Formen der materiellen Produktion, sondern werden in ihnen selbst betrieben. Sie wirken auch auf die gesellschaftliche Basis in doppelter Weise zurück: Als Elemente der Produktion und Reproduktion der materiellen Produktivkräfte, ebenso aber auch der Formen, in denen sie sich entwickeln.[27] Bereits aus den vorangestellten methodischen

Bemerkungen zum Verhältnis von materieller und geistiger Produktion ist abzuleiten, daß die Funktionen der geistigen Produktion sich im historischen Prozeß herausbilden. Es lösen sich sowohl zusätzliche Funktionen aus der materiellen Produktion heraus, wie sich auch aus den Funktionen der geistigen Produktion weitere Funktionen abspalten, bzw. sich Elemente und Funktionen der beiden Teilsysteme wechselseitig durchdringen.[28]

Im Kampf der Klassen und der Umwälzung der Klassenherrschaft werden die alten Vorstellungen und Ideologien,[29] aber auch die Institutionen umgestaltet, sie verringern oder erweitern sich auf der Grundlage der Bedürfnisse der zur Herrschaft gelangten Klasse und der materiellen Grundlagen ihrer Herrschaft, der Anforderungen ihrer Produktionstätigkeit, wie auch ihrer spezifischen Form der Herrschaftsausübung und Reproduktionsbedingungen.

Wie der „Überbau" nicht als quasi naturwüchsige und mechanistische „Verlängerung" der ökonomischen Basistätigkeit verstanden werden kann, sondern ihre dialektische Wechselwirkung eben durch den Kampf der Klassen, die Entfaltung des gesellschaftlichen Bewußtseins vermittelt wird, zeigt die Veränderung seiner Institutionen gegenüber der materiellen Produktion eine *relative Selbständigkeit,* die sowohl eine historische Dimension wie auch verschiedene Ebenen enthält, auf denen die Wechselwirkung mehr oder weniger vermittelt erscheint. Darauf weist Engels in seiner Schrift über Feuerbach hin, wenn er schreibt:

„Noch höhere, d. h. noch mehr von der (...) ökonomischen Grundlage sich entfernende Ideologien nehmen die Form der Philosophie und der Religion an. Hier wird der Zusammenhang der Vorstellungen und der materiellen Daseinsbedingungen immer verwickelter, immer mehr durch Zwischenglieder verdunkelt"[30]. Die verschiedenen Ebenen der Vermittlung bezeichnen zugleich differenzierte Grade der Selbständigkeit der Überbauprozesse, innerhalb denen die sich bekämpfenden Klassen, in historischer Differenz gegenüber ihrer Herrschaft in der materiellen Produktion, Einfluß auf die ideologischen Prozesse und Institutionen nehmen können. Die historische Betrachtung zeigt, daß die um die Herrschaft kämpfende Klasse einerseits noch vor Umgestaltung der Verhältnisse der materiellen Produktion nicht nur Elemente der eigenen Ideologie entfaltet, sondern sich auch spezifische Institutionen zu schaffen vermag, die dem herrschenden System der gesellschaftlichen Organisation der Arbeit nicht zuzuordnen sind, andererseits auch nach Umwälzung der Produktionsverhältnisse Elemente und Formen des alten Überbaus erhalten bleiben, übernommen werden oder in solche der neuen Gesellschaftsformation verwandelt werden.[31]

Der Kampf um die Umgestaltung der geistigen Produktion ist dabei nicht nur Kampf um die materielle Inbesitznahme ihrer Institutionen, sondern dieser ist vielmehr verbunden mit der Herstellung der ideologischen, speziell ausbildungsmäßigen Voraussetzungen ihrer Ausübung und Behauptung.

So, wie jede Arbeitstätigkeit Elemente der intellektuellen Kontrolle der geistigen Anstrengung enthält, ist sie auch dialektische Einheit der Aneignung und Verausgabung von Erfahrungen, Wissen, d. h. von Bildungselementen, die der Mensch einerseits dem Gegenstand seiner Arbeit zufügt, die er andererseits im Verlaufe seiner Tätigkeit gewinnt. So lange die Arbeitsteilung noch gar nicht oder nur gering entwickelt ist, ist der Anteil der „Bildungsprozesse“ an den verschiedenen höchstens naturwüchsig unterschiedenen Tätigkeiten noch weitgehend undifferenziert, ebenso wie Ausbildung und Arbeit noch nicht getrennt, sondern nur als Elemente eines Prozesses bestehen.[32]

Die Differenzierung zwischen den verschiedenen Arbeitstätigkeiten kann sich ebenso wie die *Trennung* von Arbeit und Ausbildung erst mit der Teilung von geistiger und körperlicher Arbeit vollziehen und entwickelt sich in dem Maße, wie Teilungsprozesse der Arbeitsfunktionen in verschiedenen Bereichen des gesellschaftlichen Produktions- und Reproduktionsprozesses forciert werden. So kennt die der naturwüchsigen Arbeitsteilung verhaftete handwerkliche und landwirtschaftliche Produktion vorkapitalistischer Gesellschaftsformationen zwar schon spezifische Ausbildungsphasen bis zur vollen Entfaltung der qualifizierten Arbeitskraft, aber noch keine vom Arbeitsprozeß separaten Institutionen, in denen die notwendigen Fertigkeiten erlangt werden. Sie übertragen sich in der Vermittlung empirischen Wissens vom Meister auf den Lehrling, bleiben dabei dem besonderen Metier, seinen Arbeitsgegenständen und Arbeitsmitteln selbst verhaftet.[33] Der Verselbständigung der Ausbildung vom Arbeitsprozeß liegt eine Systematisierung der Erfahrungen in Abstraktion von den konkreten Elementen des einzelnen Arbeitsprozesses zugrunde, die Entwicklung vom empirischen zum theoretischen Wissen, die zunächst nur diejenige Gruppe der Gesellschaft durchführen kann, welche auf Grund ihrer Entbindung von der Notwendigkeit, sich durch eigene körperliche Arbeit materiell zu reproduzieren, Zeit und Muße hat, sich der theoretischen Reflektion zu widmen, zugleich über die Mittel verfügt, sich mit der Aneignung der Produkte fremder Arbeit auch die darin eingegangenen Bildungselemente anzueignen.

Solange die Teilung von geistiger und körperlicher Arbeit sich als Trennung von geistiger und materieller Produktion, Basis und Überbau darstellt, bleibt die wissenschaftliche Systematisierung daher ebenso das Monopol der herrschenden Klasse,[34] wie die Trennung von Arbeit und Ausbildung sich nur in bezug auf die Funktionen der geistigen Produktion durchsetzt und sich in Institutionen des Schul- und Erziehungswesens realisiert.

Wie die Funktionen der geistigen Produktion selbst, enthält die Ausbildung Elemente der Qualifikation für konkrete Arbeitstätigkeiten, Elemente der Aneignung und Modifikation der Natur, ebenso wie der herrschenden Ideologie geschuldete Qualifikationen, wobei die letzteren als bestimmende in Erscheinung treten, solange sie in der Tätigkeit selbst überwiegen, diese selbst noch wenig mit den materiellen Produktions- und Reproduktionsprozessen verbunden sind.

Diese Doppelbestimmtheit der Ausbildung erweist sich nicht als einmaliges historisches Spezifikum, sondern entfaltet sich in dem Maße, wie sie in der Arbeitstätigkeit selbst hervortritt, also auch dann, wenn nicht mehr allein die herrschenden, sondern auch die beherrschten Klassen in verselbständigte Ausbildungsprozesse einbezogen werden, wobei sich freilich hier eine Sozialqualifikation besonderer Art, nämlich Qualifikation für die untergeordnete Rolle im System der gesellschaftlichen Produktion realisiert.[35]

Geistige Produktion und produktive Arbeit

Die Teilung von geistiger und materieller Produktion hat historisch zur Voraussetzung, die Erzeugung eines gesellschaftlichen Mehrprodukts[36], das mit der Herausbildung der Klassenherrschaft von der herrschenden Klasse angeeignet und auf die intellektuellen Produzenten – sofern sie nicht mit der herrschenden Klasse identisch sind – umverteilt wird. Die Angewiesenheit der intellektuellen Produzenten auf das gesellschaftliche Mehrprodukt ist in dem Maße gegeben, wie die geistige Produktion selbst nur vermittelt in die materielle Produktion und Reproduktion der Gesellschaft eingeht, geistige Arbeit gegenüber der Schaffung des materiellen gesellschaftlichen Reichtums als unproduktiv erscheint. Das ist weitgehend in allen vorkapitalistischen Gesellschaftsformationen der Fall, wo sich geistige Produktion auf die ideologischen und politischen Staatsapparate[37] beschränkt, die zwar gegenüber den materiellen Produzenten bestimmte allgemeine Gattungsgeschäfte wahrnehmen, nicht aber selbst in die ökonomischen Basisprozesse eingreifen.

Der Begriff der produktiven Arbeit erhält einen veränderten Inhalt in der Setzung des Kapitalverhältnisses, für das nur die mehrwertschaffende Arbeit als produktiv gilt, er erweitert sich jedoch in bezug auf die geistige Tätigkeit erst im Zuge der wissenschaftlichen Durchdringung der Produktion.[38] So gelten andererseits solche Tätigkeiten, welche die allgemeinen Bedingungen der Produktion, sowohl des materiellen Reichtums, wie auch der Mehrwertproduktion herstellen, wie die immateriellen Tätigkeiten zur Herstellung und Reparatur des Arbeitsvermögens als „unproduktiv“, sofern sie nicht unmittelbar dem Kapital untergeordnet,[39] geistige Forschungs- und Entwicklungsarbeit der gegenständlichen Produktionsmittel hingegen als produktive Tätigkeiten. In dem Maße, wie die geistige Arbeit zur notwendigen Bedingung des materiellen Produktions- und Reproduktionsprozesses der Gesellschaft wird und sie als Teilarbeit direkt in das Produkt eingeht, erscheint ihr „produktiver“ oder „unproduktiver“ Charakter unwesentlich als Kategorie der sozialen Differenzierung. In ihrer kapitalistischen Begrifflichkeit sind sie jedoch weiterhin wichtig, sofern sie das Verhalten des Kapitals gegenüber verschiedenen Bereichen der geistigen Arbeit mitbestimmen.[40]

2. Geistige Produktion in vorkapitalistischen Gesellschaftsformationen

Der Prozeß der Herausbildung, Erweiterung und inneren Differenzierung der Funktionen der geistigen Produktion und die Rolle der Klassen bei ihrer Veränderung läßt sich zunächst für die vorkapitalistischen Gesellschaftsformationen und den Übergang zur bürgerlichen Gesellschaft darstellen. Im Sinne unserer eingangs gegebenen begrifflichen Bestimmung handelt es sich dabei zugleich um eine Skizzierung der historischen Entwicklung der Intelligenz bzw. ihrer Vorformen.[41]

Im Kontext des Gegenstandes unserer empirischen Analyse-Struktur und Entwicklung der Intelligenz im Kapitalismus bzw. im staatsmonopolistischen Kapitalismus der BRD – wie auch unserer vorangestellten allgemeinen Bemerkungen – beschränken wir unsere Darstellung hier schwerpunktmäßig auf die Veränderungen in den Bereichen der geistigen Produktion mit der Herausbildung der bürgerlichen Gesellschaft bzw. dem Übergang vom Feudalismus zum Kapitalismus. Hier wird insbesondere zunächst deutlich, daß die Entwicklung der materiellen Produktionsweise wie der Kampf der Klassen um die ökonomische, politische und ideologische Herrschaft sowohl die Form der geistigen Produktion, als auch ihren Umfang und ihre innere Struktur in bestimmter Weise verändert.

Noch in der mittelalterlichen Feudalgesellschaft erscheint die geistige Produktion in ihren Funktionen wenig differenziert, personell sind die Leitung der materiellen Produktionsprozesse, die politische Machtausübung und spezifisch ideologische, künstlerische und wissenschaftliche Betätigung noch häufig verbunden. Sie haben ihr institutionelles Zentrum in den Ländern des europäischen Raums im Rahmen der Kirche, die sowohl das „praktische Monopol der Gelehrsamkeit" besaß, wie auch als „allgemeinste(n) Zusammenfassung und Sanktion der bestehenden Feudalherrschaft"[42] die politische Verwaltung weitgehend repräsentierte bzw. mit dem weltlichen Adel gemeinsam ausübte.

Die Hegemonie des Klerus und seiner spezifischen Anforderungen fand ihren Ausdruck in Inhalt und Struktur der Wissenschaft und des Bildungswesens, d. h. der dominanten Stellung der Theologie: „Unter den Händen der Pfaffen bleiben Politik und Jurisprudenz wie alle übrigen Wissenschaften, bloße Zweige der Theologie und wurden nach denselben Prinzipien behandelt, die in dieser Geltung hatten. Die Dogmen der Kirche waren zu gleicher Zeit politische Axiome, und Bibelstellen hatten in jedem Gerichtshof Gesetzeskraft."[43]

Dem entsprach die Stagnation der Naturwissenschaften und ihre Trennung von der Entwicklung der materiellen Produktivkräfte, deren Entfaltung fast ausschließlich auf der Grundlage empirischer Erkenntnisse vorangetrieben wurde.[44] Der handwerkliche Erfinder repräsentierte einen Entwicklungsstand der materiellen Produktion, auf dem Elemente der geistigen und körperlichen Arbeit noch undifferenziert in der Tätigkeit jedes einzelnen Produzenten vereinigt waren, die Teilung der Arbeit ihren naturwüchsigen Charakter noch nicht verloren hatte und jeder Arbeiter in einem ganzen Kreis von Arbeiten bewandert sein mußte.[45]

Die Emanzipation der Funktionen geistiger Arbeit von der Hegemonie der Kirche nimmt ihren Ausgang mit dem ökonomischen Aufstieg des Bürgertums und den Anfängen kapitalistischer Wirtschaft im 15. und 16. Jahrhundert.[46] Sie ist verbunden mit der Differenzierung der geistigen Produktion selbst, entsprechend den historisch neuen Anforderungen der sich emanzipierenden Klasse. Dem sich aus den ausgedehnteren Handelsbeziehungen der merkantilen Bourgeoisie und der ansatzweisen Aufhebung der für den Feudalismus charakteristischen persönlichen Abhängigkeitsverhältnisse ergebenden Interesse nach der Schaffung eigener rechtlicher Normen und Institutionen für die Vermittlungstätigkeit zwischen den Produzenten und gegenüber dem Staat entsprach zum Beispiel die Herausbildung eines weltlichen Juristenstandes als „von vornherein wesentlich bürgerlicher Stand".[47] Aus dem Handwerk differenzieren sich erste Techniker- und Ingenieurtätigkeiten ab, die vorrangig mit der Entwicklung der Kriegs- und Befestigungstechnik und des Transportwesens beschäftigt werden.[48]

Auf der Grundlage der Arbeitsteilung im Bereich der geistigen Produktion, die als stärkere berufliche Differenzierung in Erscheinung tritt, bilden sich die „ideologischen Stände"[49] als Teil der ständischen Organisation der Feudalgesellschaft, die jedoch historisch noch weit in die Entwicklung der bürgerlichen Gesellschaft hinein erhalten bleibt. Indessen hat sich die Arbeitsteilung zwischen den Repräsentanten der politischen Herrschaft und ihren „konzeptiven Ideologen" bereits vollzogen,[50] keineswegs alle Träger von Funktionen der geistigen Produktion sind nunmehr als Teil der herrschenden Klasse anzusehen, ihr größerer Teil erscheint jetzt als ihr „Anhängsel", welcher einerseits einen Teil des von ihr angeeigneten Mehrprodukts konsumiert, andererseits seine Produkte der Reproduktion der herrschenden Klasse bzw. der Wahrnehmung ihrer allgemeinen Gattungsgeschäfte vorbehalten bleiben.[51] Die spezifischen Abhängigkeitsverhältnisse nehmen zum Teil die Form des Mäzenatentums an, das sich historisch insofern als relativ stabil erweisen sollte, als die allein schon bildungsmäßig begründete Beschränktheit des Marktes für die Produkte geistiger Arbeit eine Verallgemeinerung der einfachen Warenproduktion verzögert. Erst die politische und bildungsmäßige Emanzipation der bürgerlichen Klasse stellt einen Markt besonders für Literaten, Künstler usw. her, der im Laufe der Entwicklung des 19. Jahrhunderts sowohl zu Zweigen der immateriellen Produktion auf der Basis der einfachen Warenproduktion wie auch zu Zwischenformen gegenüber der kapitalistischen Produktion führt, die ihrem Typus nach dem frühkapitalistischen Verlagssystem entsprechen.[52]

Neben der „horizontalen" beruflichen Differenzierung entwickeln sich Tendenzen der „vertikalen" Arbeitsteilung in Form der hierarchischen

Untergliederung der Funktionsbereiche der geistigen Produktion mit der Konzentration vieler Funktionen in bestimmten Institutionen.

Sie erscheinen in „klassischer Form“ bereits in den Institutionen der Kirche ausgebildet,[53] wo sie gleichzeitig Elemente der Differenzierung von qualifizierten und weniger qualifizierten Tätigkeiten enthalten, und werden mit der Entwicklung der bürgerlichen Gesellschaft und der Entfaltung einer selbständigen Staatstätigkeit für die innere Struktur des Staatsapparates charakteristisch. Neben der allgemeinen Verwaltung wird unter die Staatstätigkeit das Ausbildungs- und Erziehungswesen im Zuge der Verallgemeinerung der Volksbildung und der Polarisierung des höheren Schulwesens und der Universitäten subsumiert. Die Hochschulen verlieren tendenziell ihre Bedeutung für die Ausbildung des Klerus und entwickeln sich zum Rekrutierungsfeld der oberen Gruppen der Staatsbeschäftigten.[54]

In der Kritik der zeitgenössischen bürgerlichen Nationalökonomie, vor allem in den „Theorien über den Mehrwert“, weist Marx nach, wie sich das Verhältnis der Bourgeoisie zu den immateriellen Produzenten in dem Maße ändert, wie sie selbst zur politischen Macht gekommen, ihrer Dienste bedarf, sich selbst aus ihnen rekrutiert bzw. sich mit ihnen verbindet:

„Sobald die Bourgeoisie (...) das Terrain erobert hat, teils selbst des Staats sich bemächtigt, teils einen Kompromiß mit seinen alten Inhabern gemacht, ditto die ideologischen Stände als Fleisch von ihrem erkannt und sie wie überall in ihre Funktionäre, sich gemäß, umgewandelt hat (...), sobald sie gebildet genug ist, nicht ganz in der Produktion aufzugehn, sondern auch ‚gebildet‘ konsumieren zu wollen, sobald mehr und mehr die geistigen Arbeiten selbst in ihrem *Dienst* sich vollziehn, in den Dienst der kapitalistischen Produktion treten, wendet sich das Blatt, und sie sucht ‚ökonomisch‘ (...) zu rechtfertigen, was sie früher kritisch bekämpfte ...[55]

Während die Bourgeoisie einerseits Teile der „alten“ geistigen Produzenten (so die Kirche und ihre Institutionen) übernimmt, sich im Laufe ihrer Herausbildung aus den Anfängen des Frühkapitalismus neue Berufe der geistigen Produktion schafft und die Verselbständigung des Staates vollendet, bringt sie andererseits jedoch erst mit der Entwicklung der industriellen kapitalistischen Produktionsweise, der Entfaltung der Naturwissenschaft und der Produktionstechnik einen neuen Typus der geistigen Arbeit hervor, der als wissenschaftliche und technische Intelligenz in der Entwicklung des Kapitalismus immer größere Bedeutung erhalten sollte.

3. Die Entwicklung der geistigen Arbeit im Kapitalismus

Geistige Arbeit und industrielle Produktion

Während die Arbeitsteilung in den vorkapitalistischen Gesellschaftsformationen in erster Linie Arbeitsteilung im gesellschaftlichen Maßstab war, in der materiellen Produktion selbst die handwerkliche und landwirtschaftliche Einzelproduktion dominiert, hat die Entwicklung einer spezifisch kapitalistischen Produktionsweise logisch und historisch ihren Ausgangspunkt in der Kooperation einer größeren Anzahl von Arbeitern und den damit gegebenen Möglichkeiten der Arbeitsteilung auf betrieblicher, bzw. historisch-manufaktureller Basis[56], und damit auch der Möglichkeit der Teilung von geistiger und körperlicher Arbeit, bzw. der Entstehung von Arbeitstätigkeiten mit dem Überwiegen von Elementen nach der einen oder anderen Seite.

„Soweit der Arbeitsprozeß ein rein individueller, vereinigt derselbe Arbeiter alle Funktionen, die sich später trennen. In der individuellen Aneignung von Naturgegenständen zu seinem Lebenszwecke kontrolliert er sich selbst. Später wird er kontrolliert. Der einzelne Mensch kann nicht auf die Natur wirken ohne Betätigung seiner eignen Muskeln unter Kontrolle seines eignen Hirns. Wie im Natursystem Kopf und Hand zusammengehören, vereint der Arbeitsprozeß Kopfarbeit und Handarbeit. Später scheiden sie sich bis zum feindlichen Gegensatz.“[57]

Im Prozeß der Herausbildung spezifischer Funktionen der geistigen Arbeit in der industriellen Produktion ist zu unterscheiden zwischen der Verselbständigung der Leitungstätigkeiten, die einerseits als notwendiges Produkt des kooperativen Arbeitsprozesses erscheinen, zugleich jedoch von Anfang an Funktionen des Kapitals sind: in Inhalt und Form durch die Spezifika des kapitalistischen Verwertungsprozesses gekennzeichnet,[58] durch die kommerziellen Vermittlungsfunktionen der Zirkulationstätigkeit des Kapitals sowie durch die Entstehung von Funktionen der geistigen Arbeit, die unmittelbar in die Veränderung des Arbeitsgegenstandes, der Arbeitsmittel bzw. der technischen Organisation des Arbeitsprozesses eingehen. Die Leitungsfunktion des Kapitals bildet sich historisch bereits heraus, wenn sich das Kapital den Arbeitsprozeß in seiner vorgefundenen Gestalt unterordnet, d. h. *formelle Subsumtion* des Arbeitsprozesses stattfindet.[59] Mit ihr vereinigt der Kapitalist auf niedriger Stufe der Entfaltung der Produktion auch die Vermittlungstätigkeiten, ebenso wie er sich als Erfinder der Arbeitsmittel, der Technik des Arbeitsprozesses bestätigt.[60] Erst mit der Ausweitung der Produktionstätigkeit spalten sich einerseits die Vermittlungsfunktionen ab und entwickeln sich zu einem selbständigen kommerziellen Funktionsbereich, andererseits erfolgt die Delegation unmittelbarer Leitungstätigkeiten in mehreren Stufen. Die Kapitalfunktion wandelt sich zu einem System der Über- und Unterordnung, zur Hierarchie der kapitalistischen Leitung.[61]

Die unmittelbare Verbindung der geistigen Arbeit mit der materiellen Produktionstätigkeit setzt die Entwicklung der kapitalistischen Produktionsweise auf der Basis der Maschinerie und der großen Industrie voraus und ist in ihren einzelnen Etappen charakterisiert durch die Erweiterung der Produktionspotenzen durch die Ergebnisse wissenschaftlicher Arbeit und schließlich der Durchdringung der materiellen Produktion durch wissenschaftliche Arbeit selbst. Solange sich die Arbeitsmittel und Arbeitsgegenstände noch als das Produkt empirisch begründeter Erfindungs- und Entwicklungsarbeit darstellen,[62] beschränken sich die Funktionen der geistigen Arbeit noch auf die Peripherie der Produktion und erzeugen ein „numerisch unbedeutendes Personal für Kontrolle und beständige Reparatur", das Marx als eine „teils wissenschaftlich gebildete, teils handwerksmäßige Arbeiterklasse"[63] bezeichnet. Erst indem der Arbeitsgegenstand selbst zum Teilprodukt wissenschaftlicher systematischer Forschung wird, die „scheinbar zusammenhangslosen und verknöcherten Gestalten des gesellschaftlichen Produktionsprozesses" sich in „bewußt planmäßige und je nach dem bezweckten Nutzeffekt systematisch gesonderte Anwendung der Naturwissenschaft"[64] auflösen, erfolgt die Subsumtion der naturwissenschaftlichen Forschung und damit des Forschungs- und Entwicklungspersonals unter das Kapital. Damit entsteht ein Typ des „geistigen Arbeiters" im *Bereich* der kapitalistischen Produktion, der sich von den Reparatur- und Kontrollarbeitern zumeist durch intensive wissenschaftliche Ausbildung unterscheidet und selbst allerdings noch vorwiegend in den von den Kernsektoren der Produktion gesonderten Forschungs- und Entwicklungslabors arbeitet.

Historisch setzt diese Entwicklung mit dem Übergang des Kapitalismus in sein monopolistisches Stadium ein: So erscheint die Bildung großer Kapitale einerseits als notwendig für die Inangriffnahme teils langfristiger Forschungs- und Entwicklungsarbeiten, die nicht unmittelbar verwertbar und zudem mit Risiken beladen sind, andererseits fördert die Monopolisierung wissenschaftlicher Arbeit die Konzentration und Zentralisation des Kapitals[65], die Erziehung monopolistischer Extraprofite selbst. Die dritte Stufe der Verbindung von Wissenschaft und Produktionstätigkeit, welche ihre gegenseitige Durchdringung tendenziell impliziert, ist gekennzeichnet durch zunehmende Verwissenschaftlichung der Arbeitsmethoden, der Planung und Leitung, der Herausbildung von Funktionen der geistigen Arbeit mit naturwissenschaftlichen und organisationswissenschaftlichen Qualifikationen sowie der teilweisen Ersetzung traditioneller handwerklicher Fertigkeiten durch systematische technische Kenntnisse in den Wartungs-, Instandhaltungs- und Überwachungsfunktionen der Kernbereiche der materiellen Produktion, wie sie sich im Zuge der Automatisierung abzeichnet.[66] Neben den traditionellen naturwissenschaftlichen und Ingenieurtätigkeiten entsteht eine größer werdende Zahl von Stabsfunktionen auf allen Ebenen der betrieblichen Hierarchie,[67] sowie technisch qualifiziertes Personal im Kern und an der Peripherie der Produktion.

Mit der Zunahme der geistigen Arbeit in den verschiedenen Funktionsbereichen ist jeweils auch eine Voraussetzung gegeben, daß sich aus Funktionen neue Tätigkeiten differenzieren, wobei diese Abspaltung sowohl in bezug auf die Qualifikation, wie auch die Stellung in der gesellschaftlichen Arbeitsorganisation vor allem auch vertikale Arbeitsteilung bedeutet. In ihrem Verlauf ist jedoch sehr wohl zu unterscheiden zwischen der Entwicklung der Arbeitsteilung in den zentralen materiellen Produktionssektoren und denjenigen der geistigen Arbeit, wobei sich beide zwar strukturell analog, jedoch in historischem Abstand und unter spezifischen stofflichen Bedingungen und Schranken vollziehen. Unterschieden werden muß ebenso zwischen der Entwicklung des wissenschaftlich qualifizierten Personals einerseits und den verwaltungs- und technischen Hilfstätigkeiten andererseits, die sich bereits mit der Aussonderung des kommerziellen Vermittlungssektors bzw. einer allgemeinen industriellen Verwaltung differenzieren. Zunehmend nehmen sie die Form von Routinearbeiten an und unterliegen nicht mehr nur der formellen, sondern – mit der Entwicklung des Monopolkapitalismus – auch tendenziell der reellen Subsumtion ihres Arbeitsprozesses unter das Kapital, was in der Entstehung breiterer unterer Angestelltengruppen seinen Ausdruck findet.[68]

Wie an anderer Stelle noch auszuführen sein wird, handelt es sich dabei um Tätigkeiten, die sich im stärkeren Maße wieder mit Elementen der körperlichen Arbeit verbinden, darüber auch bald der partiellen Ersetzung durch vergegenständlichte Arbeit mit der Einführung von Büromaschinen usw. unterliegen. Im Bereich der Leitungstätigkeiten impliziert zwar schon die Trennung von Kapitaleigentum und Kapitalfunktion die erste Scheidung von Funktionen der Oberleitung und spezialisierter Leitungsfunktionen[69] (technische, kaufmännische Leitung usw.), während ihre Träger sich gleichzeitig zunehmend wissenschaftlich qualifizieren müssen. Im Sektor der Forschungs- und Entwicklungsarbeit vollzieht sich die ständige Erweiterung der Labors und Forschungsabteilungen. Zwar ist damit die Unterordnung eines Teils der wissenschaftlichen Arbeitskräfte als Lohnarbeiter unter das Kapital verbunden, jedoch hat diese Unterordnung insofern noch weitgehend formellen Charakter, als es sich um Spezialistenarbeit handelt, noch keineswegs mit den Merkmalen des entwickelten Warencharakters der Arbeitskraft behaftet, unterliegt sie weder der Austauschbarkeit innerhalb der Funktionen der Produktion und der damit verbundenen sozialen und ökonomischen Existenzbedingungen, noch der lebenslänglichen Gebundenheit, die Mobilität in obere und mittlere Leitungsfunktionen stellt für sie durchaus noch eine reale Perspektive dar.[70]

Dies gilt erst recht für jene Leitungstätigkeiten, die im Kernbereich der Produktion von Ingenieuren und Technikern ausgeübt wurden und hier zum Teil die herkömmliche Meisterfunktion ersetzen. Der hier beschriebene Entwicklungsstand umfaßt historisch in großen Zügen die Entwicklung bis zur Veränderung der kapitalistischen Produktion auf der Basis des wissenschaftlich-technischen Fortschritts seit der Mitte des 20. Jahrhunderts und gilt besonders für das Personal mit wissenschaftlicher Ausbildung, von dem sich bereits in dieser Phase eine Gruppe von qualifizierten technischen Praktikern absondert, die ihre Ausbildung an speziellen technischen Fachschulen erhalten und ihren Arbeitsbedingungen und ihrer Qualifikation nach eine Mittelstellung zwischen der Masse der körperlich und geistig arbeitenden Lohnarbeiter und dem wissenschaftlich qualifizierten Personal einnehmen.[71]

Der Gegensatz von geistiger und körperlicher Arbeit

Die Analyse der Entwicklung der geistigen Arbeit im Kapitalismus und ihrer Stellung in der Sozial- und Klassenstruktur rekrutiert bei zahlreichen marxistischen Gesellschaftswissenschaftlern auf den von Marx dargestellten „Gegensatz von geistiger und körperlicher Arbeit".[72] Einerseits ist dieser Gegensatz – unserer Meinung nach – nicht ein Spezifikum der kapitalistischen Produktion, er erscheint bereits in früheren Klassengesellschaften der Herausbildung von Funktionen der geistigen Produktion und ihrer Verselbständigung zu Herrschaftsfunktionen immanent: Er ist jetzt Ausdruck des Klassengegensatzes, der mit der Konzentration der geistigen Potenzen der Produktion in den Funktionen des Kapitals auch im Bereich der materiellen Produktion erscheint, ebenso wie die Wissenschaft in ihrer kapitalistischen Anwendung nun Produktivkraft des Kapitals wird und damit Mittel, der lohnarbeitenden Klasse entgegengesetzt zu werden.[73]

Der Gegensatz erscheint in qualitativ erweiterter, konzentrierter Form, sofern die Funktionen der geistigen Arbeit nicht mehr nur allgemeine politische Herrschaftsausübung repräsentieren, welche die materielle Produktionstätigkeit unverändert läßt, sondern, einmal unmittelbar ökonomische Aneignungsfunktionen darstellen, ihre Entwicklung zum anderen verbunden ist mit dem Verlust der Kontrolle, traditioneller Fertigkeiten und Kenntnisse seitens der Masse der zu Teilarbeitern verstümmelten Produzenten.[74]

Diese Entgegensetzung ist nicht mehr nur dem allgemeinen Widerspruch von Lohnarbeit und Kapital, ja überhaupt notwendig der *antagonistischen* Klassengesellschaft immanent, sondern wird „durch den bloßen Übergang der Produktionsmittel in Gemeineigentum, die bloße Expropriation der Kapitalisten keineswegs mit einem Schlag aus der Welt geschafft werden können".[75] „Das ist ein sehr langwieriges Werk. Um es zu vollbringen, bedarf es eines gewaltigen Schritts vorwärts in der Entwicklung der Produktivkräfte ..."[76]

So kann der Gegensatz von geistiger und körperlicher Arbeit auch noch in den ersten Entwicklungsphasen der Gesellschaftsformation des Sozialismus/Kommunismus eine Quelle der „gesellschaftlichen Ungleichheit" darstellen.[77]

Mit der Aussonderung der Funktionen der geistigen Arbeit und ihrer Subsumtion unter das Kapital verliert der genannte Gegensatz bereits im Kapitalismus tendenziell seinen Charakter als Erscheinungsform des Klassengegensatzes, wird vielmehr diesem selbst untergeordnet, in dem auch der geistige Arbeiter zum Lohnarbeiter und mit dem manuellen Arbeiter in einem gemeinsamen Produktionsverhältnis gegenüber dem

Kapital steht. Marx betont die Bedeutung der Gemeinsamkeiten gegenüber den Unterschieden, die auch für die Einordnung der geistigen Arbeit in die Klassen- und Sozialstruktur von Relevanz ist: „Es ist ja eben das Eigentümliche der kapitalistischen Produktionsweise, die verschiedenen Arbeiten, also auch Kopf- und Handarbeiten – oder die Arbeiten, in denen die eine oder andere Seite vorwiegt, – zu trennen und an verschiedene Personen zu verteilen, was jedoch nicht hindert, daß das materielle Produkt das *gemeinsame Produkt* dieser Personen ist oder ihr gemeinsames Produkt in materiellem Reichtum vergegenständlicht; was andrerseits ebensowenig hindert oder gar nichts daran ändert, daß das Verhältnis jeder einzelnen dieser Personen das des Lohnarbeiters zum Kapital (...) ist."[78]

Rückwirkungen der geistigen Arbeit im Bereich der industriellen Produktion auf die Struktur und innere Differenzierung der Überbautätigkeiten

Wie ein bestimmter Stand der Entwicklung der geistigen Produktion, vor allem der Wissenschaft, als Voraussetzung für die wissenschaftliche Durchdringung der materiellen Produktion erscheint, wirkt diese ihrerseits auf die Ausdehnung und Differenzierung der Überbautätigkeiten zurück, es entstehen neue Funktionen zur erweiterten Reproduktion der Produktivkräfte lebendiger und vergegenständlichter Arbeit, und entsprechend veränderter Bedingungen der politischen und ideologischen Herrschaftsausübung. Zu den traditionellen Gattungsgeschäften des Kapitals treten mit höheren Anforderungen an die erweiterte Reproduktion der Arbeitskraft Funktionen der Ausbildung, der Gesundheits- und Sozialfürsorge, sofern sie faux frais der Produktion darstellen und in die Reproduktionskosten der Lohnarbeiter eingehen.[79] Ihre Vergesellschaftung in Form der Subsumtion unter die Staatstätigkeit erklärt sich daher unter unmittelbar ökonomischen Bedingungen als Abwälzung dieser Kosten durch die Einzelkapitale und zugleich Mittel ihrer Verwohlfeilerung, wie andererseits der Staat als von der Gesellschaft verselbständigte öffentliche Gewalt erscheint und – organisatorisch wie ideologisch – als Garant einer den Bedingungen der Aufrechterhaltung der Klassenherrschaft und der Verwertung der Einzelkapitale adäquaten Differenzierung der Reproduktionsbedingungen fungiert, die sich als klassenspezifische Teilung der Reproduktionsbereiche zementiert.[80]

Betrachtet man allgemein die Rückwirkungen des Prozesses der wissenschaftlichen Durchdringung der Produktion auf die Prozesse und Funktionen des Überbaus, so lassen sich, der Vergesellschaftung der Produktion und Reproduktion des Arbeitsvermögens historisch nachgeordnet, auf erweiterter Stufenleiter der kapitalistischen Entwicklung der Verwissenschaftlichung der Produktion analoge Funktionserweiterungen konstatieren. Dazu gehört zunächst die Integration eines Teils der wissenschaftlichen Forschung und Entwicklung in den Sektor der Staatstätigkeit, schließlich aber auch die Verwissenschaftlichung von Teilbereichen der staatlichen Leitung selbst sowie ihre qualitative Erweiterung in dem Maße, wie Vergesellschaftung der Produktion und eine wesentlich auf wissenschaftlicher Systematisierung beruhende Produktivkraftentwicklung[81] (zusammen mit der Entfaltung der Kräfteverhältnisse der Klassen auf nationaler wie internationaler Ebene) die Ausdehnung der staatlich vermittelten Organisation der Gesellschaft, besonders die Entfaltung seiner ökonomischen Aktivitäten, in entscheidendem Maße vorantreibt. Während sich einerseits der Staat in der bürgerlichen Gesellschaft erst in vollem Maße als selbständige Institution entwickelt,[82] kann in der weiteren Entfaltung des Kapitalismus von einer zunehmenden Durchdringung von Basis- und Überbauprozessen gesprochen werden, einer Verkürzung ihrer Wechselwirkung, wie sie unter anderem die Entwicklungsphase des staatsmonopolistischen Kapitalismus charakterisiert, sie vollzieht sich allerdings in den dem Kapitalismus eigenen Formen und ist keineswegs im Sinne einer formellen Verschmelzung der Institutionen und Formen der Produktions- und Staatstätigkeit aufzufassen.[83] Die Ausdehnung der Staatstätigkeit realisiert sich darüber hinaus u. a. in der Integration und Erweiterung „ideologischer Funktionen", die traditionell anderen Institutionen vorbehalten blieben.

So beschränkt sich die Säkularisierung des Überbaus nicht auf die staatliche Subsumtion des Ausbildungs- und Erziehungswesens, sondern umfaßt zunehmend auch Teile der „Ideologieproduktion und -vermittlung", wie es sich in der Herausbildung eines Systems der ideologischen Manipulierung ausdrückt.[84]

Es kann nicht Gegenstand dieses Beitrages sein, eine systematische Darstellung der Entwicklung der Staatstätigkeit zu geben. Für die Analyse der Veränderungen im Bereich der geistigen Arbeit erscheint uns vielmehr notwendig, auf die Prozesse ihrer inneren Differenzierung auch im Bereich der „Überbaus" einzugehen.

Die Feststellung, daß hierfür die Herstellung klassenspezifischer Reproduktionsbedingungen und der Entwicklungsstand des allgemeinen Kräfteverhältnisses der Klassen eine mitbestimmende besondere Rolle spielen, konkretisiert sich in der Analyse der Entwicklung des verselbständigten *Ausbildungssystems* im Kapitalismus und der unterschiedlichen Entwicklung der Ausbildungsprozesse, welche in den einzelnen Schul- und Hochschultypen vorangetrieben wurde.

Waren in den vorkapitalistischen Gesellschaften Arbeit und Ausbildung für die Masse der materiellen Produzenten weitgehend undifferenziert, so ist die Herausbildung eines vom Produktionsprozeß verselbständigten allgemeinen Ausbildungssystems das spezifische Produkt des Übergangs zur kapitalistischen Produktionsweise, dem Hervortreten der allgemeinen Qualifikationselemente gegenüber den beruflichen Besonderheiten und der Entwicklung der Arbeitskraft zur Ware, die das Streben nach Ökonomisierung der Ausbildung zur Senkung der Reproduktionskosten impliziert.[85] Das Ausbildungssystem gestaltet sich analog der Struktur der gesellschaftlichen Arbeitsorganisation, was unter den Bedingungen der Entwicklung der kapitalistischen Produktionsweise seinen allgemeinen Charakter als klassenspezifisches System bestimmt wie es besonders in

Deutschland in dem dreigliedrigen Aufbau des allgemeinen Schulwesens und später auch jeweils gesonderten Institutionen der Berufsbildung in Erscheinung tritt.[86]

Die hierarchisch gegeneinander abgegrenzte Trennung von Volks-, Mittel- und Höherer Schule fungiert als Selektionsmechanismus, der zunächst die soziale Homogenität der Rekrutierung gewährleistet, bzw. soziale Mobilität nur insofern zuläßt, wie sie selbst mit klassenspezifischen Sozialisationsprozessen verbunden ist, welche eine Anpassung an die jeweils spezifisch vermittelten Normen und Ideologien der herrschenden Klasse gewährleisten. So ist die inhaltliche Seite der Ausbildungsprozesse nicht nur dem Grad konkreter Arbeitsqualifikationen nach in den einzelnen Schultypen unterschieden, sondern auch nach dem jeweiligen Charakter der ideologischen Konditionierung, die für eine bestimmte Rolle in der gesellschaftlichen Organisation der Arbeit notwendig erscheint.[87]

Gleichzeitig stellt sich der Drang nach Ökonomisierung der Ausbildung in den einzelnen Schultypen verschieden dar. Während in den Ausbildungsstätten der Lohnarbeiter die Ausbildungskosten einerseits als – wenn auch zunächst minimaler – Bestandteil der allgemeinen Reproduktionskosten, andererseits als staatlich umverteilte faux frais der Produktion, die Verwertung und Akkumulationsinteressen der Einzelkapitale unmittelbar tangieren, erscheint die höhere Ausbildung hier noch als eine Privatangelegenheit des Bürgertums. So wird in den Volksschulen im allgemeinen eine größere Anzahl von Schülern bei geringerer Lehrerzahl und schlechterer Ausstattung mit gegenständlichen Arbeitsmitteln ausgebildet als in den höheren Schulen. Die Funktion der Volksschule als allgemeine Ausbildungsinstitution der Masse der Lohnarbeiter konkretisiert sich inhaltlich in der Erziehung zu straffer militärischer Disziplin, Einübung in repetitive Arbeiten, welche in der Militärausbildung und der Berufsausbildung für die Arbeiterklasse ihre Ergänzung finden und Sozialqualifikation für die reibungslose Einordnung in den kapitalistischen Verwertungsprozeß darstellen, die als die bestimmende Seite gegenüber den konkreten Arbeitsqualifikationen erscheinen, solange das Qualifikationsniveau der Arbeiterschaft noch gering ist.

Dagegen tritt in den Realschulen, die zunächst als Ausbildungsstätten der industriellen Bourgeoisie, später zunehmend der oberen und mittleren Kapitalfunktionäre und gehobenen Lohnarbeitergruppen fungieren,[88] die konkrete fachliche Qualifikation stärker in den Vordergrund (technische und ökonomische Spezialistenqualifikationen). Für diese Gruppen entstanden im 18./19. Jahrhundert auch die technischen und ökonomischen Fachschulen, die mit dem Ausgang des 19. Jahrhunderts in Verbindung mit dem Anwachsen wissenschaftlich qualifizierter Kader in den Bereichen der Produktion zum Teil in den Bereich der „Höheren Bildung" und des Hochschulwesens übernommen wurden, zum anderen als Fachschulen für mittlere Kader weiterbestanden und erst in der Veränderung des Produktivkraftsystems nach dem zweiten Weltkrieg neue Differenzierungen erfuhren.[89]

Die traditionellen Gymnasien sowie die wissenschaftlichen Hochschulen hingegen fungierten als Bildungsstätten der Bourgeoisie, der Reste des Adels und der ihnen aggregierten Zwischenschichten, und zwar zunächst keineswegs derjenigen Gruppen, die unmittelbare technische oder ökonomische Leitungsfunktionen in der industriellen Produktion, sondern vielmehr vor allem staatliche Leitungsfunktionen sowie Funktionen der kulturellen und ideologischen Reproduktion der bestehenden Verhältnisse und der herrschenden Klasse im besonderen ausüben.[90] Dieser Umstand konkretisiert sich im Inhalt der Ausbildung, in dem die kultur- und geisteswissenschaftliche Fachrichtung dominierte, was die Vermittlung von Herrschaftswissen nicht nur im Sinne der Schulung formaler Denkfähigkeit, sondern auch der Aneignung der Geschichte und der Erfahrungen der herrschenden Klasse anderer Länder und Epochen einschloß, während naturwissenschaftliche Fachrichtungen erst mit der Tendenz zur wissenschaftlichen Durchdringung der Produktion, d. h. mit der Entwicklung des Monopolkapitalismus an Bedeutung gewinnen. Die Funktion des höheren Bildungswesens als Ausbildungsstätte der Bourgeoisie und der Leitungskader der herrschenden Klasse manifestierte sich ebenso in dem geringen Grad der Ökonomisierung und Straffung der Ausbildung, welche für die deutschen Universitäten bis zur Mitte des 20. Jahrhunderts charakteristisch bleibt, und der Perpetuierung feudaler Organisationsstrukturen.[91] Entwicklung und Rolle der Intelligenz im 19. Jahrhundert und ihre aktuellen Veränderungen sind nicht zu verstehen, ohne die bildungsmäßige und soziale Exklusivität des höheren Schulwesens zu berücksichtigen, die eine Seite der Erscheinung der Intelligenz als gesellschaftliche Schicht begründen sollte, deren Charakter jedoch nur erfaßbar ist aus den Gemeinsamkeiten der Produktionstätigkeit, welche durch eine „höhere Ausbildung“ vermittelt wurde.

4. Die Intelligenz im entwickelten Kapitalismus

Veränderungen der inneren Struktur und Stellung der geistigen Arbeit im Monopolkapitalismus

In unseren einleitenden Darlegungen zum Begriff der Intelligenz hatten wir die Position unterstrichen, daß die Frage, inwieweit durch geistige Arbeit charakterisierte Gruppen spezifische Strukturen von sozialen Formationen der Klassen- und Sozialstruktur einnehmen, in jedem Fall einer vom konkreten Entwicklungsstand der Produktionsweise abhängigen Antwort bedarf. Im Verlaufe der historischen Betrachtung wurde gezeigt, daß geistige Arbeit im Vor- und Frühkapitalismus vorrangig das Privileg der aneignenden Klassen, bzw. der mit ihr durch besondere Abhängigkeitsbeziehungen verbundenen Gruppen war, wie es in der Marxschen Bestimmung der „ideologischen Stände" als „Fleisch vom Fleisch der Bourgeosisie" zum Ausdruck kommt. So bildete die geistige Arbeit für die Begründer des Marxismus auch keinen spezifischen Gegenstand der *Klassenanalyse*, die Auseinandersetzung mit ihren Trägern charakterisierte sie stets als ideologische Repräsentanten der verschiedenen gesellschaftlichen Klassen. Erst die Erweiterung und Differenzierung der geistigen Arbeit in der Entfaltung der kapitalistischen Produktionsweise sprengt die Identität der aneignenden Klasse mit den Formen geistiger Arbeit in mehrfacher Hinsicht:

– Innerhalb der geistigen Arbeit finden vertikale Differenzierungsprozesse in bis dahin nicht gekanntem Umfang statt, die sich in der Abspaltung von einfacheren Tätigkeiten der nicht-manuellen Arbeit bzw. mit manueller Tätigkeit verbundener geistiger Arbeit ausdrücken. Große Gruppen der Angestellten nähern sich nach ihrer Stellung in der gesellschaftlichen Arbeitsorganisation und ihren materiellen Reproduktionsbedingungen de facto immer stärker der Industriearbeiterschaft an.[92]

– Der Unterschied von geistiger und körperlicher Arbeit tritt nicht mehr als eine Erscheinungsform der gesellschaftlichen und betrieblichen Klassenspaltung auf, deren Strukturen vielmehr zunehmend im Bereich der geistigen Arbeit hervortreten.

– Die Herausbildung einer von beruflichen Besonderheiten abstrahierenden Qualifikationshierarchie der gesellschaftlichen Arbeit als historisch spezifisches Produkt der kapitalistischen Produktionsweise und die Entfaltung der Qualifikationshierarchie innerhalb der geistigen Arbeit selbst, verlangen die präzisere begriffliche Unterscheidung zwischen höher und minder qualifizierter geistiger Arbeit. Für die erstgenannte Gruppe verallgemeinert sich die Ausbildung an Hochschulen und höheren Fachschulen als charakteristische Voraussetzung. Sie eröffnet ein spezifisches Spektrum von Tätigkeiten und Funktionen in der gesellschaftlichen Arbeitsorganisation; stellt zugleich einen sozialen Selektionsmechanismus dar, der die Rekrutierung für bestimmte Funktionen vermittelt.

– Die Fixierung bestimmter Ausbildungsvoraussetzungen ist einmal Ausdruck der Tendenzen zur Verwissenschaftlichung der gesellschaftlichen Organisation der Arbeit, deren Anforderungen die Vermittlung von Fähigkeiten und Kenntnissen auf der Basis empirischer Überlieferung überschreiten. Die Funktion der Ausbildung als Selektionsinstitution besonders für mit der ökonomischen und politischen Herrschaftsausübung verbundene Funktionen in der gesellschaftlichen Arbeitsorganisation, reflektiert bereits die relative Verselbständigung des Staates gegenüber den herrschenden Produzentengruppen und die Trennung von Eigentum und Eigentumsfunktionen im Bereich der Einzelkapitale. Zwar sind die Eigentumsverhältnisse weiterhin konstitutiv für Struktur und Entwicklung des gesellschaftlichen Produktions- und Reproduktionsprozesses, jedoch hat dieser einen Vergesellschaftungsgrad erreicht, auf dem es nicht mehr ausreicht, Eigentümer von Produktionsmitteln zu sein, um als Personifikation des Eigentums, d. h. spezifischer des Kapitaleigentums selbst in Erscheinung zu treten.[93]

– Qualifizierte geistige Arbeit verliert ihre für die vorkapitalistischen Gesellschaften und den Frühkapitalismus bestimmende Charakteristik als Teil oder „Anhängsel" der aneignenden Klassen auch in dem Maße, wie ihre Produkte nicht mehr allein in deren spezifische Reproduktion eingehen, sondern der Reproduktion vergegenständlichter und lebendiger Arbeit der materiellen Produktion dienen. Neben ihrer bereits beschriebenen Rolle für die erweiterte Qualifikation der Lohnarbeit ist in diesem Zusammenhang auch auf die Erweiterung der Gesundheits- und Sozialfürsorge zu verweisen.[94]

– Die tendenzielle Erhöhung des Qualifikationsniveaus der Lohnarbeit und ihre Organisation zur Klasse gegen das Kapital drängen darüber hinaus zu neuen Formen der ideologischen Domestikation, die in der Erweiterung der literarischen Produktion für nichtbürgerliche Schichten und der Entwicklung der Massenmedien in Erscheinung treten.[95]

– Indem die Produkte qualifizierter geistiger Arbeit als Teilprodukte in die materielle Produktion und die Reproduktion des Arbeitsvermögens eingehen und qualifizierte geistige Arbeit selbst unter die Lohnarbeit subsumiert wird, verändert sich tendenziell ihre Stellung innerhalb des gesellschaftlichen Widerspruchssystems. Das impliziert einmal, daß die kapitalistische Schranke der Entwicklung der Produktivkräfte im allgemeinen und die Setzung der volkswirtschaftlichen Reproduktionsbedingungen durch das Monopolkapital im besonderen in Widerspruch geraten können zu den Verwertungsmöglichkeiten der qualifizierten Arbeitskraft.[96]

– Insofern die Arbeitskraft selbst zur Ware wird, können die Gruppen qualifizierter geistiger Arbeit im Kampf um die Verteilung des gesellschaftlich produzierten Reichtums im Gegensatz zu den aneignenden Klassen geraten, während sie in früheren Phasen der Entwicklung als Teilhaber des angeeigneten Mehrprodukts primär im Gegensatz zu den Gruppen der Lieferanten angeeigneter Arbeit standen. Beide Tendenzen setzen sich jedoch widersprüchlich durch, da die Schranken für die erweiterte Reproduktion der qualifizierten geistigen Arbeit den Umfang der Gruppe, ihre gegenseitige Austauschbarkeit und damit ihre Konkurrenz untereinander und gegenüber anderen Gruppen in Grenzen hält und auch Teile der unter die Lohnarbeit subsumierten qualifizierten Arbeitskräfte weiterhin am umverteilten Mehrprodukt partizipieren.[97]

In bezug auf unsere eingangs aufgezeigte Fragestellung scheint an dieser Stelle zunächst die verallgemeinerte Feststellung möglich, daß mit dem Eintritt des Kapitalismus in sein monopolistisches Entwicklungsstadium weder von den Trägern geistiger Arbeit im weiteren, noch einer großen Mehrheit von Trägern qualifizierter geistiger Arbeit im engeren Sinne als von Teilen oder assozierten Gruppen der aneignenden Klassen gesprochen werden kann.

Die Gruppen qualifizierter geistiger Arbeit erscheinen vielmehr in spezifischer Struktur gegenüber anderen gesellschaftlichen Gruppen, was sich in der Entwicklung des Begriffes der *Intelligenz* in der gesellschaftswissenschaftlichen Diskussion gegen Ende des 19. Jahrhunderts ausdrückt.[98]

Spezifische soziale Strukturen der Intelligenz

Davon ist jedoch die Frage zu unterscheiden, inwieweit die Intelligenz nicht nur als eine durch Gemeinsamkeiten der Arbeitstätigkeit, Qualifikation usw. gekennzeichnete Gruppe auftritt, sondern eine soziale Formation bildet, die innerhalb der Klassenstruktur spezifische Strukturen aufweist, die auf ihre Stellung innerhalb der gesellschaftlichen Arbeitsorganisation zurückzuführen sind und auf dieser Grundlage zugleich spezifische Interessen und Verhaltensweisen in den gesellschaftlichen Klassenauseinandersetzungen herausbildet.

In ihrer Stellung gegenüber den zentralen Strukturen des kapitalistischen Produktionsverhältnisses, dem Antagonismus gesellschaftlicher Arbeit und privater Aneignung, von Lohnarbeit und Kapital, sowie gegenüber den noch bestehenden Klassenstrukturen vorkapitalistischer Gesellschaften weist die Intelligenz keine eigenständigen Strukturen aus. Sie ist vielmehr unter verschiedene Eigentums- und Produktionsformen subsumiert. In dem von uns behandelten Zeitraum der Entwicklung des Monopolkapitalismus rekrutieren sich ihre relevantesten Teilgruppen aus den einfachen Warenproduzenten, Staatsbeschäftigten und auf verschiedenen Ebenen der Hierarchie der Arbeitsorganisation stehenden Gruppen aus dem Bereich der Einzelkapitale.[99]

Als gemeinsame *Merkmale* erscheinen zunächst nur die qualifizierte Ausbildung an Hoch- bzw. höheren Fachschulen, welche die Grundlage ihrer Tätigkeit und ihrer materiellen Reproduktion ist. Kautsky bezeichnet daher die Intelligenz als eine Gruppe „die ihren Lebensunterhalt aus der Verwertung ihrer besonderen Kenntnisse und Fähigkeiten zieht“.[100]

Die Besonderheiten der Kenntnisse und Fähigkeiten der Intelligenz lassen sich einmal bestimmen als Abgehobenheit der Qualifikation, aus der ein Zugang zu einem spezifischen Spektrum von Funktionen in der gesellschaftlichen Organisation der Arbeit resultiert, sie sind andererseits zu fassen als Besonderung der einzelnen Intelligenzgruppen gegeneinander als Moment der fachlichen und beruflichen Spezifik ihrer Qualifikation und Tätigkeit. Die höhere Qualifikation der Intelligenzgruppen begründet darüber hinaus den qualifizierten Charakter ihrer Arbeitskraft und damit einen – im Vergleich zu anderen gesellschaftlichen Gruppen bzw. Gruppen mit vergleichbarem sozial-ökonomischen Status – höheren Anteil in der Verteilung des gesellschaftlichen Reichtums.

1. Die Verwertung besonderer Kenntnisse und Fähigkeiten unterscheidet die Intelligenz von anderen gesellschaftlichen Gruppen, insbesondere von den einfachen, unqualifizierten Lohnarbeitern, deren

Arbeitskraft gegenüber dem spezifischen Gebrauchswert ihrer Arbeit gleichgültig und variabel gegenüber verschiedenen Tätigkeiten ist. Das Interesse der Intelligenzgruppen an der Verwertung ihrer Fähigkeiten realisiert sich also über ein spezifisches Gebrauchswertinteresse oder Berufsinteresse. Besonders Kautsky hat diesen Aspekt hervorgehoben:

„Welche Interessengemeinschaft verbindet den Arzt mit dem Rechtsanwalt, den Maler mit dem Philologen, den Chemiker mit dem Leitartikler? Nicht nur die geistigen, sondern auch die materiellen Interessen jedes dieser Berufe sind ganz besondere. Wollte man sie mit den Handwerkern vergleichen, dann ähneln sie in dieser Beziehung nicht den Proletariern der Großindustrie, sondern den Handwerksgesellen des Mittelalters, die auch gemeinsame Klasseninteressen nicht kannten, sondern nur Berufsinteressen."[101]

Zwar konstatiert bereits Kautsky eine Tendenz der inneren Hierarchisierung der Berufe, welche ihre Interessengemeinschaft tendenziell destruiert, jedoch weist gerade die Organisationsstruktur der qualifizierten geistigen Arbeit zu Beginn dieses Jahrhunderts auf den beruflich-ständischen Faktor als einer real wirksamen Erscheinung für die besonderen Strukturen der Intelligenz hin.

2. Das spezifische Spektrum von Funktionen in der gesellschaftlichen Arbeitsorganisation, welches die Intelligenz einnimmt, ist, wie wir bereits skizziert haben, nicht durch eine gemeinsame Stellung gegenüber der Aneignung gesellschaftlicher Arbeit gekennzeichnet. Was macht unter diesem Aspekt ihre Gemeinsamkeit aus, die es rechtfertigen, von der Intelligenz als einer sozialen Formation zu sprechen?

3. Die Gemeinsamkeit der Stellung der Intelligenz – formal unter die Lohnarbeit oder die einfache Warenproduktion subsumiert – besteht im vorindustriellen Charakter ihrer Arbeitsorganisation, ihrer „Arbeit als Einzelpersonen" oder „in kleinen Kollektiven" –[102] wie sie Lenin hervorhebt und zur Grundlage seiner sozial-psychologischen Betrachtungen über die Rolle der Intelligenz in den Klassenauseinandersetzungen macht. Auf der Basis dieses Entwicklungsstandes der Arbeitsteilung und Qualifikation ist der qualifizierteste geistige Arbeiter noch im Besitz von Qualifikationen und Fertigkeiten – die dem traditionellen Handwerker vergleichbar –, es ihm potentiell gestatten, als Selbständiger, als Angehöriger der freien Berufe seinem Erwerb nachzugehen. Dies begründet einmal die noch relevanten Bewegungen sozialer Mobilität innerhalb der Intelligenz, zum anderen unterstreicht es die Bedeutung der beruflichen Strukturen, die für die Stellung der einzelnen Intelligenzgruppen als konstanter Faktor gegenüber einer zeitweiligen Subsumtion unter eine bestimmte Form der gesellschaftlichen Produktion wirken. Der beschriebene Entwicklungsstand der Arbeitsteilung und Kooperation ist von dem französischen marxistischen Theoretiker Serge Laurent als ein Ausdruck der Spezifik der intellektuellen Arbeit beschrieben worden:

„Schließlich ist die Arbeit des Intellektuellen eine an die Person gebundene. Im Unterschied zur körperlichen Arbeit, die durch Wiederholung und Teilbarkeit gekennzeichnet ist, enthält die intellektuelle Arbeit eine Reihe von Arbeitsgängen, die nicht genau wiederholbar sind. Der intellektuelle Arbeiter übernimmt nicht stets die gleiche Aufgabe, sondern eine Gruppe von Aufgaben, deren Gliederung sich aus der Gesamtheit ergibt und deren Prioritäten zum Teil durch ihn selbst definiert werden. Die Suche nach Neuerungen kann nicht von außen gelenkt werden. Auch kann die intellektuelle Arbeit nicht gleichgültig von dieser oder jener Person ausgeführt werden. In einem bestimmten Maße ist sie untrennbar an einen Menschen gebunden. Diese Charakteristik muß man wohl in ihren oft engen Grenzen sehen, aber man kann sie nicht übersehen, selbst wenn der Kapitalismus es oft erscheinen läßt, als ob sie nicht vorhanden sind. Sie impliziert eine gewisse Autonomie im Rhythmus der Arbeit und oft auch in ihrer Organisation. Trotz des Fortschritts der Arbeitsteilung der Spezialisierung wird die intellektuelle Arbeit nicht zur Fließbandarbeit. Und sie wird es nicht werden, ohne ihren Charakter zu ändern.“[103]

Auch wenn die Analyse der verschiedenen Gruppen der Intelligenz in bezug auf die von Laurent aufgezeigten Kriterien erhebliche graduelle Unterschiede aufweist, ist die intellektuelle Arbeit damit doch im Vergleich zu den Tätigkeiten des industriellen Produktionsprozesses als in geringerem Maße austauschbare, als *Spezialistenarbeit* zu charakterisieren. Sie bleibt gebunden an spezifische Arbeitsmittel wie auch spezifische Vorbildung.

4. Legt man diese Gemeinsamkeiten ausschließlich einer Bestimmung der Intelligenz als sozialer Formation zugrunde, ist demgegenüber zu Recht einzuwenden, daß auch andere Gruppen innerhalb der gesellschaftlichen Arbeitsorganisation vom Standpunkt des Entwicklungsstandes ihrer Produktionsweise eine vergleichbare Stellung einnehmen, es sich also nicht um eine Besonderheit der qualifizierten geistigen Arbeit handelt. Es ist jedoch auf weitere Gemeinsamkeiten hinzuweisen, die als Spezifika des Inhalts der Intelligenzarbeit zu bezeichnen sind und gegenüber den beruflichen Besonderheiten hervortreten, wie auch spezifische Rollen in der gesellschaftlichen Arbeitsorganisation begründen. Die Arbeit der Intelligenz enthält bestimmende Elemente der Planung, Konzipierung, Normensetzung und -vermittlung sowohl im wissenschaftlich-technischen Bereich wie im Bereich der ideologischen Reproduktion.

Auch wenn die Intelligenz nicht in Leitungsfunktionen innerhalb des hierarchischen Systems der gesellschaftlichen Arbeitsorganisation tätig ist, enthält ihre Arbeit doch in starkem Maße Elemente der Leitung und Bestimmung über gegenständliche und lebendige Arbeit.

Dies bedingt insbesondere ihre aktive Rolle in der Reproduktion der jeweiligen gesellschaftlichen Verhältnisse, damit – unter den Bedingungen der antagonistischen Klassengesellschaft – auch der Verhältnisse der Herrschaft und der Aneignung gesellschaftlicher Arbeit, auch wenn sie selbst nicht mehr Teil der herrschenden Klasse ist und sich ihre Beziehungen zu dieser widersprüchlich gestalten. Auf den historischen und strukturellen Kontext dieser Besonderheiten hat insbesondere Antonio

Gramsci hingewiesen, der die Gemeinsamkeiten der Intelligenz wesentlich „innerhalb des Systems der Verhältnisse, in dem die intellektuellen Tätigkeiten (und folglich die sie verkörpernden Gruppen – C. K.) bestehen ..." untersucht.

„Jede Gesellschaftsklasse, die sich bildet, weil sie eine wesentliche Funktion innerhalb der Welt ökonomischer Produktion innehat, schafft sich zugleich (...) eine oder mehrere Schichten von Intellektuellen, die ihr Homogenität und Bewußtsein der eigenen Funktion nicht allein auf ökonomischem, sondern auch auf gesellschaftlichem und politischem Gebiet verleihen. Der kapitalistische Unternehmer ruft den Techniker der Industrie auf den Plan, den Wissenschaftler der politischen Ökonomie, den Organisator einer neuen Kultur, eines neuen Rechts usw. ..."[105]

Ohne hier auf die von Gramsci entwickelte und methodisch relevante Unterscheidung von „traditionellen" und „neuen" Intelligenzgruppen einzugehen, impliziert diese spezifische Beziehung der Intelligenz in den jeweiligen gesellschaftlichen Verhältnissen, ihre aktive Rolle in deren Reproduktion, Gemeinsamkeiten ihrer Rolle in der gesellschaftlichen Arbeitsorganisation. Sie tritt vor allem dort noch in einer spezifischen Interessengebundenheit der Intelligenz an die aneignende Klasse in Erscheinung, wo die besonderen Qualifikationen Herrschaftsqualifikationen einschließen und ihre Arbeit durch die Doppelbestimmtheit der Überbaufunktionen charakterisiert ist.

„Eine Reihe von Berufen der Intelligenz unterscheiden sich neben anderem auch darin vom Proletariat, daß in ihnen die Arbeitskraft für die Bourgeoisie nur dann einen Werth hat, wenn sie von einer bestimmten Gesinnung begleitet ist. Zahlreiche Kopfarbeiter, Lehrer gewisser Fächer, Journalisten, Gerichtsbeamte, Staatsanwälte usw. können ihre Thätigkeit gar nicht entfalten, ohne eine bestimmte Gesinnung gegenüber den verschiedenen Klassen und Parteien in Staat und Gesellschaft zu bekunden, und es ist von vornherein ihre Aufgabe, das Bestehende zu vertheidigen. Dafür werden sie bezahlt, und es können sich in diesen Berufen nur Leute behaupten, die entweder die Gesinnung ihrer ‚Arbeitgeber' theilen oder die ihre Gesinnung an diese verkaufen."[106]

In der marxistischen Theorie – zu Beginn des imperialistischen Studiums des Kapitalismus – wird die Intelligenz als eine „soziale Schicht"[107] bezeichnet. Lenin verwendet diesen Begriff, wobei er jedoch gleichzeitig ihren besonderen Charakter hervorhebt, der sie keineswegs mit den ihrem Aneignungsverhältnis nach einheitlichen traditionellen Mittel- und Zwischenschichten vergleichbar macht.

„Stellt man die Intelligenz dem Proletariat und der Bauernschaft gegenüber, so bedeutet das, daß man sie als eine bestimmte soziale Schicht, als eine Gruppe von Personen betrachtet, die eine soziale Stellung einnehmen, welche ebenso bestimmt ist wie die soziale Stellung der Lohnarbeiter und der Bauern. Als eine solche Schicht aber ist die russische Intelligenz gerade eine bürgerliche und kleinbürgerliche Intelligenz (...). Meint man aber jene Intellektuellen, die *noch keine* bestimmte soziale

Stellung *eingenommen haben* oder aber vom Leben aus ihrer normalen Stellung bereits *„hinausgeworfen worden sind* (...), so ist es völlig unsinnig, diese Intelligenz dem Proletariat gegenüberzustellen ...“[108]

Kautsky bezeichnet die Intelligenz – in einer freilich theoretisch unklaren Fassung des Klassenbegriffs – als Klasse, deren Gemeinsamkeiten in ihrer durch die höhere Bildung vermittelten privilegierten Stellung, einer Stellung als „Aristokratie des Geistes“ beruhen.

Lassen einerseits die angeführten strukturellen Gemeinsamkeiten der Stellung der Intelligenz in der gesellschaftlichen Organisation der Arbeit in einer bestimmten Entwicklungsphase des Kapitalismus ihre Bezeichnung als eigenständige soziale Formation, als Gruppe, die sich auch folglich durch ein bestimmtes Verhältnis in den gesellschaftlichen Klassenauseinandersetzungen auszeichnen kann, gerechtfertigt erscheinen, müssen diese spezifischen Strukturen andererseits gegenüber denen der traditionellen Mittel- und Zwischenschichten abgehoben werden.

Wir sind daher der Ansicht, daß die von den französischen Marxisten gebrauchte Bezeichnung der Intelligenz als „besonderer sozialer Kategorie“[109] sowohl ihre historische wie strukturell spezifische Dimension am adäquatesten erfaßt, wobei impliziert ist, daß Gruppen der Intelligenz zugleich Teile anderer gesellschaftlicher Schichten und Klassen sein können bzw. sind.

Kern- und Randgruppen, „traditionelle und neue Intelligenz“

Die beschriebenen Strukturen charakterisieren wesentlich die *Kerngruppen* der Intelligenz, die sich sowohl aus den *traditionellen Gruppen* in der *immateriellen Produktion* (literarische, künstlerische Berufe, Juristen, Mediziner, Lehrer u. a.) wie auch den Kadern in technischen, organisatorischen und ökonomischen Leitungs- und Vermittlungstätigkeiten im Bereich der Einzelkapitale und der zentralen staatlichen Leitungs- und Verwaltungsfunktionen bilden. Die von Laurent gebrauchte Unterscheidung beider Gruppierungen in *„traditionelle“* und *„neue Intelligenz“*[110] bezeichnet – anknüpfend an Gramsci – die verschiedenen historischen Entstehungsphasen dieser Gruppen. Die „neuen“ Intelligenzgruppen sind das spezifische Produkt der kapitalistischen Produktionsweise und werden von Gramsci daher auch als *„organische Intellektuelle“*[111], d. h. dem Kapital und der Spezifik der kapitalistischen Produktion organisch verbundene Gruppen bezeichnet.

Der Begriff der *Kerngruppen* beschreibt sowohl die historische Dimension als auch die Ausgeprägtheit der charakteristischen Strukturen vom Standpunkt der Stellung in der gesellschaftlichen Arbeitsorganisation, der Spezifik der Produktion und der Ausbildungsvoraussetzungen, bzw. der Abgehobenheit der Ausbildung gegenüber der anderer gesellschaftlicher Gruppen. Begreift man die Ausbildung als eine der Stellung in der Produktion zugeordnete, bzw. davon abgeleitete Struktur, so kann unter Berücksichtigung der anderen Gesichtspunkte gesagt werden, daß *solche*

Funktionen, die im allgemeinen einen Hochschulabschluß oder einen Abschluß an einer Höheren Fachschule zur Voraussetzung haben, zu den Kerngruppen gerechnet werden können.[112]

Als Randgruppen der Intelligenz bezeichnen wir hingegen die Träger solcher Funktionen, die vom historischen Standpunkt als abdifferenziert gegenüber den Intelligenztätigkeiten gelten können und die Spezifika der Intelligenz nur in abgeschwächter Form ausbilden.

Unter den Bedingungen der Entwicklung des Ausbildungssystems im kapitalistischen Deutschland sind sie – wie an anderer Stelle noch zu zeigen sein wird – häufig durch die Voraussetzungen eines Fachschulabschlusses gekennzeichnet.[113]

Die Unterscheidung von *traditioneller und neuer Intelligenz* hat in bezug auf deren innere Struktur mehr als nur historische Bedeutung.

Die Gruppen der neuen Intelligenz sind ihrer Stellung in der gesellschaftlichen und betrieblichen Arbeitsorganisation nach vor allem als Teil der dem Vergesellschaftungsgrad der jeweiligen Arbeitsprozesse und dem Charakter des kapitalistischen Verwertungsprozesses, bzw. staatlicher Herrschaftsprozesse entsprechenden hierarchischen Leitungsstrukturen auszumachen,[114] der die Masse der einfachen Lohnarbeiter subsumiert ist.

Die „traditionellen" Intelligenzgruppen bilden hingegen selbst die Kerne unter den Beschäftigten[115] der entsprechenden Sektoren des Reproduktionsprozesses, wobei entsprechend des niedrigeren Vergesellschaftungsgrades ihrer Arbeit und der spezifischen Funktion dieser Prozesse die hierarchische Struktur weniger entwickelt ist, als im Bereich der kapitalistischen Produktion und Vermittlung bzw. der zentralen Staatstätigkeit. Wie in unserer empirischen Darstellung im einzelnen noch zu belegen sein wird, bedingt das eine größere innere Homogenität der Gruppen der traditionellen Intelligenz. Die spezifische Stellung dieser Sektoren läßt die Selbständigkeit der hier beschäftigten Intelligenzgruppen stärker in Erscheinung treten.[116]

Intelligenz, gesellschaftliche Klassen und Zwischenschichten

Bildet die Intelligenz einerseits spezifische Strukturen als Formation der Klassen- und Sozialstruktur des entwickelten Kapitalismus aus, sind andererseits die einzelnen Gruppen der Intelligenz qua ihrer Stellung gegenüber den Produktionsverhältnissen und den daraus abgeleiteten Strukturen der gesellschaftlichen Arbeitsorganisation zugleich verschiedenen Klassen und gesellschaftlichen Zwischenschichten subsumiert.

Die verschiedenen Strukturen sind unserer Meinung nach in der empirischen Analyse entsprechend der Ausprägung ihrer charakteristischen Merkmale in den einzelnen ihnen angehörenden Gruppen und Individuen zu erfassen, wobei in den verschiedenen Funktionen Elemente einer Struktur auch jeweils als bestimmende in Erscheinung treten können.

– Das gilt einmal im Verhältnis der Kern- und Randgruppen der Intelligenz, wobei im Falle der Randgruppen die Spezifik der Intelligenzstrukturen gegenüber denen der Lohnarbeit in entwickelter Form zurücktritt. So erhöht sich die Austauschbarkeit der Arbeitskraft bei den abgespaltenen Tätigkeiten, die Entwicklung des Kooperationsgrades der Arbeit nähert sich derjenigen der Zentralbereiche der industriellen Produktion an bzw. ist mit diesen identisch.[117]

– Auch kann vom Zurücktreten von der Intelligenz spezifischen Strukturen bei denjenigen Gruppen qualifizierter geistiger Arbeit gesprochen werden, die ihrer Stellung in der gesellschaftlichen Arbeitsorganisation nach durch Aneignungsfunktionen fremder Arbeit gekennzeichnet sind. Der Hochschulabschluß erscheint hier zumeist nur als eine formale Voraussetzung, die jedoch mit dem Inhalt der Arbeitstätigkeit selbst oft nur wenig zu tun hat.[118] Davon zu unterscheiden sind Spezialisten in Leitungsfunktionen und Spezialisten ohne Leitungsfunktionen sowie Angehörige der freien Berufe.

Sie sind einerseits Teil der lohnabhängigen Zwischenschichten, bzw. der einfachen Warenproduzenten. Ihre Stellung in der gesellschaftlichen Organisation der Arbeit bleibt gebunden an die Ausübung qualifizierter geistiger Arbeit und an eine spezifische Ausbildung. Innerhalb der Lohnabhängigen bzw. einfachen Warenproduzenten üben sie ein bestimmtes und gegenüber Nichtqualifizierten ein nicht austauschbares Spektrum von Funktionen aus, deren Mobilitätsstrukturen primär innerhalb der beruflichen Gruppierungen verlaufen.

Exkurs:

Zur Rolle der Intelligenz in den gesellschaftlichen Klassenauseinandersetzungen

Wie bereits einleitend skizziert, erfolgt die Beschäftigung mit dem Intelligenzproblem in der marxistischen Diskussion in der deutschen und russischen Sozialdemokratie zu Beginn dieses Jahrhunderts unter dem speziellen Erkenntnisinteresse an ihrem Verhalten in den gesellschaftlichen Klassenauseinandersetzungen. Seitdem sind – besonders mit der Entwicklung einer demokratischen Oppositionsbewegung in der studentischen Intelligenz entwickelter kapitalistischer Länder – sowohl von marxistischer Seite wie auch von Vertretern verschiedener Strömungen der studentischen Bewegung – eine größere Anzahl von Arbeiten zum Gegenstand der Rolle der Intelligenz in den Klassenauseinandersetzungen produziert worden, deren Aufarbeitung thematisch wie räumlich den Rahmen einer Klassen- und Sozialstrukturuntersuchung sprengen würde.

Wir beschränken uns an dieser Stelle auf die Rezeption einiger Hinweise prinzipieller Bedeutung besonders in den Arbeiten Lenins und deutscher Sozialdemokraten, die an die analysierten Besonderheiten der Stellung in der gesellschaftlichen Arbeitsorganisation anknüpfen.

Insbesondere Lenin hat sich mit der Reflektion der spezifischen Produktionsweise und Arbeitsgegenstände der intellektuellen Arbeit im Bewußtsein und der politischen Praxis der Intelligenz auseinandergesetzt und die Unterschiede gegenüber dem Proletariat herausgearbeitet. Er entwickelt, wie die Spezifik der Produktionsweise und auch die zwischenklassenmäßige Stellung und die sozialen Mobilitätsprozesse ihren Ausdruck darin finden, „daß jene zwieschlächtigen, eklektischen Anschauungen unter ihr besonders weit verbreitet sind, jener Mischmasch entgegengesetzter Prinzipien und Ansichten, jenes Bestreben, sich in die erhabensten Sphären zu erheben und die Konflikte der historischen Bevölkerungsgruppen durch Phrasen zu vertuschen".[119]

Über den Typus der Literaten – den er weitgehend für andere Intelligenzgruppen verallgemeinert – schreibt Lenin: „Seine Waffen sind sein persönliches Wissen, sein persönliches Können, seine persönliche Überzeugung. Er kann nur zur Geltung kommen durch seine Persönlichkeit. Vollste Freiheit für sie erscheint ihm als die erste Vorbedingung gedeihlichen Wirkens."[120]

Bedeutet das für das Verhältnis von Intelligenz und Arbeiterbewegung eine „Erklärung für die Schwächlichkeit und Wankelmütigkeit, die das Proletariat so oft zu spüren bekommt",[121] so ist es andererseits die gerade der Spezifik geistiger Arbeit geschuldete Abstraktionsfähigkeit von den „Interessen der historischen Bevölkerungsgruppen", welche Gruppen der Intelligenz gleichwohl zu den intellektuellen Exponenten der kämpfenden Klassen machen kann, selbst wenn sie nicht Teile dieser Klassen sind. Lenin präzisiert diese Funktion in seiner Schrift über die Aufgaben der revolutionären Jugend bei der Untersuchung verschiedener politischer Gruppierungen in der Studentenschaft:

„Eine andere Gruppierung konnte es ja in unserer Studentenschaft gar nicht geben, denn sie ist der am feinsten reagierende Teil der Intelligenz, die Intelligenz aber heißt gerade darum Intelligenz, weil sie die Entwicklung der Klasseninteressen und der politischen Gruppierungen in der ganzen Gesellschaft am bewußtesten, am entschiedensten und am genauesten widerspiegelt und zum Ausdruck bringt."[122a]

Auch Kautsky hat in seinen Arbeiten zum Verhältnis von Intelligenz und Sozialdemokratie unterstrichen, daß die Intelligenz „jene Bevölkerungsschicht ist, die am leichtesten sich über Klassen- und Standesborniertheit zu erheben, sich idealistisch erhaben zu fühlen über Augenblicks- und Sonderinteressen und die dauernden Bedürfnisse der gesamten Gesellschaft ins Auge zu fassen und zu vertreten" vermag.[122b]

Diesem Hinweis kommt grundlegende Bedeutung für die Erklärung des politischen Übergangs von Gruppen der Intelligenz, die ihrer Produktionsweise und Lebenslage dem Proletariat durchaus fern stehen, auf politische Positionen der revolutionären Arbeiterbewegung, aber auch der Erscheinung jenes „Stellvertreterbewußtseins" zu, das in der Entwicklung antiimperialistischer Kämpfe sowohl in entwickelten kapitalistischen Ländern wie auch in den Reihen der nationalen Befreiungsbewegungen von

Intellektuellen-Gruppen zum Ausdruck gebracht worden ist. Freilich wird es der präziseren historischen Analyse der Rolle von Intellektuellen in den politischen Bewegungen seit Beginn dieses Jahrhunderts bedürfen, um nach den spezifischen Bedingungen zu fragen, unter denen sich diese allgemeinen Merkmale der Besonderheiten in der Lage der Intelligenz in ihrer politischen Ausrichtung auf diese oder jene Seite der kämpfenden Klassen ausdrücken.

Entwicklungstendenzen der Intelligenz im staatsmonopolistischen Kapitalismus

Die Ausbildung besonderer sozialer Strukturen der Intelligenz ist Ausdruck eines historisch spezifischen Entwicklungsstandes von Produktivkräften und Produktionsverhältnissen. Während die gesellschaftlichen Grundklassen für die kapitalistische Gesellschaftsformation selbst konstitutiv sind, sich nach ihrem Umfang und ihrer inneren Struktur historisch lediglich modifizieren, können schichtspezifische Strukturen auch im Verhältnis einzelner Entwicklungsstadien einer Gesellschaftsformation ganz oder teilweise ausgelöst werden.

Die Frage, inwieweit von derartigen Auflösungsprozessen und von einer Verschmelzung der Intelligenz mit anderen gesellschaftlichen Klassen und Schichten gesprochen werden kann, war besonders seit Mitte der sechziger Jahre wiederholt Gegenstand der Diskussion in den marxistischen Gesellschaftswissenschaften.[123]

Bei der Vertretung durchaus kontroverser Standpunkte zum Problem der Spezifik der Intelligenzstrukturen und ihrer Stellung in der Klassen- und Sozialstruktur des staatsmonopolistischen Kapitalismus beziehen sich deutschsprachige wie ausländische Autoren vorrangig auf die Veränderungen in der Struktur der *industriellen* Produktions- und Vermittlungstätigkeiten im Prozeß der wissenschaftlichen Durchdringung der materiellen Produktion, Veränderungen, deren Gesamtzusammenhang auch durch den Begriff der wissenschaftlich-technischen Revolution charakterisiert worden ist.

Die nach dem zweiten Weltkrieg – vor allem seit Ende der fünfziger Jahre – in den entwickelten kapitalistischen Ländern vorangetriebene Entwicklung des industriellen Produktivkraftsystems und seiner Arbeitskräftestruktur haben dabei das Interesse der Untersuchungen in erster Linie auf jene Gruppen qualifizierter geistiger Arbeit gelenkt, die mit den industriellen Produktions- und Vermittlungstätigkeiten verbunden sind. Damit einher geht jedoch die Tendenz einer Verallgemeinerung der dort zu analysierenden Strukturveränderungen für die Gesamtgruppen der Intelligenz, welche die Spezifik der verschiedenen Beschäftigungsbereiche – sowohl nach ihrer stofflichen Seite, wie nach den unterschiedlichen Produktions- und Aneignungsformen – nicht mehr in den Griff zu bekommen vermag.[124]

Unter diesem Gesichtspunkt sind auch die klassentheoretischen Verallgemeinerungen zu sehen, die von einer Annäherung, dem Übergang bzw.

der Verschmelzung von Intelligenz und Arbeiterklasse im staatsmonopolistischen Kapitalismus sprechen. Kontroverse Positionen in der Intelligenzfrage verweisen nicht zuletzt auf nationale Entwicklungsspezifika, wobei zu beachten ist, daß das Problem der Abgehobenheit der Intelligenz gegenüber anderen gesellschaftlichen Gruppen nicht allein aus der Untersuchung der Arbeitsplatz- und Beschäftigungsstruktur geklärt werden kann, sondern durch die jeweilige Struktur des Ausbildungssystems wesentlich mitbestimmt ist, das auch in den einzelnen entwickelten kapitalistischen Ländern sowohl durch spezifische historische Traditionen als auch Ungleichzeitigkeiten in der Anpassung an die veränderten Bedingungen des Produktivkraftsystems gekennzeichnet wird. Dieser Hinweis bedarf gerade für die Analyse des kapitalistischen Deutschlands der Beachtung, wo sich die Hochschulausbildung in besonders starkem Maße durch ihre Abgehobenheit gegenüber anderen Ausbildungsprozessen, sowohl in inhaltlicher, funktionaler wie auch sozialer Hinsicht auszeichnet.[125] Die Berücksichtigung der spezifischen Entwicklung des Ausbildungssystems erschwert die empirisch fundierte Analyse und Prognose der Intelligenz in der BRD zu einem Zeitpunkt, an dem sich die Prozesse der staatsmonopolistischen Bildungsreform selbst noch in der Entwicklung befinden und ihr weiterer Verlauf nicht allein aus der Klärung bildungsökonomischer Bestimmungen prognostiziert werden kann, sondern ebenso durch die Auseinandersetzungen zwischen verschiedenen gesellschaftlichen Kräften, die sich in den letzten Jahren an den Hochschulen formiert haben, bestimmt werden wird.

Folgt die Analyse der Veränderung der Stellung der Intelligenz im staatsmonopolistischen Kapitalismus den für diese Entwicklungsphase charakteristischen Veränderungen im System der Produktivkräfte und Produktionsverhältnisse, kann sie einerseits von der quantitativ und qualitativ gewachsenen Rolle der Wissenschaft als Produktivkraft und Faktor des volkswirtschaftlichen Wachstums ausgehen, welche durch die bereits an anderer Stelle skizzierte Tendenz der Durchdringung von Wissenschaft und materieller Produktion induziert wird. Sie drückt sich aus in steigenden Aufwendungen für Forschung und Entwicklung, die für alle entwickelten kapitalistischen Länder vor allem im Verlaufe der sechziger Jahre charakteristisch sind.[126] Für das Kapital, für das sich Forschung und Entwicklung in steigenden Dimensionen als Anlagesphäre darstellte, resultiert daraus der Zwang, diese Sektoren nicht mehr nur formell, sondern – im Streben nach Erhöhung der Effektivität, der Durchorganisation der Arbeit innerhalb der Abteilungen, dem Vorantreiben der Spezialisierung und arbeitsteiliger Kooperationsprozesse – auch reell seinen Verwertungsbedingungen zu unterwerfen. Im Übergang zur Großforschung sprengt die wissenschaftliche Grundlagenforschung die Grenzen selbst der hochmonopolisierten Einzelkapitale und wird zum Teil zur öffentlich finanzierten Gemeinschaftsaufgabe unter Regie des Staates bzw. der gemeinsamen Kontrolle von Staat und Einzelkapitalen.[127]

Die Subsumtion der F+E-Abteilungen unter die Kapitalverwertung findet ihren Ausdruck im überproportionalen Wachstum sowohl abgespaltener einfacher Routinetätigkeiten, als auch des ingenieurtechnischen Personals, demgegenüber wissenschaftlich qualifizierte Forscher nur noch eine Minderheit bilden.[128] Die sich hier in der Beschäftigungsstruktur der qualifizierten geistigen Arbeit darstellende Tendenz der Zunahme technischer Vermittlungstätigkeiten gegenüber qualifiziertem wissenschaftlichem Personal und Leitungskadern, die mit einer Verstärkung der Arbeitsteilung einhergeht und auch durch den Begriff der Entwicklung zum wissenschaftlichen Detailarbeiter[129] charakterisiert wurde, kann für die Gesamtstruktur der qualifizierten industriellen Arbeit verallgemeinert werden. Sie findet ihren Niederschlag in der Herausbildung und Ausdehnung der Planungs-, Arbeitsvorbereitungs- und Vermittlungstätigkeiten in den der materiellen Produktion vor- und nachgelagerten Bereichen, die in Form von Stabsabteilungen organisiert, spezialisierte Zuarbeitungsfunktionen für Leitungsentscheidungen bzw. komplexere wissenschaftliche Prozesse repräsentieren.

Bedarf der wissenschaftliche Detailarbeiter unter dem Gesichtspunkt kurzfristig begrenzter Anforderungen der Tätigkeitsstruktur nicht mehr der komplexen theoretischen Qualifikation, sondern anwendungsbezogenen Spezialwissens und gerät andererseits seine subordinierte Rolle innerhalb arbeitsorganisatorisch gestraffter Produktionsprozesse in Widerspruch zu den traditionellen Sozialqualifikationen der Hochschulen, besteht die Möglichkeit, sein Arbeitsvermögen durch Ausbildungsprozesse zu produzieren, die zeitlich verkürzter und inhaltlich stärker an der Berufsausbildung der qualifizierten Arbeiterschichten orientiert sind.[130] Unter dem Primat kapitalistischer Verwertungsinteressen können somit die Reproduktionskosten gesenkt und der Anteil angeeigneter Mehrarbeit erhöht werden. *Damit ist jedoch von der Tendenz zu sprechen, Teile des qualifizierten Personals selbst von den theoretischen Potenzen des Produktionsprozesses zu trennen und sie auf eine Ausübung arbeitsteiliger Funktionen zu fixieren.*

In dieser Hinsicht kann von Analogien zur Entwicklung des industriellen Teilarbeiters in der Herausbildung der kapitalistischen Produktionsweise gesprochen werden. Im Unterschied zu diesen bleibt jedoch auch der wissenschaftliche Teilarbeiter Träger besonderer Qualifikationen, die ihn nicht beliebig gegenüber anderen spezialisierten bzw. geringer qualifizierten Gruppen austauschbar machen. Allerdings erhöht sich seine Austauschbarkeit mit der Verkürzung der Ausbildung und der Zunahme gleichartig spezialisierter Beschäftigter sowie der Reduktion der Qualifikationen auf allgemeine technische Kenntnisse in der vertikalen Abstufung der Qualifikationshierarchie bei den Technikern und den technischen Sonderfachkräften.

Kann somit für den Bereich der industriellen Produktion, in dem sich allerdings nur eine Minderheit der Intelligenz konzentriert, nur für Gruppen abdifferenzierter Intelligenzarbeit von Prozessen gesprochen werden, die sich in der reellen Subsumtion unter das Kapital den Kerngruppen der industriellen Lohnarbeiter annähern, bedarf die Entwicklung der traditionellen Kerngruppen der Intelligenz in den Sektoren der Reproduktion des Arbeitsvermögens und der allgemeinen Staatstätigkeiten der besonderen Untersuchung. Für die Mehrheit dieser Gruppen gilt, daß sie Arbeitstätigkeiten gegenüber Personen erbringen, die sich als weniger standardisierbar und arbeitsteilig organisierbar erweisen, als Prozesse, deren Gegenstand selbst in vergegenständlichter Arbeit besteht.[131]

Die Entwicklung der medizinischen und Bildungstechnologie tangiert dabei primär Hilfstätigkeiten, die sich in stärkerem Maße abdifferenzieren lassen, zerlegt jedoch nicht die Kernprozesse dieser Arbeitsbereiche. Die sich abzeichnenden Entwicklungstendenzen deuten dort weniger auf eine Ersetzung qualifizierter durch weniger qualifizierte Arbeit als auf eine stärkere Spezialisierung etwa der Lehrer- und Arztfunktion und der Zunahme technischer Hilfstätigkeiten.[132]

Gerade für die Gruppen der traditionellen Intelligenz realisiert sich die starre Bezogenheit der Ausbildung auf ein spezifisches Ausbildungssystem im Bereich der Staatstätigkeit und der auf die Intelligenzgruppen selbst konzentrierten Beschäftigung in geringerer beruflicher Flexibilität, die minder entwickelte Austauschbarkeit gegenüber anderen Beschäftigungsgruppen impliziert. Die Veränderungen in der Stellung der traditionellen Intelligenzgruppen – besonders in den Bereichen der Reproduktion des Arbeitsvermögens – im staatsmonopolistischen Kapitalismus bedürfen darüber hinaus der Analyse vor dem Hintergrund der zunehmenden Bedeutung der Kosten immaterieller Reproduktion innerhalb des Reproduktionsfonds der Arbeitskraft, besonders der Kosten für die Produktion qualifizierten Arbeitsvermögens.[133] Als der unmittelbaren Kapitalverwertung nicht subsumierter Bereiche, deren Produktionskosten vielmehr faux frais für die Einzelkapitale darstellen, unterliegen sie systemspezifischen Wachstumsdisproportionen gegenüber dem kapitalistischen Sektor, die einerseits als Ungleichheit in der Entwicklung von individueller und gesellschaftlicher Konsumtion erscheinen,[134] sich für Produzenten und Konsumenten gleichsam in mangelnden und veralteten materiellen Ausstattungen und dem gestiegenen Bedarf gegenüber zurückbleibenden Kapazitätenerweiterungen manifestieren. Die Sektoren der Reproduktion des Arbeitsvermögens können sich somit auch zu einem spezifischen Konfliktfeld entwickeln, in dem die gesellschaftlichen Antagonismen in neuer Qualität in Erscheinung treten.[135]

Damit werden zugleich die Anpassungsfähigkeit an die erweiterte Reproduktion der Arbeitskraft, besonders die veränderten Qualifikationsanforderungen unmittelbar tangiert. Da eine ausführliche Darstellung der qualitativ neuen Widerspruchsentwicklungen insbesondere in der Qualifikationsfrage, den Rahmen der vorliegenden Arbeit sprengen würde, müssen wir uns an dieser Stelle auf einige Überlegungen über die weitere Entwicklung der Ausbildung für die Intelligenzgruppen beschränken, wie sie sich in aktuellen Tendenzen der Hochschulpolitik der BRD abzeichnen.

Exkurs:

Qualifizierte Arbeitskraft, Verwertungsbedingungen des Kapitals und Disponibilitätsanforderungen unter den Bedingungen des wissenschaftlich-technischen Fortschritts

Gemessen am Durchschnitt des Gesamtarbeiters repräsentiert die Arbeitskraft der Hoch- und Fachschulabsolventen überdurchschnittliche Ausbildungskosten, aus denen sich ihr höherer Wert ableitet und ein entsprechender Preis realisiert werden kann, wenn die qualifizierte Arbeitskraft Warencharakter annimmt.

Marx bestimmt höher qualifizierte Arbeit als komplizierte Arbeit, die sich in höheren Werten vergegenständlicht.

„Die Arbeit, die als höhere, kompliziertere Arbeit gegenüber der gesellschaftlichen Durchschnittsarbeit gilt, ist die Äußerung einer Arbeitskraft, worin höhere Bildungskosten eingehen, deren Produktion mehr Arbeitszeit kostet und die daher einen höheren Wert hat als die einfache Arbeitskraft. Ist der Wert dieser Kraft höher, so äußert sie sich daher auch in höherer Arbeit und vergegenständlicht sich daher in denselben Zeiträumen in verhältnismäßig höheren Werten.“[136]

Vergegenständlicht sich die Arbeit der höher qualifizierten Arbeitskraft in entsprechend höheren Werten, kann es vom Verwertungsstandpunkt des Kapitals grundsätzlich gleichgültig sein, qualifizierte oder unqualifizierte Arbeit anzuwenden, da in bezug auf die Mehrwertrate eine Kompensation stattfindet.

Qualifizierte Arbeitskraft kann sich nur dann als komplizierte Arbeit vergegenständlichen, wenn die konkrete Qualifikation den konkreten Anforderungen der Arbeitsplatzstruktur entspricht. Unter den Bedingungen der immer rascheren Umwälzung der Arbeitsplatzstruktur in einigen vom wissenschaftlich-technischen Fortschritt besonders betroffenen Bereichen des gesellschaftlichen Arbeitsprozesses, setzt das Qualifikationen voraus, die vor allem die längerfristige Disponibilität der Arbeitskraft zu gewährleisten haben. Gewährleistung der Disponibilität setzt aber Prognostizierbarkeit des Strukturwandels der Arbeitsplätze voraus, die bei einer sich unter kapitalistischen Verhältnissen vollziehenden Produktivkraftentwicklung auf prinzipielle Schwierigkeiten stößt.

Die Herausbildung längerfristiger Disponibilitätsqualifikationen impliziert unter den veränderten Bedingungen des wissenschaftlich-technischen Fortschritts nicht nur die Vermittlung allgemeiner Grundlagenqualifikationen, sondern auch die Befähigung zur Anpassung des Wissens- und Kenntnisstandes an die Veränderung der Arbeitsplatzsstruktur.[137]

Mit dem Wachstum des Bedarfs an fachbezogenen Spezialisten der qualifizierten geistigen Arbeit gegenüber allgemeinen und stark motivational orientierten Leitungs- und Herrschaftsqualifikationen[138] ist für die Kapitale aber erst diejenige Arbeitskraft verwendbar, die eine der aktuellen Struktur des Produktionsprozesses entsprechende Spezialisierung erfahren hat. Unter dem aktuellen Verwertungsinteresse bedeutet die Herausbildung von Disponibilitätsqualifikationen alternativ zu einer frühen und kurzfristig anwendbaren Spezialisierung nur eine Erhöhung der Reproduktionskosten, der gegenüber keine notwendig höhere, komplizierte Arbeit steht, die sich direkt oder indirekt in höheren Werten vergegenständlicht. Eine längere Ausbildung hat zudem Entzugswirkungen auf das Gesamtpotential verfügbarer Arbeitskräfte und ist von daher auch geeignet, nicht nur den Wert, sondern darüber hinaus auch den Preis der Arbeitskraft zu erhöhen. Frühzeitige Spezialisierung der qualifizierten Arbeitskraft fördert andererseits die Tendenz ihrer länger- oder mittelfristigen Entwertung, je nach dem Tempo der Umwälzung des erforderlichen Wissens in einzelnen Bereichen des gesellschaftlichen Produktions- und Reproduktionsprozesses. In dem Maße, wie sich qualifizierte geistige Arbeit zur Lohnarbeit entwickelt, erhält der Widerspruch zwischen Lohnarbeit und Kapital als Widerspruch zwischen Disponibilität und Verwertung eine spezifische Erscheinungsform auch gegenüber den Funktionen der qualifizierten geistigen Arbeit.

Mit der Erhöhung des Bedarfs an qualifizierten Kadern erscheint andererseits auch unter den Verhältnissen des entwickelten Kapitalismus eine Erweiterung des bisherigen sozialen Rekrutierungsfeldes der Intelligenzfunktionen unter stärkerer Ausschöpfung von „Bildungsreserven" in mittleren und unteren Gruppen der Lohnarbeit unumgänglich. Zunächst abstrahiert von den politisch-ideologischen Implikationen der Herrschaftssicherung, welche die Rekrutierung aus Gruppen der Lohnarbeiterschaft und Arbeiterklasse für wissenschaftlich qualifizierte Tätigkeiten enthält, können die Ausbildungskosten damit immer weniger von den Auszubildenden selbst getragen werden, vielmehr verallgemeinert sich die bereits an anderer Stelle beschriebene Übernahme eines Teils, bzw. der Gesamtkosten durch den Staat, d. h. ihre Finanzierung aus staatlich umverteilter Revenue.[139] Im Rahmen der allgemeinen Staatsausgaben können sie somit sowohl Rate wie auch Schwerpunkt der Kapitalakkumulation unmittelbar tangieren.

Jedoch kann die Notwendigkeit der erweiterten Rekrutierung qualifizierter Kader nicht allein unter bildungsökonomischen Aspekten reflektiert werden. Sie stellt sich vielmehr auch als unmittelbar politisches Problem, wenn sie sich nicht mehr vornehmlich auf Gruppen beschränken kann, welche die objektive soziale Basis monopolkapitalistischer Herrschaftsverhältnisse bilden, bzw. deren Weiterexistenz an die Aufrechterhaltung kapitalistischer Produktionsverhältnisse gebunden bleibt, bzw. die durch sie in den Besitz spezifischer Privilegien gelangen.[140]

Die Entwicklung der Bildungs- vor allem der Hochschulpolitik in der Bundesrepublik seit der Mitte der sechziger Jahre signalisiert den Versuch einer immanenten Lösung der skizzierten Widersprüche, wobei als ein zentrales Instrumentarium die staatlich regulierte *Polarisierung der qualifizierten theoretischen Ausbildung* erscheint, die nicht mehr allein Anpassung an die Veränderung der Arbeitsstruktur, sondern zugleich wesentlich Antizipation ihrer künftigen Entwicklung darstellt.

Sie zeichnet sich gegenwärtig bereits in den Planungen für die Entwicklung der Hochschulen ab, die einen

– überproportionalen Ausbau des Fachhochschulwesens,[141] und
– die langfristige Beschränkung der Mehrheit der Ausbildungsgänge an den Universitäten auf 3–4jährige Kurzstudiengänge vorsieht,[142] während
– weiterführende Aufbaustudiengänge nur einer Minderheit der Studenten vorbehalten bleiben sollen. Innerhalb der Kurzstudiengänge scheint sowohl das motivationale Bildungselement als auch die langfristige theoretische Grundausbildung gegenüber einer enger an der unmittelbaren beruflichen Praxis orientierten Ausbildung zurückzutreten. Sie wird ergänzt durch ein System der betriebsbezogenen Einarbeitung und Weiterbildung, das die umfassende Disponibilität der Absolventen weiter reduziert.

a) die Verkürzung der Ausbildung bei gleichzeitiger Erhöhung des outputs der Universitäten und Hochschulen ermöglicht eine Verwohlfeilerung der Ausbildungskosten und eine Vergrößerung des Potentials an qualifizierten Kadern, durch die langfristig Wert und Preis der qualifizierten Arbeitskräfte gesenkt werden können.[143]

b) Diese Tendenz wird durch verstärkte Übernahme der Ausbildungskosten aus öffentlichen Mitteln forciert. Sofern ein Teil der Kosten nicht mehr in den individuellen Reproduktionsfonds der qualifizierten Lohnarbeiter eingeht, bestimmen sie auch nicht mehr den Tauschwert der Ware Arbeitskraft.[144]

c) Es kommt zur Entwertung der qualifizierten Arbeitskräfte in dem Maße, wie der raschere moralische Verschleiß von Qualifikationen nicht mehr durch eine ausreichende Grundlagenausbildung kompensiert werden kann. Ein größeres Potential an qualifizierten Arbeitskräften soll vielmehr ihre Austauschbarkeit erhöhen und enthält somit die Gefahr verstärkter Unsicherheit der Arbeitsplätze auch für qualifizierte Kader, wie sie sich in anderen kapitalistischen Industriestaaten bereits in Erscheinungen der Arbeitslosigkeit von Gruppen der Intelligenz manifestiert.

Ebenso wie die Analyse der Veränderungen der Arbeitsplatzstruktur deuten die Strukturveränderungen innerhalb des höheren Ausbildungswesens auf eine Polarisierung der qualifizierten geistigen Arbeit hin, die ihre Ausprägung vor allem in den Bereichen der industriellen Produktion und Vermittlung, d. h. im Spektrum der „neuen" Intelligenzgruppen findet. Unter Beibehaltung eines relativ inflexiblen Systems gegeneinander vertikal abgegrenzter Ausbildungsgänge, die sich gegenwärtig trotz formaler Integrationsversuche im Rahmen der Gesamthochschule abzeichnet, können sich gerade bei den qualifizierten Gruppen spezifische Strukturen und soziale Privilegien weiter reproduzieren.

Desgleichen beseitigt auch die Ausprägung des Widerspruchs zwischen Disponibilitäts- und Verwertungsinteressen nicht spezifische Unterschiede und Widersprüchlichkeiten zum allgemeinen Qualifikations- und Tauschwertinteresse der Kerngruppen der Arbeiterklasse, solange sich das Interesse an disponibler Qualifikation erstens noch überwiegend fach- und berufsbezogen artikuliert, zum anderen für *Teilgruppen* der Intelligenz in erster Linie noch Interesse an herrschaftsbezogenen Sozialqualifikationen ist. Das Interesse an der Realisierung des Wertes seiner Arbeitskraft bleibt somit für den intellektuellen Lohnarbeiter noch über besondere Gebrauchswertinteressen vermittelt. An systemspezifische Aneignungs- und Herrschaftsqualifikationen gebunden, kann es nach wie vor in Widerspruch zu den allgemeinen Interessen der Lohnarbeit treten, andererseits verstärkt sich jedoch die Tendenz zur Entwicklung gemeinsamer Interessen dort, wo sich die Tätigkeiten der Intelligenz auf die Reproduktion des Arbeitsvermögens der Lohnarbeit konzentriert.

Zentralisierungstendenzen in den für die Intelligenz relevanten Beschäftigungsbereichen charakterisieren im Verlaufe der sechziger Jahre in der BRD insbesondere die staatlichen Reformmaßnahmen des Ausbildungssektors. Sie signalisieren sich in der Gründung des Wissenschaftsrates, der Einrichtung eines Ministeriums für Wissenschaft und Bildung und der Inangriffnahme einer bundeseinheitlichen Hochschulgesetzgebung.[145] Nach der Schaffung der institutionell-organisatorischen Voraussetzungen werden in der Entwicklung der nächsten Jahre insbesondere Veränderungen der inhaltlichen Seite der Schul- und Studiengänge anstehen, die in zentral erarbeiteten bzw. sanktionierten Lehrplänen und Curricula ihren Ausdruck finden.

Ergänzt durch Veränderungen in der Binnenstruktur resultieren diese Maßnahmen in der Einengung traditioneller Autonomieräume der qualifizierten Beschäftigungsgruppen und im Hervortreten der Vermittlungsfunktionen vorgegebener Inhalte, denen gegenüber das Moment der eigenen aktiven Einflußnahme tendenziell zurücktritt.

Andererseits realisiert sich die Vergesellschaftung und Verwissenschaftlichung von Leitungsprozessen sowohl im Bereich der Einzelkapitale wie auch der Staatstätigkeit in der Ausweitung wissenschaftlicher Stabs- und Beratungsfunktionen und der ausgeprägteren Trennung von wissenschaftlicher Spezialistenarbeit und allgemeinen Leitungskadern (Generalisten), deren Ausbildung zunehmend aus den Bereichen des der öffentlichen Kontrolle zugänglichen Hochschulwesens herausverlagert und auf besondere Ausbildungstätigkeiten konzentriert wird.[146] Der langfristigen Tendenz nach deutet sich hier – in Erweiterung der bereits skizzierten historischen Trennung von qualifizierter geistiger Arbeit und Herrschaftsfunktionen – auch eine Einschränkung der Funktion der Intelligenz als *Rekrutierungsbasis* von Aneignungs- und Herrschaftsfunktionären an.

Nur wenn die letztgenannten Prozesse nicht ausschließlich von einem isolierten arbeitssoziologischen Standpunkt, sondern als Ausdrucksform grundlegender Entwicklungstendenzen des staatsmonopolistischen Herrschaftssystems begriffen werden, sind die ihnen immanenten qualitativ neuen Momente für die Beziehung der Intelligenz gegenüber den Grundklassen und innerhalb des gesellschaftlichen Widerspruchssystems zu erfassen. Die Zentralisierung des ökonomischen und politischen Herrschaftssystems, die besonders in den Überbaubereichen sowohl als organisatorische wie auch inhaltlich-ideologische Anpassung an veränderte Reproduktionsbedingungen in Erscheinung tritt, läßt ebenso wie die skizzierte Qualifikationsproblematik und die Implikationen der materiellen Situation der Infrastrukturbereiche, den Gegensatz zwischen Intelligenz und Monopolbourgeoisie als den bestimmenden in ihren *Klassenbeziehungen* hervortreten.

1 In der theoretischen Diskussion der deutschen Sozialdemokratie sind vor allem die Aufsätze Karl Kautskys in ihrem Organ „Die Neue Zeit" hervorzuheben. Für die deutschen ebenso wie für die russischen Marxisten stellt sich die Intelligenzfrage mit der Herausbildung des Imperialismus sowohl als Problem der innerparteilichen Struktur und Entwicklung, wie auch als bündnispolitische Aufgabe. Lenin knüpft u. a. in seiner Arbeit „Ein Schritt vorwärts zwei Schritte zurück" an die Überlegungen Kautskys an. Hier und in anderen im gleichen Zeitraum publizierten Schriften versucht er, die Ambivalenz der politischen Positionen der Intelligenz auf der Grundlage ihrer spezifischen Produktionsbedingungen und sozio-ökonomischen Übergangsprozesse herauszukristallisieren. Nach der Oktoberrevolution untersucht er mehrmals die Rolle der Spezialisten beim Aufbau der Sowjetmacht. Lenin versteht – wie auch vorher bereits Engels – unter den Spezialisten nicht die Gesamtheit der Intelligenz, sondern in erster Linie die technischen, ökonomischen usw. Kader, d. h. die mit der modernen industriellen Entwicklung besonders verbundenen Gruppen im Unterschied zu den traditionellen Intelligenzgruppen, d. h. den „ideologischen Ständen". (Vgl. Karl Kautsky, Die Intelligenz und die Sozialdemokratie, in: Die Neue Zeit, XII. Jg. [1894/95], Band II, S. 10–16, 43–49, 74–80; Otto Wittelshofer, Geistige und mechanische Arbeit, in: Die Neue Zeit, XIII. Jg., Bd. I, S. 581–591; A. Max, Zur Frage der Organisation des Proletariats der Intelligenz, in: Die Neue Zeit, XIII. Jg., Bd. I, S. 645–654; W. I. Lenin, Revolutionäres Abenteurertum, in: W. I. Lenin: Werke, Berlin, Bd. 6, S. 190; *ders.* Rezension über Karl Kautsky, Bernstein und das sozialdemokratische Programm. Eine Antikritik, in: Werke, Bd. 4, S. 196; *ders.* Ein Schritt vorwärts, zwei Schritte zurück, in: Werke, Bd. 7, S. 266, 324–326; *ders.* An die Partei, in: Werke, Bd. 7, S. 460.)

2 Vgl. Joseph Ben-David, Akademische Berufe und Professionalisierung, in: Kölner Zeitschrift für Soziologie und *Sozial*psychologie, Sonderheft 5, 1961; Theodor Geiger, Aufgabe und Stellung der Intelligenz in der Gesellschaft, Stuttgart. In Deutschland sind vor allem Karl Mannheim und Theodor Geiger mit systematischen soziologischen Abhandlungen über die Intelligenz hervorgetreten. Mannheim stellt die Intelligenz – als von den Gesellschaftsklassen abgehobene Gruppe – in eine Konzeption der Klassenversöhnung und Vermittlung. Geiger widerspricht später dieser „Neutralitätsposition" sowie Mannheims generalisierender Bestimmung der Intelligenz. In seiner Differenzierung von „kulturschöpferischen" und „vermittelnden" Intellektuellen beschreibt er – in kultursoziologisch verkürzter Begrifflichkeit – bestimmte Erscheinungsformen der sozialen Differenzierungsprozesse der geistigen Arbeit.

3 Vgl. Projekt Klassenanalyse, Zur Taktik der proletarischen Partei. Marxsche Klassenanalyse Frankreichs von 1848–1871, Westberlin 1972, S. 8. Die jüngste Veröffentlichung der Westberliner Gruppe erscheint uns als exemplarisch für eine ökonomisch verkürzte Rezeption der Klassentheorie in der aktuellen marxistischen Diskussion.

4 Die hier implizierte allgemeinere Fragestellung nach den Wechselbeziehungen von „Basis" und „Überbau" wird an anderer Stelle noch angesprochen. Kautsky stellt die bei der Intelligenz analysierte Tendenz, „sich über Klassen- und Standesborniertheit zu erheben, sich idealistisch erhaben zu fühlen über Augenblicks- und Sonderinteressen und die dauernden Bedürfnisse der gesamten Gesellschaft ins Auge zu fassen und zu vertreten", in den Bedingungszusammenhang der Spezifik intellektueller Produktion, ihrer interessenmäßigen Stellung und den damit verbundenen Implikationen. (Vgl. Karl Kautsky, Die Intelligenz und die Sozialdemokratie, a. a. O., hier S. 76.

5 Bibliographische Hinweise zu diesem Thema: Vgl. Marxismus-Digest (Hrsg. Institut für marxistische Studien und Forschungen) Nr. 1, 1971, Wissenschaftlich-technische Intelligenz und Angestellte im Spätkapitalismus, S. 148–160.

6 Vgl. Karl Marx, Theorien über den Mehrwert, Erster Teil, Karl Marx/Friedrich Engels, MEW, Berlin, Bd. 26.1., S. 256.

7 Vgl. Siegfried Grundmann, Arbeiterklasse und Intelligenz in unserer Epoche des Übergangs vom Kapitalismus zum Sozialismus, in: Deutsche Zeitschrift für Philosophie, Berlin (DZfPh), 18. Jg. (1970) Nr. 1, S. 1317–1336, hier: S. 1325. „Im Unterschied zur Arbeiterklasse ist die Intelligenz nicht per definitionem eine soziale Klasse (oder soziale Schicht). Sie ist zunächst die Gesamtheit jener Menschen, die geistige, eine hohe Qualifikation erforderliche Arbeit leisten ... Nur unter *bestimmten*, historisch *besonderen* Bedingungen war bzw. ist es richtig, bei Abstraktion von sozialökonomisch anders gestellten (...) Gruppen der Intelligenz von einer ‚sozialen Schicht Intelligenz' zu sprechen."

8 Karl Marx, Das Kapital, 1. Band, MEW, Bd. 23, S. 192.

9 Friedrich Engels, Dialektik der Natur, MEW, Bd. 20, S. 447 ff.; zu Grundlagen, Quellen und Triebkräften der Dialektik von Materie und Bewußtsein im Prozeß der menschlichen Entwicklung unter Verarbeitung der wesentlichen Hinweise von Marx, Engels und Lenin. Vgl. W. Hollitscher, Aggression im Menschenbild, Frankfurt a. M., 1970.

10 Vgl. Karl Marx, Das Kapital, 1. Band, a. a. O., S. 193. „Was aber von vornherein den schlechtesten Baumeister vor der besten Biene auszeichnet, ist, daß er die Zelle in seinem Kopf gebaut hat, bevor er sie in Wachs baut. Am Ende des Arbeitsprozesses kommt ein Resultat heraus, das beim Beginn desselben schon in der Vorstellung des Arbeiters, also schon ideell vorhanden war." (ebenda.)

11 Vgl. Karl Marx/Friedrich Engels, Die deutsche Ideologie. MEW, Bd. 3, S. 31. „Die Teilung der Arbeit wird erst wirklich Teilung von dem Augenblicke an, wo eine Teilung der materiellen und geistigen Arbeit eintritt. Von diesem Augenblicke an *kann* sich das Bewußtsein wirklich einbilden, etwas andres als das Bewußtsein der bestehenden Praxis zu sein, *wirklich* etwas vorzustellen, von diesem Augenblicke an ist das Bewußtsein imstande, sich von der Welt zu emanzipieren und zur Bildung der „reinen" Theorie, Theologie, Philosophie, Moral etc. überzugehen". (ebenda.)

12 Zur Funktion der Sprache und der Sprachwissenschaft im Strukturzusammenhang Basis–Überbau. Vgl. J. Stalin, Marxismus und Sprachwissenschaft, München 1968.

13 Vgl. Wolfgang Eichhorn II, Geistige und körperliche Arbeit als Kategorien des historischen Materialismus, in: DZfPh, 11. Jg. (1963), S. 978–994.

„Aus der Einheit von geistiger und körperlicher Arbeit in jeder Arbeitstätigkeit ergibt sich die Relativität der Scheidung von geistiger und körperlicher Arbeit in verschiedenen Arbeitsfunktionen. Die physische Tätigkeit des Menschen steht immer unter der Kontrolle des Gehirns (...) Allerdings kann sich die geistige Arbeit in den verschiedenen Arbeitsfunktionen erheblich voneinander unterscheiden" (ebenda, S. 980). Auch die „geistige Arbeit" ist stets mit physischer und manueller Anstrengung verbunden, so etwa das Schreiben, Zeichnen etc. in den typischen Berufen der geistigen Produktion. Im Zuge der Arbeitsteilung in den Bereichen der geistigen Produktion und der Entwicklung entsprechender technischer Hilfsmittel werden jedoch diese Hilfsfunktionen in zunehmendem Maße abgespalten, entwickeln sich zu selbständigen Arbeitsfunktionen und sogar Produktionszweigen, wie im modernen Verlagswesen, den Massenmedien etc. manifestiert. Es handelt sich dann hier zwar noch um Funktionen im Bereich der „geistigen Produktion", die aber auf Grund des Überwiegens der Elemente der körperlichen Tätigkeit nicht mehr als Funktionen der geistigen Arbeit bezeichnet werden können. Sie entwickeln sich massenhaft mit der Entstehung einfacher Büro- und Verwaltungstätigkeiten im Bereich der Einzelkapitale und der Staatstätigkeit.

14 Vgl. besonders Karl Marx/Friedrich Engels, Die deutsche Ideologie, MEW, Bd. 3; Karl Marx, Theorien über den Mehrwert, MEW, Bd. 26.1, S. 374 ff., 446, 531. Geistige Arbeit steht bei Marx auch synonym für „Kopfarbeit".

15 Vgl. Karl Marx, Das Kapital, 1. Band, a. a. O., S. 371 ff.

16 Vgl. Karl Marx, Theorien über den Mehrwert, MEW, Bd. 26.1, S. 256.

17 Zu den Begriffen Basis und Überbau in der Entwicklung des Marxschen Werkes und der marxschen Theorie vgl. besonders: Friedrich Tomberg, Basis und Überbau im historischen Materialismus, in: *ders.:* Basis und Überbau. Sozialphilosophische Studien, Neuwied und Berlin 1969, S. 7–36. Zentral für die Marxsche Bestimmung im Strukturzusammenhang der Gesellschaftsformation sind besonders die Hinweise im Vorwort zur Kritik der politischen Ökonomie.

18 Karl Marx, Zur Kritik der politischen Ökonomie, Vorwort, MEW, Bd. 13, S. 8.

19 ebenda.

20 Vgl. Friedrich Engels, Herrn Eugen Dührings Umwälzung der Wissenschaft, Berlin 1960, S. 222.

21 Vgl. Karl Marx/Friedrich Engels, Die deutsche Ideologie, a. a. O., S. 46. „Die Gedanken der herrschenden Klasse sind in jeder Epoche die herrschenden Gedanken, d. h. die Klasse, welche die herrschende *materielle* Macht der Gesellschaft ist, ist zugleich ihre herrschende *geistige* Macht. Die Klasse, die die Mittel zur materiellen Produktion zu ihrer Verfügung hat, disponiert damit zugleich über die Mittel zur geistigen Produktion, so daß ihr damit zugleich im Durchschnitt die Gedanken derer, denen die Mittel zur geistigen Produktion abgehen, unterworfen sind."

22 Karl Marx, Der achtzehnte Brumaire des Louis Bonaparte, MEW, Bd. 8, S. 139.

23 Friedrich Engels, Die Entwicklung des Sozialismus von der Utopie zur Wissenschaft, MEW, Bd. 19, S. 224.

24 Friedrich Engels, Der Ursprung der Familie, des Privateigentums und des Staates, MEW, Bd. 21, S. 165. Engels arbeitet in dieser Schrift historisch heraus, daß die Organe des Staates nicht ausschließlich auf der Basis der Klassenteilung entstanden sind. Schon die entwickelte Gentilgemeinschaft kennt auf der Basis der Arbeitsteilung, des Austausches, der Kriegsführung derartige Organe. Der griechische Gens entwickelte bereits Organe wie den Rat (später Senat), die Volksversammlung, die Heerführung, die noch in Abhängigkeit vom gesamten Volke stehen. Mit der Herausbildung und Festigung der Klassen werden die Organe der Gentilverfassung „teils umgestaltet, teils durch Einschiebung neuer Organe verdrängt und endlich vollständig durch wirkliche Staatsbehörden ersetzt", (ebenda, S. 107). An die Stelle der Gewalt des Volkes tritt eine auch gegen das Volk verwendbare Gewalt.

25 Friedrich Engels, Der Ursprung der Familie . . ., a. a. O., S. 166.

26 Friedrich Engels, Einleitung zu Karl Marx, Der Bürgerkrieg in Frankreich; Dritte Auflage, Berlin 1891, MEW, Bd. 22, S. 197.

27 Vgl. N. Bucharin, Theorie des historischen Materialismus, Hamburg 1922, Reprint Erlangen 1971, S. 248 ff.

28 Zum Problem der Entwicklung von Funktionen und Elementen in gesellschaftlichen Systemen und Teilsystemen und ihre wechselseitige Durchdringung; vgl. auch spez.: Basis und Überbau, Bericht der wissenschaftlichen Konferenz über die Anwendung der Lehre von Basis und Überbau bei der Gestaltung des entwickelten gesellschaftlichen Systems des Sozialismus, in: DZfPh, 20. Jg. (1971), S. 658–667; allgemein ebenso: Gottfried Stiehler, System und Widerspruch. Zur Dialektik der sozialistischen Gesellschaft. Berlin 1971; Gerd Pawelzig, Dialektik der Entwicklung objektiver Systeme, Berlin 1970.

29 Karl Marx/Friedrich Engels, Manifest der Kommunistischen Partei, MEW, 4, S. 481.

30 Friedrich Engels, Ludwig Feuerbach und der Ausgang der klassischen deutschen Philosophie, MEW, Bd. 21, S. 302.

31 Vgl. Karl Marx, Kritik des Gothaer Programms, MEW, Bd. 19, S. 28. Zum Problem der Übernahme und Umwandlung von Elementen und Funktionen des Überbaus; vgl. auch u. a. Karl Polak, Zur Dialektik in der Staatslehre, Berlin 1963, S. 39.

32 Vgl. Geschichte der Erziehung, Neunte Auflage, Berlin 1969, S. 29 ff.

33 Vgl. Gerhard Harig. Über die Entstehung der klassischen Naturwissenschaften in Europa, in: DZfPh, 3, 1958, S. 416–450, hier: S. 424.

34 Friedrich Engels, Der deutsche Bauernkrieg, MEW, Bd. 7, S. 330.

35 Vgl. weiter unten in dieser Arbeit.

36 Vgl. Friedrich Engels, Der Ursprung der Familie, a. a. O., S. 157.

37 Zum Begriff der ideologischen Staatsapparate, vgl. Louis Althusser, Ideologie und ideologische Staatsapparate, in: Facit Nr. 22/23 (1971), S. 43–57.

38 Vgl. Karl Marx, Resultate des unmittelbaren Produktionsprozesses, Frankfurt a. M. 1968, S. 64.
„Da der unmittelbare Zweck und (das) *eigentliche Produkt* der kapitalistischen Produktion *Mehrwert* ist, so ist nur *die Arbeit produktiv*, die, und nur der Ausüber von Arbeitsvermögen ein *produktiver Arbeiter*, der, unmittelbar *Mehrwert produziert*, also nur die Arbeit der direkt im *Produktionsprozeß* zur Verwertung des Kapitals *konsumiert* wird" (ebenda).

39 Vgl. Fritz Behrens, Produktive Arbeit und technische Intelligenz, a. a. O., (Reprint) S. 86.

40 Diese Frage stellt sich für die Entwicklung der Bereiche des gesellschaftlichen Reproduktionsprozesses für solche Sektoren, die der Kapitalverwertung nicht unmittelbar unterworfen sind, z. B. Bereiche der Infrastruktur, besonders des Bildungs- und Gesundheitswesens – die hier anfallenden Kosten stellen vom Standpunkt privater Kapitalverwertung faux frais dar, die mit der Vergesellschaftung dieser Sektoren durch Mittel staatlicher unverteilter Revenue gedeckt werden, was die Höhe des akkumulationsfähigen Teils des Mehrwerts der Einzelkapitale tangieren kann.
Vgl. Elmar Altvater, Freerk Huisken, Die Kategorien produktive und unproduktive Arbeit im Rahmen der Reproduktionsbedingungen des Kapitals, in: *dies.:* Materialien zur politischen Ökonomie des Ausbildungssektors, Erlangen 1971, S. 228–247.

41 Der Begriff der Intelligenz charakterisiert unserer Meinung nach eine gesellschaftliche Gruppe des entwickelten Kapitalismus. Sie umfaßt hier einerseits Gruppen, die das spezifische Produkt der kapitalistischen Produktionsweise sind (naturwissenschaftlich-technische Intelligenz, ökonomische Intelligenz), andererseits können die ideologischen Stände in ihrer durch den Kapitalismus forcierten Veränderung unter sie subsumiert werden.

42 Friedrich Engels, Der deutsche Bauernkrieg, MEW, Bd. 7, S. 343.

43 ebenda; vgl. auch Rudolf Herrnstadt, Die Entdeckung der Klassen, Berlin 1965, S. 28 f.

44 Vgl. Gerhard Harig, Über die Entstehung der klassischen Naturwissenschaften in Europa, a. a. O., S. 424; J. D. Bernal, Wissenschaft in der Geschichte, Darmstadt 1961, S. 229.

45 Vgl. Karl Marx/Friedrich Engels, Die deutsche Ideologie, MEW, Bd. 3, S. 52.

46 Vgl. auch Theodor Geiger, Aufgaben und Stellung der Intelligenz in der Gesellschaft, Stuttgart 1949, S. 82 ff.

47 Friedrich Engels, Aus dem handschriftlichen Nachlaß. Über den Verfall des Feudalismus und das Aufkommen der Bourgeoisie, MEW, Bd. 21, S. 397.

48 Vgl. Gerhard Harig, Über die Entstehung der klassischen Naturwissenschaften in Europa, a. a. O., S. 448.

49 Vgl. zum Begriff der „ideologischen Stände" Karl Marx, Theorien über den Mehrwert, in: MEW, Bd. 28.1, S. 273.
Marx subsumiert hier u. a. Richter, Offiziere, Pfaffen, Gelehrte, Magister, Künstler u. a. Ebenso wie im Begriff der ideologischen Arbeit ist hier noch nicht unterschieden nach verschiedenen Funktionen des Überbaus.

50 „Die Teilung der Arbeit (...) äußert sich *nun auch in der herrschenden* Klasse als Teilung der geistigen und materiellen Arbeit, so daß innerhalb dieser Klasse der eine Teil als Denker dieser Klasse auftritt (...), während die andern sich zu diesen Gedanken und Illusionen mehr passiv und rezeptiv verhalten, weil sie in der Wirklichkeit die aktiven Mitglieder dieser Klasse sind." (Karl Marx/Friedrich Engels, Die deutsche Ideologie, a. a. O., S. 46 f., Hervorhebung – C. K.)

51 Die spezifische ökonomische Abhängigkeit von der herrschenden Klasse ist nicht gleichzusetzen mit einer sozialen Privilegierung aller Mitglieder der „ideologischen Stände". Besonders Gruppen von Künstlern, Gelehrten, Hauslehrern, aber auch Teile des Klerus befanden sich häufig am Rande des Existenzminimums. Aus diesem Grunde ist in der bürgerlichen Literatur von der Proletarisierung der Intelligenz gesprochen worden. Auch heute müssen jedoch gerade diese Gruppen zum Teil als in ihrem *Produktions*verhältnis dem Proletariat am entferntesten stehenden Gruppen der Intelligenz bezeichnet werden. Vgl. Hans Martin Beckert, Aus dem Gelehrtenproletariat der reformatorischen Zeit, in: Archiv für Kulturgeschichte, Herausgegeben von Georg Steinhausen, Leipzig und Berlin 1910, 8. Band, S. 418 ff. Hans Gerth, Die sozialgeschichtliche Lage der bürgerlichen Intelligenz in der Wende des 19. Jahrhunderts. Ein Beitrag zur Soziologie des deutschen Frühliberalismus. Inauguraldissertation S. 35.

52 Vgl. Karl Marx, Theorien über den Mehrwert, Erster Teil, a. a. O., S. 385.
Ludwig Sinzheimer, Die geistigen Arbeiter, Erster Teil, Freies Schriftstellertum und Literaturverlag. Herausgegeben im Auftrag des Vereins für Sozialpolitik, Leipzig 1922, S. 5 ff.

53 Vgl. N. Bucharin, Theorien des historischen Materialismus, a. a. O., S. 248 ff. Engels spricht für den Feudalismus auch von „zwei durchaus verschiedene(n) Klassen" innerhalb des Klerus: 1. Die geistliche Feudalhierarchie bildete die „*aristokratische* Klasse". Ihre Funktion in der weltlichen Herrschaftsausübung war mit ökonomischen Ausbeutungsfunktionen verbunden. „Die *plebejische* Fraktion der Geistlichkeit bestand aus den Predigern auf dem Lande und in den Städten. Sie standen außerhalb der feudalen Hierarchie der Kirche und hatten keinen Anteil an ihren Reichtümern (...) Bürgerlichen oder plebejischen Ursprungs standen sie der Lebenslage der Masse nahe genug, um trotz ihres Pfaffentums bürgerliche und plebejische Sympathien zu bewahren ..." (Friedrich Engels, Der deutsche Bauernkrieg, a. a. O., S. 334 f.)

54 Vgl. Friedrich Paulsen, Geschichte des gelehrten Unterrichts auf den deutschen Schulen und Universitäten vom Ausgang des Mittelalters bis zur Gegenwart. Zweiter Band, 3. erweiterte Auflage, Berlin und Leipzig 1922, S. 126 ff.

55 Karl Marx, Theorien über den Mehrwert, Erster Teil, a. a. O., S. 274.

56 Karl Marx, Das Kapital, 1. Band, a. a. O., S. 341.

57 ebenda, S. 531.

58 Vgl. ebenda, S. 350.

59 Zu den Kategorien formelle und reelle Subsumtion vgl. Karl Marx, Resultate des unmittelbaren Produktionsprozesses, a. a. O., S. 47.

60 Vgl. Fritz Croner, Die Angestellten in der modernen Gesellschaft, Wien 1954.

61 Vgl. Helmut Steiner, Soziale Strukturveränderungen im modernen Kapitalismus, S. 120 ff., Berlin 1967.

62 Vgl. J. D. Bernal, Die Wissenschaft in der Geschichte, a. a. O., S. 389.

63 Karl Marx, Das Kapital, 1. Band, a. a. O., S. 443.

64 ebenda, S. 510.

65 Vgl. W. I. Lenin, Über Wissenschaft und Hochschulwesen (Sammelband), Berlin 1969, S. 101–103; Jürgen Kuczynski, Die Geschichte der Lage der Arbeiter unter dem Kapitalismus, Bd. 14, Berlin 1962, S. 39.
Unmittelbare Bedeutung für die soziale Stellung, vor allem die Möglichkeit der Mobilität der Techniker und Ingenieure hatte die Einführung des Patentrechts, durch welches das Produkt abhängiger wissenschaftlicher Arbeit dem Besitzer der Arbeitskraft zur ausschließlichen Nutzung überlassen bleibt.

66 Die insbesondere nach dem zweiten Weltkrieg in den entwickelten industriellen Ländern einsetzenden Veränderungen des Produktionsprozesses auf der Basis des wissenschaftlich-technischen Fortschritts sind nur teilweise durch die Einführung von Teilautomation bzw. Automation im Bereich des materiellen Produktionsprozesses erklärbar. Im Unterschied zu der Überbetonung der Bedeutung der Automation, der besonders Serge Mallet in seiner 3-Phasen-Theorie des industriellen Kapitalismus unterliegt, die jedoch auch in der marxistischen Diskussion bis 1971 zu registrieren war, muß gerade das Anwachsen der Intelligenz im *Bereich* der industriellen Produktion (d. h. in den industriellen Unternehmen in erster Linie) auf die Verwissenschaftlichung und Vergesellschaftung der Leistungsarbeit und die Ausdehnung anderer der Produktion vorgelagerten Tätigkeiten zurückgeführt werden.

67 Vgl. Margit Gronau, Intelligenz unter Monopolherrschaft, DWI-Forschungshefte, Berlin 1969/3.

68 Vgl. dazu u. a. Fritz Croner, Die Angestellten in der modernen Gesellschaft, a. a. O., bes.: S. 87 ff.; Günter Hartfiel, Angestellte und Angestelltengewerkschaften in Deutschland, Westberlin 1961, hier: S. 50; Emil Lederer, Die Privatangestellten in der modernen Wirtschaftsentwicklung, Tübingen 1912.
In der ersten Hälfte dieses Jahrhunderts wuchsen die kommerziellen und Verwaltungstätigkeiten schneller als die technischen Angestelltenfunktionen (Hartfiel, a. a. O., S. 49).
Die Charakterisierung der Entwicklung der einfachen Angestelltentätigkeiten als „zweite reelle Subsumtion" geht von der Marxschen Feststellung aus, daß die Herausbildung einer spezifisch kapitalistischen Produktionsweise keinen singulären Akt darstellt, sondern sich mit erweiterter Reproduktion des Kapitals und der Subsumtion weiterer Bereiche unter das Kapital bzw. die Schaffung neuer Produktionsbereiche und -abteilungen reproduziert. Dabei sind allerdings die jeweils spezifischen Bedingungen dieser Zweige zu beachten, welche auch besondere Formen der Subsumtion schaffen, bzw. ihr bestimmte Widerstände entgegensetzen. (Vgl. Karl Heinz Roth, Eckard Kanzow, Unwissen als Ohnmacht, Zum Wechselverhältnis von Kapital und Wissenschaft. Westberlin, o. J., S. 112.)

69 Vgl. Helmut Steiner, Strukturveränderungen im moderen Kapitalismus, a. a. O., S. 112 ff.

70 Engels arbeitet besonders in seiner Schrift „Die Lage der arbeitenden Klasse in England" heraus, daß das Proletariat als feste Klasse erst durch die Entwicklung der Industrie, die spezifisch kapitalistische Produktionsweise, geschaffen wurde (Friedrich Engels, Die Lage der arbeitenden Klasse in England, MEW, Bd. 3, S. 250). Die Verstümmelung zum maschinellen Teilarbeiter und andere mit der Arbeitsteilung verbundenen Momente verhindern den Aufstieg sowohl in der Hierarchie der industriellen Organisation, wie auch die Möglichkeit, in die handwerkliche Einzelproduktion zurückzukehren. Qualifizierte Spezialistentätigkeit hingegen, die auf dieser Stufe noch kaum arbeitsteilig organisiert ist, ist noch nicht von einem bestimmten *Kooperations*zusammenhang, wohl aber in zunehmendem Maße von Kapitalbesitz abhängig, da vor allem wissenschaftliche Forschungs- und Entwicklungstätigkeit mit steigendem Kapitalaufwand verbunden ist. Entsprechend diesen Erfordernissen u. a. gestaltet sich der Wechsel von der Lohnabhängigkeit in selbständige Positionen innerhalb der Intelligenz bis heute sehr unterschiedlich.

71 Vgl. Teil II: „Klassen- und Sozialstruktur der BRD 1950–1970. Sozialstatistische Analyse"; Abschnitt „Intelligenz".

72 Vgl. Karl Marx, Das Kapital, 1. Band, a. a. O., S. 531.

73 Vgl. ebenda, S. 312.

74 Vgl. Karl Marx, Das Elend der Philosophie, MEW, Bd. 4, S. 144 ff.

75 W. I. Lenin, Staat und Revolution, in: Lenin, Werke, Bd. 25, S. 482.

76 W. I. Lenin, Die große Initiative, in: Lenin, Werke, Bd. 29, S. 5, 410.

77 W. I. Lenin, Staat und Revolution, a. a. O.

78 Karl Marx, Theorien über den Mehrwert, a. a. O., S. 387.

79 Vgl. Anmerkung 21.

80 Diese Teilung drückt sich in der institutionellen Abgrenzung verschiedener Schultypen mit klassen- bzw. schichtenspezifischer Rekrutierung ebenso aus wie etwa innerhalb des öffentlichen Gesundheitswesens. Besonders was die Entwicklung des Ausbildungswesens betrifft, gründen klassenspezifische Reproduktionsbedingungen der Arbeitskraft nicht allein auf dem Interesse der Kapitale nach Minimierung der Reproduktionskosten der Lohnarbeit, sondern markieren den Zwang zu verschiedenen Formen und Ansätzen der Sozialisation, der sich aus der Klassenteilung der Produzentengruppen selbst ergibt. Für die Ausbildung der Lohnarbeiter gilt dabei, daß „die Unterwerfung des Arbeitsprozesses unter den Verwertungsprozeß (des Kapitals – C. K.) ... zugleich die Organisation der Arbeit als Herrschaftsverhältnis impliziert". Damit sind die jeweils aus der Gebrauchswertnatur des Arbeitsprozesses ... entspringenden *sachlich notwendigen Arbeitsqualifikationen* durchsetzt mit Verhaltensdispositionen, Wertorientierungen, kanalisierten Kenntnissen, usw., die dem Ausbeutungscharakter der gesellschaftlichen Arbeit geschuldet sind. Letztere seien als *herrschaftsbestimmte Arbeitsqualifikationen* im Unterschied zu den obigen sachlichen Arbeitsqualifikationen definiert". Im konkreten Ausbildungsprozeß unterliegen beide Seiten einer gegenseitigen Verschränkung und Durchdringung. (Arbeitsgruppe der Projektgruppe Lehrerausbildung, Marburg, Die widersprüchliche Entwicklung des Schulsystems in der BRD, Hektografiertes Manuskript, Marburg o. J., S. 7.)

81 Seickert unterscheidet 3 historische Phasen wachsender Bedeutung der Wissenschaft im System der Produktivkräfte der materiellen Produktion:

1. *manuelle Arbeit* vorkapitalistischer Produktionsweisen, wo „die für die Produktion entscheidenden Zweige der Wissenschaften, insbesondere die Naturwissenschaften, sich erst herausbildeten ...

2. der *mechanisierte* Arbeitsprozeß, der mit dem Kapitalismus einsetzte und den Übergang von der zufälligen Anwendung wissenschaftlicher Erkenntnisse in der materiellen Produktion zur *bewußten* und *systematischen* Orientierung der wissenschaftlichen Arbeit auf die Erfordernisse der materiellen Produktion und den Beginn der Herausbildung der Produktivkraft Wissenschaft mit sich brachte, und
3. der immer stärker sich durchsetzende *automatisierte Produktionsprozeß* im entwickelten Kapitalismus und Sozialismus, der ein wesentliches Merkmal der technischen Revolution darstellt, in der die Wissenschaft zur unmittelbaren Produktivkraft geworden ist. Unter diesen Bedingungen durchdringt die Wissenschaft alle Bereiche des gesellschaftlichen Lebens."
(Heinz Seickert, Zu einigen Problemen der Produktivkraft Wissenschaft, in: Probleme der politischen Ökonomie, Bd. 10, Berlin 1967, hier: S. 14.)

82 In der feudalen Gesellschaft etwa bleibt die Ausübung der staatlichen Herrschaftsfunktion noch verbunden mit ökonomischen Aneignungsfunktionen. Die vollständige institutionelle Verselbständigung des Staatsapparates im Kapitalismus muß im besonderen als Ergebnis der Spezifik des Verhältnisses der Produktionsmitteleigentümer gesehen werden, das durch Beziehungen der Konkurrenz vermittelt ist. Damit fällt das Verhältnis der Interessen der einzelnen Produktionsmitteleigner und der allgemeinen Interessen der Klasse auseinander. Der Vermittler der gemeinsamen Interessen bedarf einer von den Einzeleigentümern relativ selbständigen Instanz. (Vgl. auch dazu: Karl Marx/Friedrich Engels, Die deutsche Ideologie, a. a. O., S. 32 ff.)

83 Vgl. Paul Boccara. Übersicht über die Theorie der Überakkumulation – Entwertung des Kapitals und die Perspektive der fortschrittlichen Demokratie, in: Sozialistische Politik, Westberlin, Nr. 16, 1972, S. 4.

84 Vgl. Der Imperialismus in der BRD, Frankfurt a. M. 1971, a. a. O., S. 520 ff.

85 Dieses Streben bleibt allerdings nebensächlich, solange die Bildungskosten selbst nur einen verschwindend geringen Teil der Reproduktionskosten gegenüber den Kosten der materiellen Reproduktion ausmachen.

„Wachsen im 19. Jahrhundert die Aufwendungen für die materiellen Reproduktionsfonds noch wesentlich schneller als die in dem Qualifikationsniveau der Arbeitskräfte materialisierten Bildungsaufwendungen (Bildungsfonds), so verändert sich das Bild in unserem Jahrhundert grundlegend. In allen hochentwickelten Ländern ist die Tendenz nicht zu übersehen, daß die Bildungsfonds sich in ihrem Volumen immer mehr den materiellen Produktionsfonds annähern" (Harry Mayer, Bildungsökonomie als Problem und Aufgabe, in: Bildungsökonomie. Aufgabe, Probleme, Lösungen, Berlin 1956, S. 23).

86 Vgl. F. Huisken, Anmerkungen zur Klassenlage der Pädagogischen Intelligenz, in: Altvater, Huisken, Materialien zur politischen Ökonomie des Ausbildungssektors, a. a. O., S. 405–425; Martin Beathge, Ausbildung und Herrschaft. Unternehmerinteressen in der Bildungspolitik, Frankfurt a. M., S. 117 ff.

87 Vgl. Anmerkung 80.

88 Vgl. T. Schäffer, Das Ausbildungssystem in Deutschland in der 1. Hälfte des 19. Jahrhunderts, in: Altvater, Huisken, Materialien zur politischen Ökonomie des Ausbildungssektors, a. a. O., S. 101 ff.

89 Vgl. Kapitel „Die Entwicklung der Intelligenz im staatsmonopolistischen Kapitalismus" in dieser Arbeit.

90 Vgl. Friedrich Paulsen, Zur Geschichte des gelehrten Unterrichts, 2 Bde., Leipzig 1922, S. 247 ff.

91 Vgl. Wolfgang Lefévre, Reichtum und Knappheit, Studienreform als Zerstörung gesellschaftlichen Reichtums, in: Bergmann, Dutschke, Lefévre, Rabehl, Rebellion der Studenten oder die neue Universität, Reinbek bei Hamburg 1968, S. 107 ff.

92 Vgl. Abschnitt über die Entwicklung der geistigen Arbeit im Kapitalismus.

93 entfällt.

94 Diese Veränderungen treten im kapitalistischen Deutschland u. a. in der Bismarckschen Sozialgesetzgebung in Erscheinung, so der Einführung der gesetzlichen Krankenversicherung (1883). „Die Einführung der gesetzlichen Krankenversicherung 1883 hat die medizinische Praxis (...) verändert (...) Gleichzeitig nahm sie die Gestalt eines sozialen Dienstleistungssystems an, auch das hatte es bislang noch nicht gegeben. *Wer arm war, starb unbehandelt.* Erst das Bedürfnis nach Arbeitskräften für die industrielle Welt und der Industrialisierungsprozeß zwang, die bis dahin von ärztlicher Betreuung ausgeschlossenen Bevölkerungsschichten in ein Gesundheitssystem, das zu diesem Zweck neu eingerichtet wurde, aufzunehmen." (Paul Lüth, Niederlassung und Praxis, Stuttgart 1969, S. 23); vgl. auch Thomas Ripke, Warenproduktion, Kapitalismus und Gesundheitswesen, in: Das Argument, Nr. 60, Sonderband, S. 30–70.

95 Vgl. Karl Kautsky, Die Intelligenz und die Sozialdemokratie, a. a. O., S. 15; Friedrich Trefz, Die Lage der festangestellten Schriftleiter und Mitarbeiter, in: Die geistigen Arbeiter, Zweiter Teil, Herausgegeben im Auftrag des Vereins für Sozialpolitik von Ernst Franke und Werner Lotz, Leipzig 1922, S. 123 ff.

96 Vgl. dazu Abschnitt zur Entwicklung der Intelligenz im staatsmonopolistischen Kapitalismus.

97 Vgl. ebenda.

98 Vgl. Anmerkung 1 dieser Arbeit. Darüber hinaus sei auf folgende Arbeiten zur Intelligenzfrage von sozialdemokratischer Seite zu Beginn dieses Jahrhunderts verwiesen:

M. Adler, Der Sozialismus und die Intellektuellen, 1910; August Bebel, Akademiker und Sozialismus, 1906; W. Heine, Die Sozialdemokratie und die Schichten der Studenten, 1898; H. de Man, Die Intellektuellen und der Sozialismus, 1926.

99 Die quantitativ relevantesten Gruppen bildeten am Beginn des Jahrhunderts die freien Berufe sowie lohnabhängigen Gruppen im Angestellten- oder Beamtenverhältnis. Sie sind auch heute noch die bedeutendsten Gruppen, wobei sich jedoch die Relationen weiter zugunsten der Erhöhung des Anteils der Lohnabhängigen verschoben haben (Vgl. Jerö Kurucz, Struktur und Funktion der

Intelligenz während der Weimarer Republik, o. O., S. 45, sowie Ausführungen im sozialstatistischen Teil der Arbeit).

100 Karl Kautsky, Die Intelligenz und die Sozialdemokratie, a. a. O., S. 14.

101 Karl Kautsky, Die Intelligenz und die Sozialdemokratie, a. a. .O., S. 44. Die Bedeutung der beruflichen Strukturen kommt auch in der Dominanz der beruflichen Organisierung der Intelligenz zum Ausdruck (Vgl. W. Kulemann, Die Berufsvereine, Erster Band [Deutschland 1] Öffentliche Beamte, Freie Berufe, Privatangestellte, Jena 1908).

102 W. I. Lenin, Ein Schritt vorwärts, zwei Schritte zurück, in: Werke, Bd. 7, hier: S. 395.

103 Serge Laurent, Essai sur la situation de classe des intellectuels, in: économie et politique, num. 172/173 – Nov./Déc. 1968, S. 25–55, hier S. 34 (Übersetzung – C. K.).

104 Vgl. Fußnote 71.

105 Antonio Gramsci, Philosophie der Praxis, Eine Auswahl, Frankfurt 1967, S. 405.

106 Vgl. Karl Kautsky, Die Intelligenz und die Sozialdemokratie, a. a. O., S. 75.

107 Vgl. W. I. Lenin, Ein Schritt vorwärts, zwei Schritte zurück, Werke, Bd. 7, hier: S. 266.

108 Vgl. W. I. Lenin, Revolutionäres Abenteurertum, in: Werke, Bd. 6, bes. S. 190 f.

109 Vgl. Serge Laurent, Essai sur la situation de classe des intellectuels, a. a. O., S. 35.

110 Vgl. ebenda; vgl. auch Frederic Bon/Michel-Antoine Burni, Les noveaux intellectuels, Paris, o. J.

111 Vgl. Antonie Gramsci, Philosophie der Praxis, Frankfurt a. M. 1970.

112 Vgl. Siegfried Grundmann, Arbeiterklasse und Intelligenz in unserer Epoche des Übergangs vom Kapitalismus zum Sozialismus, a. a. O., vgl. auch Ausführungen zur Einleitung des sozialstatistischen Teils der Arbeit, Teil II der Studie des IMSF.

113 Der Charakter der Randgruppen kommt auch darin zum Ausdruck, daß die für den Kern der Intelligenz konstitutiven Ausbildungsvoraussetzungen hier weniger einheitlich geregelt sind. Tatsächlich kann nicht davon gesprochen werden, daß Funktionen, die heute mit Fachschulabsolventen besetzt sind, auch einen Fachschulabschluß notwendig erfordern. Vgl. dazu auch sozialstatistischer Teil dieser Arbeit, Teil II der Studie des IMSF.

114 Vgl. sozialstatistischer Teil der Arbeit, Teil II der Studie des IMSF.

115 Das gilt ewa für das Ausbildungswesen, das Gesundheitswesen, das Rechtswesen u. a. Die nichtakademischen Tätigkeiten sind im wesentlichen Zubereitungsfunktionen für die von der Intelligenz ausgeübten Tätigkeiten.

116 Dieser Gesichtspunkt muß auch im Hinblick auf die Entwicklung gewerkschaftlicher und politischer Aktionseinheit zwischen den Kerngruppen der Lohnarbeiter und den Intelligenzgruppen in den Reproduktionsbereichen der Arbeitskraft bzw. der technischen und betriebswirtschaftlichen Intelligenz berücksichtigt werden. Während die „neue Intelligenz" zumindest in den gleichen Unternehmen arbeitet wie die Kerngruppen der Lohnarbeiter der materiellen Produktion (wenn auch noch zumeist von ihnen hierarchisch geschieden), sind die traditionellen Intelligenzgruppen in Institutionen beschäftigt, in denen sie häufig die Mehrheit der Beschäftigten bilden. Die restlichen Beschäftigten sind qualifizierte Arbeitskräfte mit Fachschulabschluß oder üben einfache Tätigkeiten aus (Büro- und Verwaltungstätigkeiten).

117 Hier muß besonders auf die Veränderungen in den Kernbereichen automatisierter Produktion und die Entwicklungstendenzen der Qualifikationsstruktur in diesen Sektoren verwiesen werden. Verschmelzungserscheinungen zwischen den Randgruppen der Intelligenz und traditionellen Industriearbeitertätigkeiten zeigen sich insbesondere im Verhältnis von *Technikern* und qualifizierten Facharbeitern mit höherem technischen und allgemeintheoretischen Wissen. Vgl. Sieben Be-

richte, wirtschaftliche und soziale Aspekte des technischen Wandels in der BRD, Frankfurt a. M. 1970; Vgl. Teil II: Klassen- und Sozialstruktur der BRD – 1950 bis 1970, „Intelligenz".

118 Vgl. Sozialstatistischer Teil dieser Arbeit, Teil II der Studie des IMSF.

119 W. I. Lenin, Rezension über Karl Kautsky, Bernstein und das sozialdemokratische Programm. Eine Antikritik, in: Werke, Bd. 4, hier: S. 196.

120 W. I. Lenin, Ein Schritt vorwärts, zwei Schritte zurück, a. a. O., hier: S. 325.

121 ebenda, S. 266.

122a W. I. Lenin, Die Aufgaben der revolutionären Jugend, in: Werke, Bd. 7, S. 30–44, hier: S. 32.

122b Karl Kautsky, Die Intelligenz und die Sozialdemokratie, a. a. O., S. 76.

123 Vgl. u. a.: Der Kapitalismus von heute, wissenschaftlich-technische Revolution und Arbeiterklasse, in: Probleme des Friedens und des Sozialismus, Jg. 19/69, H. 1, S. 53–68, H. 2, S. 208–235; Diskussionsbeiträge auf der Tagung des Instituts für marxistische Studien und Forschungen am 17./18. April 1971 in Frankfurt a. M., in: Ökonomische Theorie, politische Strategie und Gewerkschaften, Frankfurt a. M. 1971; auch Anmerkung 1 und bibliographische Hinweise zum Thema: „Wissenschaftlich-technische Intelligenz und Angestellte im Spätkapitalismus" in: Marxismus-Digest, 1, 1971, S. 148 ff.; zu neueren Veröffentlichungen, besonders zu Problemen der Intelligenz im Sozialismus, vgl. Besprechungen in: Sowjetwissenschaft, Gesellschaftswissenschaftliche Beiträge, H. 1, 1972, S. 91–95.

124 Es handelt sich dabei m. E. gerade um eine Vernachlässigung der Intelligenz im Bereich des gesellschaftlichen Überbaus, vor allem der Staatstätigkeiten, Ausnahmen stellen u. a. die Ansätze bei Laurent in der Unterscheidung von „neuen und traditionellen" Intelligenzgruppen dar, auf die wir an anderer Stelle hingewiesen haben.

125 Vgl. Burkart Lutz/Inge Krings, Überlegungen zur sozioökonomischen Rolle akademischer Qualifikationen, Herausgeber: Hochschul-Informations-System G. m. b. H., München 1971, bes. S. 50 ff.

126 Vgl. Vadim Nikolajew, Forschung und Entwicklung im Imperialismus, Berlin 1972, S. 101 ff.

127 Vgl. Autorenkollektiv, Wissenschaft im Klassenkampf. Naturwissenschaftlich-technische Forschung im staatsmonopolistischen Herrschaftssystem. Berlin 1968, bes. S. 49.

128 Vgl. Angaben in: Bericht der Bundesregierung über Stand und Zusammenhang aller Maßnahmen zur Förderung der wissenschaftlichen Forschung in der Bundesrepublik Deutschland. Herausgegeben vom Bundesministerium für Wissenschaft und Forschung, Bonn 1965, Anhang.

129 Vgl. Margit Gronau, Intelligenz unter Monopolherrschaft. Wissenschaftlich-technische Revolution und Wandlungen in der sozialökonomischen Stellung der Intelligenz in den westdeutschen Konzernen, in: DWI-Forschungshefte, Berlin 1969, H. 3.

130 Zur Entwicklung des höheren Fachschulwesens weiter unten in diesem Abschnitt.

131 Zu den unterschiedlichen Möglichkeiten der Rationalisierung von Arbeitsprozessen im Dienstleistungssektor unter dem Gesichtspunkt der stofflichen Spezifik ihres Gegenstandes; vgl. Burkart Lutz, Produktionsprozeß und Berufsqualifikation, in: Spätkapitalismus oder Industriegesellschaft, Stuttgart 1969, S. 237.

132 Vgl. Diskussionsentwurf zur Neuordnung der Lehrerausbildung, in: Bildungspolitische Informationen, 1 A/71, herausgegeben vom hessischen Kultusminister o. O., 1971, S. 3.

133 Vgl. Harry Maier, Bildungsökonomie als Problem und Aufgabe, in: Bildungsökonomie, Aufgaben – Probleme – Lösungen. Herausgegeben von Arnold Knauer, Harry Maier, Werner Walter, Berlin 1965, S. 15–62.

134 Vgl. Dieter Klein, Revolutionäre Strategie und antiimperialistischer Kampf in Westeuropa. Karl Marx und die Widersprüche des modernen Kapitalismus. Facit Reihe 3, Köln 1969, S. 27.

135 Diese Konflikte bilden eine Seite der sich in den letzten Jahren in den entwickelten kapitalistischen Ländern — besonders auch in der BRD — verschärfenden Auseinandersetzungen besonders im Bereich des Ausbildungswesens.

136 Karl Marx, Das Kapital, 1. Band, a. a. O., S. 211 f.

137 Vgl. zum Problem der Disponibilität und der veränderten Anforderungen an die Qualifikationsstruktur: Verband Deutscher Studentenschaften/Projektbereich Ausbildung, Der Wandel der objektiv notwendigen gesellschaftlichen Qualifikationsstruktur, Info Nr. 5, o. O., o. J.; Projektgruppe Lehrerausbildung Marburg, Die widersprüchliche Entwicklung des Schulsystems in der BRD, Hektographiertes Manuskript, o. O., o. J.

138 Vgl. Joachim Hirsch/Stephan Leibfried, Materialien zur Wissenschafts- und Bildungspolitik, Frankfurt a. M. 1971, Martin Baethge, Ausbildung und Herrschaft, a. a. O., S. 32 ff.

139 Vgl. Peter Hess, Kapitalistisches Wachstum zwischen Gleichgewicht und Ungleichgewicht, in: Sozialistische Politik, Westberlin Nr. 3, 1969, S. 35 ff., bes. S. 46.

140 Zur Bedeutung der klassen- und schichtenspezifischen Rekrutierung für die akademischen Qualifikationen und ihrer Rolle in der gesellschaftlichen Arbeitsorganisation, vgl. Burkart Lutz/Inge Krings, Überlegungen zur sozioökonomischen Rolle akademischer Qualifikationen, a. a. O., S. 50 ff.

141 Daten zur staatlichen Bildungsplanung, in: Erster Rahmenplan für den Hochschulbau nach dem Hochschulausbildungsförderungsgesetz, o. O., o. J.

142 Sie werden in den Konzeptionen der staatlichen Planung als sogenannte Regelstudienzeiten bezeichnet; Vgl. Der Bundesminister für Bildung und Wissenschaft (Hrsg.): Regierungsentwurf für ein Hochschulrahmengesetz mit Begründung, Bonn 1970.

143 Es handelt sich um die *Erweiterung* einer Tendenz, die Marx bereits für die traditionellen Angestelltentätigkeiten der kommerziellen Lohnarbeiter prognostizierte.
Vgl. Karl Marx, Das Kapital, 3. Band, MEW, Bd. 25, S. 311.

144 Dies gilt zumindest für das Einzelkapital, das die qualifizierte Arbeitskraft verwertet in bezug auf den dem Lohn zugrunde gelegten Tauschwert. Andererseits gehen die Bildungsaufwendungen —, auch wenn sie nicht vom Arbeiter selbst aufgebracht werden, in das variable Kapital ein, allerdings nicht in Form des Nettolohns der qualifizierten Arbeitskraft, sondern der durch alle Arbeiter aufgebrachten Lohnsteuer, die eine Grundlage der staatlichen Umverteilung bildet (vgl. Manfred Boni/Bernd Güther/Gerd Wilbert, Materialien zur Analyse der antagonistischen Distributionsverhältnisse in der BRD, in: Sozialistische Politik, Westberlin, 3. Jg., Nr. 14/15, S. 1—52, bes. S. 46 ff.). Da die verschiedenen Kapitale einen unterschiedlichen Bedarf an qualifizierten Arbeitskräften haben, handelt es sich bei der Bildungsfinanzierung auch um eine Maßnahme der Umverteilung besonders zugunsten der hochmonopolisierten und technologisch fortgeschrittenen Industriezweige, die einen höheren Anteil an qualifizierten Kadern verwerten.

145 Vgl. Joachim Hirsch/Stephan Leibfried, Materialien zur Wissenschafts- und Bildungspolitik, a. a. O., S. 26 ff.

146 Vgl. Sozialstatistischer Teil der Arbeit.

M. Tjaden-Steinhauer und K. H. Tjaden

Methodologische Probleme der Klassenanalyse*)

Die Analyse gesellschaftlicher Klassenverhältnisse ist ein altes Thema neuzeitlicher Sozialwissenschaft. Die frühbürgerliche politische Ökonomie und Sozialphilosophie des späten achtzehnten Jahrhunderts behandelt Klassenverhältnisse als selbstverständlichen Gegenstand im Rahmen von Theorien des Fortschreitens und der Verfassung gesellschaftlicher Entwicklung.

Diese wenn auch unentfaltete Einheit von gesellschaftswissenschaftlicher Struktur-, Prozeß- und Klassenanalyse wird in den nachrevolutionären bürgerlichen Sozialwissenschaften des neunzehnten Jahrhunderts aufgegeben, während sie in der Theorie von Marx und Engels ausgearbeitet wird. Während die marxistische Theorie die Produktionsverhältnisse als Verfassung des gesellschaftlichen Prozesses und als Inbegriff der Gesellschaftsstruktur betrachtet und als Klassenantagonismus identifiziert, verzichtet die affirmativ gewordene Soziologie des Bürgertums auf die Ausarbeitung der frühbürgerlichen Konzeption und läßt Strukturlehre und Prozeßlehre auseinanderfallen, um die Verhältnisse gesellschaftlicher Ungleichheit als sei's naturhafte, sei's herkömmliche, zur vorgegebenen oder unabänderlichen Vergesellschaftungstatsache zu machen.

Während die marxistische Theorie die klassenteiligen Produktionsverhältnisse als das Prinzip der sozioökonomischen Struktur und als die Konstitution des sozioökonomischen Prozesses der Gesellschaftsformation herausstellt und damit sowohl die Bedingungen der Erhaltung als auch die Bedingungen der Entstehung und Aufhebung eines Gesellschaftssystems formulieren will, reduziert sich in der bürgerlichen Theorie soziale Ungleichheit schließlich im Prinzip auf soziale Unterschiede zwischen Individuen oder gesellschaftlichen Gruppen, welchen eine allgemeine Struktur und ein stetiger Prozeß von Vergesellschaftung stillschweigend oder ausdrücklich vorausgesetzt werden, ohne selbst stimmig konzipiert zu sein. Der kapitalismusverhaftete Charakter solcher Konzeptionen hierarchischer Schichtung, die in vielerlei Gestalt entwickelt wurden, geht nicht aus einer Vernachlässigung von Erscheinungen gesellschaftlicher Ungleichheit überhaupt hervor, sondern aus dem Verzicht auf eine hinreichend entwicklungstheoretisch begründete Ableitung und Deutung solcher Ungleichheit.

Wir werden im folgenden zunächst in starker Vereinfachung auf zwei Grundformen bürgerlicher soziologischer Schichtungsanalyse hinweisen und sodann versuchen, die marxistische Klassentheorie als ökonomische Theorie klassenteiliger Gesellschaftsentwicklung zu deuten.

1. Bemerkungen zum bürgerlichen Modell hierarchischer Schichtung

Die bürgerliche Konzeption von Sozialstruktur tritt heute – sieht man von einigen weniger durchdachten Varianten ab – vornehmlich in zwei verschiedenen Fassungen auf: in Form empirischer Schichtungsmodelle und als Konzeption der Differenzierung sozialer Systeme. Die empiristischen Sozialstrukturanalysen begreifen ihren Gegenstand zumeist als ein Gefüge sozialer Schichten. In ihnen werden die Elemente einer Bevölkerung nach meist mehr oder weniger kunstvoll kombinierten sozial-statistischen Merkmalen klassifiziert und werden die so gewonnenen Bevölkerungsgruppen zu einer bestimmten, vornehmlich hierarchischen Ordnung zusammengefaßt. Gegenstand dieser Analysen, deren Ausgangspunkt die Elemente der Bevölkerung, also die Individuen, sind, bilden mithin die Verteilung quantitativer und/oder qualitativer Merkmale dieser Elemente. So definiert Th. Geiger, wohl der bedeutendste Forscher im Bereich der theoretischen und empirischen Schichtungsanalyse, soziale Schicht als eine Einheit von Personen oder Familien, „die irgendein erkennbares Merkmal gemein haben und als Träger dieses Merkmals einen gewissen Status in der Gesellschaft und im Verhältnis zu anderen Schichten einnehmen".[1]

Mit der Konstruktion dieses Merkmals – oder in den differenzierteren theoretischen Ansätzen: dieses Merkmalkomplexes – ist zugleich das Problem der Festlegung der Grenzen zwischen den Schichten und das Problem des Maßstabes ihrer Über- und Unterordnung zu lösen.[2] H. Steiner hebt die grundsätzliche Unangemessenheit dieses Ansatzes für die Analyse geschichtlich-gesellschaftlicher Verhältnisse hervor, wenn er schreibt, „daß jede wie auch immer geartete Analyse der Sozialstruktur so lange an der eigentlich soziologischen Problematik vorbeigeht, wie sie sich auf ein oder mehrere aussagekräftige Merkmale, Merkmalskomplexe oder statistische Gruppierungen beschränkt und diese nicht als mehr oder weniger wesentliche Ausdrucksformen und adäquate Widerspiegelungen der Produktionsverhältnisse begreift."[3] Von dieser elementaristischen und statistischen Betrachtungsweise unterscheidet sich die marxistische Theorie dadurch, daß sie die Gesellschaftsmitglieder in ihrem konkreten geschichtlich-gesellschaftlichen Zusammenhang betrachtet, dessen Totalität Ausgangspunkt der Klassenanalyse ist.

Allerdings geht auch die zweite Version der bürgerlichen Sozialstrukturanalyse von einer Konzeption eines umfassenden gesellschaftlichen Systems aus. Hiernach ist die Integration des Sozialsystems vermittels eines hierarchischen Zusammenhangs von Positionen, Rollen und Schichten eine grundlegende und dauernde Bedingung der Existenz und des Funktionierens aller sozialen Systeme. So führt der für die funktionalistische Schichtungsdiskussion grundlegende Aufsatz von Talcott Parsons mit dem Titel „Ansatz zu einer analytischen Theorie der sozialen Schichtung" aus dem Jahre 1940 einleitend aus: „Unter sozialer Schichtung wird hier die differentielle Rangordnung verstanden, nach der die Individuen in einem gegebenen sozialen System eingestuft werden und die es bedingt, daß sie in bestimmten, sozial bedeutsamen Zusammenhängen als einander über- und untergeordnet behandelt werden. Unsere erste Aufgabe ist es, zu fragen, warum eine derartige differentielle Rangordnung als eine der Grunderscheinungen sozialer Systeme angesehen wird und in welcher Hinsicht sie von Bedeutung ist."[4] Die unterstellte Notwendigkeit der hierarchischen Differenzierung der gegebenen Gesellschaftsmitglieder durch ihre Einordnung in ein System gesellschaftlicher Rollen und Positionen wird auf verschiedene Weise zu begründen versucht: Erstens mit der Annahme, daß soziale Schichtung aus einer unterschiedlichen Bewertung von Rollen und Kollektivitäten als Einheiten gesellschaftlicher Systeme hervorgehe, zum anderen mit der Annahme, daß Ursache sozialer Schichtung der unterschiedliche Anreiz von Positionen und Gruppen als Einheiten solcher Systeme sei. Die vom Konzept der Bewertung ausgehende Schichtungstheorie ist besonders von T. Parsons und B. Barber vertreten, die auf dem Konzept des Anreizes aufbauende Theorie vor allem von K. Davis und W. E. Moore ausgearbeitet worden.[5]

Ungeachtet solcher theoretischer Differenzierung bleibt aber auch in den funktionalistisch-systemtheoretischen Schichtungskonzeptionen der Gedanke leitend, daß individuelle Elemente der Bevölkerung einer Gesellschaft – als Positionsinhaber oder als Rollenträger – das Substrat sozialer Schichtung bilden, deren hierarchische Gestalt eben den sozialen Verbund dieser Individuen garantiert. Der Zusammenhang der vergesellschafteten Menschen und die Bewegung der gesellschaftlichen Verhältnisse – insbesondere das dauernde Verharren von Individuen und Kollektiven in sozialen Lagen sowie ihr Auf- und Absteigen im Zuge der Entfaltung von gesellschaftlichen Verhältnissen oder ihrer Aufhebung in fortgeschrittenere Entwicklungsformen – können von diesem letztlich ebenfalls statisch-elementaristischen Ansatz her nicht begriffen werden.

Der Unterschied zur marxistischen Klassenkonzeption tritt besonders an dieser Stelle zutage: in ihr wird der Klassenantagonismus, das Wesen der Produktionsverhältnisse in den entwickelten vorsozialistischen Gesellschaften, sowohl als die Gestalt der von vornherein vergesellschafteten Arbeit als auch als Triebkraft ihrer weiteren Entfaltung begriffen, wodurch auch die Fixierung sowie die Mobilität der Gesellschaftsmitglieder in bezug auf sozialökonomische Rollen und Positionen prinzipiell erklärbar wird. Zwar hat die bürgerliche Soziologie in neuerer Zeit beträchtliche

Anstrengungen sowohl auf die Analyse innergesellschaftlicher Mobilität als auch auf die Interpretation gesamtgesellschaftlicher Entwicklungsvorgänge verwendet. Gleichwohl ist es ihr weder gelungen, Mobilitätsvorgänge im Rahmen einer Theorie des gesellschaftlichen Gesamtsystems zu erklären, noch hat sie eine konsistente und empirisch gehaltvolle Theorie der Entwicklung gesellschaftlicher Verhältnisse – insbesondere sozialer Schichtung – einschließlich des Entstehens und Vergehens gesellschaftlicher Systeme ausarbeiten können.[6]

Der marxistische Klassenbegriff und die bürgerlichen Schichtungskonzeptionen unterscheiden sich daher so grundlegend, daß die Kategorie „Schicht" in der marxistischen Klassenanalyse nur mit Vorbehalt verwendet werden kann, nämlich unter dem Vorbehalt, daß die damit bezeichneten sozialen Differenzierungen als Ausdrucksformen historisch-materialistisch begriffener Klassenverhältnisse konzipiert werden. Das gilt für den Begriff Sozialstruktur überhaupt: „Theorie- und Modellbildungen über die Sozialstruktur in der Gesellschaft wie in ihren Teilbereichen sowie empirische Untersuchungen auf diesem Gebiet gewinnen dann, und nur dann wissenschaftlichen Wert, wenn sie auf dem Boden einer allgemeinen philosophischen Entwicklungstheorie der Gesellschaft betrieben werden und zugleich ein integrierter Bestandteil dieser Theorie selbst sind."[7] In diesem entwicklungstheoretischen Charakter ihrer Konzeption sozialer Struktur und sozialer Schichtung liegt der entscheidende wissenschaftliche Vorzug der marxistischen Klassentheorie.

2. Bemerkungen zum marxistischen Modell antagonistischer Klassenverhältnisse

Karl Marx hat es bekanntlich als den Hauptzweck seiner Analysen im „Kapital" betrachtet, „das ökonomische Bewegungsgesetz der modernen Gesellschaft zu enthüllen"[8], und W. I. Lenin hat als die Marxsche Ausarbeitung seines „Gundgedankens" eines „naturgeschichtlichen Entwicklungsprozesses der ökonomischen Gesellschaftsformationen" bezeichnet, daß die Produktionsverhältnisse als die grundlegenden gesellschaftlichen Verhältnisse gelten müssen.[9] Die marxistische Kategorie der Klassenverhältnisse kann nicht angemessen verstanden werden, wenn nicht dieser entwicklungstheoretische Stellenwert des Begriffs beachtet wird.

H. Steiner hat in seinen „Methodologischen Voraussetzungen für die Analyse der Gesellschaftsstruktur" darauf hingewiesen, daß die bürgerliche Kritik an der Marxschen Klassentheorie vornehmlich daran krankt, den inhaltlichen Zusammenhang der klassentheoretischen Aussagen von Marx, die Verschiedenheit ihrer Erkenntnisebenen, ihre gesamtgesellschaftliche Ausrichtung und ihre grundlegende Bedeutung für die Analyse der konkreten Vielfalt gesellschaftlicher Erscheinungen zu verkennen.[10] Aussagenzusammenhang, Grundannahmen, Totalitätsbezug und empirische Relevanz der Klassentheorie gründen aber in ihrem Charakter, Theorie und Struktur und des Prozesses von Gesellschaftsgeschichte zu sein.

Die marxistische Klassenanalyse sieht ihren Gegenstand in den ökonomisch formierten Systemen, in denen die Menschen ihr Leben produzieren und reproduzieren. Die Verhältnisse, die die Menschen in diesem Prozeß zueinander eingehen, stellen die konstitutiven Bedingungen der gesellschaftlichen Produktion und Reproduktion dar. Marx hat den Sachverhalt, daß der Produktionsprozeß sich nicht als produktive Auseinandersetzung der Menschen mit der Natur abspielt, sondern sich wesentlich auch als gesellschaftliches Verhältnis der Menschen zueinander vollzieht, prägnant formuliert: „In der Produktion wirken die Menschen nicht allein auf die Natur, sondern auch aufeinander. Sie produzieren nur, indem sie auf eine bestimmte Weise zusammenwirken und ihre Tätigkeiten gegeneinander austauschen. Um zu produzieren, treten sie in bestimmte Beziehungen und Verhältnisse zueinander, und nur innerhalb dieser gesellschaftlichen Beziehungen und Verhältnisse findet ihre Einwirkung auf die Natur, findet die Produktion statt."[11]

Da die gesellschaftliche Produktion als Aneignung der Natur durch die Menschen wesentlich ein Zusammenwirken von Arbeitskraft und Produktionsmittel ist, sind die gesellschaftlichen Verhältnisse, die die Menschen im Produktionsprozeß zueinander eingehen, die Produktionsverhältnisse, durch die Weise des Zusammenwirkens von Arbeitskraft und Produktionsmitteln bestimmt. Denn „damit überhaupt produziert werde, müssen sie sich verbinden. Die besondre Art und Weise, worin diese Verbindung bewerkstelligt wird, unterscheidet die verschiednen ökonomischen Epochen der Gesellschaftsstruktur."[12]

In der gesellschaftlichen Produktion wirken seit der Überwindung urgesellschaftlicher Zustände Arbeit und Produktionsmittel grundsätzlich als Bedingungen von wechselseitig exklusiver Mehrarbeit und Aneignung zusammen. Diese generelle Weise des Zusammenwirkens schließt die Leistung von Mehrarbeit auf Grund des Nichtbesitzes von Produktionsmitteln im Verhältnis zur Aneignung von Arbeitsleistung durch Verfügung über Produktionsmittel ein und begründet den Widerspruch von gesellschaftlicher Erzeugung und privater Aneignung. Die spezifischen Formen der Verbindung von Arbeit und Produktionsmitteln, die sich mit der Entwicklung der Produktivkräfte historisch durchgesetzt haben, definieren aufeinander folgende Gestalten klassenteiliger Produktionsverhältnisse, kurz Klassenverhältnisse. Mithin ist die Theorie der Klassenverhältnisse – wie M. Mauke richtig festgestellt hat – in ihrem Ansatz mit der Theorie der grundlegenden ökonomischen Verhältnisse einer Gesellschaft identisch.[13]

Die kapitalistische Produktionsweise unterscheidet sich von den vorangegangenen Systemen der gesellschaftlichen Produktion dadurch, daß in ihr Arbeitskraft und Produktionsmittel als frei disponible Bedingungen zusammenwirken. Die Entfaltung der Produktivkräfte und die Tätigkeit des Zentralstaats in der frühbürgerlichen Epoche haben diese Voraussetzungen geschaffen: „Der unmittelbare Produzent, der Arbeiter, konnte erst dann über seine Person verfügen, nachdem er aufgehört hatte, an die Scholle gefesselt und einer andern Person leibeigen oder hörig zu sein. Um freier Verkäufer von Arbeitskraft zu werden, der seine Ware überall hinträgt, wo sie einen Markt findet, mußte er ferner der Herrschaft der Zünfte, ihren Lehrlings- und Gesellenordnungen und hemmenden Arbeitsvorschriften entronnen sein ... Andererseits aber werden diese Neubefreiten erst Verkäufer ihrer selbst, nachdem ihnen alle ihre Produktionsmittel und alle durch die alten feudalen Einrichtungen gebotnen Garantien ihrer Existenz geraubt sind. Und die Geschichte dieser ihrer Expropriation ist in die Annalen der Menschheit eingeschrieben mit Zügen von Blut und Feuer. Die industriellen Kapitalisten, diese neuen Potentaten, mußten ihrerseits nicht nur die zünftigen Handwerksmeister verdrängen, sondern auch die im Besitz der Reichtumsquellen befindlichen Feudalherren. Von dieser Seite stellt sich ihr Emporkommen dar als Frucht eines siegreichen Kampfes gegen die Feudalmacht und ihre empörenden Vorrechte sowie gegen die Zünfte und die Fesseln, die diese der freien Entwicklung der Produktion und der freien Ausbeutung des Menschen durch den Menschen angelegt."[14] Hierdurch wird die Arbeitskraft mehr und mehr frei verfügbare Lohnarbeitskraft und werden die Produktionsmittel zunehmend auf Selbstverwertung gerichtetes Kapital. Lohnarbeit und Kapitalverwertung werden zu komplementären Grundfunktionen des Systems der kapitalistischen Produktion und Reproduktion.[15] Diese Durchdringung des kapitalistischen Systems mit klassenantagonistischen Verhältnissen verhindert nicht, daß vorkapitalistische Arbeitsformen in der bäuerlichen und gewerblichen Kleinproduktion und im Bereich der Warenzirkulation weiterbestehen und neu erzeugt werden und daß bestimmte nichtkapitalistische Dienstleistungsfunktionen die Reproduktion von lohnabhängigen Arbeitskräften und kapitalistischen Produktionsmitteln vermitteln helfen.[16]

Diese Interpretation der Kategorie des Klassenantagonismus als Verschränkung ökonomischer Grundfunktionen der Produktionsverhältnisse, die ihrerseits als konstitutive Form der Gesellschaftsentwicklung gelten, deckt sich nicht mit dem Wortlaut der Leninschen Definition gesellschaftlicher Klassen. Diese vielzitierte Definition gewinnt ihre Bedeutung allerdings erst in Zusammenhang mit Lenins Ausdeutung des Begriffs der ökonomischen Gesellschaftsformation, die Marx' Entwurf des klassenmäßig konstituierten Systems der gesellschaftlichen Produktion und Reproduktion aufnimmt. M. Bensing hat gezeigt, daß Lenins schrittweise Ausarbeitung dieser Klassendefinition von einem Verständnis von Klassen ausgeht, in dem – lediglich – „grundlegende sozialökonomische Klassenmerkmale" hervorgehoben werden und daß der Fortschritt zur Konzeption in „Die große Initiative" aus dem Jahre 1919 in einem „Ringen um eine geschlossene und erschöpfende Begriffsbestimmung ... durch die Aussonderung nicht nur der zufälligen, sondern auch wesentlicher, aber von den grundlegenden ökonomischen Determinanten abgeleiteter Klassenmerkmale" besteht.[17] Die Konzeption löst sich mithin schrittweise vom Prinzip der bloß definitorischen Abgrenzung von Menschengruppen mittels empirischer Merkmale, wenn auch in der schließlichen Form, in der Klassen mittels der Kategorie des „geschichtlich bestimmten Systems der gesellschaftlichen Produktion" begriffen werden, der definitorische Ansatz noch spürbar bleibt: „Als Klassen bezeichnet man große Menschengruppen, die sich voneinander unterscheiden nach ihrem Platz in einem geschichtlich bestimmten System der gesellschaftlichen Produktion, nach ihrem (größtenteils in Gesetzen fixierten und formulierten) Verhältnis zu den Produktionsmitteln, nach ihrer Rolle in der gesellschaftlichen Organisation der Arbeit und folglich nach der Art der Erlangung und der Größe des Anteils am gesellschaftlichen Reichtum, über den sie verfügen."[18] Hierbei werden die Bestimmungen des „Verhältnisses zu den Produktionsmitteln" und der „Rolle in der gesellschaftlichen Organisation der Arbeit" aussagekräftig nur als Explikation der Theorie des „geschichtlich bestimmten Systems der gesellschaftlichen Produktion", während der Hinweis auf die aus den Klassenverhältnissen entspringenden Verteilungsverhältnissen klar als Ableitung aus der Theorie der Produktionsverhältnisse auftritt.[19] Daß diese Explikation vom Gedanken des gesellschaftlichen Antagonismus von Klassen ausgehen muß, wird in dem unmittelbar folgenden Schlußteil der Definition deutlich: „Klassen sind Gruppen von Menschen, von denen die eine sich die Arbeit einer andern aneignen kann infolge der Verschiedenheit ihres Platzes in einem bestimmten System der gesellschaftlichen Wirtschaft."[20] Dieses antagonistische Verhältnis von Arbeit und Aneignung wird auch in anderen theoretisch relevanten Bemerkungen Lenins über die Klassen hervorgehoben: „Sie sind das, was es einem Teil der Gesellschaft erlaubt, sich die Arbeit des anderen Teils anzueignen."[21]

Klassen sind hiernach die Bedingung der Erzeugung von aneigenbaren und der Aneignung von erzeugten Produkten als wechselseitig exklusiven Tätigkeiten, die in ihrem bestimmten Verhältnis zueinander Produktion und Reproduktion als gesellschaftliches System konstituieren. Die definitorischen Residuen in der Konzeption der Klassenverhältnisse sind von diesem Ansatz her in der Theorie des geschichtlichen bestimmten gesellschaftlichen Produktionssystems aufzuheben. Die Unterscheidung von Menschengruppen nach den beiden Merkmalen des Verhältnisses zu den Produktionsmitteln und der Rolle in der gesellschaftlichen Arbeitsorganisation kann dann nämlich nicht als Unterscheidung persönlicher Merkmale gedeutet und als Häufigkeitsverteilung mißverstanden werden, sondern muß als Ausdruck der gesellschaftlichen Verteilung von Produktionsbedingungen begriffen werden, welche dem antagonistischen Klassenverhältnis innewohnt.

Der Antagonismus von Lohnarbeit und Kapitalverwertung schließt eine bestimmte Ungleichverteilung der Verfügung über Produktionsmittel und der Verausgabung von Arbeitskraft ein, nämlich den Ausschluß der lohnabhängigen Arbeiter vom Besitz am sich verwertenden Kapital und den Ausschluß der verwertenden Kapitalisten von erzeugender Tätigkeit. Marx hat diese der klassenteiligen Produktion innewohnende Ungleichverteilung allgemein ausgedrückt und zugleich näher bestimmt: „Ehe die Distribution Distribution der Produkte ist, ist sie: 1. Distribution der Produktionsinstrumente, und 2., was eine weitere Bestimmung desselben Verhältnisses ist, Distribution der Mitglieder der Gesellschaft unter die verschiedenen Arten der Produktion. (Subsumtion der Individuen unter bestimmte Produktionsverhältnisse.) Die Distribution der Produkte ist offenbar nur Resultat dieser Distribution, die innerhalb des Produktionsprozesses selbst einbegriffen ist und die Gliederung der Produktion bestimmt."[22] Die Leninsche Klassendefinition entspricht diesem Prinzip, die Klassenverhältnisse als durch das antagonistische Gesamtsystem bestimmte Verteilung der Produktionsmittel wie der Arbeitskräfte charakterisiert zu begreifen.

Struktur des Klassenverhältnisses

Die Struktur einer Klassengesellschaft ist nach diesem Ansatz nicht durch die beteiligten Menschen in ihren wechselseitigen Beziehungen gesetzt. Diese Personen und Relationen sind umgekehrt als Ausdruck des Gesamts der Verhältnisse der Gesellschaft, das als klassenteiliges konstituiert ist, zu betrachten. „Die Gesellschaft besteht nicht aus Individuen, sondern drückt die Summe der Beziehungen, Verhältnisse aus, worin diese Individuen zueinander stehen."[23]

Hieraus ergeben sich Konsequenzen für die Bestimmung der Elemente von Klassen, der Rollen oder Positionen der Klassenmitglieder sowie aller Untereinheiten einer Klasse, und für die Beziehungen und Verschiedenheiten zwischen solchen Elementen, welche die innere Gliederung von Klassen – etwa ihre innere Schichtung – kennzeichnen. Elemente und Relationen innerhalb der Klassen sind als Ausdrucksformen des Antagonismus der grundlegenden ökonomischen Funktionen einer Gesellschaftsformation zu begreifen, dessen Bewegung die Klassen selbst setzt und entwickelt. So bringt der Antagonismus von Lohnarbeit und Kapitalverwertung einander entgegengesetzte Personifikationen dieser Grundfunktionen sowie verschiedene Ausprägungen solcher Personifikationen hervor: „Die Hauptagenten dieser Produktionsweise selbst, der Kapitalist und der Lohnarbeiter, sind als solche nur Verkörperungen, Personifikationen von Kapital und Lohnarbeit; bestimmte gesellschaftliche Charaktere, die der gesellschaftliche Produktionsprozeß den Individuen aufprägt; Produkte dieser bestimmten gesellschaftlichen Produktionsverhältnisse."[24]

Die Personifikationen von Lohnarbeit und Kapitalverwertung treten als verschiedene Varianten auf, weil diese Funktionen im Prozeß der kapitalistischen Produktion und Reproduktion entsprechend den Bedingungen der Mehrwertproduktion und Kapitalakkumulation notwendig differenziert sind.

Diese Funktionen bestimmen auch die Art und Weise, in der Untereinheiten einer Klasse tätig werden. Der ökonomischen Grundfunktion der Lohnarbeit entspringt als eine Untereinheit der Arbeiterklasse der Lohnabhängigenhaushalt; dessen Funktionsweise besteht darin, daß seine Mitglieder – von Produktionsmitteln entblößt – als Gesamtheit durch die lohnabhängige Arbeit reproduziert werden müssen.[25] Der ökonomischen Grundfunktion der Kapitalverwertung entspringt als eine Untereinheit der Kapitalistenklasse das kapitalistische Unternehmen, dessen Funktionsweise als eines Komplexes von Kapital die der Verwertung dieser Kapitaleinheit ist.[26] Die Existenzweisen solcher Elemente und Personifikationen der Klassen sind offenbar ebenso als einander entgegengesetzte aufeinander bezogen wie die ihnen zugrunde liegenden Funktionen der Klassen selbst.

Schließlich definieren Bewegung und Entfaltung des Antagonismus der klassenteiligen Produktionsweise auch die Aktivitäten dieser Personifikationen ökonomischer Funktionen und ihrer verschiedenen Varianten sowie die empirischen Gegensätze und Gemeinsamkeiten von Rollen und Positionen innerhalb einer Klasse und die Beziehungen und Unterschiede zwischen Rollen und Positionen verschiedener Klassen und sozial-ökonomischer Gruppierungen. Dies ist deshalb der Fall, weil der Bestand und die Entwicklung der gesellschaftlichen Verhältnisse einer Produktionsweise durch die sozialen Interaktionen der Agenten der verschiedenen Klassen und Gesellschaftsgruppen – etwa durch Befehls- und Gehorsamsbeziehungen zwischen empirischen Lohnabhängigen und Kapitalvertretern, durch Kooperationsbeziehungen zwischen Arbeitern oder Marktbeziehungen zwischen Unternehmern – notwendig vermittelt sind.

Wenngleich die Klassen und Klassenverhältnisse nicht durch Individuen und ihre Beziehungen konstituiert werden, so sind sie doch keineswegs von den menschlichen Handlungen, Verhaltensweisen und Interaktionen unabhängig. „Die Produktionsverhältnisse konstituieren keinen abgeschlossenen Bereich des gesellschaftlichen Lebens, demgegenüber die Individuen als stumme und passive Träger irgendwelcher Beziehungen fungieren.“[27] Die Produktionsverhältnisse sind durch das wechselseitige Handeln und Verhalten der Menschen vermittelt. In diesem Sinne sind die Produktionsverhältnisse stets das „Produkt des wechselseitigen Handelns der Menschen“, und deren „Verhältnisse ... können unter allen Umständen nichts andres als ihr wechselseitiges Verhalten“ sein.[28] Da diese aktive Vermittlung der Klassenverhältnisse im Reproduktionsprozeß an das Handeln und Verhalten der Personifikationen der ökonomischen Funktionen gebunden ist, sind die dabei verwirklichten sozialen Beziehungen und Verschiedenheiten der Menschen als Konkretisierungen der gesellschaftlichen Produktionsverhältnisse zu begreifen. Als solche sind sie legitimer Gegenstand einer historisch-materialistischen Sozialstrukturanalyse. Sie stellen sich etwa als Schichtungen und Gruppierungen innerhalb der Klassen, als sozialökonomische Schichten und Gruppen außerhalb der Klassen, aber auch als Verhältnisse zwischen den Elementen von Klassen, Schichten und Gesellschaftsgruppen dar.

Prozeß des Klassenverhältnisses

Ergebnis der bisherigen Betrachtung ist, daß die kapitalistischen Klassenverhältnisse, die Klassen selbst und ihre Einheiten sowie schließlich die klassenspezifischen Personifikationen und das Geflecht ihrer sozialen Interaktionen und Differenzierungen erst durch die spezifische Weise des Zusammenwirkens von Arbeitskraft und Produktionsmitteln, also von Lohnarbeit und Kapital konstituiert werden. Klassen bestehen somit nicht aus Individuen, sondern sind diesen vorausgesetzt. „Die Bevölkerung ist eine Abstraktion, wenn ich z. B. die Klassen, aus denen sie besteht, weglasse. Diese Klassen sind wieder ein leeres Wort, wenn ich die Elemente nicht kenne, auf denen sie beruhn, z. B. Lohnarbeit, Kapital usw."[29]

Das Wesen des Verhältnisses von Lohnarbeit und Kapitalverwertung ist der Vorgang der mehrwerterzeugenden Lohnarbeit und der mehrwertanlegenden Kapitalverwertung, also der produktiven Surplusarbeit und Kapitalakkumulation. Das kapitalistische Klassenverhältnis, das im Vorhergehenden schon abstrakt als innere Gliederung der Produktion und Reproduktion bestimmt worden ist, ist daher selbst wesentlich ein Prozeß, nämlich der in Mehrwerterzeugung und Mehrwertaneignung gegliederte kapitalistische Produktionsprozeß, der, insoweit er Reproduktionsprozeß ist, notwendig zugleich auch die kapitalistischen Klassenverhältnisse reproduziert. „Endlich als Resultat des Produktions- und Verwertungsprozesses erscheint vor allem die Reproduktion und Neuproduktion des Verhältnisses von Kapital und Arbeit selbst, von Kapitalist und Arbeiter. Dies soziale Verhältnis, Produktionsverhältnis, erscheint in fact als ein noch wichtigeres Resultat des Prozesses als seine materiellen Resultate. Und zwar produziert innerhalb dieses Prozesses der Arbeiter sich selbst als Arbeitsvermögen und das ihm gegenüberstehende Kapital, wie andererseits der Kapitalist sich produziert als Kapital und das ihm gegenüberstehende lebendige Arbeitsvermögen. Jedes reproduziert sich selbst, indem es sein Andres, seine Negation reproduziert. Der Kapitalist produziert die Arbeit als fremde; die Arbeit produziert das Produkt als fremdes. Der Kapitalist produziert den Arbeiter und der Arbeiter den Kapitalisten usw.[30]

Die Klassentheorie erweist sich hier als dynamische Theorie der Entwicklung des inneren Antagonismus der kapitalistischen Gesellschaftsformation. Ihre Aufgabe ist, die Entfaltung und Erhaltung dieses Antagonismus und damit auch die Entwicklung des gesellschaftlichen Systems zu formulieren, für die dieses Klassenverhältnis konstitutiv ist. Aufgabe der Klassentheorie ist schließlich, die Entwicklung gesellschaftlicher Gesamtsysteme nach ihrer inneren Klassengliederung zu begreifen.

Als Verhältnis der Erzeugung und Aneignung von Wert ist der Klassenantagonismus die Konstitution des Prozesses der gesellschaftlichen Auseinandersetzung von Mensch und Natur in einer bestimmten historischen Produktionsweise. Stellen die Klassenverhältnisse überhaupt die konstitutiven Bedingungen der Entwicklung dieser Produktion dar, so ist diese Entwicklung im Kapitalismus durch die wechselseitige Bedingung und den wechselseitigen Ausschluß von Lohnarbeit und Kapitalverwertung wesentlich bestimmt: der Antagonismus von Lohnarbeiter- und Kapitalistenklasse konstituiert die Entfaltung und Beschränkung der kapitalistischen Produktion.

Dieser in sich widersprüchliche Prozeß von Mehrwertproduktion und Kapitalakkumulation bestimmt nach Marx die Entwicklung der gesellschaftlichen Produktion durch die aus seinem inneren Widerspruch entspringenden Tendenzen zur Überakkumulation und zum Profitratenfall. Der kapitalistische Zwang, sowohl die Erzeugung als auch die Anlage von Mehrwert auszuweiten, führt mit der Entfaltung der Produktivkraft der Arbeit zur zunehmenden Ausstattung der durch ein gegebenes variables Kapital verfügbaren Arbeitskraft mit in konstantem Kapital angelegten Produktionsmitteln, so daß die Zusammensetzung des Gesamtkapitals sich zuungunsten des wertschaffend fungierenden Teils zu verändern und das Verhältnis von Mehrwertprodukt und Gesamtkapital sich zu verschlechtern droht. Der Erweiterung der Produktion wohnt die Tendenz zur Übersteigerung der Akkumulation und zur Verschlechterung der Profitrate inne. „Fall der Profitrate und beschleunigte Akkumulation sind insofern nur verschiedne Ausdrücke desselben Prozesses, als beide die Entwicklung der Produktivkraft ausdrücken.“[31]

Die Durchsetzung dieser Tendenz führt dahin, daß die wertmäßige Vermehrung des Sachkapitals und die Dämpfung der Profitentwicklung derart koinzidieren, daß der von Marx als „absolute Überakkumulation von Kapital“ bezeichnete Zustand eintritt, in dem die kapitalistische Produktion stockt, das Produktionspotential nicht ausgelastet wird, die Produktionsbedingungen entwertet und die Voraussetzungen für erneute profitable Kapitalakkumulation und Mehrwertproduktion geschaffen werden, wodurch Reproduktion auf erweiterter Stufenleiter wieder möglich wird. Im Falle dieses Zusammentreffens wird Kapital brachgelegt oder vernichtet und wird Lohnarbeit freigesetzt oder unterbeschäftigt. Aus diesen Bedingungen ergeben sich zunächst die Voraussetzungen einer Erweiterung der Reproduktion auf erhöhtem Produktivkraftniveau. Aus ihnen ergeben sich aber auch die Voraussetzungen einer Entfaltung des Klassenantagonismus im Sinne einer weiteren Durchdringung des gesamtgesellschaftlichen Systems – etwa durch Unterordnung anderer sozialökonomischer Schichten und Gruppen – wie im Sinne einer Durchsetzung durch weitere klassenspezifische Untergliederung der beiden antagonistischen Hauptklassen.

Wie die innere Differenzierung von Lohnarbeiter- und Kapitalverwerterklasse immer wieder als Argument gegen die marxistische Klassentheorie vorgebracht worden ist, hat diese Setzung der Untergliederung von Klassen durch deren Antagonismus selbst ganz besondere wissenschaftliche Bedeutung. So vertritt M. Mauke mit Recht hinsichtlich der Strukturveränderungen dieser Klassen die These, daß zwischen der „Teilung in die Hauptklassen und der inneren Untergliederung dieser Klassen“ ein „wesentlicher innerer Zusammenhang“ besteht.[32] Dieser Zusammenhang sei in Hinblick auf die Entstehung von Angestelltenrollen innerhalb der Arbeiterklasse und auf die Entstehung von Managerrollen innerhalb der Kapitalistenklasse angedeutet.

Differenzierungen der antagonistischen Klassen

Die Ableitung des Hervortretens von Manager- und Angestelltenrollen als wesentliche Elemente der Untergliederung der antagonistischen Klassen muß von der – an dieser Stelle nicht zu erörternden[33] – Voraussetzung ausgehen, daß sich im Übergang vom konkurrenzkapitalistischen Stadium zu späteren Stadien der kapitalistischen Entwicklung die latente Tendenz zu Kapitalüberakkumulation und Profitratenfall sowie die ihr entgegenwirkenden Tendenzen verstärkt und letztere eine neue Ausprägung erhalten haben.[34]

Dieser Tendenz wirken im Interesse der Aufrechterhaltung des kapitalistischen Verwertungs- und Arbeitsprozesses als Gesamtsystem vor allem vier spezifisch „spätkapitalistische“ Entwicklungen entgegen, die als Prozesse der zunehmenden „Vergesellschaftung“ der ökonomischen Grundfunktionen der kapitalistischen Produktion sowie der organisatorischen und regulativen Funktionen des Gesamtprozesses der Produktion bezeichnet werden können: die zunehmende Vergesellschaftung der akkumulierenden Kapitalverwertung durch die Bildung von Kapitalgesellschaften; die zunehmende Vergesellschaftung der mehrwertproduzierenden Lohnarbeit durch die Bildung von Großbetrieben; die zunehmende Vergesellschaftung der technischen Produktionsorganisierung durch die Verwissenschaftlichung von Produktivkräften und die zunehmende Vergesellschaftung der ökonomischen Produktionsregulierung durch die Verstaatlichung von Reproduktionsbedingungen. Diese Vergesellschaftungsprozesse fungieren insgesamt als Mittel der Erhöhung der Produktivität und die Ökonomik der gesellschaftlich aufgewandten Arbeit sowie als Mittel der Verminderung des Aufwandes und des Brachliegens von privat eingesetztem Kapital und können somit jedenfalls zeit-, orts- und fallweise der verschärften Tendenz zu Profitratenfall und Überakkumulation entgegenwirken. Es soll im folgenden angedeutet werden, wie die genannten Prozesse zunehmender „Vergesellschaftung“, welche den Klassenantagonismus zu entkräften scheinen, während sie in Wirklichkeit eher zur Sicherung des Fortschreitens antagonistischer Produktion im Kapitalismus beitragen, sich in Veränderungen der *Struktur* des klassenteiligen Produktionsprozesses, seiner antagonistischen Klassen, umsetzen.

Marx selber leitet die Differenz von Aktionär und Manager, die sich schon zu seiner Zeit angebahnt hat, gerade aus dem Antagonismus von Lohnarbeit und Kapital ab. Er analysiert sie als „Verwandlung des wirklich fungierenden Kapitalisten in einen bloßen Dirigenten, Verwalter fremden Kapitals und der Kapitaleigentümer in bloße Eigentümer, bloße Geldkapitalisten“.[35] Die Entwicklung bloßer Dirigentenfunktionen wie bloßer Eigentümerfunktionen entspringt nach Marx den Widersprüchen der kapitalistischen Produktion selbst. Der grundlegende Widerspruch von gesellschaftlicher Erzeugung und privater Aneignung erheischt nach Marx, daß das Kapital in den Kapitalgesellschaften schließlich „direkt die Form von Gesellschaftskapital" annimmt, so daß „die kapitalistische Produktion selbst es dahin gebracht" hat, Kapitaleigentum und Kapitalverwaltung zu trennen.[36]

„Die Aktienunternehmungen überhaupt – entwickelt mit dem Kreditwesen – haben die Tendenz, diese Verwaltungsarbeit als Funktion mehr und mehr zu trennen von dem Besitz des Kapitals, sei es eignes oder geborgtes; ganz wie mit der Entwicklung der bürgerlichen Gesellschaft die richterlichen und Verwaltungsfunktionen sich trennen von dem Grundeigentum, dessen Attribute sie in der Feudalzeit waren. Indem aber einerseits dem bloßen Eigentümer des Kapitals, dem Geldkapitalisten der fungierende Kapitalist gegenübertritt und mit der Entwicklung des Kredits dies Geldkapital selbst einen gesellschaftlichen Charakter annimmt, in Banken konzentriert und von diesen, nicht mehr von seinen unmittelbaren Eigentümern ausgeliehen wird; indem andrerseits aber der bloße Dirigent, der das Kapital unter keinerlei Titel besitzt, weder leihweise noch sonstwie, alle realen Funktionen versieht, die dem fungierenden Kapitalisten als solchem zukommen, bleibt nur der Funktionär und verschwindet der Kapitalist als überflüssige Person aus dem Produktionsprozeß."[37]

Die „realen Funktionen" des auch von Marx manchmal als Manager bezeichneten Dirigenten bestehen darin, durch eine weitere Vergesellschaftung der Kapitalverwertung die Widersprüche der kapitalistischen Produktion zu überspielen, die sich als Überausdehnung des Kapitals und als Verminderung seines Ertrages periodisch darstellen.

Insbesondere kann die „spätkapitalistische" Entfaltung des Kreditwesens und des Gesellschaftskapitals, die die Entstehung der besonderen Rollen von Kapitaleigentümern und Kapitalmanagern einschließen, einer drohenden Kapitalüberakkumulation und Profitratenminderung als zunehmende Vergesellschaftung der Kapitalverwertung entgegenwirken. Einer solchen tendenziellen Beschleunigung der Kapitalentwertung und Erschwerung der Kapitalverwertung – wie sie mit der Tendenz zur Überakkumulation und zum Profitratenfall gegeben ist – kann die Konzentration der Anlage von Kapital und die Ausweitung des Feldes seiner Nutzung, die die Bildung von vergesellschaftetem Kapital beinhaltet, jedenfalls punktuell begegnen: durch sie werden der notwendige Aufwand an privatem Kapital und das Ausmaß einer unproduktiven Brachlegung dieses Kapitals im Produktionsprozeß im Vergleich zu weniger vergesellschafteten Kapitalverwertungsprozessen vermindert.

Dementsprechend wird in der Phase der Monopolisierung des deutschen Kapitalismus die Gestalt des Managers differenziert. Diese Monopolisierung vollzieht sich auf der Grundlage von Prozessen der Konzentration und Zentralisation von Kapital, welche die Grenzen überwinden, die der Akkumulation frei konkurrierender und relativ kleiner Kapitale gesetzt sind. Die Vergrößerung und Zusammenfassung solcher Kapitale führt besonders seit der Großen Depression der siebziger und achtziger Jahre zu Kartellierungen und Fusionierungen, die die Erscheinungsform der Konzentration und Zentralisation des Kapitals in dieser Phase bilden; sie stellen als die „zweite und dritte Potenz der Aktiengesellschaft"[38] eigentümliche Formen der Bewältigung des Widerspruchs von Kapitalverwertung und Kapitalentwertung dar, mit denen sich besondere managerielle Direktionsfunktionen verbinden. Das „Managen" der Konzentration und Zentralisation des Kapitals erfordert spezifische Rollen der Unternehmensleitung: „Vor allem äußert sich diese Tendenz in einer immer mehr zutage tretenden Herausbildung des reinen Unternehmertums, das heißt: einer Abstreifung aller Nebenfunktionen ... Innerhalb dieses immer mehr zur Reinheit sich herausbildenden Unternehmertums spezialisieren sich dann die einzelnen noch auf bestimmte Tätigkeiten: in den Banken entwickeln sich Spezialisten für die Beziehungen mit der Industrie, für das Depositenwesen, für die Emissionstätigkeit usw.; in der Industrie Spezialisten für die Werkorganisation, für die Absatzorganisation, für Kapital- und Kreditbeschaffung usw."[39]

Mit der Entstehung des Monopolkapitalismus aber bilden sich nicht allein die Rollen der kaufmännischen und technischen Direktoren der Kapitalgesellschaften und der Konzerne heraus, sondern auch die Figur des finanzkapitalistischen Managers, der die Verschmelzung von Bankkapital und Industriekapital repräsentiert und damit eine neue Variante im Rollengefüge der Leitung von Kapitalkomplexen darstellt. Auch die Varianten der manageriellen Personifikationen der Kapitalverwertung, die sich im Hervortreten der staatlichen Regulierung des Kapitalismus herausbilden, sind aus den Besonderheiten der Vergesellschaftung der Kapitalverwertung in dieser Periode abzuleiten.

Zumal die Akkumulationsprobleme, denen sich der im Weltkrieg geschlagene deutsche Imperialismus gegenüber sah, waren durch ansatzweise gesellschaftliche – kollektiv-kapitalistische und staatlich-kapitalistische – Steuerung leichter zu bewältigen. Die Ansätze staatlicher Akkumulationsregulierung in der Periode nach dem ersten Weltkrieg treten besonders seit der Weltwirtschaftskrise seit 1929 hervor, nämlich als öffentliche Garantie von Verwertungschancen und öffentliche Übernahme von Entwertungsrisiken der Einzelkapitale in Form von vermehrtem staatlichen Verbrauch und vermehrten staatlichen Investitionen. Der Ausbau der Spitzenverbände des deutschen Kapitals in der Nachkriegsperiode – nicht zuletzt Reaktion auf die zunehmende potentielle Macht der Arbeiterklasse – und die Verzahnung dieser Verbände mit dem staatlichen Machtapparat im Faschismus dient der Durchsetzung der monopolistischen Verwertung.[40]

Dieses System erheischt einen Typ des Managers, der grundsätzlich nicht mehr nur auf den Wirkungsbereich eines einzelnen Unternehmens bezogen ist. Kapitalleitungsrollen, die den Zusammenhang verschiedener Konzerne vermitteln und auch die Leitungen von Unternehmens- und Arbeitgeberverbänden repräsentieren, gewinnen jetzt eine immer größere Bedeutung.[41]

Analog verläuft der Prozeß der inneren Entwicklung der Arbeiterklasse. Schon mit der Entstehung der arbeitsteiligen kapitalistischen Industriebetriebe ist die grundlegende Zweiteilung der Personifikationen der aktiven Lohnarbeit in den Produktionsarbeiter einerseits und den angestellten Aufseher sowie den angestellten Zirkulationsagenten andererseits gegeben. Marx leitet die Angestelltentätigkeit im Bereich der Warenerzeugung im Zusammenhang mit der Erörterung der Produktionsmethoden des relativen Mehrwerts ab, deren Entfaltung schon auf der Stufe der kapitalistischen Kooperation den Leitungsdespotismus im Betrieb differenziert.

Marx hat zeigen können, daß dieser Vergesellschaftungsprozeß und die dadurch ermöglichte Steigerung der Produktivkraft der Arbeit die Delegation von Koordinierungsfunktionen „an eine besondre Sorte von Lohnarbeitern" durch den fungierenden Kapitalisten hervorbringt. „Mit der Entwicklung der Kooperation auf größrem Maßstab entwickelt dieser (kapitalistische) Despotismus seine eigentümlichen Formen. Wie der Kapitalist zunächst entbunden wird von der Handarbeit, sobald sein Kapital jene Minimalgröße erreicht hat, womit die eigentliche kapitalistische Produktion erst beginnt, so tritt er jetzt die Funktionen unmittelbarer und fortwährender Beaufsichtigung der einzelnen Arbeiter und Arbeitergruppen selbst wieder ab an eine besondre Sorte von Lohnarbeitern. Wie eine Armee militärischer, bedarf eine unter dem Kommando desselben Kapitals zusammenwirkende Arbeitermasse industrieller Oberoffiziere (Dirigenten, managers) und Unteroffiziere (Arbeiteraufseher, foremen, overlookers, contre-maîtres), die während des Arbeitsprozesses im Namen des Kapitals kommandieren. Die Arbeit der Oberaufsicht befestigt sich zu ihrer ausschließlichen Funktion."[42]

Die Angestelltentätigkeiten im Bereich des Warenaustauschs werden von Marx bei der Diskussion der Besonderheiten der Zirkulation der Waren erörtert, die, obwohl unproduktiv, „ebenso notwendig bei der Warenproduktion wie die Produktion selbst" ist; ihre Agenten, die die Zirkulationstätigkeit „aus einer Nebenverrichtung vieler in die ausschließliche Verrichtung weniger verwandel(n)" und durch ihre „Operationen die Kauf- und Verkaufszeit für *viele* Produzenten abkürzen", sind „als eine Maschine zu betrachten, die nutzlosen Kraftaufwand vermindert oder Produktionszeit freisetzen hilft."[43]

Die Differenzierung der Lohnarbeitsfunktionen, die in der Entstehung von Aufsicht und Austausch vermittelnden Lohnarbeitern zum Ausdruck kommt, stellt sich als Vorgang einer weiteren Vergesellschaftung der Lohnarbeit dar, die die kapitalistische Profitentwicklung positiv beeinflußt. Insbesondere kann die „spätkapitalistische" Entfaltung von lohnabhängigen Aufsichtsarbeiten und Austauschtätigkeiten, die diese besonderen Rollen der kaufmännischen und der Aufsichts-Angestellten bedingen, der verschärften Tendenz zur Überakkumulation und zum Profitratenfall entgegenwirken. Einer drohenden Beschleunigung der Kapitalentwertung und Erschwerung der Kapitalverwertung können die arbeitsteilig-kooperative Erhöhung der Produktivität und Intensität der Arbeit und die Aussonderung unproduktiver Lohnarbeit, die Inhalt dieser zunehmenden Vergesellschaftung der lohnabhängigen Arbeit überhaupt sind, immerhin punktuell entgegenwirken: hier werden das Ausmaß der produktiven Mehrarbeit und der Grad der ökonomischen Nutzung der Lohnarbeit überhaupt im Vergleich zu weniger vergesellschafteten Arbeitsprozessen erhöht. So nimmt die Differenzierung der Lohnarbeiterklasse durch Spezifizierung von Angestelltenrollen besonders im Übergang zur Monopolisierung des Kapitalismus nach der Großen Depression der siebziger und achtziger Jahre des vergangenen Jahrhunderts signifikant zu.[44]

Die Überwindung der Depression erfordert im Zuge der Durchsetzung des Monopolwesens einmal eine zunehmende Mechanisierung der Warenproduktion, zum anderen eine zunehmende Rationialisierung der Warenzirkulation auf der Basis des sich konzentrierenden und zentralisierenden Kapitals. Diese Entwicklung bringt ein deutliches Hervortreten zweier Varianten der Rolle des Angestellten mit sich: nämlich die überproportionale Vermehrung der technischen Angestellten einerseits und der kaufmännischen Angestellten andererseits. Außerdem hat der Prozeß der monopolistischen Kapitalzentralisation, der auch auf eine Erhöhung des Anteils des monopolistischen Kapitals am gesamtgesellschaftlich erzeugten Mehrwert gerichtet ist, die Konsequenz, daß immer mehr Zuliefer- und Absatztätigkeiten in die Monopolorganisation einbezogen werden. „Das ergibt sich aus zwei Ursachen: einerseits eliminieren vertikale Zusammenschlüsse Transaktionen zwischen unabhängigen Kapitalien, die anders unvermeidbar gewesen wären, andererseits erledigen große Firmen mehr und mehr ihre eigenen Ein- und Verkäufe selbst, da ihr Geschäft ausgedehnt genug ist, um ihnen die Aufrechterhaltung spezieller Abteilungen zu diesem Zweck zu erlauben, die zum mindesten so erfolgreich sind wie der unabhängige Händler."[45]

Durch diese bloße Vergrößerung der Organisationsformen der Kapitale sowie der Kapitalisierung der Zirkulationssphäre ergibt sich eine weitere Differenzierung der Angestellten als Personifikationen lohnabhängiger Arbeit, nämlich die Rolle der einfachen Büroangestellten und der einfachen Handelsangestellten. Die Vergesellschaftung der Produktion entwickelt sich mithin in der Weise, daß in besonderem Maße solche Differenzierungen der Arbeiterklasse durchgesetzt werden, die für die Warenerzeugung und den Warenabsatz auf der erweiterten Stufenleiter der Produktion und Reproduktion im Monopolkapitalismus sowie die Organisationsform der monopolistischen Verwertung selbst charakteristisch sind.

Aus der zunehmenden wissenschaftlichen Rationalisierung und der staatlichen Regulierung der kapitalistischen Produktion, die die hauptsächlichen Bedingungen dafür sind, daß sich das kapitalistische System auch nach der Weltwirtschaftskrise aufrechterhält, ergeben sich weitere Differenzierungen der Angestelltenrolle. Die privatmonopolistische Regulierung der kapitalistischen Produktion, als Methode der Profitsicherung vorangetrieben, stößt an die Grenze, daß die Rentabilität der angelegten Kapitalmassen nicht selbsttätig gegeben und die Profitrate daher gefährdet ist. Dieser Tendenz wirkt die Rationalisierung der Prozesse der Mehrwertproduktion und Kapitalverwertung und deren Förderung durch die öffentliche Hand entgegen.

Diese Reaktionen spiegeln sich in einer weiteren inneren Differenzierung der Angestelltenschaft. Als neuer Typ entsteht im Bereich der kapitalistischen Industrie und des kapitalistischen Handels sowie ihrer Verbände der Typ des angestellten Organisationsfachmanns, der etwa als Betriebswirt oder Wirtschaftsingenieur die Effektivierung der eingesetzten sachlichen Produktionsmittel und die Intensivierung der Ausbeutung der lebendigen Arbeit betreibt.[46] Steuerung und Vermittlung des kapitalistischen Produktionsprozesses mit Hilfe der öffentlichen Hand und durch halböffentliche Dienstleistungsorganisationen des Kapitalismus erfordern zudem die Herausbildung einer besonderen Variante des angestellten Lohnarbeiters, nämlich die des öffentlichen Angestellten oder Beamten, der für den Vollzug nicht der hoheitlichen, sondern wirtschaftlicher Funktionen zuständig ist.

Subjektive Ausdrucksformen des Klassenantagonismus

Die marxistische Theorie des Klassenantagonismus genügt, so scheint es, jedenfalls insoweit den Ansprüchen, die an eine dynamische Theorie gesellschaftlicher Klassenverhältnisse gestellt werden müssen, als sie jene Differenzierungen der Struktur von Klassen begreifbar machen kann, welche die Gesellschaftsgeschichte selbst hervorbringt und die die Kritik an der marxistischen Theorie gegen diese zu wenden pflegt. Sie stellt insofern einen erfolgreichen Versuch der Lösung jener Probleme der Sozialstrukturforschung dar, welche die im Prinzip elementaristisch und statisch angelegten bürgerlichen Theorien der sozialen Schichtung zwar aufwerfen, aber nicht zu Ende verfolgen. Indessen könnte es scheinen, daß die am Muster der Interaktion von Individuen orientierte bürgerliche Soziologie sehr wohl in Hinblick auf die Analyse subjektiver Bedingungen sozialer Ungleichheit sich gegenüber der marxistischen Theorie methodisch im Vorsprung befindet. Es soll daher abschließend versucht werden, jedenfalls vorläufig zwei Kategorien marxistischer Klassenanalyse vorzustellen, welche sich auf subjektive Ausdrucksformen des Klassenantagonismus beziehen.

Die bisherige Darstellung hat gezeigt, daß die Klassenverhältnisse als Produktionsverhältnisse konstitutive Bedingungen für die Entwicklung der gesellschaftlichen Produktion und Reproduktion sind. Insofern diese stets auch die aktive Wirksamkeit des Überbaus und der Produktivkräfte einschließt, vermitteln die Produktionsverhältnisse stets auch zwischen diesen beiden Momenten der Gesellschaftsformation. „Es geht uns um die Hervorhebung des Grundgedankens, daß bei der Entstehung der Totalität der verschiedenen Bereiche des gesellschaftlichen Lebens von den Produktivkräften bis zur Religion die Produktionsverhältnisse oder die materiellen gesellschaftlichen Verhältnisse eine relativ selbständige, wesentliche Rolle spielen. Sie sind es, aus denen der Inhalt, der Grundgehalt, die Spezifik des gesellschaftlichen Gesamtzusammenhangs hervorgeht ..."[47]

Aus diesem Grunde gehen in die Entwicklung des Klassenantagonismus der kapitalistischen Gesellschaft klassenspezifische Triebkräfte und Vorstellungen ein, die den praktischen Antagonismus der Hauptklassen vermitteln. Sie treten als das der jeweiligen Klasse eigentümliche Interesse und eigentümliche Bewußtsein in vielfältigen empirischen Ausprägungen hervor, und stellen Momente der antagonistischen gesellschaftlichen Praxis dar. Der kapitalistische Klassenantagonismus ist wie jedes Klassenverhältnis ein Verhältnis gesellschaftlicher Praxis. Die ökonomischen Grundfunktionen Lohnarbeit und Kapitalverwertung verwirklichen sich nur als antagonistische Praxis. Insofern in dieser antagonistischen Praxis Produktivkraft sich entfaltet und Ideologien wirksam sind, stellen diese sich in ihr als Verhältnisse antagonistischer Triebkräfte und Vorstellungen dar. So wird z. B. die Produktivkraft Arbeit im kapitalistischen Klassenantagonismus in der Form der Verausgabung lohnabhängiger Arbeitskraft entfaltet und geht in die antagonistische Praxis von Lohnarbeit und Kapitalverwertung als eine Triebkraft ein, die sich als klassenspezifisches Interesse an der Verbesserung und der Veränderung der Bedingungen der Verausgabung der Arbeitskraft darstellt. So wird z. B. die kapitalistische Ideologie als Fetischisierung des sich verwertenden Kapitals im Lohnarbeit-Kapital-Verhältnis bekräftigt und geht in die klassenteiligen Produktionsverhältnisse als ein Gesellschaftsbild ein, das als klassenspezifisches Bewußtsein einer Gegenständlichkeit und Unveränderlichkeit der Bedingungen der Verwertung des Kapitals erscheint.[48]

Dieses Wirksamwerden von Triebkräften und Vorstellungen in gegensätzlichen Interessen und gegensätzlichen Bewußtseinsinhalten in der Praxis der antagonistischen Klassen vollzieht sich stets nur in der Entfaltung des Klassenverhältnisses selbst. Daher sind die Interessen einer Klasse stets Verhältnisse, nämlich Verhältnisse dieser Klasse vor allem zu der anderen Hauptklasse wie auch Verhältnisse zu den Bedingungen des gesellschaftlichen Reproduktionsprozesses; desgleichen ist das Bewußtsein einer Klasse eines ihrer Verhältnisse zu der anderen Klasse und zu den Reproduktionsbedingungen insgesamt.[49]

Dieses Verhältnis des Klasseninteresses und des Klassenbewußtseins ist objektiv mit der Existenz der Klassen selbst gesetzt. Es ist subjektives Klasseninteresse und Klassenbewußtsein in dem Maße, in dem die Interessen und bewußtseinsmäßigen Momente der Praxis umgesetzt sind in Momente des Handels und Verhaltens der Subjekte selbst. Stets aber bleiben in antagonistischen Gesellschaften diese Momente Ausdruck des Antagonismus der Klassen. Sie sind unter diesen Verhältnissen unterdrückte Interessen oder herrschende Interessen; unterdrücktes Bewußtsein oder herrschendes Bewußtsein. Marx hat diesen Gedankengang am Beispiel des Bewußtseins entwickelt; er hat gezeigt, daß die „herrschenden Gedanken" „die Gedanken der herrschenden Klasse sind, ... d. h. die Klasse, welche die herrschende materielle Macht in der Gesellschaft ist, ist zugleich ihre herrschende geistige Macht. Die Klasse, die die Mittel zur materiellen Produktion zu ihrer Verfügung hat, disponiert damit zugleich über die Mittel zur geistigen Produktion, so daß ihr damit zugleich im Durchschnitt die Gedanken derer, denen die Mittel zur geistigen Produktion abgehen, unterworfen sind".[50] Er hat weiter für die bürgerliche Gesellschaft gezeigt, daß in ihr die „Herrschaft der Verhältnisse ... in dem Bewußtsein der Individuen selbst als Herrschen von Ideen erscheint".[51] Demgegenüber ist das Klassenbewußtsein der lohnabhängigen Klasse unterdrücktes Bewußtsein insofern, als es eine Vorstellung des Klassenverhältnisses der Lohnarbeit spontan nur rudimentär entwickeln kann.[52]

Inwieweit das herrschende wie das unterdrückte Bewußtsein dem Grundverhältnis einer Klasse angemessen oder falsch ist und inwieweit das aus diesem Verhältnis hervorgehende herrschende oder unterdrückte Klasseninteresse bewußt oder unbewußt ist, hängt von dem Entwicklungsstand und der Entwicklungsform der praktischen Klassenauseinandersetzung ab, die ihrerseits den antagonistischen Produktionsverhältnissen inbegriffen sind. So haben die Betätigung des objektiv gegebenen unterdrückten Klasseninteresses der Lohnabhängigen und die Artikulation ihres objektiv gegebenen unterdrückten Bewußtseins in Klassenauseinandersetzungen, die die Reproduktion des sich entwickelnden Systems erzwang, Kampferfahrungen hervorgebracht, die eine der Voraussetzungen wie auch ein Gegenstand der Ausarbeitung der marxistischen Theorie der Klassenentwicklung sind. „Es braucht hier nur auf solche Fakten hingewiesen (zu) werden wie die hohe Wertung der Pariser Kommune als der endlich gefundenen Form der Diktatur des Proletariats durch Marx oder die Würdigung der schöpferischen Fähigkeiten der russischen Arbeiterklasse, die in der Revolution von 1905 die Sowjets hervorbrachten, durch Lenin."[53]

Da sich das proletarische Klassenbewußtsein und Klasseninteresse offenbar nicht automatisch mit der Entwicklung der praktischen Klassenauseinandersetzung als subjektiv wirksame und adäquat artikulierte entfalten, muß angenommen werden, daß hierfür organisierende Einflüsse auf die Dispositionen von Klassenmitgliedern maßgebend sind. Insofern ist Klassenanalyse als ökonomische Theorie der Produktionsverhältnisse unvollkommene Theorie. Da die Entfaltung des Klassenantagonismus als eine die Gesellschaft nicht nur bewegende, sondern auch weiterentwickelnde und verändernde Kraft die bewußte und interessierte Tätigkeit beider antagonistischen Klassen und innerhalb ihrer die „Gemeinsamkeit", „nationale Verbindung" und „politische Organisation" ihrer Mitglieder voraussetzt, vollendet sich auch die Klassenanalyse erst mit der Erarbeitung der Theorie einer solchen Artikulation von Bewußtsein und Interesse der Klassen.[54] Diese Theorie schließt aber die Theorie der ökonomischen Gesamtbewegung der klassenantagonistischen Gesellschaft ein.

Anmerkungen

* Dieser Beitrag stellt einen Aufriß der methodologischen Überlegungen dar, von denen wir uns in der Arbeit „Klassenverhältnisse im Spätkapitalismus, Beitrag zur Analyse der Sozialstruktur unter besonderer Berücksichtigung der BRD“ (Stuttgart: Enke 1973) haben leiten lassen; bestimmte Formulierungen sind aus dieser Arbeit übernommen.

1 Th. Geiger, Arbeiten zur Soziologie, Neuwied, Berlin 1962, S. 186.

2 Vgl. R. Mayntz, Gedanken und Ergebnisse zur empirischen Feststellung sozialer Schichten. In: Kölner Zeitschrift für Soziologie und Sozialpsychologie, Sonderheft 1, Köln 1956, S. 79 ff., hier: S. 79.

3 H. Steiner, Methodologische Voraussetzungen für die Analyse der Gesellschaftsstruktur, in: Deutsche Zeitschrift für Philosophie 14, 1966, S. 856 ff., hier: S. 861.

4 T. Parsons, Beiträge zur soziologischen Theorie, Neuwied, Berlin 1964, S. 180 ff., hier: S. 180.

5 Vgl. als Übersicht über die systemtheoretisch-funktionalistische Schichtungsdiskussion: E. Wiehn, Theorien der sozialen Schichtung, München 1968, der auch den hiervon abweichenden herrschafts- und konflikttheoretischen Ansatz der Schichtungstheorie würdigt.

6 Vgl. hierzu unsere Ausführungen in: Klassenverhältnisse im Spätkapitalismus, a. a. O., Abschnitt 1.1.2, sowie K. H. Tjaden, Soziales System und sozialer Wandel, Stuttgart 1972, S. 120–209 und S. 273 ff.

7 W. Eichhorn, Philosophische Probleme der Klassenentwicklung und Klassenstruktur in der sozialistischen Gesellschaft. In: Deutsche Zeitschrift für Philosophie, Sonderheft 1969, S. 73 ff., hier: S. 75.

8 MEW, Bd. 23, S. 15 f.

9 W. I. Lenin, Werke Bd. 1, S. 128.

10 H. Steiner, a. a. O., S. 862 f.

11 MEW, Bd. 6, S. 407.

12 MEW, Bd. 24, S. 42.

13 Vgl. M. Mauke, Die Klassentheorie von Marx und Engels, Frankfurt a. M. 1970, S. 9. – Entsprechend begreift F. Engels die politische Ökonomie als Theorie der Klassenverhältnisse: „Die Ökonomie handelt nicht von den Dingen, sondern von Verhältnissen zwischen Personen und in letzter Instanz zwischen Klassen“ (MEW, Bd. 13, S. 476).

14 MEW, Bd. 23, S. 743.

15 Vgl. zum Begriff der Funktion in diesem Zusammenhang: MEW, Bd. 26.1, S. 384.

16 Vgl. hierzu vor allem M. Mauke, a. a. O., S. 61 ff.

17 M. Bensing, Die Leninsche Klassendefinition und die Entwicklung der Klassen und sozialen Schichten im sozialistischen Gesellschaftssystem der DDR. In: Lenin und die Gesellschaftswissenschaften, Berlin 1970, S. 157 ff, hier: S. 162 f.

18 W. I. Lenin, Werke, Bd. 29, S. 410.

19 Die Deutung des Leninschen Klassenkonzepts durch H. Röder, Abschied vom Klassenbegriff. Ein Beitrag zur Analyse der marxistischen Soziologie in der DDR (Opladen 1972, S. 80), als einer Zusammenfassung verschiedener „parallel“ laufender „Strukturlinien“ ist daher durchaus unangemessen.

20 W. I. Lenin, Werke, Bd. 29, S. 410. Vgl. auch M. Bensing, a. a. O., S. 165 f.

21 W. I. Lenin, Werke 31, S. 282.

22 K. Marx, Grundrisse der Kritik der politischen Ökonomie, Berlin 1953, S. 17.

23 ebenda, S. 176.

24 MEW, Bd. 25, S. 887.

25 Vgl. dazu die Überlegungen zur Bestimmung des Werts der Ware Arbeitskraft; in: MEW, Bd. 23, S. 417.

26 Die Überlegung, daß Klassen nicht Ansammlungen von Individuen, sondern Zusammenfassungen funktionaler Personifikationen sowie entsprechender Untereinheiten sind, läßt sich auch an Beispielen aus anderen Gesellschaftsformationen demonstrieren. So ist eine der Untereinheiten der kleinbäuerlichen Klasse in der europäischen spätfeudalen Gesellschaft die auf die Arbeitsplätze einer Bauernstelle abgestimmte Zwei-Generationen-Kleinfamilie, deren wirtschaftliche Existenzweise durch die bäuerliche Agrarproduktion und die Leistung von Abgaben an den Grundherrn bestimmt ist (vgl. dazu: G. Mackenroth, Bevölkerungslehre, Berlin 1953, S. 421 f.). Als Untereinheiten der Arbeiterklasse in sozialistischen Gesellschaften können produzierende Kollektive gelten (vgl. G. Stiehler, System und Widerspruch, Berlin 1971, S. 66 ff).

27 E. Hahn, Historischer Materialismus und marxistische Soziologie, Berlin 1968, S. 85.

28 MEW, Bd. 3, S. 423.

29 MEW, Bd. 13, S. 631.

30 K. Marx, Grundrisse, a. a. O., S. 362.

31 MEW, Bd. 25, S. 251; wir lehnen uns im folgenden auch an Überlegungen in unserem Aufsatz „Merkmale der Produktivkraftentwicklung als Faktoren der gesellschaftlichen Reproduktion“, in: Das Argument Nr. 73, 14, 1972, S. 393 ff. an.

32 M. Mauke, a. a. O., S. 26.

33 Vgl. dazu unsere Überlegung in: Klassenverhältnisse im Spätkapitalismus, a. a. O., Abschnitt 1.2.2. (Einleitung).

34 Vgl. außer MEW, Bd. 25, S. 33–277 u. a. M. Dobb, Entwicklung des Kapitalismus, Köln, Berlin, S. 282 ff.: P. Hess, Kapitalistisches Wachstum zwischen Gleichgewicht und Ungleichgewicht. In: Wirtschaftswissenschaft 17, 1969, S. 736 ff.; P. Boccara u. a., Le capitalisme monopoliste d'état, Paris 1971, S. 27–45 und passim.

35 MEW, Bd. 25, S. 452.

36 ebenda, S. 400.

37 ebenda, S. 401.

38 ebenda, S. 453.

39 W. Sombart, Das Wirtschaftsleben im Zeitalter des Hochkapitalismus. Leipzig 1928, 1. Halbband, S. 14 f.

40 Vgl. R. A. Brady, Business as a system of power. New York 1951, S. 21–55 und S. 294 ff.

41 Vgl. ebenda sowie H. Steiner, Soziale Strukturveränderungen im modernen Kapitalismus, Berlin 1967, S. 128 ff. – Ein Versuch der empirischen Ausführung dieses Prinzips der Differenzierung der Kapitalverwerterklasse findet sich in unserer Arbeit: Klassenverhältnisse im Spätkapitalismus, a. a. O., Abschnitt 1.2.2.

42 MEW, Bd. 23, S. 351.

43 MEW, Bd. 24, S. 129, 133.

44 Vgl. hierzu unseren Aufsatz: „Zur Analyse der Sozialstruktur des deutschen Kapitalismus, in: Das Argument Nr. 61, 12, 1970, S. 645 ff., hier: 648 ff.

45 P. Sweezy, Theorie der kapitalistischen Entwicklung, Köln 1959, S. 221.

46 Vgl. H. Steiner, a. a. O., S. 117. Vgl. auch: Klassenverhältnisse im Spätkapitalismus, a. a. O.

47 E. Hahn, a. a. O., S. 68 f.

48 Vgl. zum Begriff der Gegenständlichkeit MEW, Bd. 23, S. 85 ff.; zur Entwicklung einiger Kategorien der Bewußtseinsanalyse: M. Tjaden-Steinhauer, Gesellschaftstheorie und Bewußtseinsanalyse. Vorauss. in: Das Argument 77, 1972. (Im Erscheinen.)

49 Vgl. zum Begriff des Interesses als Verhältnis: P. Bollhagen, Interesse und Gesellschaft, Berlin 1967, S. 25; zum Begriff des Bewußtseins als Verhältnis auch: F. Deppe, Das Bewußtsein der Arbeiter, Köln 1971, wo allerdings Bewußtsein abstrakter als „Verhältnis der Einstellungen und der Information, des Denkens und des Handelns des Arbeiters gegenüber seinen tatsächlichen Existenzbedingungen“ im Produktionsprozeß gefaßt wird (S. 153).

50 MEW, Bd. 3, S. 46.

51 K. Marx, Grundrisse, a. a. O., S. 82.

52 ebenda, S. 366 f.

53 F. Drewitz, H. Klotsch, Über die Wechselbeziehungen zwischen Partei und Arbeiterklasse im Prozeß sozialistischer Bewußtseinsbildung. In: Deutsche Zeitschrift für Philosophie 19, 1971, S. 434 ff., hier: S. 438.

54 MEW, Bd. 8, S. 198.